期貨與選擇權

Futures & Options

廖世仁 著

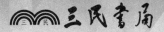
三民書局

國家圖書館出版品預行編目資料

期貨與選擇權 / 廖世仁著.－－初版一刷.－－臺
北市：三民，2016
面；　公分

ISBN 978－957－14－6143－4　（平裝）
1.期貨 2.選擇權

563.534　　　　　　　　　　　　　105005514

© 　期貨與選擇權

著 作 人	廖世仁
責任編輯	蔡佳怡
美術設計	巫佳穎
發 行 人	劉振強
著作財產權人	三民書局股份有限公司
發 行 所	三民書局股份有限公司
	地址　臺北市復興北路386號
	電話　(02)25006600
	郵撥帳號　0009998－5
門 市 部	(復北店) 臺北市復興北路386號
	(重南店) 臺北市重慶南路一段61號
出版日期	初版一刷　2016年5月
編 　 號	S 552510

行政院新聞局登記證局版臺業字第○二○○號

有著作權‧不准侵害

ISBN　978-957-14-6143-4　（平裝）

http://www.sanmin.com.tw　三民網路書店
※本書如有缺頁、破損或裝訂錯誤，請寄回本公司更換。

序

　　這本書是我在教學「期貨與選擇權」以及「衍生性金融商品」這兩門課十多年來教材的總整理。自從 2006 年出版了《商用微積分》一書之後，三民書局就很熱情的邀請我再接再厲，撰寫《期貨與選擇權》一書。沒想到因為種種原因（其實就是筆者偷懶），寫寫停停拖了這麼久時間才告一段落，親愛的三民書局編輯群，真的由衷感謝你們超人一等的修養與耐心啊！

　　目前我用過的衍生性金融商品教科書大多具有一個特點，那就是過多繁雜的數學計算，對學生造成壓力，使學生視本科為畏途。因此，我保留最必要的數學計算，刪去一些過於理論的部分，例如選擇權的價格上下限，所有教科書都有提到這個部分，期貨業務人員證照考試卻從未考過這類型的題目。減少過於複雜的數學公式與抽象的觀念，的確有助於我在「期貨與選擇權」這門課的施教。

　　另外在本書中有不少相關領域教科書沒有提到，是我在教學生涯中所發展出來的「獨門技法」，或是在我自己漫長的台灣和美國期貨與選擇權實務交易生涯中的心得，例如：

- 未平倉量的計算方法
- 停損與觸價單的使用時機
- 商品期貨的詳細介紹

等等的創新內容，希望對學生在考取期貨業務員證照、以及未來在衍生性金融商品的領域大展長才時，能有極大的幫助。

　　本書得以問世，要感謝的貴人太多了。第一名當然是三民書局對我的支持與信任，耽誤了那麼久的時間，沒有氣到更換作者，還對我加油打氣，提供所有的必要協助，真的感恩你們，這麼長的時間與我密切配合的三民書局編輯群，你們幫我修飾的文筆真的太好了！而且你們衍生性商品的知識專業度也堪稱一流！此外，樹德科技大學所提供的優良教學與寫作環境，是我完成此書的極大助力，這要歸功於我的老大兼好友，也是我上一本《商用微積分》的共同作者朱校長元祥博士。感謝管理學院王院長昭雄教授以及本系系花吳如萍主任與系上同事好友們的拔刀相助。最後，我要由衷感謝親愛的宥潔老婆的陪伴與鼓勵。感謝你們！

廖世仁

2016 年 4 月

期貨與選擇權
contents

第 10 章　利率期貨

第 11 章　外匯期貨

第 12 章　選擇權簡易上手

第 13 章　選擇權的價格

第1章
衍生性商品概論

　　同學們，在你們還沒有正式接觸到衍生性商品這門課之前，對於這個商品，心態上應該是會帶有一點點好奇，但是更多的卻是恐懼吧？因為你們所聽到的盡是有關衍生性商品的負面的報導。太多社會新聞都曾經描述過，很多人因為期貨傾家蕩產；甚至於前陣子臺灣版的神鬼傳奇主角——黃琪，他騙了不知多少政商名流，但是他行騙所得來的錢據說全賠在「地下期貨」了[1]！你一定想說，天啊，可見地下期貨坑人的功力絕對比黃琪還要高竿！我為什麼還要冒著被當的風險來選修這門課呢？

　　地下期貨是非法的衍生性商品，操作地下期貨是不可取的行為。但是合法的衍生性商品，如期貨交易所所上市的期貨 (Futures) 與選擇權 (Options)，也同樣屬於高槓桿、高風險的產品。衍生性商品的操作常常伴隨著高度的風險，但事實上，危險的事物如果運用得當，可以搖身一變成為保障我們安全的堅強屏障。這聽起來有點不可思議，但現實中是有可能發生的，舉例來說，武器是人人聞之色變的危險物品，但是如果用在保家衛國的國防上，卻是嚇阻外敵、保障我們生命財產安全的屏障。當然，衍生性商品也曾經被許多有心人士濫用，造成個人、公司、國家，乃至於全球金融體系的嚴重危機。也就是說，衍生性金融商品可以帶來好處亦能帶來壞處，關鍵在於運用的人，運用之妙，存乎各人的心念！

1.1 衍生性商品是什麼？

　　衍生性商品的英文是 Derivatives，各位同學如果去查英漢字典的話可以發現，Derivative 是動詞 Derive 的形容詞，而 Derive 就是「推想、推衍」的意思。因此各位同學也可以很容易的聯想到——衍生性商品基本上是推演出來的產品，如果沒有所本的話，也就沒有衍生性商品的出現。

　　所謂衍生性商品就是交易雙方所簽署的一項契約，契約中記載各式各樣的條件，而其中特別要清楚表示的是：日期與標的變數的價值。這

---

[1] 林慶川，〈盜刷 600 多萬　黃琪：地下期貨賠光了〉，《自由時報》，2011。

些條件將會決定契約結束時雙方之間誰要負責支付金錢，以及要支付多少金額。

所以大家請記得，衍生性商品事實上是一種契約，它並非真正實體的商品。既然是契約，那麼就必須包含下列幾項：

一、標的變數 (Underlying Variable)

任何契約都一定有它代表的標的變數，至於是哪一種標的變數呢？其實只要是你想得到的物品，且擁有潛在的市場，都可以作為標的物。之後的第 8、9、10、11 章會特地為各位介紹目前活躍的一些重要標的物，可說是五花八門，保證讓你看到目瞪口呆！除了實體物品之外，金融證券，甚至是股價指數、經濟變數等等，都可以作為衍生性商品的交易標的。當然啦，標的物的規格數量，甚至交貨地點等等也一定要講清楚說明白，這都是為了保護交易雙方的權益。

二、日　期

就是契約到期日，也稱為結算日 (Settlement Date)，簡單來說就是大家算總帳的日子。此時買賣雙方一手交錢，一手交貨，或者是輸贏兩方結算輸贏的金額，結算日之後，這個契約就無效了。

三、結算方式

契約結算日買賣雙方結算彼此的獲利或是損失。

那麼，雙方該如何一手交錢一手交貨（實物交割）？還是根本不用大費周章的拿大筆現金來買賣整體標的物，只要輸者拿出差價來給贏者就好（現金交割）？這是期貨契約裡面一定要說明清楚的地方！

◎例題 **1-1**

日常生活中有用到衍生性商品嗎?

　　有的,每個人都會經常遇到,只是我們從來沒有想過它們就是衍生性商品的一種而已。例如預售屋的銷售契約,有興趣的同學可以到「內政部不動產資訊平台」參觀,你可以從這個網站下載預售屋買賣契約書範本。

我們可以看到契約書中的主要條文有:

第二條　房地標示及停車位規格

第三條　房地出售面積及認定標準

第四條　共有部分項目、總面積及面積分配比例計算

第五條　房地面積誤差及其價款找補

第六條　契約總價

　第六條之一　履約保證機制

第九條　地下層、屋頂及法定空地之使用方式及權屬

第十條　主要建材及其廠牌、規格

第十一條　開工及取得使用執照期限

第十二條　建築設計變更之處理

第十四條　房地所有權移轉登記期限

第十五條　通知交屋期限

　　注意到了嗎? 此契約範本中所要約定買賣雙方的條文主要就是集中在:

1. 契約標的物

　　這個契約的標的物是什麼呢? 當然是還沒完成的房屋。在契約中一定要清楚標明標的物的規格,包括建材、地點、房屋大小等等,若標明不清楚,交屋時有可能拿到輻射屋喔!

2. 交屋時間

　　契約中必須清楚載明交屋時間,這就是預售屋契約的交割日期,此外,契約也必須載明買進房屋的價位,這就是這份契約的交割價。

　　那麼到了交割日時,買賣雙方又該如何做呢? 不論這間房屋的市價在契約的有效期間內是漲翻天或跌落谷底,只要到了交割日,房屋的買方就要拿出約定好的房價金額出來,而建商就得依照預售屋契約

內所指定的規格交出房屋，這就是預售屋契約的「實物交割」。

　　如果房價在這段期間不停上漲，那麼預售屋的買方就可以高高興興的支付房屋的價金，然後趕快到市場賣出狠撈一筆或是繼續持有等待更好的價位；如果不幸房價在這段時間發生大崩盤，那麼買方也不能輕易毀約，必須硬著頭皮以講好的價錢買進房屋，然後天天祈禱房價能迅速反彈。

　　當然建商也可以選擇用高價向買方買回房子，此時由於買方還沒有繳交屋款，因此建商只需要補給買方目前房屋市價與預售屋的交割價之間的差額就可以了，這是「現金交割」。

　　好的，那麼大家是否對衍生性商品有一些概念了呢？

1.2 衍生性商品的演進
——人類歷史智慧的結晶

　　人類最早的商業行為是透過拿自己剩餘的商品去交換自己所欠缺的東西，就是俗稱的以物易物，也就是我們所說的實體資產 (Real Assets) 的交換。以物易物之後漸漸有了集中市場的誕生，而貨幣的發明則大大的擴展了交易的領域以及多樣性，至於貨幣的出現則是象徵了金融資產 (Financial Assets) 的崛起。

　　交易工具的演進，到貨幣出現之後是否已經完備了呢？其實還有待加強！到目前為止你有沒有發現到，上述交易有一個共通的特色，那就是它們全都屬於現貨交易 (Spot Transactions, Cash Transactions)，交易者之間所成交的，都是現貨市場的商品。現貨市場交易雖然可以滿足很多人的需求，但是還是無法滿足人們對未來的追求。「未來」一詞，對所有人來說是不確定性的代名詞，也是風險之所在。未來帶給人們無限的獲利可能，但是也可能帶來傾家蕩產的結局，對於未知的未來，人們是又愛又恨。但人類的智慧是無窮的，面對未來的不確定性，我們自然會想出方法或是工具來排除這些不確定性。商品的賣方想要現在就能確

知未來出售的價格，而商品的買方也急切的希望現在就確定未來購買商品時所需支付的成本，買賣雙方各有所需，於是簽下了對未來一個確定交易價格的契約，這就是衍生性商品的由來。

以物易物　　　　現金(貨)交易　　　　衍生性商品交易

契約書

↗ 圖 1-1　人類交易型態的演進

衍生性商品的歷史非常悠久，據說在人類四大古文明的時期，兩河流域國王在農民繳納稅賦的法律條文內，就有類似選擇權的規定，用以保障農民如果在該年遭遇到洪水氾濫侵襲時，擁有免除當年繳交農產品稅賦的權利。之後不同的衍生性商品相繼躍上歷史的舞臺，有些無法通過市場的考驗，黯然的消失時光的洪流裡；有些卻成功的拓展規模，擁有撼動全球金融市場的力量。每一段故事都精彩萬分，也常常發人深省。

1.3 衍生性商品的四根棟樑
——萬變不離其宗

現在的衍生性商品市場可說是熱鬧滾滾，百家爭鳴，種類更是五花八門，看得大家是眼花撩亂。但是各位同學只要掌握住四種基本的商品就足夠了，因為所有的衍生性商品都是由這幾種商品演化而來，也就是說，它們是衍生性商品的基礎建材，只要摸熟了它們的特性，其他再怎麼古靈精怪的商品你都可以輕易的破解甚至是操控自如！

1.3.1 遠期契約

遠期契約 (Forwards Contracts) 從字面上就可以推斷出它大約的意思了，遠期契約是指在現在所議定，但是約定在未來某個時點交易的合約。它跟現貨交易是相對的。而剛剛同學們所研讀的例題 1–1 中提到的預售屋契約就是一種遠期契約。

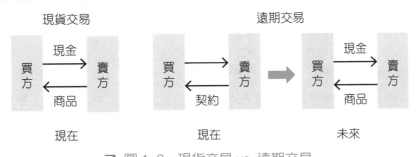

↗ 圖 1–2 現貨交易 vs. 遠期交易

◎ 例題 **1–2**

芭樂遠期契約——但不是芭樂票喔！

假設你是種燕巢芭樂的農民，今年歡喜慶豐收，現在要去燕巢果菜市場賣 1,000 臺斤的燕巢芭樂，若到燕巢果菜市場直接在現場把芭樂賣掉就是屬於現貨交易，此時買家在市場可以親眼檢驗你的芭樂的品質，也看得到你現在手中可以賣出的芭樂重量，而價格也可參考果菜市場內其他人的成交紀錄。請問在這種情況下，買賣雙方還需要簽訂「衍生性現貨契約」嗎？我想，若簽訂的話應該會被市場裡所有人當成笑話看吧！但是如果顧客跟你約定的購買日期是 1 年之後呢？你們兩個應該不會相信所謂的「君子約定」「口說為憑」吧？因為 1 年內可能發生的事情太多了，例如你擔心 1 年之後對方會不會搞失蹤不出現了（通常這種情況都發生在芭樂價格暴跌的時候）、擔心對方不願意以當初講好的價格跟你成交或對方 1 年後購買的數量少於當年的約定……，老實說你的顧客這時候也很擔心，只是他所擔心的情況與你完全相反而已。所以為了保障買賣雙方的權益，遠期契約都必須具有法律效力。

既然是買賣雙方談好條件就可以簽訂遠期契約，這代表契約裡的任何條件都可以談，所以遠期契約最大的特色就是很有「彈性」，無論

是標的物、數量、到期日或在哪兒交割都可以討論，只要雙方同意就可以了。舉例來說，你們所簽的遠期契約可能會類似下面的格式：

貨品名稱	燕巢芭樂
貨品等級	珍珠芭樂，重量100g到200g之等級，外觀及軟硬度另行商訂
數量	1,000台斤
簽約日期	2015年10月1日
交割日	2016年10月1日
交割地點	燕巢果菜市場
交割價	新臺幣25元／台斤
交割方式	實物結算

　　遠期契約對買賣雙方都有好處，就買方來說，他確保了 1 年以後購買芭樂的成本，即使在未來的 1 年芭樂價格因為天災人禍而漲翻天（例如漲到每臺斤 $100），買方也可以事先講好的每臺斤 $25 的價格向賣方買進 1,000 臺斤的芭樂；但若是芭樂在未來的一年是大豐收，產地價大崩盤（例如跌到 1 臺斤 $5），則買方還是要以約定好的每臺斤 $25 的價格「含淚」向賣方買進 1,000 臺斤的芭樂。

　　就賣方立場而言，則與買方完全相反，但為何賣方要簽這個遠期契約呢？這是為了避免未來芭樂價格崩盤時的收入減損，若賣方能先確定未來賣出 1,000 臺斤芭樂的收入，這樣賣方未來一年就可以天天安心作好夢了！

■ 1.3.2 期貨契約

　　期貨契約 (Futures Contracts) 與遠期契約總是被一起拿來相提並論，所以同學們可以將它們一視同仁，輕鬆的來應付，因為它們擁有非常類似的特性，這裡我們只要列出它們之間的差異就好，其他地方可說是完全相同。看完之後，聰明的你也許就能明白，為何期貨可以自立門戶的原因了。

表 1-1　遠期契約與期貨契約的差異

	遠期契約	期貨契約
合約內容	買賣雙方同意即可，可量身訂做，具有彈性	標準化，沒有商量的餘地
交易地點	非固定，由買賣雙方自行決定	集中交易市場
交割方式	大多為實物交割	實物交割或現金交割
交易對象	買賣雙方直接交易	結算所
結算時間	到期日一併算總帳，還沒到期前的損益都不算數	每日結算一次
保障品（抵押品）	沒有	買賣雙方都要事先提供保證金

下面將逐項分析給你聽：

一、合約內容

遠期契約的所有內容，包括條款限制，只要雙方同意都是可以討論的，基本上無所不可，這也是遠期契約最占優勢的地方——彈性；相對的，因為每個遠期契約都是量身訂做的，如果要將契約轉手，想要找到願意接手的人可不容易喔，也就是說遠期契約的流動性低。拿例題 1-2 來說，要是芭樂遠期契約的買方想要中途退出，他只有兩條路可以走：第一是回去懇求原來的賣方，提早結算此契約，但成功的機會很小；第二是去找別的買家接手，但是人海茫茫，要去哪裡找在「2016 年 10 月 1 日剛好想要購買 1,000 臺斤燕巢芭樂的買家」呢？因此流動性低可說是遠期契約的一大弱點。

而期貨契約對於標的物的選定、品質的規範，乃至於到期月份、交易時間及標的物的數量等，都有一致標準化的規定。舉例來說，小李持有美國芝加哥商業交易所 (CME) 的 9 月小麥期貨，那他跟全世界所有擁有美國芝加哥商業交易所的 9 月小麥期貨契約的人所持有的都是相同的契約（唯一不完全相同的是交割價格）。期貨契約這麼做到底有何目的呢？答案是這樣一來大家要轉手的話就很容易，因為持有的都是一樣規格的契約！故期貨契約在流動性這方面占有極大的優勢。

就合約內容來看，期貨與遠期契約似乎是各擅勝場，不分勝負。

二、交易地點

想像一下，如果你想買一臺筆記型電腦，第一個想到的地方會是哪裡？你會跑到街上，逢人就問他有沒有在賣筆電呢？還是會選擇去電腦店聚集的電子街呢？我想你一定會選擇後者吧！為什麼你會選擇這個地方呢？這是因為當很多買家賣家集中在同一個地方進行交易時，我們可以做更多的選擇，進行公平競爭的交易，買家要找尋賣家輕而易舉，賣家要找客戶也是任君選擇，而在集中市場更可以輕易獲得買賣報價的資訊，不怕買太貴，也不怕賣太低，大家可以放心的交易，這也促進了更大的交易量，在此情況下，擁有集中市場的期貨契約，可以大幅的提高其流動性。

三、交割方式

由於遠期契約的流動性比較差，故一般從事遠期契約的交易者，他們的目的大都傾向於到契約最終日才結算，這些人通常是對標的物在未來有實際需求或是有出售需求。而遠期契約的規格具有彈性，因此他們可以把合約訂成他們實際需求的條件，可想而知，遠期契約的買賣雙方會比較傾向於實際商品的交割。

期貨契約則是以投機者占絕大多數，他們對實體商品的交割並沒有興趣，因此大多數期貨交易所對於期貨合約交割的規定，不會同時允許現金與實物交割，不然只允許現金交割。

四、交易對象

在進行買賣的時候，交易的對象應該就是指「買方」與「賣方」吧？這個問題真是再簡單不過。但是在這個地方這樣的回答，你只答對了一半，在「現貨」與「遠期」交易市場中，交易對象的確只有買方與賣方，雖然有的交易會有中間的介紹人 (Brokers)，但是中間人並不直接參與交易，他們只是幫忙買賣雙方找到交易對手，並抽取佣金 (Commissions) 而已。

但是期貨契約就不一樣了，我們在電腦終端機前下了交易指令，當

見到系統回報成交時，的確在世界的某一個角落是有一位交易對手跟你做相反的交易動作。但是在成交的那一瞬間，在技術上，是有一個大巨人跳到買方與賣方的中間，作為雙方各自的交易對手，也就是說，這位大巨人左手接過了賣方賣出的期貨合約，一轉手把同一張合約賣給了期貨交易的買方。這位大巨人是何方神聖？它可能是期貨交易所，也可能是附屬於期貨交易所的結算公司 (Clearing House)。也就是說期貨的交易是這樣的：

期貨買方的交易對手是期貨交易所或是結算公司；期貨賣方的交易對手也是期貨交易所或是結算公司！

遠期交易　　　　　　　　期貨交易

↗ 圖 1-3　遠期契約與期貨契約的交易對手是不同的

為什麼期貨契約這麼麻煩？仔細想想我們的交易對手是誰對我們比較有保障？誰可以保證在輸錢以後不會落跑？是一個你素未謀面的對手？還是財大氣粗的交易所或是結算公司？我想答案已經很明顯了。在交易對手方面，由於期貨特殊的結算公司機制，使得期貨契約交易對手的信用優於遠期契約。

不過期貨交易所或結算公司可不是做公益事業，為了防止交易對手落跑，它會要求對手必須先提出抵押品，也就是保證金 (Margin)，等期貨交易所或結算公司收到此筆保證金後，買賣雙方才可以進行交易。而由於期貨交易所或結算公司的交易對手包括了買方與賣方，因此買賣雙方都必須準備保證金！

五、結算時間

遠期契約是在契約結算日才一次算總帳，以結算日當天標的物的價格為準，之前標的物價格的變化都不算數的。因此在遠期契約尚未到期

結算時，一切都還是未知數。

而期貨契約呢？它有一個特殊的結算機制，叫做逐日結算 (Marked to Market)。也就是說，期貨交易所或是結算公司每天收盤後就全部結算所有交易者的契約一次，從當天虧損的交易者保證金帳戶中提出虧損的金額，然後撥入獲利者的保證金帳戶中。

期貨交易所或結算公司為什麼要這麼大費周章呢？這是為了同時保護交易者與期貨交易所或結算公司，如果期貨契約像遠期契約一樣撐到最後結算日才算總帳，而這段期間某一個價格趨勢一直持續下去的話，可能有人會賠到傾家蕩產。但若每天結算一次的話，當有一方的保證金虧損到一定的程度之後，期貨商就會通知他要補足保證金，或是認賠出場，大大降低了虧損者因為虧損過大而違約落跑的機率！

但是逐日結算的制度也有它的缺陷。資金不足的交易者，就算對於標的物價格長期趨勢的判斷是正確的，但是卻有可能會因為短期價格的波動而慘遭「三振出局」！我們就舉個例來說吧（圖1–4）！

◎ 例題 **1–3**

同樣的情境，但是選擇期貨與遠期交易的命運大不同！

假設 10 月 1 日林董的保證金帳戶裡有 $100，陳董的保證金帳戶也是 $100。市場上有一個芭樂期貨契約還有一個芭樂遠期契約，它們的規格都是 10 公斤。目前它們的開盤報價都是每公斤 $100，到期日都是 12 月 31 日。另外假設期貨與遠期契約沒有所謂的原始保證金與維持保證金等等的規定，也就是誰的保證金輸到精光誰就被淘汰。

現在林董在 10 月 1 日早上買進芭樂期貨契約 1 口，成交價為 $100；陳董則是 10 月 1 日買進芭樂遠期契約 1 口，成交價也是 $100。假設芭樂期貨與遠期契約的價格走勢是一致的：從 10 月 1 日到 10 月 31 日的價格每日下跌每公斤 $1，而從 11 月 1 日起到 12 月 31 日則每天上漲每公斤 $1。那麼請問你，到最後結算日（12 月 31 日）時，林董與陳董的帳戶各剩下多少錢？

解答：

我們先來看 10 月 1 日收盤的情形：10 月 1 日收盤價下跌 $1 到

$99，因為一口期貨或遠期契約涵蓋 10 公斤芭樂，也就是說芭樂每公斤下跌 $1，造成買進契約方的損失是：

$$10（公斤）\times \$1（/公斤）= \$10$$

帳面上好像 10 月 1 日收盤後林董與陳董的虧損都一樣……是嗎？

答案是：不一樣！

林董所購買的是「期貨契約」，期貨契約是每天結算的，所以當天收盤之後就馬上算帳，輸的人的虧損金額會被馬上從帳戶扣除，轉到贏的人的帳戶去。所以林董的帳戶在當日結算後只剩下 $100 - \$10 = \$90。

但是反觀陳董呢？他所購買的是遠期契約，遠期契約是到最後結算日（12 月 31 日）才一次算總帳，所以 10 月 10 日不論是輸還是贏都與他無關，他的帳戶裡還是維持 $100 不變！

現在依照芭樂價格每天下跌 $1 的走勢計算，在 10 月 10 日收盤結算之後，林董的帳戶已經被扣了 10 天的 $10，帳戶餘額成為 $0，見底了！所以林董很不幸的在 10 月 10 日被三振出局。然而陳董的帳戶卻還是維持 $100 不變！

到了 12 月 31 日總結算的時候情況大為逆轉，從 11 月 1 日到 12 月 31 日整整漲了 61 天，芭樂價格從 10 月 31 日的最低點 $69（/公斤），上漲到 12 月 31 日的 $130（/公斤）。在 12 月 31 日總結算之後，陳董的帳面上是暴賺：

$$(\$130 - \$100)\times 10 = \$300$$

而陳董的帳戶總額為：

$$\$300 + \$100 = \$400$$

看起來是陳董大獲全勝，而可憐的林董因為逐日結算而被芭樂價格短期的波動給洗掉了（圖 1–4 (a) 償還追加的損失）。所以結論是大家應該完全採用遠期交易是嗎？

並不盡然。如果很不幸芭樂價格的走勢是持續下跌，從 10 月 1 日起每天跌 $1（/公斤），一直跌到 12 月 31 日，則雖然林董還是一樣在 10 月 10 日就被迫出場了，然而到 12 月 31 日那天，他會非常慶幸自己早就出場了。從 10 月 1 日到 12 月 31 日連跌 92 天，芭樂的價格為：

$$\$100 - \$92 = \$8$$

總結算結果陳董的損失為：

$$($100 - $8) \times $10 = $920$$

陳董在 12 月 31 日總結算時，不但自己帳戶內 $100 全部賠光，還要另外籌出 $820 以償還追加的損失（圖 1-4(b)）！

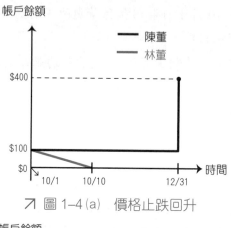

↗ 圖 1-4(a) 價格止跌回升

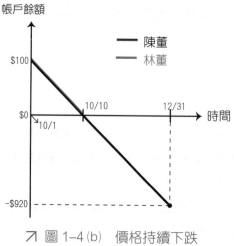

↗ 圖 1-4(b) 價格持續下跌

六、保障品（抵押品）

遠期契約大致上並不要求交易雙方提供擔保品，也就是說交易雙方不是很清楚對手是否擁有足夠的財力，若想瞭解對手的信用狀況，可能得請求牽線的金融機構幫忙調查對方的財力與信用，不過這並非完全可靠的作法，而且這樣做會增加很多交易成本。

期貨交易所則是會要求買賣雙方提供擔保品在期貨交易帳戶內才可以進行交易。至於什麼可以當作擔保品呢？自己的摩托車可以嗎？當然不可以！期貨交易所對於合格擔保品是有要求的，以現金作為擔保品當

然沒有問題，期貨交易帳戶內的現金擔保品就叫做保證金專戶，其他如中央政府的國庫券也是合格的擔保品。有了逐日結算以及擔保品雙重保護，交易者的安全受到嚴密的保障。之後我們也會有專章詳細討論期貨保證金的機制，請各位同學拭目以待！

遠期契約一般來說都是與期貨契約相提並論的，也通常都一起拿來討論，所以之後我們就不再特別分開討論遠期契約了。這裡我們做個總結，遠期與期貨兩兄弟並沒有誰占有絕對的優勢，完全是看交易者的需求來做選擇。

表 1-2　遠期契約與期貨契約的優勝劣敗

	遠期契約	期貨契約
流動性	低	高
完全合乎參與者需求	量身訂做	標準化
對手信用風險	交易對象信用低	交易對象信用高
期初資金需求	無	需繳交保證金
便利性與成交效率時間	轉手不易	轉手容易
市場透明度與交易公正性	交易不透明	交易透明

■ 1.3.3 選擇權契約 (Options Contracts)

選擇權契約跟期貨與遠期契約就只能算是遠房兄弟了，它們雖然都是屬於衍生性商品家族，但是內容卻有明顯的差異。簡單來說，期貨契約與遠期契約所規範的是買賣雙方未來交易的「義務」。既然對雙方來說都是一樣的義務，誰也沒占到便宜，即使是期貨交易的雙方必須拿出保證金來，但保證金只是「抵押品」，並不是「交易費用」，也就是說如果最後結算時，虧損的那一方還是可以把剩下的保證金拿回去的。

但是選擇權是一種權利，一種平安符，願意購買的交易者，購買的是一種保障，而既然是「購買」，所支付的費用可就拿不回來囉！而這個費用，我們稱為選擇權的「權利金」(Premium)。請注意，選擇權的買方所支付的是一種費用，而不是保證金（抵押品）喔！抵押品以後可以拿回去，但是費用支出後就是有去無回。至於花錢買了保障要做什麼用呢？

這種保障可以保護交易者在標的物價格走向對他不利的時候，拿出來抵擋妖魔鬼怪。既然這是一種權利，那麼選擇權的購買人當然也可以選擇放棄此項權利。

那麼選擇權到底是賦予購買的人哪種權利呢？大致上分成兩種：

◆ 買的權利——買權 (Call Options)

◆ 賣的權利——賣權 (Put Options)

這些選擇權還包含了一些其他必要的條件——其中最重要的就是「價位」！這個特定的價位金融市場給了一個特別的名字：履約價 (Exercise Price, Strike Price)。買權的購買人可以「選擇」要不要以某「履約價」向賣給他買權的人買進標的物；賣權的購買人可以「選擇」要不要以某「履約價」向賣給他賣權的人賣出標的物。

熱身操 1-1

請想想看日常生活中會出現哪些選擇權呢？

◎例題 1-4

快快樂樂出門，平平安安回家！

投保旅遊平安險是快樂出遊必備的條件之一。其實不只是旅遊平安險，所有的保險都是某種形式的選擇權。投保的人，就是選擇權的購買者；選擇權的賣方呢，就是保險公司。

那麼旅遊平安險的標的物是什麼呢？是「平安」這麼抽象的東西嗎？當然不是，大家都知道，旅遊平安險保的是當有意外發生時的醫療行為，醫療行為則會產生醫療費用。那麼你覺得旅遊平安險是屬於選擇權中的買權還是賣權呢？答案是買權！因為在意外發生後我們要支付費用來購買醫療服務，而購買旅遊平安險的消費者可以在意外發生時，選擇要或是不要通知保險公司來理賠，如果選擇要通知的話，那就是代表要「履約」(Exercise)。

那麼履約價又在哪裡？履約價就是我們需要醫療服務時的「自負額」。有些較便宜的平安險會有自負額，也就是當我們旅行遭遇意外而

需要購買醫療服務時，必須自己先支付一個金額，而保險公司只支付高於自負額的部分；若旅遊平安險沒有自負額，則其履約價為 0。

另一個重要的問題是，當意外發生時，我們都會選擇要履約嗎？答案是未必。因為只有當我們的醫療費用高於自負額的話，履約才有意義。舉例來說，如果我們的自付額是 $1000，但若只是發生輕微擦傷，醫療費用為 $500，若此時選擇履約則拿不到半毛錢，此外還要花電話錢及花時間去填寫表格，我想不會有人願意做這樣的交易吧？從這裡我們也得到一個重要的結論：買權只有在標的物價格高於履約價時才會被履約！

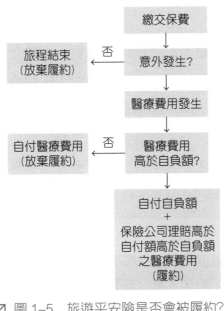

↗ 圖 1–5　旅遊平安險是否會被履約？

選擇權在這章就先介紹到這裡，開始對這個奇特商品好奇了嗎？別急，好戲在後頭，本書的第 12 章之後會有詳細的介紹！

■ 1.3.4 交換契約

交換契約 (Swap Contracts) 是衍生性商品家族的小老弟，但是也是成長最快速的後起之秀。大家所認知的交換契約始祖，是科技巨人 IBM 與世界銀行 (World Bank) 所議定的交換契約，發展到現在也不過 30 年的歷史。不過從圖 1–6 可以看出交換市場的驚人成長潛力！

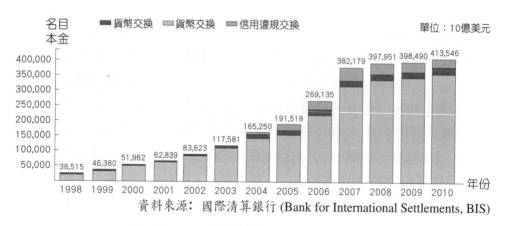

圖 1-6　主要交換契約名目本金金額

交換契約又是什麼呢？交換契約本質上與其他衍生性商品的差異比較大，其他衍生性商品基本上都是著眼於未來的交易，而交換契約的買賣雙方在簽訂交換契約時，手中都應該已經有金融資產可以交換了，這些金融資產所產生的現金流量將會在未來買賣雙方間定期互換！至於交易雙方所持有的金融資產到結算日會不會互相交易（資產交換）呢？這就不一定了，要看契約的內容來決定。

◎ 例題 **1-5**

貍貓換太子？巧妙的利用交換來節省成本

　　如果你能好好熟讀本書，總有一天你會有機會坐上某跨國公司的財務長的大位。假設你已經是臺灣必勝電子公司的財務長，1 年前成功的為必勝電子發行了一檔 10 年到期的新臺幣公司債，籌資新臺幣 100 億元，票面利息是固定的 5%，老闆大加讚賞你的能力，也讓你沾沾自喜。

　　但是天有不測風雲，這一年來歐洲經濟風雲變色，全球景氣又再度陷入衰退的疑慮，眼見全球的央行又要再度祭起降息的政策，1 年前發行的債券反而會在將來變成公司沉重的利息負擔，（別人在未來央行降息之後再去發行債券，可能可以享受更低的利息負擔呢！而必勝電子的公司債在未來卻要支付固定的 5% 利息！）你該怎麼辦？收回債券？別傻了，要是你的公司債並沒有附帶贖回權 (Call) 的話，在低利率的時代，投資人怎麼可能放手這個固定 5% 收入的金雞母！你現在

很想把你的債券改成票面利率隨時間調整的「浮動利率債券」，有可能嗎？答案是有可能的，幸虧有了交換這個商品，可以保你安全度過難關，完成狸貓換太子的艱鉅任務！

到底交換是怎麼進行的呢？

首先，你得先去找一個仲介，一般來說這個仲介常常是投資銀行，接下來這個仲介會去幫你找到一個交易對手，而這個交易對手剛好有跟你相反的需求。

舉例來說：必勝電子的需求是：將固定 5% 的利息支出改成隨時間浮動的變動利息支出，這樣要是未來市場利率真的下降了，那麼必勝電子所需支付的利息可以隨之調降，降低必勝電子的利息成本。

你的仲介要幫你尋覓的交易對象的需求是：想要必勝電子的某些東西，且願意支付必勝電子固定 5% 年利率的利息支出。

焦急的等待了幾天以後，仲介終於通知你找到交易對手了。假設美國的天才科技公司很欣賞你們公司穩健的經營作風，有意投資必勝電子的股票，然而若直接投資必勝電子的股票，其資本利得 (Capital Gains) 會被美國政府課稅。因此天才科技想要透過支付必勝電子每年新臺幣 5 億元，也就是新臺幣 100 億元的 5% 利息，來交換必勝電子每年支付價值新臺幣 100 億元股票的年報酬給天才科技。

很複雜嗎？研究一下圖 1–7 你就會更加瞭解這個交換的流程。

固定利息

$10,000,000,000×5%=$500,000,000

必勝電子 → 天才科技

$10,000,000,000×必勝電子股票報酬率

浮動現金流

↗ 圖 1–7　每一期的交換金額

結論就是：

天才科技每年給予必勝電子新臺幣 5 億元來支付發行的債券利息。

$10,000,000,000 × 5% = $500,000,000

天才科技則每年取得必勝電子股票的年報酬。在圖 1-7 中，必勝電子的年報酬率為 12%，則必勝電子應該支付給天才科技

$$\$10,000,000,000 \times 12\% = \$1,200,000,000$$

交換合約在交換現金流量時，一般採用的是交換的淨額 (Net Amount)。也就是說在每年雙方進行交換的時候，交換方式如圖 1-8 (b)所示，而非圖 1-8 (a)。

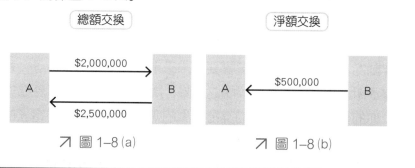

　↗ 圖 1-8 (a)　　　　　↗ 圖 1-8 (b)

1.4 衍生性商品的標的物
——人類欲望與創意的成績單

衍生性商品既然是因為有現貨交易的存在而推衍出來的契約，那麼理論上來說，只要是有現貨，就應該會有相關聯的衍生性商品推出。事實上，衍生性商品的標的物已經多到很難有人可以講出確切的數字，只要有需求、有市場，人類就有辦法創造出相關的衍生性商品。

來看看全世界最大的期貨交易所——芝加哥商品交易所 (CME) 的網站吧！只要你敢探頭進去瀏覽一下，就會發現裡面的標的物多到令人頭皮發麻，不過這些都是已經通過重重考驗的流行標的物。CME 將它的衍生性商品標的物分成 10 大類，分別是：

	類別	英文
一	農產品	Agriculture
二	信用	Credit
三	經濟事件	Economic Events
四	能源	Energy

五	股價指數	Equity Index
六	匯率	Foreign Exchange, FX
七	利率	Interest Rates
八	金屬	Metals
九	房地產	Real Estate
十	天氣	Weather

有沒有發現到，從實體商品的農產品、金屬，到非實體的金融資產，甚至是不太像標的物的「信用」與「天氣」等都成為了投資標的。

1.5 衍生性商品的交易動機
──它們的市場價值何在?

在競爭這麼激烈的金融商品市場，能夠成功的存活下來，甚至呈現爆炸性的發展，可見衍生性商品的功夫不是三腳貓而已。受歡迎的產品一定有它們的市場性，且其功能也符合大多數人的需求。

衍生性商品的功能可以說是多面向的，衍生性商品受到投資人的重視，就是因為它的功能是多方面的，人們為什麼想要操作衍生性商品呢?我們先從創造衍生性商品的動機來看便知:

一、避　險 (Hedge)

剛剛講了一大堆衍生性商品的起源，我想閃過你腦海的第一個答案便是「避險」，何謂避險? 投資學裡所說的「風險」是指「不確定性」，不是一般人所想像的「損失」那麼狹隘。現在就約定未來的交易價格，買方就好像預言家一樣，預知未來買進的成本;賣方則可以預先確定自己以後可以有多少收入，不管日後標的物價格的大風大浪，安心的每天睡好覺，這就是避險的功能，因為風險已經被你「處理」掉了!

但是避險的人是怎麼處理掉風險的?難道是風險已經被他消滅了嗎?其實風險一直都是存在的，只是被「移轉」掉了。那麼風險移轉給誰了呢? 這可能是你最直覺的疑問。這是個好問題喔，願意去接受避險者移

轉過來這麼高風險的人，當然也就是追求高獲利的人，我們稱他們為「投機者」。所以衍生性商品的第二個主要功能就是「投機」!

二、投　機 (Speculation)

記得剛剛跟各位討論過的芭樂遠期契約（例題 1–2）嗎? 假設我是種植芭樂的果農，為了確保明年芭樂的售價，所以今年我先跟進貨商講定明年收購的價格，此時我是賣出芭樂遠期契約的避險者，水果進貨商則是買進芭樂遠期契約的避險者，因為它也確定了明年購買芭樂的進貨成本。雙方一拍即合，避險者一點也不必發愁找不到交易對手! 但是，真實世界真的有這麼美好嗎?

實際上不然。芭樂遠期契約的避險者只限於水果產銷這塊領域（例如身為學生的你，就不會有避險芭樂價格的需要），人數畢竟有限，即使是在水果產銷這個行業，也不是每個人都有避險的需要，有的水果商或是芭樂農夫就是願意賭賭看，不願意利用芭樂遠期契約避險。另外還有一個嚴重的問題，那就是在衍生性商品市場中，由於避險者大都是標的物這個產業的參與者，所以對標的物價格的未來走勢可以掌握到比外行人更多的資訊。在這種情形下，當避險者對標的物的未來價格有高度共識的話，遠期契約的交易狀況經常都是一面倒的狀況。

當「芭樂園主甲」從和附近「芭樂園主乙」所交換到的種種資訊判斷出明年芭樂價格可能會大幅下跌，那麼他一定會急著賣出芭樂遠期契約來保障明年出售的價格，而其他芭樂園主所獲得的情報也應該很類似，這時候應該很少有芭樂園主會逆勢而行購買芭樂遠期契約吧? 至於收購芭樂的水果商更是不用說了，它們也一定打聽得到明年芭樂價格不好的消息，還有誰會現在買進芭樂遠期契約呢? 結果形成了交易一面倒的狀況，市場上只有賣的人而根本找不到買的人，想賣也賣不出去，這就形成了嚴重的流動性枯竭 (Liquidity Dried Up)。

在這種情形之下，誰會願意提供流動性呢? 他們就是所謂的投機者。投機者難道是在從事慈善事業嗎? 不然他們怎麼願意接手避險者移轉給他們的風險呢? 進行投機活動的交易者，他們跟標的物毫無任何淵源，

以後不會想要買進標的物，更不想賣出標的物。他們純粹就是想要賺取標的物價格高低之間的差價。他們認為他們從自己對標的物基本面的研究，或者從價格走勢圖的判斷，就可以利用買進或放空衍生性商品契約而賺到一筆錢，這就是投機者。

投機是壞事嗎？那可不一定喔！衍生性商品的流動性必須要靠投機者的加入才能維持流暢。期貨交易為什麼在流動性占了極大的優勢呢？因為期貨交易中，投機交易占了總成交量的 80% 左右。也就是說避險交易能否順利完成，取決於是否有夠多的投機者進場交易。

三、價格發現 (Price Discovery)

平心而論，避險交易其實也是帶有一些投機成分的，避險者從事避險交易，一定代表他對標的物未來走勢是有自己看法的。如果芭樂園主覺得明年芭樂價格會漲翻天的話，他不會現在賣出芭樂遠期契約。他只要好好的多種幾斤芭樂，等待明年芭樂價格大賺一筆就可以啦！既然市場上所有的交易者憑著自己的資訊以及研究從事避險與投機交易，買賣雙方取得的均衡價位就是最能反映市場對未來標的物價格的「期望價值」。既然是對未來的期望，那麼衍生性商品的價位理應領先標的物目前現貨市場成交的價格。

事實上，已經有非常多的學者對「價格發現」作過研究，也證實了衍生性商品的價格走勢的確領先現貨價格開始啟動。另一方面，衍生性商品的交易名目總額，早已遠遠超過現貨市場的成交量。以 2013 年 12 月 20 日臺灣證券交易所的收盤資料顯示，今日集中市場的交易量為 825 億。而從期貨交易所的資訊顯示，單單是臺指期貨近月（10 月期指）的成交名目總規模金額就已經為 1,060 億元[2]，已經超越了現貨市場的成交量了！如果再加上遠月臺股期貨、小型臺指、電子指數期貨、金融指數

---

[2] 臺股期貨名目總金額計算方式是：臺股期貨規模為 200 元/點。2013 年 12 月 20 日臺股期貨收盤價為 8,391 點，1 口臺股期貨代表的臺股價值為 $200 × 8,391 = $1,678,200。當日成交量為 63,180 口，因此名目總交易金額為 $1,678,200 × 63,180 = $106,028,676,000。

期貨、非電金指數期貨等，期貨名目總交易金額領先現貨成交量的幅度就更加擴大了。

　　這麼看來，衍生性商品的流動性大幅高於現貨市場，也就是說衍生性商品市場的價格更難被外力或雜訊所操控，報價也因此比現貨市場更有效率！這也難怪它們的報價可以作為現貨市場報價的領先指標了。

四、交易的便利性

　　衍生性商品的交易比現貨交易還要方便嗎？是的！事實上衍生性商品在很多方面的便利性都優於現貨交易。

（一）沒有放空的限制

　　同學們多少都知道臺灣股市對於股票的放空設下不少限制，其他國家股市的狀況也差不多，對於放空股票的投資人處處提防，好像他們是犯罪集團似的（所以放空現股的投資人常常被冠上「禿鷹集團」的稱號）。

　　2008 年雷曼兄弟倒閉之後股市接近崩盤狀態，歐美國家甚至禁止無券放空，但是各國政府卻沒有辦法禁止投資人放空衍生性商品，這是因為衍生性商品必須要有人賣出才有人買得到，一廂情願的不准放空意思也就是沒有人買得到，也就是沒有人可以作多！禁止放空等於是宣布衍生性交易全面停擺，期貨交易所也可以關門大吉了！因此衍生性商品可以給交易者自由作多與作空的機會，不論標的物的價格是上漲或下跌，只要作對方向的話，就能輕易賺進大把鈔票。

（二）交易成本低於現貨

　　這項優勢可能會出乎大家的意料之外，但是是真的！衍生性商品的交易成本甚至只有現貨交易的幾分之一呢！我們就拿臺股期貨與股票來做比較吧。就手續費來說，買進 1 口臺股期貨的手續費為新臺幣 100 元左右，以 2013 年 12 月 20 日的臺股期貨來說，它的結算價 (Settlement Price) 為 $8,391，也就是說它 1 口的規模為 $200 \times 8,391 = 1,678,200$ 的股票。如果以股票券商手續費為交易金額的 0.1425% 來計算，買進 $1,678,200 股票的手續費為 $1,678,200 \times 0.001425 = 2,391$，整整高了期

貨 23 倍！即使現在股票券商競爭激烈，股票電子交易的手續費可以殺到 2 折，但是期貨交易的手續費還是大幅低於股票交易的手續費。交易稅的比較，也是期貨低於股票現貨[3]。

衍生性商品在許多方面提供了投資人更有效率、成本更低的投資管道，再加上交易標的的多樣性，使得衍生性商品的交易量超越了現貨交易量，成為金融市場最新且最火紅的商品！

---

[3] 到 2014 年底，期貨交易稅為其名目規模金額的 0.00002，而股票則是交易金額的 0.003。

衍生性商品災難事件簿

霸菱銀行倒閉事件

這件轟動世界的金融事件，是衍生性商品災難的經典範例。很多同學可能已經聽說過這個故事，或是看過真人真事所改編的電影《A 錢大玩家》，在現實生活中，這個事件所造成的影響之巨大，恐怕不是我們可以預期的。1762 年，英國霸菱銀行成立於倫敦，在倒閉之前，是一家擁有悠久歷史的銀行，霸菱銀行不但以保守著稱，也是英國最有信譽的投資銀行，連英國女王伊莉莎白二世也是它的客戶。

不幸的是，它在 1995 年 2 月 26 日宣布倒閉，以「1 英鎊」的代價賣給了荷蘭的 ING 集團。由此可以想見它根本已經沒有任何價值。這中間到底發生了什麼事？

14 億美元的虧損！一位交易員就虧掉了你好幾百輩子才花得完的金額！這位交易員到底是何方神聖？他到底發生了什麼事？這號人物的名字叫做尼克·李森 (Nick Leesson)，只具有高中學歷，在霸菱銀行倒閉之前是操作績效數一數二的超級交易員。最重要的是，他所做的交易都是屬於純投機交易！

尼克·李森在霸菱銀行的新加坡分行服務，因為戰功彪炳而當上了首席交易員。例如他在 1993 年就為霸菱銀行賺進 1,200 萬美元！而在霸菱銀行倒閉後，經過全盤清點才發現，李森利用一些虛擬的帳戶掩飾他其他帳戶的虧損，使得他的績效顯示都是獲利。這牽涉到霸菱銀行內部控管的問題以及主管為了績效睜一隻眼閉一隻眼的態度，造成了李森有機會無限制的擴大他的衍生性商品部位及虧損。不過以上皆屬於風險管理的範疇，並不是本書的重點，所以就不深入討論了。這裡要討論的是：他是怎麼操作衍生性商品的？虧損怎麼會這麼龐大？

新加坡國際金融交易所有二個相當有名的期貨契約，那就是以日本股市最具代表性的指數「日經 225」(Nikkei 225) 為標的物的股價指數期貨以及以臺灣股市為標的的摩根臺指期貨。

李森所交易的是日經 225 指數期貨與選擇權，李森在 1995 年 1 月初的時候判定日經 225 指數會在 18,500 到 19,500 之間震盪，因此他利用選擇權作出賣出跨式交易 (Short Straddle)。跨式交易是本書第 16 章會詳加介紹的操作策略，現在我們先大略解釋一下：李森的策略是賣

出選擇權，賣出選擇權的人要跟買方收取權利金而且不用退還，亦即當選擇權到期時如果日經 225 指數落在 18,500 到 19,500 之間任何位置，那麼選擇權的賣方可以笑納全部的權利金；但是如果日經 225 指數的震盪很巨大，到期的時候大幅高於 19,500 或是大幅低於 18,500，那麼選擇權的賣方將會遭受龐大的損失。

事實上，從 1995 年 1 月開始，日經指數從 19,500 以上（1 月 4 日為 19,684 點）幾天下來的走勢是緩慢滑落到 18,500 與 19,500 中間，並且在這個區間停留了一個星期以上。好，到目前為止李森的判斷都十分正確。不過在 1 月 20 日左右，日經 225 指數忽然一天暴跌了 1,000 點以上！有誰這麼大膽敢跟霸菱銀行作對呢？是命運。1 月 17 日發生了震驚全世界的阪神大地震，造成 6,434 人死亡，損失金額約 10 兆日圓。正所謂人算不如天算，日經 225 指數當然是暴跌數日。

這種千載難逢的倒楣事件，是一個投機者最不願意遇到的夢魘。要是你是李森，你該怎麼辦？

| 方案 A | 停損，認賠出場，等著被公司檢討、懲處、「超級交易員」英名受損 |
| 方案 B | 硬拗到底，認為地震只是突發事件，過幾天股市就會恢復了 |

一般散戶可沒有那種財力可以熬過日經指數 1,000 點的跌幅，所以應該會選擇方案 A，認賠出場。可是李森手上有英國最古老投資銀行的龐大銀彈！而人性的弱點就在這裡顯現無遺了。手上有銀彈讓他拗下去，所以他選擇方案 B，他不但繼續熬下去，而且還以銀行的資金在期貨市場大量買進日經 225 指數期貨，企圖直接用人為力量拉抬日經指數。他的作法奏效了，2 月 1 日日經 225 指數的收盤價為 18,739 點，但是李森並沒有見好就收，他的自大又讓他想繼續擴大戰果。

不幸的是，後來證明 1 月底的漲勢只是急跌後的反彈，我們通稱為「逃命波」，之後日經指數就江河日下，一去不回頭了，且不論李森再怎麼砸下資金拉抬也沒有用，無論資金再怎麼龐大的銀行，想試圖改變市場終究只是螳臂擋車。李森在苦撐了將近 1 個月之後，終於在 2 月 23 日通知他的老闆，為這件荒唐的事件畫下了句點。

其實 1995 年 2 月 23 日只有跌不到 300 點而已，比起之前動輒跌上千點的慘況，應該是小意思而已，為什麼李森在日經指數期貨大跌 1,000 點的那一天支撐得下去，卻就在只下跌 300 點的 2 月 23 日這一

天撐不下去呢? 我想這也是一個很有趣的現象, 心理學家與社會學家應該都有興趣探討李森在極端壓力之下的行為。至少我們知道一件事, 那就是投資學對投資人風險偏好的敘述在這個例子中絕對不適用!

自問自答時間

現在假設你是一位比李森還要精明幹練的交易員。從這個案例來看, 請試著回答以下問題:

1. 你覺得投機者應該具備哪些特質比較容易成功?
2. 你覺得投機者不應該犯下哪些錯誤?

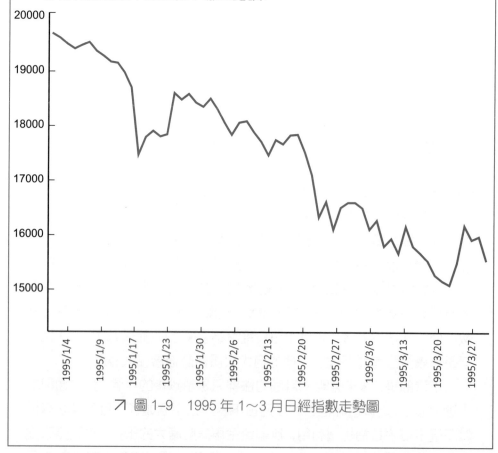

↗ 圖 1-9　1995 年 1～3 月日經指數走勢圖

練習題

( ) 1.下列何者不是期貨契約標準化之要素? (A)交割方法 (B)到期日 (C)數量 (D)價格 【2010 期貨交易分析人員測驗】

( ) 2.期貨市場在買賣手續確定後,買方之對手為 (A)賣方 (B)結算所 (C)期交所 (D)期貨經紀商【2010 期貨交易分析人員測驗】

( ) 3.下列何者為現貨市場與期貨市場的不同? (A)檢驗商品的程序 (B)商品等級 (C)交割之前契約可沖銷 (D)以上皆是

【2010 期貨業務員測驗】

( ) 4.期貨交易能降低違約風險與何者有關? (A)期貨交易所 (B)期貨結算機構 (C)期貨經紀商 (D)中央銀行

【2010 期貨業務員測驗】

( ) 5.期貨交易比遠期交易具有「安全與效率」之優勢主要因哪一單位之設立? (A)主管機關 (B)公會 (C)期貨交易所 (D)結算所

【2011 期貨業務員測驗】

( ) 6.期貨交易的違約機率遠低於遠期契約的主要原因為 (A)期貨契約具標準化 (B)結算機構的參與 (C)期貨投資人大多在到期前平倉 (D)期貨的到期期間較遠期契約短

【2011 期貨業務員測驗】

( ) 7.避險者與投機者之主要差別在於 (A)投機者有預測未來價格變動的能力 (B)避險者無法預測未來價格變動 (C)投機者持有現貨部位 (D)避險者持有現貨部位

【2013 期貨交易分析人員測驗】

( ) 8.期貨交易的違約機率遠低於遠期交易的主要原因為? (A)期貨契約具標準化 (B)結算機構的參與 (C)期貨投資人大多在期貨到期前平倉 (D)期貨的到齊期間較遠期契約短

【2013 期貨業務員測驗】

（　）9.參與期貨交易無需擔憂何種風險？　(A)交易所信用風險　(B)國家風險　(C)交易對手信用風險　(D)國家風險

【2014 期貨業務員測驗】

（　）10.依我國期貨交易法有關期貨契約定義之敘述，下列何者正確？(A)當事人約定於未來特定期間依特定價格及數量等交易條件買賣約定標的物，或於到期前或到期時結算差價之契約　(B)當事人約定選擇權買方支付權利金，取得購入或售出之權利，得於特定期間內，依特定價格及數量等交易條件買賣約定標的物；選擇權賣方於買方要求履約時，有依約履行義務　(C)當事人約定於未來特定期間依特定價格及數量等交易條件買賣約定標的物，或於到期前或到期時結算差價之契約　(D)當事人約定一方支付一定成數之款項，雙方於未來特定期間內，依約定方式結算差價。

【2014 期貨業務員測驗】

（　）11.有關遠期合約的敘述，下列何者為非？　(A)沒有交易所　(B)合約由買賣雙方議定　(C)有一定的交割日期　(D)議價

【2014 證券商業務員測驗】

（　）12.期貨可用來規避何種風險？　(A)銷售價格之風險　(B)銷售量之風險　(C)商品之品質風險　(D)現貨交易雙方之交割風險

【2014 期貨交易分析人員測驗】

（　）13.期貨交易的特色為何？　(A)集中市場交易　(B)標準化契約　(C)以沖銷交易了結部位　(D)選項(A)(B)(C)皆是

【2015 期貨業務員測驗】

（　）14.下列何者為期貨契約與遠期契約的相同點？　(A)均可對沖交易　(B)均已標準化　(C)均在集中市場交易　(D)執行日期均在未來

【2015 期貨業務員測驗】

第 2 章
期貨二三事

同學們對衍生性金融商品已經開始有一點眉目了嗎？現在我們要正式邁入期貨商品的領域了，接下來我會把更精彩的故事一一展示在你們眼前，期盼你們迫不及待的想要鑽進這個領域之中！

2.1 期貨（遠期）的歷史

想要瞭解期貨，就得先瞭解期貨的歷史，而想瞭解期貨的歷史，更要先明瞭期貨的兄弟——遠期契約，遠期契約的歷史更為悠久。期貨契約是在近代才躍登世界金融的舞臺的！

■ 2.1.1 希臘時代的智者

有一種說法認為，期貨最早的起源是來自偉大的希臘哲學家亞里斯多德 (Aristotle)，他曾經講過一個故事[1]，內容是說很久以前有一個窮鬼哲學家泰利斯 (Thales)[2]，他發明了一個可以預測氣候與動植物未來生長狀況的財務裝置。

有一次他預測到第二年的橄欖會大豐收，認為到時候提取橄欖油的磨坊鐵定會不敷需求。於是他就興匆匆的跑去跟擁有磨坊的主人們進行談判，希望明年能夠租用他們的磨坊。由於磨坊主人們無法預測第二年橄欖收成的情形，擔心要是第二年橄欖的收成不好，會沒人使用磨坊，因此磨坊主人們在泰利斯願意先支付訂金（保證金）的情況下，將磨坊用很低的價格租給了泰利斯。

第二年橄欖的收成季節終於來臨了，結果完全被泰利斯料中，橄欖大豐收，人們為了提取出價值較高的橄欖油，使得同一時間市場上對磨坊的需求暴增！此時泰利斯趁機把磨坊高價回租給原先的磨坊主人們，

---

[1] Aristotle (1952), *Politics*, trans. Benjamin Jowett, vol. 2, *The Great Books of the Western World*, book 1, chap. 11, p. 453, Chicago: University of Chicago Press.

[2] 事實上，泰利斯是歷史上有名的希臘七哲人之一，亞里斯多德甚至認為他是希臘最早的哲學家！

狠狠敲了一筆竹槓!

熱身操 2-1

在上述的故事中,泰利斯是屬於市場中的投機者還是避險者? 而磨坊主人們又是屬於何者?

之後隨著時代的演進,各式各樣的遠期契約如雨後春筍般一一冒出,而第一個重要的里程碑就是集中市場的出現。最初集中市場的功能跟東方古代的市集差不多,只是提供有交易需求的人一個集合起來的地方,至於能否找到合適的交易對象,那就得看各人的手段了;一直到近代,才逐漸有現在集中市場的雛形。

■ 2.1.2 第一間遠期交易所

現今大部分金融從業人員所公認的世界第一間遠期交易所是位於日本大阪的「堂島米會所」,創立於西元 1730 年日本德川幕府時代,其所交易的物品是大部分同學每天都會吃的白米。

遠期或期貨契約最初的標的物都是集中在農產品這個部分,這應該是在大家的意料之中,本來遠期或期貨契約敲定的就是未來的買賣,而從前農作物都是靠天吃飯,對未來的不確定性最高,也最有期貨避險的需求。遠期或期貨契約一開始的作用就是避險,而古時候金融商品的種類很少,至於石油、天然氣等等,也是現代才有的商品。民以食為天,最原始的遠期契約是以農產品為標的物就不足為奇了。

■ 2.1.3 現代期貨市場的興起

由於美國是世界金融市場的老大哥,因此若想瞭解期貨市場的歷史,就不能不集中火力來討論美國期貨市場的淵源。

與世界上其他期貨市場一樣,美國的期貨市場最初的功能也僅是提供一個交易的場所,所交易的商品只能算是遠期契約,而它的標的物也

是以農產品為主。那麼，美國最早的期貨市場是源自於何處呢？你們一定覺得是在金融中心紐約，對吧？錯！實際上是在芝加哥！而且美國到目前為止，最主要的期貨交易所大多仍然在芝加哥。這又是怎麼一回事呢？且聽我一一道來。

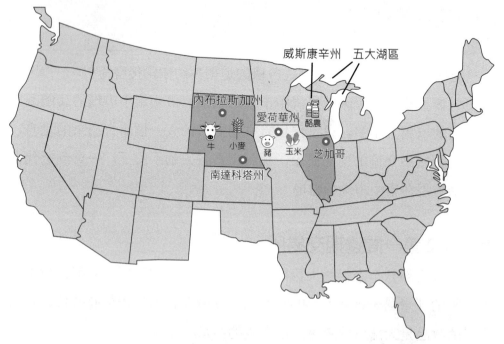

↗ 圖 2-1　美國地圖與農產品期貨的關係

　　圖 2-1 是美國大致的地圖，從圖中可看出美國中西部 (Midwestern) 是美國的大穀倉，當地的土壤是肥沃的黑土，加上地廣人稀，區域內的各州都有不同的主力農產品，例如芝加哥旁邊的威斯康辛州 (Wisconsin) 是以酪農產業聞名、芝加哥左方的愛荷華州 (Iowa) 則盛產玉米，且這些玉米大都是拿來當作豬隻的飼料，所以愛荷華州是美國豬肉最大的盛產地，而愛荷華州的左邊，從內布拉斯加州 (Nebraska)、南達科塔州 (South Dakota) 到更遠的懷俄明州 (Wyoming)，是讓人口水直流的美國頂級牛肉的產區。奶油、乳酪、瘦豬肉、玉米、黃豆……，這些都是重要的農產品期貨的標的物。

　　由於上述農產品必須要盡快的運到港邊，在以往沒有公路的年代，

只有海運能快速的運輸大量農產品，而經由五大湖出海是最便利的海運捷徑，在這方面紐約就吃了大虧，因為紐約並非在美國穀倉的樞紐地帶。仔細看圖 2-1 中芝加哥在美國的地理位置，相信你一定能瞭解為何芝加哥會是期貨市場最佳的根據地。期貨集中市場就是由芝加哥開始，逐漸的發展、擴大。

熱身操 2-2

可見期貨交易所的位置，與它所在地點的產業重心，交通地理重要性有很大的關係。你覺得以臺灣的產業或是農作物特性，適合推出哪些期貨契約呢？

表 2-1 期貨市場的重要事件

時間	事件
1848 年	美國組成第一個期貨交易所——芝加哥期貨交易所 (Chicago Board of Trade, CBOT)，它的功能就是為交易者提供集中交易的場所[3]。
1865 年	CBOT 推出標準化的期貨契約，標的物為農產品[4]。
1919 年	期貨界的巨人——芝加哥商業交易所 (Chicago Mercantile Exchange，簡稱 CME) 成立。
1961 年 9 月	CME 推出了第一種以活牲口為標的物的期貨契約——豬肚期貨 (Pork Bellies Futures)[5]。
1972 年 2 月	CME 推出了第一種以金融商品為標的物的期貨——外匯期貨。
1975 年	CBOT 推出第一個利率期貨—— Government National Mortgage Association (GNMA) 期貨，這是一種房貸抵押證券的期貨。

---

[3] 雖然我們稱呼 CBOT 為「期貨交易所」，但是其所交易的衍生性商品都是遠期契約。

[4] 雖然這是期貨契約的一大步，但還不是我們現在所認定的期貨契約喔，因為這時還沒有結算所的出現。

[5] 你可能想問，西方人不是不吃內臟嗎？為何會把「豬肚」當作標的物呢？其實他們是要拿來做成大家都愛吃的培根啦！

1978 年	CME 推出第一個能源期貨——熱燃油期貨 (Heating Oil Futures)。
1981 年 12 月	CME 推出第一個現金交割的期貨——歐洲美元期貨 (Eurodollar Futures)。
1982 年 12 月	CME 推出美國最重要的股價指數期貨契約——標準普爾 500 指數期貨 (S&P 500 Index Futures)。
1984 年	新加坡成立亞洲第一個金融期貨交易所——新加坡國際金融交易所 (Singapore International Monetary Exchange, SIMEX)。

資料來源：各期貨交易所

2.2 期貨契約的內容

　　同學們到現在為止，應該對期貨契約有一些基本的認識了吧。但是你們知道期貨契約裡面到底記載了哪些內容嗎？若是不知道期貨契約的內容，一知半解就跑去交易期貨，那真的是捧著自己的資金去送人呢！

■ 2.2.1 國內期貨契約範例

　　下面我們將展示兩種期貨契約（國內及國外各一）的內容給各位同學參考，該從哪裡開始好呢？就從我們耳熟能詳的臺灣加權股價指數期貨開始吧！

表 2–2　臺灣期貨交易所臺灣證券交易所股價指數期貨契約規格

項目	內容
交易標的	臺灣證券交易所發行量加權股價指數
中文簡稱	臺股期貨
英文代碼	TX
交易時間	1.本契約交易日同臺灣證券交易所交易日 2.交易時間為營業日上午 8:45～下午 1:45 3.到期月份契約最後交易日之交易時間為上午 8:45～下午 1:30
契約價值	臺股期貨指數×新臺幣 200 元
到期月份	自交易當月起連續二個月份，另加上 3 月、6 月、9 月、12 月中三個接續的季月，總共有五個月份的契約在市場交易

每日結算價	每日結算價原則上採當日收盤前 1 分鐘內所有交易的成交量加權平均價,若無成交價時,則依本公司「臺灣證券交易所股價指數期貨契約交易規則」訂定之
每日漲跌幅	最大漲跌幅限制為前一營業日結算價上下 10%
最小升降單位	指數 1 點(相當於新臺幣 200 元)
最後交易日	各契約的最後交易日為各該契約交割月份的第三個星期三,其次一營業日為新契約的開始交易日
最後結算日	最後結算日同最後交易日
最後結算價	以最後結算日臺灣證券交易所當日交易時間收盤前 30 分鐘內所提供標的指數之簡單算術平均價訂之。其計算方式,由本公司另訂之
交割方式	以現金交割,交易人於最後結算日依最後結算價的差額,以淨額進行現金的交付或收受

註: 最後交易日若為假日或因不可抗力因素未能進行交易時,以其最近之次一營業日為最後交易日。

資料來源: 臺灣期貨交易所

　　每一口臺股期貨都必須依照表 2-2 的規格,也就是說每個持有臺股期貨契約的交易人,所擁有的都是相同規格、相同品質的契約,所有交易人就可以不用費心去評估其他投資人的臺股期貨的規格品質,只需要在乎「成交價格」,這就是標準化契約的優勢。

　　接下來就為各位解說這些規格的意義嚕!

一、交易標的

　　所有衍生性金融商品都有其標的物,期貨當然也不例外,例如臺股期貨的標的物指的是某一個能代表臺灣股市表現的指數,而臺灣期貨交易所選取的是由臺灣證券交易所所編製的「發行量加權股價指數」,但事實上,就臺灣股票市場的代表性而言,發行量加權股價指數並非是唯一的選擇。任何指數,不論是由誰所編製,只要能夠得到大家的認同,就有機會被期貨交易所採用作為標的物!

二、交易時間

　　國內期貨交易時間相當固定,例如臺股期貨的交易時間,是從早上現股開盤前 15 分鐘(即上午 8:45)到現股收盤後的 15 分鐘(即下午 1:45),足足多了現貨市場半個小時;國外期貨則不然,同樣的期貨交易

所，只要契約不同，那麼交易時間就會有很大的不同，即使是相同的契約，電子盤與人工盤的交易時間也不盡相同。

三、契約價值

期貨為什麼會被稱作高槓桿、高風險的交易呢？這是因為我們交易期貨時所需準備的「保證金」並不是用來購買這口期貨標的物的所有「貨款」，而只是一種「抵押品」而已。期貨的報價是每單位標的物的價格，而一口期貨契約所代表的標的物的總市值，則為：

期貨報價×一口期貨有多少單位的標的物（期貨規模）　　（2-1）

◎例題 **2-1**

臺股期貨現在的報價為 7,896 點，則其契約價值為？

解答：

臺股期貨 1 點是 $200，那麼 7,896 點到底值多少呢？我想答案已經很明顯啦！那就是：

$$\$200 \times 7,896 = \$1,579,200$$

也就是說，目前這口臺股期貨代表市值為 $1,579,200 的臺股市值。

熱身操 **2-3** ●

玉米期貨現在的報價為 643.00 美分，而玉米期貨一口的規模為 5,000 英斗，請問這一口玉米期貨所代表的玉米價值為多少「美元」？

↘小百科

英　斗 (Bushel)

Bushel 也譯作「蒲式耳」。英斗不是重量單位，而是容積單位，1 英斗 = 36.4 公升。因為農作物的比重都不一樣，因此 1 英斗有多重得視農作物而定，例如 1 英斗玉米大約是 25.4 公斤、1 英斗大麥約為 17 公斤、1 英斗小麥與黃豆約為 27 公斤。

四、到期月份

到期月份代表的是這個期貨契約終止當月。只要是契約就會有到期

日，那麼期貨契約在它的到期日又會怎麼樣呢？期貨契約在到期日那天就會進行總結算，此時期貨的買方要支付這口期貨的標的物的總結算價值，而賣方則要依約把這口期貨所代表的標的物總量交付給買方，這些事情完成後，這個契約就能夠功成身退，也就是無效了！

因此即使期貨契約的所有條件都相同，但只要兩者月份不同，契約就不同，不能互相抵消或互相買賣。例如說，9 月臺股期貨與 12 月臺股期貨是不一樣的契約。

五、每日結算價

在每個交易日的收盤之後，結算所都會根據當日的成交價位（通常是收盤前成交價的均值）來做一天的結算，所有仍然持有這個期貨契約的交易人依照這個結算價來做損益的計算，並且把當日的損益加進交易人的保證金帳戶。

由於期貨並不是只有在到期日才一次總結算，而是每天依據每日結算價就結算一次，因此「每日結算」變成期貨交易最重要的特色之一。

六、每日漲跌幅

「這個簡單，不是 10% 嗎？」臺灣證券交易所的股票每日漲跌幅是 10% 沒錯，而臺股期貨每日的漲跌幅也是 10%，但是並不是每種期貨契約每日漲跌幅都是 10% 喔！因為期貨標的物的價格波動特性大大不同，因此期貨契約的漲跌幅也會有所不同！

七、最小升降單位

期貨市場所謂的「價格跳動一檔」，就是指價格最小變動單位。臺股期貨的最小價格變動單位為 1 點，也就是說臺股期貨的報價是沒有小數點之後的數字的。但為什麼旁邊要括弧註明 200 元呢？這 200 元即為每口期貨標的物的數量（規模），將之乘以價格最小變動單位（即 1 點）可求出一口期貨契約的最小變動金額（即 200 元），而我們在這個期貨獲利虧損的總金額，都會是這個最小變動金額的倍數。

最小變動金額＝每口期貨標的物的數量×價格最小變動單位　　(2–2)

◎ 例題 **2-2**

臺股期貨的價格最小變動單位是 1 點，假設現在的報價是 7,896 點，如果臺股期貨的價位開始攀升，則：

1. 下一個價位將抵達？
2. 其保證金最小變動金額為何？

解答：

1. 最少的報價為 7,897 點！因為臺股期貨的最小變動單位是 1 點，雖然其可能會直接在下一個報價跳躍到 7,898 點、7,899 點，甚至是 7,905 點，但是它最少會上升到 7,897 點。
2. 臺股期貨的最小變動金額為 $200。

$$\$200 \times 1 = \$200$$

熱身操 **2-4** •

假設玉米期貨的最小跳動單位是 0.25（美分/英斗），且一口玉米期貨的規模是 5,000 英斗，則：

1. 玉米期貨的最小變動金額是？
2. 玉米現在的報價為 643.00（美分/英斗），如果玉米期貨價格現在開始下跌，那麼第一個抵達的價位為？

八、最後交易日與最後結算日

期貨契約到了到期月份之後，交易人最關注的當然是期貨契約的最後交易日了。期貨契約的到期日通常不是到期月份的最後一天，而會提早，而且通常會是「第幾個星期幾」這樣的形式。至於最後結算日通常是最後交易日當日或是最後交易日後的第二個交易天。

九、最後結算價

指期貨到期日當天總結算所依據的價格。理論上，當月期貨結算價格大多是以現貨市場在最後結算日當日或是次一日的開盤、收盤、或是平均成交價格為準。

十、交割 (Settlement) 方式

這是期貨在最後結算日時期貨標的物該如何「結帳」的方式。

㈠實物交割 (Physical Delivery)

大部分有「實體標的物」的期貨，都允許實物交割，也就是真正的「一手交錢，一手交貨」！例如黃金、原油、農產品……，很多傳統期貨都是實物交割，不過也有例外，如：CME 的育肥牛期貨 (Feeder Cattle Futures) 是採「現金交割」。

話說回來，該如何進行實物交割呢？並不是我們想像中那麼簡單唷！當期貨契約到第一通知日 (First Notice Day) 後，期貨賣方即可提出交割通知書 (Delivery Notice) 要求交割，也就是說，期貨的賣方在到期月份有「選擇交割時間的權利」，這個權利對期貨賣方相對有利。而結算所將會指定任一該期貨的買方為交割的對象，買方一旦收到交割通知書就必須履行交割的義務，因此有期貨多頭部位時，最好於第一通知日前先行平倉，也就是說把原來買進的期貨契約賣掉，以防被指派交割。同時，賣方必須把儲存交割商品的指定倉庫或其代辦處的庫存收據交給買方，而買方接到收據後將貨款交予賣方，至此即完成交割程序。

> ↘ 小百科
>
> **育肥牛期貨**
>
> 育肥牛表示飼育場中正被養肥的活牛，一張育肥牛合約對應 50,000 磅育肥牛（相當於 23 公噸）。

> ↘ 小百科
>
> **多 頭**
>
> 投資人看好股價會上漲，於是買進股票，待股價上漲至某一程度時再賣出以賺取差價；反之，「空頭」是投資人看壞市場，先行賣出股票，待股價下跌時再買回。

㈡現金交割 (Cash Settlement)

就某些期貨契約而言，交割程序並無實物或實際的金融商品可供交換，如股價指數、歐洲美元、美元指數等金融期貨。此種期貨，若投資

者到最後交易日仍未平倉，將根據現貨價格與最後交易日結算價格之差價進行現金結算。

■ 2.2.2 美國期貨契約範例

美國的期貨契約可謂五花八門，只要是市場可以接受，具有成交量的物品，基本上都可以成為期貨契約的標的物。剛剛臺股期貨是以金融資產為標的物，那麼美國期貨我們就用實體標的物期貨契約來做範例吧！實體標的物期貨契約與非實體標的物期貨契約所要規範的規格是稍微不一樣的。

表 2–3　CME 交易的玉米期貨 (Corn Futures) 契約規格

Contract Size	5,000 bushels (～12.7 Metric Tons)	
Deliverable Grade	#2 Yellow at contract Price #1 Yellow at a 1.5 cent/bushel premium #3 Yellow at a 1.5 cent/bushel discount	
Pricing Unit	Cents per bushel	
Tick Size (Minimum Fluctuation)	1/4 of one cent per bushel ($12.50 per contract)	
Contract Months/Symbol	March (H), May (K), July (N), September (U) & December (Z)	
Trading Hours	CME Globex (Electronic Platform)	6:00 pm–7:15 am and 9:30 am–1:15 pm central time, Sunday–Friday Central Time
	Open Outcry (Trading Floor)	9:30 am–1:15 pm Monday–Friday Central Time
Daily Price Limit	$0.40 per bushel expandable to $0.60 when the market closes at limit bid or limit offer. There shall be no price limits on the current month contract on or after the second business day preceding the first day of the delivery month.	
Settlement Procedure	Physical Delivery	
Last Trading Day	The business day prior to the 15th calendar day of the contract month.	

| Last Delivery Day | Second business day following the last trading day of the delivery month. |
| Exchange Rule | These contracts are listed with, and subject to, the rules and regulations of CBOT. |

資料來源：CME

這是原版的美國期貨規格，同學們看完後是否有發現美國期貨與國內期貨的規格有哪些不同？現在為你簡單介紹一下。

一、Contract Size（標的物規模）

例如 CME 一口玉米期貨代表的玉米數量為 5,000 英斗，由於 1 英斗玉米約為 25.4 公斤，因此 5,000 英斗玉米約為 127,000 公斤，也就是 12.7 公噸。

二、Deliverable Grade（交割標的物等級）

只有實體交割的期貨才會有這個規定。舉例來說，玉米期貨到期日要交割了，期貨買家依約支付最後結算價格來跟賣家購買 1 口 5,000 英斗的玉米，如果期貨交易所沒有規範賣家應提供的玉米品質的話，可想而知，基於人性的考量，賣家一定會盡量運給買家品質最差的玉米，所以標的物的交割品質一定要有規範。CME 玉米期貨的規格裡就寫得清清楚楚：黃色 2 號等級 (#2 Yellow)。

但凡上有政策則必下有對策。怎麼說？有人立刻就想出一條妙計──如果投機客的資產夠雄厚的話，是不是可以把期貨契約所指定等級的標的物全部囤積起來，等到期貨契約期限屆滿時，放空期貨的賣家在市場上搜尋不到這個等級的標的物可以交割，這時再哄抬價格賣給賣家？例如小明將 2 號等級的玉米先囤積起來，接著耐心等到「2 號玉米期貨契約」快要到期貨最後結算日的時候，若期貨的賣方事先沒有準備這個等級的標的物來交割的話，由於市面上已經找不到貨源，賣家為了避免違約只好向小明購買 2 號等級的玉米，此時小明就可以向賣家漫天要價啦！

對此，期貨交易所是有補救措施的，它們把規定變得更富彈性：賣方在實物交割時可以使用跟交割等級不同級的標的物，但是買方所需要支付的價格會有所不同。如 CME 玉米期貨交割標的物等級規定：「如果

043

賣方交割的玉米為黃色 2 號等級玉米,則買賣雙方以最後結算價格交割;如果賣方交割的是比較高級的黃色 1 號玉米,則買方需要以高於最後結算價格每英斗 1.5 美分的價格交割;同理,如果賣方交割的是比較次級的黃色 3 號玉米,則買方只需要以低於最後結算價格每英斗 1.5 美分的價格交割。」

三、 Pricing Unit（計價單位）

係指此期貨的報價是以何者為單位。例如 CME 玉米期貨的計價單位是美分/英斗,也就是說我們看到的玉米期貨報價所寫的數字,就代表它的價格是每英斗多少美分。

四、 Tick Size（最小升降單位）

此項規定與臺灣期貨的意思相同。例如 CME 玉米的價格最小升降單位是 1/4 美分,那麼每升降 1/4 美分代表期貨契約價值變動多少呢?很簡單,由於 CME 玉米期貨的規模是 5,000 英斗,所以一口玉米期貨價值的變動金額是:

$$5,000 \times 1 / 4 = 1,250（美分）= 12.5（美元）$$

五、 Contract Months（合約月份）

係指玉米期貨到期月份。從表 2–3 可知,CME 玉米期貨的到期月份只有 3 月、5 月、7 月、9 月與 12 月。也就是說你不可能會在 CME 看到 2012 年 2 月到期的玉米期貨!

六、 Trading Hours（交易時間）

係指期貨契約在每個交易日的交易時段。CME 是傳統的期貨交易所,最初的期貨契約都是在交易所內由人工喊價撮合交易的人工盤 (Open Outcry),後來才有電子盤的出現。其中,CME 的電子盤交易系統叫做 Globex。

CME 玉米期貨的電子盤交易時間分成兩段,第一段是從美國中部時區(也就是芝加哥所在的時區)下午 6:00 到第二天早上 7:15;第二段是從美國中部時區上午 9:30 到下午 1:15。

七、Daily Price Limit（當日漲跌幅限制）

CME 玉米期貨的漲跌停板不像臺灣的臺股期貨是以百分比 (10%) 來定的，而是以固定的價格變動（40 美分）來決定漲跌停價位。而一口玉米期貨 40 美分的價格變動相當於：

$$40 \times 5,000 = 200,000 \ 美分 = 2,000 \ 美元的保證金變動$$

對了，CME 的玉米期貨規格還有提到一點，那就是玉米期貨在它到期的那個月份是沒有漲跌停限制的。原因可能是因為每日漲跌停板的設置，主要是為了防止期貨價格波動過於劇烈，穩定市場秩序；然而到了最後結算月份，很快就要以現貨價格作為最後結算價了，而現貨市場是沒有當日漲跌停板的限制的。如果再幾天就要到期的情況之下，一方（現貨）沒有漲跌停而另一方（期貨）卻受限，到最後結算時可能現貨與期貨產生巨大差異，這對有實力的投機者來說是炒作價格的大好機會！所以在期貨到期月份是不應該有當日漲跌停板的限制的[6]。

八、Settlement Procedure（交割方式）

CME 玉米期貨的交割方式是「實物交割」。

九、Last Trading Day（最後交易日）

期貨契約到了到期月份後，到底該以到期月份的哪一天為最後交易日呢？從表 2-3 可知，CME 規定玉米期貨的最後交易日為當月 15 日的前一個交易日 (Business Day)。

十、Last Delivery Day（最後交割日）

係指買賣雙方選擇交割時，最後的交割期限。CME 玉米期貨的最後交割期限為最後交易日的後 2 個交易日。

---

[6]漲跌停板價格的決定，是以前一日的結算價作為平盤價。

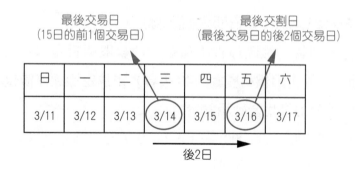

↗ 圖 2–2　如何決定最後交易日

　　圖 2–2 讓各位更清楚最後交易日是怎麼決定的，例如 2012 年的 3 月 15 日是星期四，前一天 3 月 14 日星期三是正常交易日，因此 2012 年 3 月玉米期貨的最後交易日為 3 月 14 日，最後交割日則為最後交易日後的第 2 個交易日，也就是 3 月 16 日星期五。

熱身操　2-5

　　請找出 2015 年 9 月美國 CME 玉米期貨的最後交易日以及最後結算日。

衍生性商品災難事件簿

德國金屬工業集團 (Metallgesellschaft A.G.)

　　避險不是可以讓避險者晚上安心睡覺的嗎?怎麼到後來避到大虧特虧了? 期貨的特色使得避險操作必須要考慮更多因素。

　　這是在 1994 年所發生的一件震驚歐美的重大金融災難。雖然名氣沒有李森的霸菱事件這麼大,但是我覺得對於後人的警示作用跟霸菱事件不相上下。因為霸菱事件是不肖交易員的惡性欺瞞,但是德國金屬工業集團的事件沒有人惡性操作,操作目的也是規規矩矩的避險,但是卻因為忽略了期貨與遠期的差異而導致重大災難的發生!

　　在 1990 年初期,德國金屬工業集團的年營收達到 150 億美元,在德國以及其海外的事業體達到 250 個之多。它在當時也是德國第 14 大企業。不過它的主力產業大多在成長遲緩的成熟產業,例如礦業、精練非鐵金屬等等。然而上市公司只有穩定獲利是不夠的。股東們要求的是成長,所以公司就高薪請來了會給公司成長的團隊過來。新的經營團隊要尋求成長,就必須要跨足到別的領域去。這美其名就是「多角化經營」。事實上公司也急切的想這麼做,因為當時金屬價格持續滑落,所以它本業的獲利也在持續的衰退之中。

　　在德國金屬工業集團的多角化經營中,看起來最有潛力的是在美國的子公司「MG 煉油及行銷公司」(MG Refining and Marketing, MGRM),MGRM 這家子公司主要從事的是提供創新的能源相關衍生性金融商品給它的客戶。這些相關的背景資料我們就不詳述了。重要的是,原油價格在那段期間的波動十分的劇烈。原油價格本來是上漲的,原因有很多,包括景氣在那段時間的繁榮,再加上美國進攻伊拉克造成石油短缺的恐慌。因此在 1988 到 1990 這兩年之間油價攀升得很快,但是從 1990 到 1994 年之間,原油價格卻是持續的下跌 (圖 2-3)。油價下跌的最重要原因是 1990 年 7 月開始的美國經濟衰退。從圖 2-3 可以發現,原油雖然沒有太重大的趨勢發生,但是油價的震盪區間十分寬廣,震盪十分劇烈。

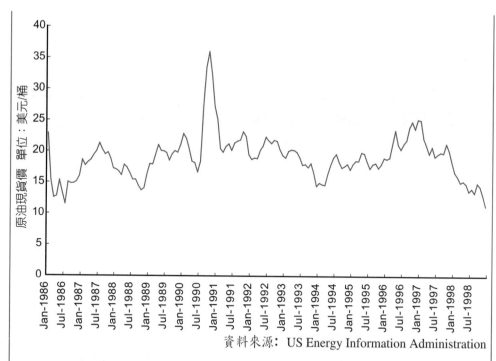

資料來源：US Energy Information Administration

↗ 圖 2-3　1986～1998 年的原油現貨價格週資料走勢圖

　　MGRM 是在 1993 年初，與客戶簽訂十年的「遠期」供油契約，這是長期的遠期契約，約定未來十年內以高於當時市價的固定價格，定期提供客戶總量約 1.6 億桶的石油商品。為什麼客戶願意買這看起來會賠錢的契約呢？高於當時的市價耶！因為 MGRM 的客戶都是比較中小型的供油商，由於它們受限於財力，無法像大型石油公司在原油的原料取得多樣化的來源以降低成本，為了確保進貨成本的穩定，它們樂於向 MGRM 購買長期的遠期期貨，即使約定的結算價比當時市價高也可以接受。當然，MGRM 看到可以用高於現在市價的結算價在未來供貨給客戶，現賺的利潤誰不愛呢？於是大家就愉快的簽約了。

　　MGRM 不是一家投機的公司，所以該做的避險工作也都做了。它怎麼避險呢？既然是賣出（放空）原油遠期契約給客戶，那麼避險當然就是買進原油期貨了。它的避險策略為：買進短期的原油期貨契約。從圖 2-3 裡看得到，1993 年對原油來說，可不是個好年啊！1993 年原油是下跌的。所以說 MGRM 所作多的短期原油期貨是呈現虧損狀態的。「不過 MGRM 放空的原油遠期契約是獲利的呀！放空遠期契約的獲利應該足以抵銷作多原油期貨的獲利才對！」理論上是這樣沒錯，應該說

是「帳面上」這樣看是沒錯。但是結果是：

MGRM 在這次避險交易中，被追繳超過 9 億美元的保證金，虧損達 23 億馬克！

為什麼會這樣？這次的避險交易百密一疏，沒有注意到遠期交易與期貨交易最大的不同點，那就是：

遠期交易在到期最後結算日前，都不用進行任何的結算動作，所以向 MGRM 買進遠期契約的客戶，雖然帳面上可能是鉅額虧損，但是卻不必將虧損金額轉入 MGRM 的保證金帳戶，所以實質上在遠期契約到期日之前是一點傷害也沒有。事實上後來原油價格又探底回升，這些客戶的遠期契約在最後結算日的時候是獲利的（雖然中間下跌的期間可能會讓他們擔心到睡不著覺）！

但是 MGRM 可就沒有這麼幸運了。期貨契約是「每日結算」一次的，也就是說，在原油期貨下跌的這一段日子裡，MGRM 每天收盤都必須從保證金帳戶扣除掉當日虧損的金額，而這個現金是沒有辦法從它獲利的遠期契約那邊拿過來彌補的！這麼持續下去，很明顯的就會發生期貨保證金不足，並且遭到結算所追繳的命運。

自問自答時間

原來避險者所可能遭遇到的損失也會非常巨大！他們的風險並非來自於避險的行為，而是來自對於不同衍生性商品特性的認知不清。從這個大災難你得到了哪些教訓？

練習題

（　） 1.下列對於實物交割的敘述，何者為正確？　(A)賣方交割的品質低於契約規定的品質，買方則以折價方式支付　(B)賣方有權利在契約有效期間的任何一天，提出交割　(C)提出「要求交割通知書」時，表示現貨商品產權 (Title) 亦同時移轉　(D)以上皆是
【2010 期貨業務員測驗】

（　） 2.期貨契約「價格限制」是以前一日之何種價格計算？　(A)收盤價　(B)最後一個成交價　(C)結算價　(D)以上皆是
【2011 期貨業務員測驗】

（　） 3.關於期貨到期交割之規定，下列何者正確？　甲、現金交割以當日市價為結算價，結算其權益；乙、有應付實物交割標的者，得自行直接分配予有應收交割標的者；丙、分為實物交割與現金交割兩種；丁、實物交割者得交付交割標的物或其憑證　(A)甲丁　(B)乙丙　(C)丙丁　(D)甲丙　【2011 期貨業務員測驗】

（　） 4.下列何者不是期貨契約記載之內容？　(A)期貨價格　(B)交割方式　(C)到期月份　(D)標的物　【2012 期貨業務員測驗】

（　） 5.下列關於實物交割 (Physical Delivery) 的敘述，何者正確？　(A)交貨的品質等級通常由買方決定　(B)交貨是買方的權利　(C)期貨交易大約有 97% 是實物交割　(D)賣方通常以倉庫提貨單交給買方　【2012 期貨業務員測驗】

（　） 6.期貨契約的逐日結算制度於避險策略之影響為何？　(A)期貨部位的每日損益有可能造成追繳保證金之現象　(B)現貨部位與期貨部位損益互抵，追繳保證金的現象不會存在　(C)逐日結算制度不適用於避險策略　(D)以上皆非　【2012 期貨業務員測驗】

（　） 7.提出交割意願通知 (Notice of Intention to Deliver) 是何者的權利？　(A)交易所　(B)多頭部位　(C)空頭部位　(D)多頭部位，空

頭部位均可　　　　　　　　　　　　　　【2013 期貨業務員測驗】

(　　) 8.下列何者是不需要在期貨契約中規定？ I. 商品品質 II. 保證金 III. 價格 IV. 交割月份 V. 契約大小 VI. 最小價格變動單位 VII. 最後交割方式 VIII. 每日漲跌停限制　(A)僅 II、III　(B)僅 II、III、VI　(C)僅 III、VI　(D)僅 III、VI、VIII

【2014 期貨業務員測驗】

(　　) 9.在期貨市場的期貨契約，到了第一通知日之後，到期日之前，一般交易所規定買賣雙方，到底誰有權利要求實物交割？　(A)買方　(B)賣方　(C)買、賣雙方均可　(D)買、賣雙方均沒有權利

【2014 期貨業務員測驗】

(　　) 10.下列哪一種契約為現金交割？　(A) CBOT 的黃豆期貨契約　(B) CBOT 的 T-BOND 期貨契約　(C) CME 的幼牛 (Feeder Cattle) 期貨契約　(D) LME 的高級銅期貨契約

【2015 期貨業務員測驗】

(　　) 11.最早使用的「金融期貨」為下列何者？　(A)黃豆　(B)歐洲美元　(C)外匯　(D)美國長期公債　【2015 期貨業務員測驗】

(　　) 12.下列何種期貨商品採「實物交割」？　(A) CME 日幣期貨　(B) CME 幼牛 (Feeder Cattle) 期貨　(C) CME 歐洲美元期貨　(D) ICE 美元指數期貨　【2015 期貨業務員測驗】

(　　) 13.下列何者不是期貨契約所規範的項目？　(A)品質等級　(B)數量　(C)下單方式　(D)交割方式　【2015 期貨業務員測驗】

(　　) 14.美國最活絡的農產品期貨交易所為？　(A) SGX-DT　(B) OSE　(C) CBOT　(D) NYMEX　【2015 期貨業務員測驗】

第 3 章
期貨市場組織與機制

期貨交易所對於想踏入期貨界大展雄風的同學來說，是一定要知道的聖地！至於期貨市場有哪些是我們要注意的重點呢？我們先請各位看一下臺灣期貨市場的組織架構圖（圖 3–1）：

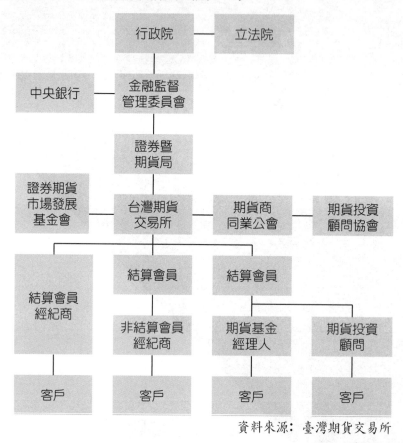

資料來源：臺灣期貨交易所

↗ 圖 3–1　臺灣期貨市場組織架構

3.1 主管機關
——具有公權力的最高監管機關

　　我國集中市場期貨與選擇權交易的主管機關，是隸屬於行政院金融監督管理委員會的證券期貨局（簡稱證期局）。因此若考試的時候，題目問你「我國期貨交易的主管機關為何？」時，如果沒有證期局這個選項，那麼行政院也是正確答案。

3.2 自律機構——業者的良心

　　話說若想要讓期貨市場完全步入正軌，單靠主管機關的強制法令與監理是不夠的，主要還是要靠期貨業者的自律機構來協助主管機關維持交易市場的秩序以及紀律。不僅僅在國內是如此，在國外，期貨業者的自律機構更是期貨監理的重要一環。

　　自律機構的主要功能包括：

一、訂定會員的自律規範

二、調解會員之間的糾紛

三、測驗、訓練以及登錄期貨營業員。

　　我國期貨市場自律機構的名稱為中華民國期貨業商業同業公會 (Chinese National Futures Association, CNFA)。既然 CNFA 是我國業者的自律機構，那麼所有的業者都必須加入這個組織，誰也不能置身事外！所以從圖 3-2 我們就能知道中華民國期貨參與者的分布縮影。

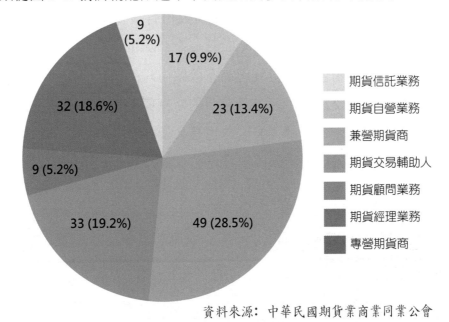

資料來源：中華民國期貨業商業同業公會

↗ 圖 3-2　CNFA 會員類別及家數統計圖

看過圖 3-2 之後，你會發現，原來期貨業的參與者有各式各樣不同的名稱。你一定想問，既然它們的名稱不一樣，那麼它們在服務性質、客戶層面等細節，是不是也不一樣呢？對於這些資訊，同學們當然應該要知道，因為你們以後很有可能會去這些期貨業公司上班，要去面談前總得先瞭解這家公司的業務吧！不然到時候雞同鴨講，明明你擅長的是期貨業務招攬，但是卻跑去跟期貨經理公司面談期貨基金經理，那真的會白忙一場喔！

3.3 期貨從業業者
——期貨戰場上的各路人馬

現在就來為各位簡單的介紹一下這些期貨業的各路英雄好漢吧！

3.3.1 專營期貨商

專營期貨商的名稱通常是「××期貨股份有限公司」，也有人會稱呼它們為期貨經紀商 (Futures Commissions Merchants, FCM)。

專營期貨商的角色跟證券經紀商在股票市場的角色十分近似。它們接受客戶開設期貨交易帳戶，接受客戶的期貨與選擇權委託單，另外期貨或選擇權交易所需準備的保證金，也是必須存在專營經紀商的保證金帳戶裡。表 3-1 為各位列出到目前為止在 CNFA 登錄的專營期貨商：

表 3-1　臺灣目前的專營期貨商（至 2015 年 8 月 25 日為止）

國泰期貨股份有限公司	永豐期貨股份有限公司
凱基期貨股份有限公司	國票期貨股份有限公司
日盛期貨股份有限公司	統一期貨股份有限公司
華南期貨股份有限公司	元富期貨股份有限公司
群益期貨股份有限公司	元大期貨股份有限公司
富邦期貨股份有限公司	康和期貨股份有限公司
兆豐期貨股份有限公司	澳帝華期貨股份有限公司
大昌期貨股份有限公司	美商愛德盟期貨經紀股份有限公司

	臺灣分公司
新加坡商華大期貨經紀有限公司 臺灣分公司	

資料來源：中華民國期貨業商業同業公會

表 3-1 中有很多專營期貨商的名稱與大家耳熟能詳的證券商相同，這是因為它們隸屬於同一個集團，但是專營期貨商是一個獨立的公司，成立時需要的資本額較兼營期貨商來得高，所能從事的期貨業務範圍也較廣，只有專營期貨商才可以經營國外期貨業務。

■ 3.3.2 兼營期貨商

所謂兼營期貨商，顧名思義，是指對這些金融公司來說，期貨業務只是兼差性質而已，其本業並非期貨相關業務。成立兼營期貨商所需要的資本額比專營期貨商較少，但所能從事的期貨業務卻受到較多限制。表 3-2 為各位列出到目前為止在 CNFA 登錄的兼營期貨商：

表 3-2　臺灣目前的兼營期貨商（至 2015 年 8 月 25 日為止）

台灣工銀證券股份有限公司	宏遠證券股份有限公司——自營
美林證券股份有限公司	台灣摩根士丹利證券股份有限公司
瑞士商瑞士信貸銀行股份有限公司 台北證券分公司	香港商德意志證券亞洲有限公司 台北分公司
花旗環球證券股份有限公司	新加坡商瑞銀證券股份有限公司 台北分公司
亞東證券股份有限公司	大展證券股份有限公司
大慶證券股份有限公司	第一金證券股份有限公司——自營
犇亞證券股份有限公司	中國信託綜合證券股份有限公司
永全證券股份有限公司	大眾綜合證券股份有限公司
致和證券股份有限公司	摩根大通證券股份有限公司
新光證券股份有限公司	玉山綜合證券股份有限公司

資料來源：中華民國期貨業商業同業公會

各位從表 3-2 可以發現到，兼營期貨商的名稱通常是「××證券股份有限公司」，而且這些證券公司幾乎都是自營商。

既然兼營期貨通常並不接受一般交易人的委託單，而是證券公司作

為專門接受期貨自營商的委託單之用，那麼也該為期貨自營業務做個簡單介紹。

■ 3.3.3 期貨自營業務

簡單介紹過證券商的自營部門的功能以及業務之後，那麼期貨自營部呢？它的業務功能與證券自營商很類似，都是以證券公司的自有資金操作，差別在於兩者的操作標的物與操作目的不同，以表 3-3 說明：

表 3-3　證券自營業務與期貨自營業務的區別

	證券自營業務	期貨自營業務
操作標的物	股票、債券	期貨、選擇權
操作目的	造市、獲利	造市、獲利、避險

相較於證券自營業務，期貨自營業務還有其他相當重要的功能，例如不同的套利方式、操作技巧的研發等。

> ↘小百科
>
> ### 造　市
>
> 指金融市場上一些獨立的證券交易商，為投資者承擔某一支證券的買進和賣出，買賣雙方不需等待交易對手出現，只要有造市商出面承擔交易對手方即可達成交易，它們對於提供市場的流動性有非常重要的功能。

■ 3.3.4 期貨交易輔助人

期貨交易輔助人，又可稱為仲介經紀商 (Introducing Broker, IB)，其主要的任務有：

一、招攬交易人從事期貨交易。

二、代理期貨經紀商 (FCM) 受理期貨交易人之開戶。

三、接受期貨交易人的委託單。

奇怪，看起來 IB 的服務項目跟專營期貨商 (FCM) 沒什麼兩樣嘛！那為何要特地將兩者區分開來呢？在臺灣，如果我們去證券商開證券戶，在開戶的同時，營業員常會問我們要不要順便開一個期貨戶，但很少有

人會去質疑，證券商為什麼可以開期貨戶？那裡可不是期貨公司耶，況且前文才剛提到，期貨公司是間獨立的公司不是嗎？這是因為在臺灣，證券商通常具有 IB 的身分，所以我們才能夠透過證券商開期貨戶，並且可以直接跟我們的證券營業員下期貨委託單。

事實上，透過 IB 下的期貨委託單，最後還是要經由證券商轉到期貨公司，才能進入期貨交易所執行，此外，經由 IB 轉手的期貨委託單，所必須支付的手續費，通常比直接在期貨公司下委託單所需支付的手續費還要高，這是因為經由 IB 轉手的期貨委託單，實際上需要支付兩筆手續費（證券商以及期貨公司）。也許你現在想問的是，那大家為何不直接到期貨公司開戶就好？這是因為在臺灣，期貨公司的分公司不多，通常只設立在臺北、臺中、臺南、高雄這些較大型的城市，加上期貨商不像證券商需要服務眾多散戶，因此期貨公司只需要透過證券公司廣布於全臺各地的分公司來招攬客戶還有接受委託單即可。

除了上述所說的差異外，IB 與 FCM 還有一個最大的不同點，那就是 IB 不能接受客戶存入期貨保證金。也就是說，客戶即使是在 IB 開的期貨戶，他的期貨保證金還是必須存入 FCM 的客戶保證金專戶內。

註：期貨商業務員測驗很喜歡用 FCM 與 IB 來代替專營期貨經紀商以及期貨交易輔助人，並喜歡考有關兩者的區別。各位同學要費點心思留意一下！

■ 3.3.5 期貨顧問業務

期貨顧問 (Commodity Trading Advisor, CTA) 業務的性質與證券顧問業務很類似，包括以發行出版品、舉辦講習等方式或透過電視、電話、電報、傳真、網際網路、其他電傳系統、傳播媒體等各種媒介，向委任人以外之不特定人提供期貨交易有關事項的研究分析、意見或建議，但是期貨顧問是針對期貨選擇權提出操作建議，而不是股票證券。表 3–4 為各位列出到目前為止在 CNFA 登錄的期貨顧問：

表 3–4 　臺灣目前的期貨顧問業者（至 2015 年 8 月 25 日為止）

永豐期貨股份有限公司——顧問	統一期貨股份有限公司——顧問
元大期貨股份有限公司——顧問	日盛期貨股份有限公司——顧問
群益期貨股份有限公司——顧問	國泰期貨股份有限公司——顧問
康和期貨股份有限公司——顧問	富邦期貨股份有限公司——顧問
華南期貨股份有限公司——顧問	元富期貨股份有限公司——顧問
國票期貨股份有限公司——顧問	兆豐期貨股份有限公司——顧問
凱基期貨股份有限公司——顧問	永豐金證券股份有限公司——顧問
運達證券投資顧問股份有限公司——顧問	萬寶證券投資顧問股份有限公司——顧問
啟發證券投資顧問股份有限公司——顧問	第一金證券股份有限公司——顧問
亨達證券投資顧問股份有限公司——顧問	聯華證券投資顧問股份有限公司——顧問
顧德證券投資顧問股份有限公司——顧問	華信證券投資顧問股份有限公司——顧問
承通證券投資顧問股份有限公司——顧問	高欣證券投資顧問股份有限公司——顧問
康和期貨經理事業股份有限公司——顧問	大昌證券股份有限公司——顧問
玉山證券投資顧問股份有限公司——顧問	亞洲證券投資顧問股份有限公司——顧問
倫元證券投資顧問股份有限公司——顧問	大昌期貨股份有限公司——顧問
永誠國際證券投資顧問股份有限公司——顧問	大華國際證券投資顧問股份有限公司——顧問
聚揚證券投資顧問股份有限公司——顧問	

資料來源：中華民國期貨業商業同業公會

■ 3.3.6 期貨經理業務

　　期貨經理 (Commodity Pool Operator, CPO) 可能對很多同學來說是陌生的，然而大部分的人應該都聽說過代客操作吧？以前代客操作業務只限於股票為主的操作，而期貨經理的業務則是以期貨選擇權為主要操作標的。期貨經理業務在國外稱為管理期貨 (Managed Futures)，是指

特定人將資產全權委託操作團隊依據專業判斷或模型演算，進行期貨、選擇權、外幣保證金及證券投資交易等全球交易，依不同投資者屬性提供滿足客戶的絕對報酬。由於期貨與選擇權多空皆宜，因此期貨經理所追求的是絕對報酬，而不是一般共同基金經理所追求的「相對於某些指標」的相對績效。表 3–5 為各位列出到目前為止在 CNFA 登錄的期貨經理業者：

表 3–5　臺灣目前的期貨經理業者（至 2015 年 8 月 25 日為止）

康和期貨經理事業股份有限公司	元大期貨股份有限公司——經理
凱基期貨股份有限公司——經理	永豐期貨股份有限公司——經理
富邦期貨股份有限公司——經理	日盛期貨股份有限公司——經理
華南期貨股份有限公司——經理	群益期貨股份有限公司——經理
國泰期貨股份有限公司——經理	

資料來源：中華民國期貨業商業同業公會

↘ 小百科

代客操作

全權委託投資業務 (Discretionary Investment Business) 俗稱代客操作，是指由資產管理業者，例如證券投資信託公司或證券投資顧問公司所經營，接受客戶委任，在約定受託範圍內，全權為客戶操作投資有價證券及其相關商品的一項業務。

■ 3.3.7 期貨信託業務

　　期貨信託業務主要是指期貨信託基金（簡稱期信基金），這類基金最大的特色在於多空皆宜（在多頭市場則發揮槓桿效果獲取倍數報酬；在空頭市場運用期貨和選擇權避險操作以鎖住下檔風險），可說是目前投資操作最為靈活的共同基金產品，足以構成多樣化操作組合。也正因為期信基金具有多空兩相宜的特性，因此期信基金是可以為投資人獲取絕對報酬的產品。表 3–6 為各位列出到目前為止在 CNFA 登錄的期貨信託業者：

表 3-6　臺灣目前的期貨信託業者（至 2015 年 8 月 25 日為止）

復華證券投資信託股份有限公司 ——信託	國泰證券投資信託股份有限公司 ——信託
元大證券投資信託股份有限公司 ——信託	新光證券投資信託股份有限公司 ——信託
摩根證券投資信託股份有限公司 ——信託	統一證券投資信託股份有限公司 ——信託
永豐證券投資信託股份有限公司 ——信託	康和期貨經理事業股份有限公司 ——信託
富邦證券投資信託股份有限公司 ——信託	

資料來源：中華民國期貨業商業同業公會

3.3.8 期貨商業務員

同學們踏出校園後，進入期貨業的第一份工作通常會是期貨商業務員 (Account Executives, AE)，其工作性質為：

◆ 期貨交易招攬、開戶、買賣、結算交割。

◆ 內部稽核、尋找客源、開發客戶。

想要進入這個專業富挑戰性的產業發展，就得先具備最基本的資格，也就是說你必須去考一張期貨商業務員的證照。表 3-7 為各位列出應考期貨商業務員所需要瞭解的基本資訊：

表 3-7　期貨商業務員考試的基本資訊

應考資格	具有下列資格之一者，得應本考試： 1.教育行政主管機關認可之高中或高職以上學校畢業者 2.普通考試或相當普通考試以上之特種考試及格者
應考方式	1.筆試 2.電腦應試
報名費用	1.筆試：730 元 2.電腦應試：1,080 元
考試時間	1.筆試：於每年 3、6、9、12 月第一個星期日舉行 2.電腦應試：每週一至五上午 8:30、下午 13:30 起各舉行一 場測驗（例假日除外）
考試科目	1.期貨交易法規（60 分鐘，選擇題 50 題） 2.期貨交易理論與實務（90 分鐘，選擇題 100 題）

合格標準	1.兩科總分合計達 140 分 2.若其中任何一科分數低於 60 分者即屬不合格
證照有效期限	若 5 年內沒有任職相關業務且登記的話，該證照就失效

資料來源：證券暨期貨市場發展基金會

3.3.9 期貨交易所

期貨交易所 (Futures Exchange) 的設立宗旨為促進公共利益及確保期貨市場交易之公正，其組織可分為會員制及公司制。臺灣的期貨交易所的名稱為「臺灣期貨交易所股份有限公司」。既然是股份有限公司，那麼很明顯臺灣期貨交易所是屬於公司制，約有二百餘位法人股東，由期貨業、證券業、銀行業和證券暨期貨相關機構四大行業出資二十億元所組成，係一具有會員制精神的公司制期貨交易所。

至於什麼是會員制的期貨交易所？會員制期貨交易所是由期貨商共同協商、制定章程和管理細則、報請國家期貨主管部門批准成立，不以營利為目的社團法人組織。參加交易所的會員可以是自然人，也可以是法人。法人會員多為投資銀行、期貨公司、投資信託公司等，法人會員須有一代表人，其資格與個人會員相同，會員制交易所的收入主要來自會員費。會員制期貨交易所的證券買賣者一般以該所的會員為限，其他投資人若要在二級市場買賣期貨，則必須通過會員方可進行。世界上主要的期貨交易所，幾乎都已經是公司制了。

> ↘ 小百科
>
> ### 會員制及公司制
>
> 會員制證券交易所不以營利為目的，由會員自治自律、互相約束，參與經營的會員可以參加期貨交易中的期貨買賣與交割，目前，世界上許多著名的期貨交易所都採取會員制期貨交易所；公司制的期貨交易所就跟一般公司一樣，有股東、以營利為目的，但是政府持股通常會占很大部分，因為期貨交易所通常是壟斷事業，不能純粹以營利為目的。

■ 3.3.10 期貨結算機構

一、意　義

在期貨交易中，期貨結算機構 (Clearing House) 居中扮演交易雙方的相對方（對買方而言為賣方，對賣方而言為買方），承擔履行契約的義務。

二、功　能

期貨結算機構辦理期貨交易後之結算交割工作，其業務包括：

㈠訂定與調整保證金金額

㈡訂定結算與交割程序

㈢辦理結算與到期交割作業

㈣管理結算保證金與交割結算基金

㈤結算會員風險管理

三、臺灣期貨結算機構

期貨交易的結算是由結算會員向期貨結算機構辦理，目前期貨結算機構由臺灣期貨交易所股份有限公司兼營。

四、結算會員

任何人都可以跟結算所辦理任何結算手續嗎？答案是不可以的，只有結算會員 (Clearing Member) 才能夠代表期貨商與結算所進行任何結算交割等程序。而結算會員可以分為三類（表 3–8）：

表 3–8　結算會員的種類及業務範圍

種類	業務範圍
個別結算會員 (Individual Clearing Member, ICM)	只能為自己所經紀或是自營的期貨交易辦理結算與交割業務
一般結算會員 (General Clearing Member, GCM)	除了個別結算會員的業務之外，一般結算會員也可以接受委託，為其他不是結算會員的期貨商辦理結算交割業務
特別結算會員 (Special Clearing Member, SCM)	僅能受託為期貨商辦理結算交割業務

註：注意到了嗎？表 3–8 裡只有特別結算會員是「非期貨商」的金融機構，請特別留意喔！

■ 3.3.11 期貨交易人

期貨交易人可說是期貨業者的衣食父母，不論他們交易的動機為何，若沒有他們在期貨商處下單，那麼專業期貨商就沒有手續費的收入，也沒有人會願意花錢買期貨顧問們精心製作的研究報告，如此一來很有可能會造成期貨市場的萎縮。

在期貨市場中，期貨交易人的交易動機可區分為下列三種：

一、避險動機

指持有現貨部位，暴露於現貨價格波動風險的交易人，為了規避手中資產的風險，採用期貨交易避險。

二、投機動機

指為獲取高額報酬率而願意承擔風險的交易人，利用期貨交易契約投機獲利。

三、套利動機

市場上，一旦期貨價格與現貨價格失衡，交易人會立刻進行買低賣高的套利行為，而市場的價格會因為交易人套利的舉動而回復到均衡的狀態。

看完上面的敘述，你認為自己交易期貨的動機是什麼呢？我想大多數人，包括你我，都是屬於投機動機，因為我們不是期貨標的物的生產者或是大量購買者，因此沒有避險的需求，此外，除非你能發展出一套你自己的套利機制，例如：套利的時機通常很快就會消逝，因此從事套利的交易者需要程式交易以及極為快速的高頻交易，這些技術已經超過本書的範圍了。

3.4 美國的期貨市場

美國的期貨市場的架構與臺灣非常類似，只是名稱以及細部功能稍微有點不同而已。

■ 3.4.1 美國期貨市場的主管機關

美國期貨市場的主管機關名稱為商品期貨交易管理委員會 (Commodity Futures Trade Commission, CFTC)，有 5 位委員，經由總統提名，參議院同意後任命。

■ 3.4.2 美國期貨市場的自律機構

美國期貨市場的自律機構名稱為全國期貨公會 (National Futures Association, NFA)，負責登錄美國的期貨從業人員。

■ 3.4.3 美國重要期貨交易所

美國目前的期貨交易所已經漸漸趨向整合的階段，下面先為各位大致介紹一下早期幾家較大的期貨交易所：

一、芝加哥期貨交易所 (CBOT)

芝加哥期貨交易所 (CBOT) 是歷史最悠久的期貨交易所，主要交易的期貨契約是早期流行的農產品期貨契約，對許多人來說，CBOT 就是期貨交易所的代名詞。

CBOT 的重要農產品期貨有玉米 (Corn)、小麥 (Wheat)、黃豆 (Soybean) 等，不過後來在競爭對手的強力挑戰之下，也陸續推出了一些金融商品期貨，其中以「利率期貨」與「道瓊工業指數期貨」最受歡迎。不過 CBOT 已經成為歷史，它在 2007 年 7 月 9 日已經與芝加哥商業交易所 (CME) 合併，成為一家新的 CME 集團 (CME Group)。

二、紐約商品期貨交易所 (NYMEX)

紐約商品期貨交易所 (New York Mercantile Exchange, NYMEX) 是全世界最大的商品交易所之一，不過這個交易所並不是以金融期貨為主要的交易對象，其所交易的主力期貨標的物與 CBOT 的農產品不同，主要偏向金屬與能源之類的商品期貨，例如煤、西德州中級輕甜原油、天然氣、熱燃油、黃金、鈀金等。不過 NYMEX 現在也已成為歷史，它在

2008 年 3 月 17 日已經被 CME 收購，成為 CME Group 的一員。

三、芝加哥商業交易所 (CME)

芝加哥商業交易所 (CME) 創立於 1874 年，其前身為農產品交易所，主要的商品為黃油和雞蛋等。1898 年黃油和雞蛋經銷商退出農產品交易所，改組建「芝加哥黃油和雞蛋交易所」，之後在 1919 年更名為「芝加哥商業交易所」(CME)。CME 最早以前是採會員制，於 2004 年在美國的紐約證券交易所 (New York Stock Exchange, NYSE) 上市交易後，轉變成公司制交易所。CME 在期貨界可以說是後起之秀，其崛起要歸功於它的創新發展：

㈠金融期貨

1972 年 CME 推出了外匯期貨契約，也是世界首創的金融期貨。

㈡歐洲美元利率期貨

1981 年 CME 又推出非常重要的歐洲美元利率期貨，其有幾個相當重要的里程碑：

◆ 它是短期利率期貨，而不是外匯期貨。

◆ 它是第一個以現金交割的期貨。

㈢標準普爾 500 指數期貨

1982 年 CME 推出美國最重要的股價指數期貨——標準普爾 500 指數期貨 (S&P 500 Index Futures)。自此以後，金融期貨的交易量遠遠大於農產品期貨的交易量，CME 開始超越老牌的 CBOT，成為美國最大的期貨集中交易市場。CME 除了是金融期貨的交易平臺外，它仍然保有最原本的商品期貨契約，例如：肉牛，活牛，瘦豬肉等等。

CME 在合併 CBOT 和 NYMEX 後，已成為一家集團企業——CME Group，自此，美國期貨交易所幾乎已經完成統合了。

> ↘小百科
>
> ### 標準普爾 500 指數
>
> 由標準普爾公司創建及維護，包含美國上市的五百個大型股，市場總值約占紐約證券交易所總值之 80%，由於採樣多、代表性強，是股票的重要指標。

四、紐約期貨交易所 (NYBOT)

紐約期貨交易所 (New York Board of Trade, NYBOT) 交易的期貨商品相當多元，包括商品期貨與金融期貨。其中以下面幾種最為有名：

◆ 軟性期貨 (Soft Commodity)：糖 (Sugar)、咖啡 (Coffee)、棉花 (Cotton)。

◆ 美元指數期貨 (US Dollar Index Futures)。

NYBOT 現在也已經成為歷史，它在 2007 年 1 月 12 日被洲際交易所 (Intercontinental Exchange, ICE) 收購。

> ↘ 小百科
>
> 美元指數
>
> 這是最重要的外匯綜合指數之一，它是美元相對於六種主要貨幣（歐元、日圓、英鎊、加拿大幣、瑞典克朗與瑞士法郎）組成的一籃子指數的價值。美元指數愈高，代表美元對這一籃子外幣是升值的。

3.5 環球期貨交易所點將錄

全世界的期貨交易所林林總總有上百家之多，但僅有少數是期貨商業務員資格考試的常客，特地為各位一一羅列如下：

■ 3.5.1 歐洲期貨交易所 (EUREX)

歐洲期貨交易所 (The Eurex Deutschland, EUREX) 位於瑞士的蘇黎世，是世界上最重要的期貨交易所之一，在韓國證券交易所 (Korea Stock Exchange, KSE) 異軍突起成為全球交易量最大的期貨交易所之前，EUREX 的交易量一直穩居世界一哥的寶座。

歐洲期貨交易所最活躍的期貨商品有德國證交所股價指數期貨 (DAX Index Futures) 與利率期貨，而長期德國公債期貨則是全球交易量最大的利率期貨。

↘ 小百科

德國證交所股價指數

DAX 是德國重要的股票指數，由德意志交易所集團 (Deutsche Börse Group) 推出的一個藍籌股（績優股）指數，該指數中包含 30 家主要的德國公司。DAX 指數是全歐洲與英國倫敦金融時報 100 指數齊名的重要證券指數，也是世界證券市場中的重要指數之一。

■ 3.5.2 倫敦國際金融期貨暨選擇權交易所 (LIFFE)

在 20 世紀初美國崛起之前，英國倫敦是世界最重要的金融中心，到現在為止，它仍然是極為重要的外匯交易中心。倫敦國際金融期貨暨選擇權交易所 (London International Financial Futures and Options Exchange, LIFFE) 創立於 1982 年 9 月 30 日，交易的期貨商品中，最有名的是金融時報 100 股價指數期貨 (FTSE 100 Index Future)。LIFFE 最輝煌的時候，交易量曾經高居全球前五大，但之後排名卻開始逐年下滑，最後還是難逃整併的命運。LIFFE 在 2002 年 1 月被泛歐交易所 (Euronext) 合併，而 Euronext 在 2007 年 4 月又被更大咖的紐約證券交易所 (NYSE) 收購，改稱為「紐約泛歐交易所集團」(NYSE Euronext)。因此若現在想看 LIFFE 的商品，只能到 NYSE Euronext 的全球衍生性金融商品網頁才看得到。

↘ 小百科

金融時報 100 股價指數

1984 年由富時指數有限公司所編製，成分包含在倫敦證券交易所上市的最大的一百家公司的股票指數。

■ 3.5.3 東京證券交易所 (TSE)

東京證券交易所 (Tokyo Stock Exchange, TSE) 是全球第三大的證券交易所，但是它也有在進行期貨交易，其中最有名的就是 TSE 的股價指數期貨、日本利率期貨等。

但是有一點要請各位特別留意，那就是 TSE 交易的股價指數期貨，標的物並不是大家耳熟能詳的「日經 225 股價指數」(Nikkei 225 Stock

Index)，而是 TSE 自己編纂的「東證股票價格指數」(Tokyo Stock Price Index, TOPIX)。雖然 TSE 在 2010 年 7 月也推出類似日經 225 股價指數的日經 225 股息指數期貨 (Nikkei 225 Dividend Index Futures)，不過有交易「純」日經 225 指數期貨的期貨交易所中，並沒有包含 TSE 在內。下列是有交易「純」日經 225 指數的期貨交易所：

◆ 新加坡國際金融交易所 (SIMEX)：全世界第一個推出日經 225 指數期貨的期貨交易所。

◆ 大阪證券交易所 (Osaka Stock Exchange, OSE)。

◆ 美國的芝加哥商業交易所 (CME Group)。

> 小百科

股息指數期貨

股息指數期貨 (Dividend Index Futures) 是指當指數內的成分公司發放現金股利時，因為股價得隨之往下調整，因此股價指數也會隨之往下調整，這對指數期貨的買家不利（如臺灣每年除權旺月時期期貨價格遠低於現貨價格）。股息指數期貨在成分公司發放現金股利時，也會配給相對應比例的現金給期貨買家，以補償他在指數上的損失。

3.5.4 新加坡國際金融交易所 (SIMEX)

新加坡國際金融交易所 (SIMEX) 創立於 1984 年，是亞洲第一個金融期貨交易所。在 1999 年，SIMEX 已經與新加坡證券交易所 (Stock Exchange of Singapore, SES) 合併，改稱為「新加坡交易所」(Singapore Exchange, SGX)。

SIMEX 的主要商品為利率、股價指數、外匯、能源期貨與選擇權。除了剛剛提到的日經 225 指數期貨之外，它還有幾種相當有名的期貨產品，而與我們關係最密切的就是以臺灣股價指數為標的的「摩根臺股指數期貨」（代號 STW，也就是我們常聽到的「摩根臺指」或「摩臺指」)。

3.5.5 韓國證券交易所 (KSE)

為什麼要特別提到韓國證券交易所 (KSE)? 它有這麼重要嗎? 答案是

肯定的，由於 KSE 推出的 KOSPI 200 指數選擇權深受國內外交易人的喜愛，使得 KSE 的產品成交總口數高居世界第一！然而 KSE 已在 2005 年 1 月 19 日與韓國期貨交易所 (Korea Futures Exchange, KOFEX)、韓國創業板市場 (KOSDAQ) 合併，改稱為「韓國證券期貨交易所」(Korea Exchange, KRX)，有興趣的同學可以到它的網站看看。

> **↘小百科**
>
> **KOSPI 200 指數**
>
> 1990 年由韓國證券交易所編製，為兩百檔韓國股票依市值加權的指數，這兩百檔股票約占韓國證券交易所總市值的 90%。

■ 3.5.6 其他期貨交易所

介紹完一些重量級嘉賓之後，接下來要介紹的就是一些有特色的期貨交易所。由於期貨商業務員考試在此部分著墨較少，我就用表 3–9 來說明：

表 3–9　其他有特色的期貨交易所與其主力商品

名稱	主力商品
OneChicago	個股期貨
香港期貨交易所 (Hong Kong Futures Exchange, HKFE)	恆生股價指數期貨
東京商品交易所 (Tokyo Commodity Exchange, TOCOM)	商品期貨
泛歐交易所 (Euronext)	利率期貨 法國股價指數期貨 CAC40
東京國際交易所 (TIFFE)	日本唯一專業金融期貨交易所

資料來源：各期貨交易所

練 習 題

( ) 1. S&P 500 股價指數期貨是在哪一個交易所進行交易？ (A) CME
(B) EUREX (C) TSE (D) SGX-DT 【2010 期貨業務員測驗】

( ) 2. CME Group 旗下的 NYMEX 係以交易下列何者著名？ (A)原油
(B)外匯 (C)農產品 (D)股價指數 【2011 期貨業務員測驗】

( ) 3. 負責登錄美國期貨人員之機構為 (A)交易所 (B) CFTC (C)
NFA (D)以上皆非 【2011 期貨業務員測驗】

( ) 4. 我國結算會員制度，除為自己業務之交易辦理結算交割外，尚
可受託為其他期貨商辦理結算交割者為 (A)個別結算會員 (B)
一般結算會員 (C)特別結算會員 (D)以上皆是

【2011 期貨業務員測驗】

( ) 5. CME 因推出哪一商品期貨而首先創下現金結算方式？ (A)
S&P500 (B)歐洲美元 (C) T-Bond (D) T-Bill

【2011 期貨業務員測驗】

( ) 6. FCM 是下列何者的簡稱？ (A)交易所 (B)期貨經紀商 (C)結算
所 (D)搶帽客 【2011 期貨業務員測驗】

( ) 7. 下列有關「期貨顧問」(CTA) 之敘述，何者正確？ (A)可以收
取專業顧問之費用 (B)不可以向期貨經紀商收取退佣 (C)以上
皆是 (D)以上皆非 【2011 期貨業務員測驗】

( ) 8. 下列有關「期貨營業員」之敘述，何者有誤？ (A)為期貨經紀
商之業務代表 (B)因期貨操作難度高，故可代客操作 (C)提供
客戶所需市場價格資訊 (D)接受客戶的委託單轉給發單人員並
回報交易結果 【2011 期貨業務員測驗】

( ) 9. 期貨經紀商 (FCM) 不得從事下列何種行為？ (A)代收保證金
(B)代客戶下單至交易所 (C)代買賣雙方直接]撮合 (D)代客戶
進行實物交割 【2014 期貨業務員測驗】

（　）10.美國商品交易法 (Commodity Exchange Act) 主管機關為下列何者？　(A)證券暨期貨交易管理委員會　(B)證券交易委員會　(C)商品期貨交易委員會　(D)選項(A)、(B)、(C)皆非
【2014 期貨業務員測驗】

（　）11.期貨結算機構之交割結算基金，可為下列何種運用？　(A)銀行存款　(B)借予他人　(C)購買營業用之不動產　(D)購買非營業用之不動產
【2014 期貨業務員測驗】

（　）12.關於公司制期貨交易所組織，下列何者正確？　(A)應為無限公司　(B)應為股份有限公司　(C)應為非營利性之財團法人　(D)選項(A)(B)(C)皆非
【2015 期貨業務員測驗】

（　）13.期貨結算機構之業務為下列何者？甲、提供期貨集中交易市場；乙、受託交易期貨商品；丙、執行期貨集中交易市場之結算及交割；丁、擔保期貨交易之履約　(A)甲、乙　(B)乙、丙　(C)丙、丁　(D)乙、丁
【2015 期貨業務員測驗】

（　）14.依我國期貨交易法之規定，下列何項事業不屬於期貨服務事業？　(A)槓桿交易商　(B)期貨信託事業　(C)期貨經理事業　(D)期貨顧問事業
【2015 期貨業務員測驗】

（　）15.期貨基金經理之英文簡稱為？　(A) FCM　(B) CTA　(C) CPO　(D) IB
【2015 期貨業務員測驗】

第 4 章
期貨市場的交易制度

4.1 跨入期貨交易的第一步：開戶

跨入期貨市場的首要步驟即為開戶，開戶流程同時也是期貨商業務員測驗考試的重點。期貨開戶必須要填寫的制式文件中，以受託契約和風險預告書最為重要。當然，我們一般在開戶時必定要寫的「客戶資料表」、「開戶申請表」、「印鑑證明」等文件也很重要，但是只有「受託契約」和「風險預告書」是開期貨戶時才須填寫的文件[1]。

一、受託契約

受託契約是交易人與期貨商之間簽訂的契約，裡面記載了許多投資人與期貨商之間的權利與義務，而依《期貨商管理規則》第 29 條的規定可知，受託契約的主要內容共有 21 條，其中應特別注意的有：

㈠委託人保證金專戶存款的利息歸屬

理論上，由於保證金並非期貨商的財產，只是交易人的一種抵押品，因此保證金所產生的利息應該是屬於交易人的；然而實務上，此筆利息卻是屬於期貨商的。

㈡追繳保證金的方式及容許時間

T 日盤中客戶權益數低於維持保證金 105% 時，逕行盤中警示。

T 日盤後客戶權益數低於維持保證金時，逕行盤後追繳動作。

被追繳之客戶必需在 T + 1 日中午 12:00 前補足追繳保證金或自行下市價減倉，否則期貨公司將以市價全部平倉。

㈢交易人權益受損時的責任歸屬及賠償

二、風險預告書

期貨業務員在我們開戶的時候，一定會要求我們要詳細閱讀風險預告書 (Risk Disclosure Statement)，顧名思義，這個預告書是要提醒投資人期貨交易的高槓桿風險、保證金有被追繳、期貨留倉部位如果虧損太大，

---

[1] 我國《期貨交易法》第 87 條第 1 項規定：「期貨經理事業接受特定人委任經理期貨交易時，應於委任前告知期貨交易之性質及可能之風險、交付風險預告書，並與客戶簽訂書面委任契約。」

使得投資人的保證金帳戶低於維持保證金水位，期貨留倉部位有被斷頭的可能等。

三、禁止開戶的投資人

在期貨開戶時尚需注意誰不可以開期貨戶。依《期貨商管理規則》第 25 條規定，期貨商對於有下列各款情事之一者，不得接受其委託開戶：

㈠年齡未滿二十歲。

㈡受破產之宣告未經復權。

㈢受監護或輔助宣告未經撤銷。

㈣法人委託開戶未能提出該法人授權開戶之證明書。

㈤華僑及外國人委託開戶未能提出臺灣證券交易所股份有限公司（以下簡稱證券交易所）或期貨交易所核發之登記證明文件。

㈥境外華僑及外國人與保管機構或代理人所簽訂合約之內容不符期貨交易所之規定。

㈦期貨主管機關、期貨交易所、期貨結算機構及同業公會之職員及聘僱人員。

㈧曾因違背期貨交易契約或證券交易契約未結案且未滿五年。

㈨違反期貨交易管理法令或證券交易管理法令，經司法機關有罪之刑事判決確定未滿五年。

期貨商對已開戶而有前項各款情事之一者，應立即停止收受期貨交易人之新訂單。但為處理原有交易之新訂單，不在此限。

期貨商於前項期貨交易人之債權債務結清後，應予銷戶。

是不是看起來很複雜呢？但原則其實很簡單，上述規定其實主要在規範有三種人不可以開立期貨帳戶：

◆下交易決策能力不夠的人（上述第㈠至㈥項）。

◆與期貨交易市場有利害關係的人（上述第㈦項）。

◆有違反相關規定或法令的人（上述第㈧至㈨項）。

若違規情節愈重，不能開戶的時間愈長；反之，則愈短。

■ 4.1.1 帳戶種類

有關期貨帳戶的種類，同學們第一個想到的應該就是：自然人帳戶vs. 法人帳戶。是的，這種「以開立人的身分區分」是最基本的分類，不過大家千萬不能掉以輕心，因為其他種帳戶分類也是考場的常客，以下將為大家一一說明：

一、以開立人的名義區分

㈠個人帳戶

㈡聯合帳戶：由兩個人以上開立的帳戶。

二、以是否揭露客戶的個人身分區分

㈠綜合帳戶 (Omnibus Account)

有些期貨商並不是結算所的會員（我們稱呼他們為下手），它們沒辦法直接為客戶進行交割結算的業務，因此必須要找具有結算所會員資格的期貨商（我們稱呼他們為上手）為它們進行這些工作。好啦，假設你現在是下手的客戶，當你下達委託單後，請問你的期貨商會怎麼做？直接把你的委託單轉送到上手期貨商，讓上手期貨商看到你的大名在委託單上嗎？當然是不會啦！

基本上，下手期貨商為了保護客戶的隱私，不會以客戶的名義在上手期貨商處開立帳戶，而是集合所有客戶的帳戶，統一以下手期貨商的名義，在上手期貨商那邊開戶，所以下手期貨商的客戶下達委託單，下手再轉過去上手的時候，是統一以下手期貨商的名義下單的，因此可以保護它的客戶的隱私。

㈡完全揭示帳戶 (Fully Disclosed Account)

跟上述的綜合帳戶相反，由於下手期貨商下單時，必須要向上手期貨商完全揭露它的下單狀況及未平倉的部位，故對上手期貨商而言，下手期貨商開立的帳戶為完全揭示帳戶。

舉個例來說：期貨商甲不是期貨結算所會員，它有客戶 A、B 兩人。期貨商乙是期貨交易所的會員，而它是期貨商甲的上手期貨商。也就是

說，交易人 A、B 在期貨商甲所下的委託單，期貨商甲還要經過期貨商乙才能將委託單送入期貨交易所。

如果 A、B 在期貨商甲所開的期貨戶是綜合帳戶，那麼 A、B 的委託單，帳戶裡有哪些還沒平倉的期貨契約，期貨商乙一概不知道。它看到從期貨商甲傳過來的資訊，都只有「期貨商甲」。例如說 A、B 同時買進一口臺股期貨的委託單，在期貨商乙所看到的是「期貨商甲客戶買進臺股期貨 2 口」而已。反之，如果 A、B 的帳戶是完全揭示帳戶的話，那麼期貨商乙就可以看到從期貨商甲傳來的委託單是誰的委託單，他的帳戶裡有哪些期貨契約未平倉。

三、以交易目的區分

㈠投機帳戶

這是絕大多數交易人都能開的帳戶。投機帳戶就是以投機為目的開設的帳戶。基本上交易人提不出任何可以證明他的期貨交易是為了避險而開設的話，都被歸類為投機帳戶。

㈡避險帳戶

避險帳戶與投機帳戶的差異在於，期貨交易所會對投機帳戶所能持有的期貨口數做限制，以免交易人承受過大的風險；但只要你有避險的需求，期貨交易所就不會對你帳戶內的口數進行限制。問題就出在這裡：你必須證明自己有避險的需求（例如擁有期貨標的物現貨的證明等）。

4.2 下單委託流程

期貨從下單到成交回報用一張流程圖來表示是再清楚不過了，那麼就請你看一下這張圖！

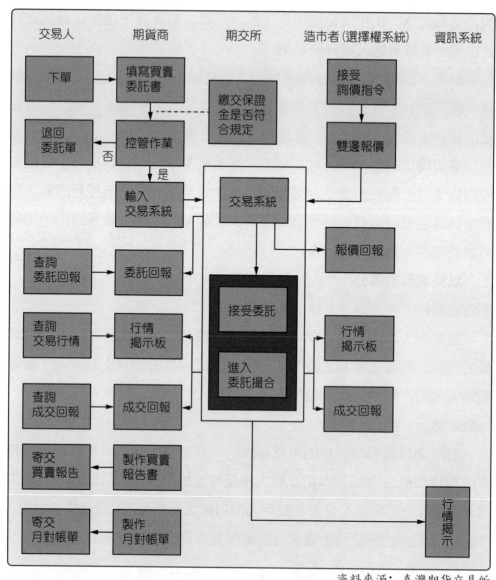

資料來源：臺灣期貨交易所

↗ 圖 4-1　期貨交易流程圖

在交易完成之後，期貨商必須印製買賣報告書給交易人。這個買賣報告書是可以用書面或是電子郵件的方式送到交易人手中的。

4.3 國內委託單

在臺灣期貨交易所所能使用的委託單，只有市價單 (Market Order)

和限價單 (Limit Order) 兩種。

■ 4.3.1 市價單

一、定　義

　　市價單，又稱市價委託單，是指依目前市場價格所下達的委託單，其目的在於希望能以目前市場上最好的價格立刻成交，故市價單是唯一不用指定任何價格的委託單！

　　由於股票市場和期貨市場都是採雙向的報價方式，也就是說，市場會同時掛出最高買價 (Bid) 與最低賣價 (Ask)。

　　因此，雖然市場上有很多買家，但是每個買家的出價可不一樣，急著想買的人就會出高價收購，不急著搶購的買家出價就較低。對賣家而言，買家願意買入的價格愈高，賣家可獲得的利益就愈大；反之，賣家願意賣出的價格愈低，對買家愈有利。因此，對賣家而言，最好的市場價格當然是最高買價；同樣的，對買家而言，最好的市場價格自然就是最低賣價了！

◎例題 **4-1**

假設臺股期貨目前的行情報價為：

單位：元

Bid	Ask	Last（最近成交價）
7,940	7,941	7,940

請問：

1. 市價買進委託單的成交價為？
2. 市價賣出委託單的成交價為？

解答：

1. 市價買單成交在最低的賣價：7,941 元。
2. 市價賣單成交在最高的買價：7,940 元。

熱身操 **4-1**

假設澳幣外匯期貨目前的行情報價為：

單位：澳幣

Bid	Ask	Last
1.0721	1.0724	1.0722

請問：

1.市價賣單掛出之後，在正常情況下，回報的成交價會是？
2.市價買單下達之後，在正常情況下，回報的成交價會是？

二、優　點

期貨交易所在所有委託單中會優先處理市價單。

三、缺　點

㈠市價單的實際成交價格未必符合委託人的預期

就例題 4-1 而言，在正常情況下，市價賣單的確有可能成交在 7,940；但是在臺股期貨快速下跌的環境之下，若有人在你掛出市價賣單前，搶先賣出大量的台指期貨，此時回報的成交價格會非常的令人驚訝喜，因為實際的成交價格也許會低於 7,930 也說不定，此種期貨價位移動得異常快速的情況被稱為快市 (Fast Market)。事實上快市在國內外的期貨市場上都經常發生，例如在每個星期四美東時間晚上 8:30，美國會公布每週最重要的經濟數據——申請初次失業救濟金人數，8:30 數據出來的時刻常常導致歐元外匯期貨在一瞬間暴漲或暴跌超過 50 個檔次，此種情況可稱為「快市中的快市」！

> ↘ 小百科
>
> 快　市
>
> ---
>
> 快市並沒有一定的定義，但是市場上普遍認為行情短短幾秒內，波動超過 10 個檔次 (Ticks)，就可以被認定為快市。

㈡市價單無法保證一定會成交

在漲停價位的時候，市價買單可能無法成交；在漲停價位的時候，交易所就會將成交價格停止在這個價位，在這個時候漲停價位的賣單都已經被買完，買單只能排隊等待在這個價位有賣單出現，在這個時候的市價買單就未必可以成交了。同樣的，在跌停價位的時候，市價賣單也可能無法成交。

4.3.2 限價單

一、定　義

如果說市價單是無條件接受的話，那麼限價單就是有個性的委託單了。所謂限價委託的意思是

◆買方必須指定一個買方自己所願意接受成交的上限價位，僅在賣方出價等於或低於此上限價位時，才會成交。

◆賣方必須指定一個賣方自己所願意接受成交的下限價位，僅在買方出價不低於或高於此下限價位時，才會成交。

假設周董掛出歐元外匯期貨限價買單 1.3839，表示周董想買進歐元期貨所願意接受的上限為 1.3839。既然是買方，當然是希望買到的價位愈低愈好，所以 1.3839 是周董能接受成交的上限價位！如果目前市場上的最低賣價仍高於 1.3839，則周董的買單就不會成交。

同樣的，如果周董改掛歐元外匯期貨限價賣單 1.3358，表示 1.3358 是周董願意賣出去的最低下限價位，如果目前市場上的最高買價仍低於 1.3358，則周董的賣單就不會成交。

二、優　點

限價單的特色就是「價格優先於成交速度」。交易人可以在自己希望的價位成交，而不急於馬上就要成交。我認為剛進入期貨交易市場的新手，最好多多使用限價單，以免為了即時成交而交易在自己不想成交的價位。

三、缺　點

對期貨交易老手或是追高殺低的趨勢交易人來說，當趨勢出現的時候，馬上成交是他們的第一要務，這時成交的效率要高於成交的價位，他們不會為了區區幾個價位檔次而喪失一次重大的交易機會，這時市價單是優於限價單的。

◎ **例題 4-2**

假設澳幣外匯期貨目前的行情報價為：

單位：澳幣

Bid	Ask	Last
1.0693	1.0697	1.0694

請問：

1. 1.0695 的限價買單是否會立刻成交？若會，則其成交價為多少？
2. 1.0680 的限價賣單是否會立刻成交？若會，則其成交價為多少？

解答：

1. 不會。1.0695 的限價買單是表示「只接受等同於或低於 1.0695 的賣價」。因此雖然目前成交價 (1.0694) 比 1.0695 還便宜，然而市場上的「最低賣價」是 1.0697，比 1.0695 還高，故無法成交。

2. 會。1.0680 的限價賣單是表示「只接受等同於或高於 1.0680 的買價」。由於目前市場上買價已經出到 1.0693 了，所以 1.0680 的限價賣單可以馬上成交，成交價是 1.0693。

熱身操 4-2 ●

假設歐洲美元期貨的行情報價為：

單位：美元

Bid	Ask	Last
99.5150	99.5175	99.5175

請問：

1. 99.5150 的限價買單是否會立刻成交？若會，則其成交價為多少？
2. 99.5175 的限價賣單是否會立刻成交？若會，則其成交價為多少？

4.4 國外委託單

　　國外的期貨交易由於法令比較有彈性，所以委託單的方式也較多元，有的委託單十分複雜，功能也很強大。不過此種委託單通常是期貨商自己交易平臺由程式控制的委託單，美國的期貨交易所官方所能接受的委託單種類比較有限。例如說 CME 的電子交易系統 Globex 可以下的委託單有：

一、限價單

二、帶有保護的市價單 (Market Order with Protection)

三、停損限價單 (Stop Limit Order)

四、帶有保護的停損單 (Stop Order with Protection)

　　由於美國的限價單跟臺灣的限價單完全一樣，所以我們就針對其他委託單做一個介紹就可以了。另外還有一組重要的委託單──觸價單 (Market if Touched Order, MIT) 與觸價限價單，這一組人馬與停損單加上停損限價單太類似了，簡直是雙胞胎兄弟，因此將合併在 4.4.2 一起介紹。

■ 4.4.1 帶有保護的市價單

一、定　義

　　CME 的市價單並非單純的市價單，而是帶有保護的市價單，此種委託單與市價單的功能幾乎完全相同，唯一的差別在於期貨交易所在委託人下達此種委託單時，會給定一個保護價格點數，進而形成一個成交價格區間，藉以避免交易人在快市時不計代價以市價追價，因而成交在非常糟糕的價位。

二、優　點

　　這種機制的優點是可以保護投資人，避免成交在很不好的價位。

三、缺　點

投資人在下出市價委託單時，本來就有不計代價，只要成交的心理準備，因此帶有保護的市價單有可能造成委託單無法成交，坐失了成交的黃金時間。

㈠成交價格區間的下（底）限

成交價格區間的下（底）限＝下單瞬間的成交價－保護價格點數

$$(4-1)$$

對 CME 的市價賣單而言，當市場上的成交價往下攧破成交價格區間的下（底）限，而市價賣單還沒有全部成交時，還沒成交的部分將改為限價賣單，限價定在「成交價格區間的下（底）限價」。

◎ 例題 **4-3**

假設 CME 歐元外匯期貨的保護價格點數為 50 個最小價格跳動單位。某天，即時新聞突然發布「歐盟決定暫緩對希臘的援助!」這下可糟了! 奇奇手中還握有 10 口 CME 的歐元外匯期貨多單，要趕快以市價殺出了! 已知在新聞發布的瞬間，歐元外匯期貨的行情報價為：

單位：歐元

Bid	Ask	Last
1.3250	1.3251	1.3251

當奇奇掛出市價賣單 10 口 CME 的歐元外匯期貨後，若市場報價為 1.3250、1.3220、1.3214、1.3199，同時分別有三口、一口、三口、三口的市價買單掛出。請問：奇奇的市價賣單是否能夠全部成交?

解答：

奇奇的市價賣單掛出後，會立刻被傳送進 CME 的電子平臺 Globex，而 CME 以正常市價賣單處理時，會順便幫奇奇設下成交價格區間的下（底）限：1.3251 - 0.0050 = 1.3201。

假設期貨商的回報為：

⑴ 1.3250 部分成交賣出 3 口。

⑵ 1.3220 部分成交賣出 1 口。

⑶ 1.3214 部分成交賣出 3 口。

由於接下來歐元外匯期貨的下一個成交價為 1.3199，低於成交價格區間的下（底）限，此時，奇奇的市價單已經被自動改為限價單了！所以奇奇的委託單及歐元多頭部位分別為：

1. 委託單：3 口歐元外匯期貨 1.3201 限價賣單
2. 尚未平倉部位：3 口歐元外匯期貨多頭部位

由這個例題，我們可以看出這種帶有保護性質市價單的作用，它可以避免交易者在快市中匆促出手以市價賣出時，成交在 1.3201 以下，而造成重大損失的風險。

㈡成交價格區間的上限

成交價格區間的上限＝下單瞬間的成交價＋保護價格點數　(4–2)

對 CME 的市價買單而言，當市場上的成交價往上突破成交價格區間的上限，而市價買單還沒有全部成交時，則還沒成交的部分將改為限價買單，限價定在「成交價格區間的上限價」。

4.4.2 停損單與觸價單

停損單與觸價單對於以技術分析為主的交易人來說，是相當重要的委託單形式。這兩種委託單基本上都是屬於市價單的一種，但是普通的市價單是由交易人憑自己的判斷而主動下達，而停損單與觸價單是在期貨市價觸及到某一個價位時就會自動觸發。因此停損單與觸價單都必須在下委託書時指定一個價位，這個指定的價位是「觸發市價單的價位」，意義與限價單所指定的價位是完全不同的！

第一個觀念理清楚了，下一個難題是：如何辨別停損單與觸價單？我在這裡畫一張圖，先記住它，這對你的考試將很有幫助！

```
停損        觸價
買單        賣單
────────────────────  觸發
停損        觸價        價格
賣單        買單
```

↗ 圖 4–2　停損單與觸價單觸發（變成市價單）區域圖

一、停損買單和停損限價買單

㈠觸發條件

　　從圖 4-2 可知，停損買單會被觸發成為市價買單是當期貨的成交價在委託人所指定的觸發價格或以上的任何價位。也就是說，若期貨的成交價仍然在觸發價格以下的話，則委託人的停損買單就不會被觸發，仍然會在那邊等待。

　　至於「停損限價買單」，其觸發原理與停損買單一模一樣，只是停損限價買單被觸發後變成的是限價買單而不是市價買單。所以結果是：

◆你必須為這個限價單訂出一個限價，也就是說停損限價單要訂兩個價格，一個是「觸發價」，另一個則是「限價」（例如玉米期貨 572.00 停損限價於 573.00）。

◆停損限價單在停損觸發之後可能沒辦法馬上成交，更甚者，也許永遠都無法成交！

◎例題 **4-4**

　　假設美國股市正在狂飆，目前的美國標準普爾 500 指數期貨 (S&P 500) 空單正在持續虧損，現在唯一的指望是 S&P 500 指數期貨在 1,200.00 以下有重大壓力，如果 1,200.00 被突破的話，那麼就會再走一波大多頭行情，因此那時就有停損（空單回補）的必要了。根據這個技術分析的理念，李董下達了 1,200.00 的停損買單。目前 S&P 500 指數期貨的報價為 1,199.00。接下來 S&P 500 指數期貨的連續報價為：1,199.25、1,199.50、1,199.75、1,200.75、1,200.50、1,201.00。請問：

1. 李董的停損買單成交價會在？
2. 如果李董下達的停損限價買單為「1,200.00 停損限價於 1,200.25」，則李董的成交價是？

解答：

1. 由於李董的停損買單觸發價位是 1,200.00 或以上，因此，
(1) 1,199.25 → 未觸發。
(2) 1,199.50 → 未觸發。

(3) 1,199.75 → 未觸發。

(4) 1,200.75 → 觸發了!

但是由於觸發後電腦即使馬上下達市價單,仍然需要那麼一點點的時間,因此李董的成交價會是 1,200.75 之後的下一個報價 1,200.50。

2. 停損限價買單的觸發點與停損買單一樣,但是因為李董設了一個限價買單 1,200.25,而之後兩個成交價 1,200.50、1,201.00 都高於 1,200.25,所以到目前為止,李董的停損限價買單尚未成交。

↘ 小百科

壓　力

當價格上漲至某特定水準,該處的賣出力量會使價格不易上漲甚至反轉下跌,此股力量就稱為壓力。

(二)使用時機

停損買單與停損限價買單到底什麼時候能夠派得上用場呢?簡單的說,停損買單與停損限價買單是委託人相信期貨價格未來的走勢為(圖 4-3):

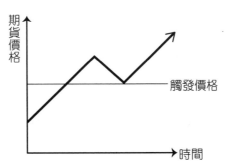

↗ 圖 4-3　下達停損買單的委託人所預期的期貨未來走勢

(三)使用者

有哪些人會因為預期期貨未來走勢會如同圖 4-3 而需要下停損買單呢?

1. 原本持有空單的投資人,即上述例題 4-4 的情境,預期期貨價格突破重要壓力點後,會再走一波漲勢,因此必須立刻停損以減少極為可能

發生的虧損擴大。

2.原本空手的投資人。雖然停損單聽起來好像都是為了要停止損失用的，事實上卻不然，英語的停損單是 "Stop Order"，並沒有提到損失的意思喔！因此，原本空手的投資人，認為期貨價格在突破壓力區之後，會展開另一波漲勢，也可以利用停損買單在突破壓力區時追價買進！

3.停損限價單的使用時機和使用者與停損單是完全一樣的。差異在於：停損限價單在觸發之後自動掛出去的是限價單而不是市價單。這麼做是為了在觸發之後還能成交在自己指定的價位。但是停損單在觸發時，通常都是有急需停損或是追價的時間壓力，在停損觸發的是限價單的話，很有可能價格從此一去不復返，使得虧損狀況一發不可收拾，所以實務上幾乎沒有人使用停損限價單。

二、停損賣單和停損限價賣單

(一)觸發條件

從圖 4-2 可知，停損賣單會被觸發成為市價賣單是當期貨的成交價在委託人所指定的「觸發價格」或以下的任何價位。也就是說，若期貨的成交價仍然在觸發價格以上的話，則委託人的停損賣單就不會被觸發，仍然會在那邊等待。

至於停損限價賣單的觸發原理與停損賣單一模一樣，只是停損限價賣單被觸發後變成的是限價賣單而不是市價賣單。

熱身操 4-3

陳董對加拿大幣外匯期貨的操作相當有心得。最近他發現加拿大幣對美元的匯率持續貶值，即將跌破平價 (1.0000)。他認為如果跌破 1.0000 整數價位支撐的話，那麼貶值的趨勢會加速擴大。你覺得他應該下何種委託單會最有利呢？

↘小百科

支　撐

當價格下跌至某特定水準，該處的買進力量會使價格不易下跌甚至反彈上升，此股力量就稱為支撐。

㈡使用時機

　　停損賣單到底什麼時候能夠派得上用場呢？ 簡單的說，停損賣單是委託人相信期貨價格未來的走勢為（圖 4-4）：

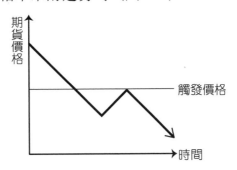

↗ 圖 4-4　下達停損賣單的委託人所預期的期貨未來走勢

㈢使用者

　　有哪些人會因為預期期貨未來走勢會如同圖 4-4 而需要下停損賣單或是停損限價單呢？

1. 原本持有多單的投資人，預期期貨價格跌破重要支撐點後，會再走一波跌勢，因此必須立刻停損以減少極為可能發生的虧損擴大。
2. 原本空手的投資人，認為期貨價格在跌破支撐區之後，會展開另一波跌勢，也可以利用停損賣單在跌破支撐區時追價放空！

三、觸價買單

㈠觸發條件

　　在精通了停損單的操作之後，我們對觸價單的操作應該是不陌生才對。從圖 4-2 可以看到，觸價買單會被觸發成為市價買單，是當期貨的成交價在委託人所指定的觸發價格或以下的任何價位。也就是說，若期貨的成交價仍然在觸發價格以上的話，則委託人的觸價買單就不會被觸

發，仍然會在那邊等待。

(二)使用時機

觸價買單是指，當期貨成交價向下攢破觸發價的時候，才會被觸發成市價買單。這到底是怎麼回事？向下攢破應該是停損賣出或是加碼放空才對呀，怎會是市價買進呢？

觸價買單所設定的觸發價，的確是期貨買方所認為的支撐價位，但是下觸價買單的委託人，對這個支撐價位抱持著很大的信心，認為期貨價位在攢破這個價位之後，會有強力支撐，而且會從這個價位開始反彈！因此在期貨價格往下觸及觸發價（支撐價）的時候，改用市價買進。也就是說，觸價買單是委託人相信期貨價格未來的走勢為（圖4-5）：

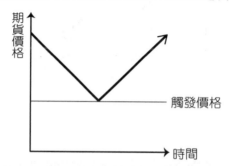

↗ 圖4-5　下達觸價買單的委託人所預期的期貨未來走勢

(三)使用者

有哪些人會因為預期期貨未來走勢會如同圖4-5而需要下觸價買單呢？

1. 原本空手的投資人，預期期貨價格將會在跌至支撐價位之後觸底反彈，因此將觸發點設定在支撐區，以便建立多頭部位。

2. 已經建立期貨空頭部位的交易人，認為支撐區力量強大，期貨價格跌勢可能到此為止，因此在期貨價格跌到這個支撐區的時候，設立觸發點以便平倉，好獲利了結。

四、觸價賣單

(一)觸發條件

觸價賣單的情形又跟觸價買單相反，觸價賣單的機制是：觸價賣單會被觸發成為市價賣單，是當期貨的成交價在委託人所指定的觸發價格或以上的任何價位。也就是說，若期貨的成交價仍然在觸發價格以下的話，則委託人的觸價賣單就不會被觸發，仍然會在那邊等待。

◎例題 **4-5**

假設林董通知他的期貨商，下達了西德州中級輕甜原油觸價賣單的指令，觸發價設定在 100.50。已知委託單下達之後，原油期貨的連續報價如下：100.45、100.46、100.48、100.50、100.52、100.48。請問林董的成交價會是？

解答：

原油期貨的報價在 100.50 時首次接觸到觸發價，也因此觸發了市價賣單，因此成交價將會是下一個成交價：100.52。

㈡使用時機

觸價賣單是指，當期貨成交價往上突破觸發價的時候，才會被觸發成市價賣單。觸價賣單所設定的觸發價，的確是期貨買方所認為的壓力價位，但是下觸價賣單的委託人，對這個壓力價位抱持著很大的信心，認為期貨價位在突破這個價位之後，會遭遇空方強力抵抗，而且會從這個價位開始反轉下跌！因此在期貨價格往上觸及觸發價（壓力價）的時候，改用市價賣出。也就是說觸價賣單是委託人相信期貨價格未來的走勢為（圖 4-6）：

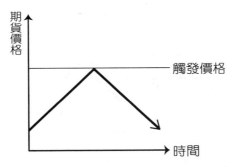

↗ 圖 4-6　下達觸價賣單的委託人所預期的期貨未來走勢

㈢使用者

　　有哪些人會因為預期期貨未來走勢會如同圖 4-6 而需要下觸價賣單呢?

1. 原本空手的投資人,預期期貨價格在上漲至壓力價位之後就會反轉向下,因此將觸發點設定在壓力區,以便建立空頭部位。

2. 已經建立期貨多頭部位的交易人,認為壓力區力量強大,期貨價格漲勢可能到此為止,因此在期貨價格漲到這個壓力區的時候,設立觸發點以便平倉。

表 4-1　停損單與觸價單

	觸發條件	使用時機	使用者
停損買單	當期貨的成交價在委託人所指定的觸發價格或以上的任何價位		1.原本持有空單的投資人停損平倉 2.原本空手的投資人追價買進
停損賣單	當期貨的成交價在委託人所指定的觸發價格或以下的任何價位		1.原本持有多單的投資人停損平倉 2.原本空手的投資人追價放空
觸價買單	當期貨的成交價在委託人所指定的觸發價格或以下的任何價位		1.原本空手的投資人於支撐點作多 2.已經建立期貨空頭部位的交易人獲利平倉
觸價賣單	當期貨的成交價在委託人所指定的觸發價格或以上的任何價位		1.原本空手的投資人於壓力點作空 2.已經建立期貨多頭部位的交易人獲利平倉

■ 4.4.3 開盤市價單

開盤市價單 (Market on Opening Order, MOO) 可以是「開盤市價買單」或「開盤市價賣單」，開盤市價單在市場正式開盤之前就必須先下達。期貨商會在市場剛開盤的時候幫委託人執行市價單，因為 MOO 單是在開盤後的某一段時間內成交都算是有效的 MOO 成交單，除此之外，不論是成交的時間或甚至是成交的價位，期貨經紀商皆無法保證。因此如非必要（例如有緊急狀況無法盯盤時），不建議使用此種委託單。

■ 4.4.4 收盤市價單

交易人在收盤前下了這個收盤市價單 (Market on Close Order, MOC) 之後，期貨商就會盡力在靠近收盤時幫你下出這個市價單。不過收盤市價單與開盤市價單一樣，只要在收盤前一段時間成交的市價單，都可以被視為有效的 MOC 委託單，期貨經紀商也沒辦法保證成交時間與成交價位，因此如非必要，不建議使用此種委託單。

4.5 委託單與時間相關的選項

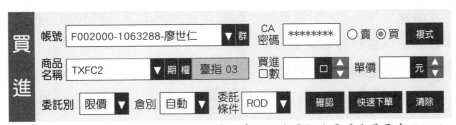

資料來源：永豐證券電子交易平臺 E-leader

➚ 圖 4-7　期貨電子下單的格式

圖 4-7 是電子交易平臺的期貨委託單，在圖下方有一個「委託條件」，後面又加上一個 "ROD"，這是代表什麼涵義？

電子期貨委託單的委託條件並非獨立的委託單，只是附屬於委託單的一部分條件，且多與委託單執行的時效性有關，雖各家條件略有不同，

但大致可分為: 當日有效 (Rest of Day, ROD)、長效 (Good Till Cancel, GTC)、立即成交否則取消 (Immediate or Cancel, IOC) 和全部成交否則取消 (Fill or Kill, FOK)。以下將一一敘明:

一、當日有效 (ROD)

當日有效是指無論委託人是否對他的委託單下達取消指令，只要這個委託單在當日收盤前沒有成交，就會自動失效。

就國內期貨市場而言，由於市價單要求的是馬上成交，所以沒有當日有效的情況，因此臺灣期貨交易所的委託單只有限價單才有當日有效的選項。

二、長效 (GTC)

長效是指在委託人下達取消指令之前，此委託單會一直有效。然而由於期貨市場的情勢瞬息萬變，使用長效單的風險非常大，例如期貨本來是多頭的走勢，可能因為突發事件（金融海嘯）而大逆轉，變成空頭走勢。而交易人可能看好期貨走勢，在支撐區下達長效買單，但是時間一久就淡忘了，結果在不自覺的情況下買單成交，變成了套牢狀態。因此長效單的使用者並不多。

實務上，就國內期貨市場而言，臺灣期貨交易所並不接受長效單；就國外期貨市場而言，如果委託人沒有在委託單上做任何特別指示的話，期貨商都是以當日有效來處理。

三、立即成交否則取消 (IOC)

指委託單下達後，能成交的口數就立即成交，而未能成交的口數則全部取消。

四、全部成交否則取消 (FOK)

指委託單下達後，全部口數皆須成交，若無法全部口數成交則取消全部口數。

選項三、四是為了要給一次有大量口數的交易人所使用的，且限價單與市價單都可以使用此種委託條件。

4.6 組合式委託單

市面上有各式各樣極為先進的組合式委託單 (Combination Orders)，但這裡只介紹在期貨商業務員考試最常見的一種組合式委託單——二擇一委託單 (One Cancels the Other Order, OCO)。

二擇一委託單是指委託人必須將兩個獨立的委託單合併成一組下單，若其中一個委託單成交，則另一個委託單就會被自動取消。

實務上，二擇一委託單常被當成停利停損單來使用。怎麼說呢？請看例題 4-6：

◎ 例題 **4-6**

李董的澳幣外匯期貨空單成交價為 1.0652，然而李董認為，目前澳幣期貨正在區間震盪，1.0600 時應有強力支撐，而 1.0718 時可能會有壓力。因此李董將出場策略訂為：若價格為 1.0601，則獲利了結回補；若價格為 1.0715，則停損回補出場。請問李董該如何下單？

解答：

李董應下達限價買進 1.0601 停利、停損買進 1.0715 的「二擇一委託單」。

熱身操 **4-4**

假設王董持有的西德州中級輕甜原油期貨多單成交價為 101.35 美元。然而因為王董忙於家族事業，沒時間一直盯盤，遂決定在這次交易設下一個平倉點：賺得 0.50 美元時即可獲利了結；可忍受的最大損失為 0.35 美元。請問王董該如何下單？

衍生性商品災難事件簿

美國加州橘郡破產事件[2]

美國加州橘郡 (Orange County) 是加州非常富裕的一個郡。除了工業興盛之外，那裏還有全世界聞名的第一座迪士尼樂園。但是橘郡在 1994 年 12 月宣告破產。是稅收不足嗎？非也，橘郡乃是衍生性商品操作不當的另一受害者。這一次的破產事件影響十分重大，在那時是美國地方政府有史以來規模最大的破產事件。

橘郡當時的財務長 Citron 先生，長期投資績效優異，名列美國頂尖市政公債基金經理人之一，對於美國地方政府債券這個產業瞭若指掌。Citron 先生是長期投資績效的優等生，他的成就絕非偶然，也非常值得信任。他到底在甚麼地方失算了？

一、對利率的走勢判斷錯誤

Citron 先生認為美國利率應當會持續探底，在 1994 年 2 月之前，美國的利率走勢的確是持續走低的，但在之後卻開始反轉向上，聯準會在 1994 年連續升息，一共升息了 2.5%，一年之中這麼大的升息幅度是相當罕見的。

二、操作的金融工具風險極大

一般債券基金如果認為利率走勢向下的話，會積極買進債券，因為殖利率下降，則債券價格上漲。然而 Citron 先生所操作的，是風險更大的衍生性金融商品：「反浮動利率債券」(Inverse Floater)。

反浮動利率債券的票面利率是浮動的，但是浮動的方向與市場利率走勢是相反的。市場利率越低，反浮動利率債券的票面利率給得越高，此時不但債券價格上漲，利息也拿得更多，可說是喜上加喜，反浮動利率債券價格的上漲幅度會比一般債券大很多；但如果市場利率開始上揚，反浮動利率債券的票面利率會調降，那麼反浮動利率債券價格下跌幅度也會大於一般固定票面利率的債券。因此在 2014 年 2 月之後的利率上揚期間，持有反浮動利率債券的橘郡政府會遭受到比持有一般債券的投資人更大的損失。

三、槓桿操作

---

[2]Peter N. Martin, Bruno Hollnagel 著，許可達、關旭玲譯 (2003)，《奮勇向錢：轉動歷史的投機大夢》，左岸文化。

Citron 先生利用附買回交易 (Repo)，以手中的債券作擔保品，短期借入資金加碼操作。在利率下降的期間，獲利會有乘數的效果；然而在利率上揚期間，損失也是以乘數計算的。

自問自答時間

各位同學由這個事件可以發現，橘郡破產事件主要是因為操作反浮動利率債券失利才導致災難的發生。大家趕快去好好的研究一下，什麼是反浮動利率債券？什麼時候買進反浮動利率債券是最佳時機？什麼時候該對反浮動利率債券避之唯恐不及？

練習題

( ) 1.賣出小麥期貨 $4.25 STOP LIMIT，下列何價位不可能成交？
(A) 4.25　(B) 4.28　(C) 4.23　(D) 4.26　【2009 期貨業務員測驗】

( ) 2.小明向期貨商下觸及市價委託單欲放空一口 MSCI 臺指期貨，設定的價位為 170，若目前 MSCI 臺指期貨的報價為 168，請問下列何者 MSCI 臺指期貨的走勢可讓小明的委託單成交？　(A) 168→169　(B) 168→165　(C) 168→171　(D) 168→162

【2010 期貨業務員測驗】

( ) 3.對於 MIT 委託「賣出 45 MIT」，下列敘述何者正確？　(A)若市價成交 45 或以下，MIT 委託成為市價委託　(B)若市價成交 45 或以下，MIT 委託成為限價委託　(C)若市價成交 45 或以上，MIT 委託成為市價委託　(D)以上皆非

【2010 期貨業務員測驗】

( ) 4.當交易人下達以下委託「賣出 5 口七月白銀期貨 798.5 或更好價位」，當時七月白銀期貨的買盤 (Bid) 應在那一價位？　(A) 798.2　(B) 798.4　(C) 798.5　(D) 798.6　【2010 期貨業務員測驗】

( ) 5.英鎊期貨目前價位為 1.5840，若交易人下達以下指令「當英鎊往上觸及 1.5940 時，以市價買進」，則此一指令為　(A)觸價買單　(B)觸價賣單　(C)停損買單　(D)停損賣單

【2010 期貨業務員測驗】

( ) 6.當交易人下達以下委託「賣出 3 口六月 Kospi 200 期貨 171.7 STOP」，若該委託成交，則其成交價應為　(A)恰好為 171.7　(B)只能在 171.7 以上的任何價位　(C)只能在 171.7 以下的任何價位　(D)可高於、等於或低於 171.7　【2010 期貨業務員測驗】

( ) 7.對於已持有期貨多頭部位之投資人而言，下達停損限價的委託單時　(A)限定成交的價格應低於停損價位，但兩種價位均低於

目前的市價　(B)限定成交的價格應高於停損價位，但兩種價位均低於目前的市價　(C)限定成交的價格應低於停損價位，但兩種價位均高於目前的市價　(D)限定成交的價格應高於停損價位，但兩種價位均高於目前的市價　【2010 期貨業務員測驗】

( )　8.CFTC 規定，有關部位限制 (Position Limit) 之敘述何者為正確? (A)避險者不受此限制　(B)避險者、投機者均受此限制　(C)近月份合約可視為現貨月份，所以不受此限制　(D)事先向 CFTC 報備，即可握有超過部位限制之數量　【2010 期貨業務員測驗】

( )　9.一張停損限價單，於市價觸及其指定的價位時，成為　(A)限價單　(B)市價單　(C)單純取消單　(D)長效單

【2010 期貨業務員測驗】

( )　10.人工競價 (Open Outcry) 市場，一收盤市價委託 (MOC) 所執行的價格為　(A)當天最後一筆交易價格　(B)收盤時段 (Closing Range) 的價格　(C)視委託的時間而定　(D)視場內經紀執行的效率而定　【2010 期貨業務員測驗】

( )　11.當下手期貨商不需讓上手期貨商知道所有個別客戶的下單及未平倉部位資料，則下手期貨商在上手所開的帳戶稱為　(A)完全揭露帳戶 (Fully Disclosed Account)　(B)綜合帳戶 (Omnibus Account)　(C)聯合帳戶 (Joint Account)　(D)以上皆非

【2010 期貨業務員測驗】

( )　12.MIT 委託買單，其市價與委託價的關係為　(A)委託價在市價之上　(B)委託價在市價之下　(C)沒有限制　(D)依市場情況而定

【2010 期貨業務員測驗】

( )　13.加註 FOK 或 IOC 條件之委託單，以下敘述何者為真?　(A) FOK: Fill or Kill，立即成交否則取消　(B) IOC: Immediate or Cancel，委託之數量須全部且立即成交，否則取消　(C)選項 A、B 皆是　(D)選項 A、B 皆非　【2011 期貨業務員測驗】

( )　14.停損單的運用範圍，下列何者為真?　(A)只能用於當原有的部

位處於虧損狀態，交易人欲控制在預期範圍，而將其部位平倉
(B)只能用於當行情有突破時，投資欲建立新部位，以期獲利
(C)交易人可用於原有部位的停損平倉，亦可用於行情突破建立
新倉以期獲利　(D)以上皆非　　　　【2011 期貨業務員測驗】

( )　15.交易人以 $0.4200 賣出 NYMEX 熱燃油期貨，之後熱燃油期貨
下跌至 $0.4100，交易人欲保有獲利的部分，他應採取下列何種
委託？　(A)買進 $0.4120 STOP 委託　(B)賣出 $0.4120 STOP 委
託　(C)買進 $0.4050 STOP 委託　(D)賣出 $0.4150 STOP 委託
【2011 期貨業務員測驗】

( )　16.某期貨交易人的委託單如下：Buy 10 December S&P 500 at
1,050.00 Stop，則可能成交之價格為　(A) 1,055.00　(B) 1,050.00
(C) 1,000.00　(D)選項 A、B、C 皆有可能
【2012 期貨業務員測驗】

( )　17.下列何者描述「競價公開」之意義有誤？　(A)芝加哥期貨交易
所公開喊價 (Open Outcry) 的黃豆期貨契約　(B)臺灣證券交易
所電腦撮合台塑股票　(C)進出口廠商訂定契約　(D)古董拍賣市
場敲板式拍賣古董　　　　【2013 期貨業務員測驗】

( )　18.日圓期貨目前價位為 0.010401，若交易人下達以下指令：「當日
圓往上觸及 0.010425 時，以市價買進」，則此一指令為　(A)停損
買單　(B)停損賣單　(C)觸價買單　(D)觸價賣單
【2014 期貨業務員測驗】

( )　19.開盤前台指選擇權交易系統不接受何種委託單？　(A)加註 FOK
的市價委託單　(B)加註 FOK 的限價委託單　(C)組合式委託
(D)選項(A)、(B)、(C)皆是　　　　【2014 期貨業務員測驗】

( )　20.MSCI 台指期貨目前市價為 244.5，則下列何者為正確的委託單？
(A) 240.1 的停損買單　(B) 240.1 的觸價買單　(C) 240.1 的觸價賣
單　(D) 240.1 的限價賣單　　　　【2014 期貨業務員測驗】

( )　21.在風險告知書中，強調交易人雖下達停損單，其損失有時不一

定可以控制在交易人預定範圍之內，其原因是？　(A)市場上於停損價附近成交量太大　(B)市場於停損價附近發生崩盤或噴出走勢，以致於沒有成交量　(C)市場行情呈現牛皮走勢　(D)市場行情呈現緩慢下跌狀態　　　　　　　　【2014 期貨業務員測驗】

(　) 22.買進的觸及市價委託 (Buy MIT Order)，在下列何種情況會變成市價委託？　(A)當市場上成交價高於所設定之價位時　(B)當市場上買進價低於所設定之價位時　(C)當市場上賣出價高於所設定之價位時　(D)當市場上賣出價低於所設定之價位時

【2014 期貨業務員測驗】

第 5 章
期貨市場專業知識與保證金制度

5.1 期貨行情表

要想瞭解期貨，最簡單也最便捷的方式就是閱讀報紙上的期貨行情表。雖然說報紙上刊登的是過去式的資訊，但只要仔細探究，你會發現其中可是暗藏了不少玄機。

表 5-1 是 CME 網站上公布的迷你標準普爾 500 指數期貨 (E-mini S&P 500 Index Futures) 前一交易日收盤的當日行情。

表 5-1　CME E-mini S&P 500 Index Futures 收盤行情表

Trade Date: 03/01/2012

Month	Open	High	Low	Last	Change	Settle	Estimated Volume	Prior Day Open Interest
MAR 12	1,362.25	1,375.25	1,358.75	1,374.25	+10.00	1,374.50	1,966,089	2,767,710
JUN 12	1,355.75	1,369.25	1,352.75	1,366.25	+10.00	1,368.50	19,813	101,408
SEP 12	1,352.25	1,362.50	1,347.75	1,362.25	+10.00	1,362.50	37	357
DEC 12	–	1,352.50	–	1,352.50	+9.75	1,350.25	–	–
MAR 13	–	1,342.75	–	1,342.75	+9.75	1,350.25	–	–

資料來源：CME

一、Month（合約到期月份）

每一種標的物都會有一個以上的到期月份，但並非每一個月都是到期月份。不同標的物的到期月份，在它所屬的期貨交易所都有規定。以 E-mini S&P 500 Index Futures 的例子來看，它的到期月份有：3 月、6 月、9 月以及 12 月。

二、Open（開盤價）

指開盤第一個報出來的價位。

三、High（當日最高價）

四、Low（當日最低價）

五、Last（收盤價）

Last 在金融市場具有多種意義：在盤中代表最新成交價；收盤以後代表最後一筆成交價格。

六、Change（當日價格變動）

七、Settle（當日結算價）

指期貨每日收盤後用來結算的價格。委託人如果選擇將手中期貨部位留倉到隔天或更久以後，那麼他當日的獲利或是虧損，都是以這個價格為準，但當日結算價並不一定等於最後交易價格！如果這個期貨契約是流動性很好的期貨，收盤價可以很適當的表達當日的收盤狀況的話，就會以收盤價作為當日的結算價。但假如這個期貨契約流動性很差，例如說一天只有在開盤時成交過一筆，那麼那時的成交價就不適合作為當日收盤的結算價。此外，當日結算價也是第二個交易日的平盤價。

例如從表 5-1 可知，2012 年 3 月 1 日 E-mini S&P 500 Index Futures 的收盤價是 1,374.25，結算價是 1,374.50，且第二天（2012 年 3 月 2 日）的平盤價為 1,374.50。

八、Estimated Volume（預估成交量）

指當日期貨契約成交的數量。我們都知道，股票的標準交易單位是 1 張（即 1,000 股），不過這並非唯一的標準單位，事實上將一張股票分割成零股也是可以交易的；然而期貨契約卻不能分割，1 口 (lot) 就是最基本的交易單位。

九、Prior Day Open Interest（前一日未平倉量，簡稱 OI）

未平倉量的觀念與計算是本章非常重要的一環，我們在下面將特別為你們做詳細的說明。

5.2 平倉、未平倉量

■ 5.2.1 定　義

　　期貨契約到期時，結清期貨倉位的動作稱為平倉 (Offset)。若期貨契約到期時，交易人手中的期貨部位還沒結清的話則稱為未平倉量，未平倉量是代表這個期貨契約目前在市面上仍然在流通的口數，亦即期貨契約所建立的部位中還沒有平倉的部分。此外，若作多買進而持有多頭期貨部位，代表未來有依結算價買進期貨標的物的義務；若放空賣出而持有期貨空頭部位，代表未來有依結算價賣出期貨標的物的義務。

■ 5.2.2 平倉的方式

　　期貨平倉的方式主要有三種:

一、交　割

　　交割是於期貨契約到期日進行總結算，為遠期契約最直接，也最常見的平倉方式，可分為實物交割和現金交割兩種。

　　說明請參照 2.2.1 國內期貨契約範例的「十、交割方式」。

二、沖　銷

　　指將原來的期貨部位「反向操作」，可分為下列兩種:

◆ 將買進的期貨多頭部位反手賣出。

◆ 將放空的期貨空頭部位買進回補。

◎例題 **5-1**

　　若陳董在相同規格與到期日 CME 玉米期貨到期前將其買進又賣出，則陳董是否能同時擁有 CME 玉米期貨的多頭及空頭部位?

解答:

　　由於在同一個帳戶內，同樣規格的期貨不可能同時存在多頭與空頭部位，所以只要陳董買進 CME 玉米期貨後再賣出 CME 玉米期貨，其多頭部位就會被自動沖銷掉。但是如果陳董有兩個不同的期貨帳戶，

就可以在其中一個帳戶買進 CME 玉米期貨多頭部位，另一個帳戶賣出 CME 玉米期貨的空頭部位，如此一來，陳董就可以同時擁有 CME 玉米期貨的多頭及空頭部位。當然，在同一個帳戶是可以有不同月份的玉米期貨多頭與空頭部位的。

三、期貨轉現貨（Exchange for Physicals，EFP）

又稱「提早交割」，交割地點在交易所以外的場所進行，為實物交割的一種特例。

㈠ EFP 與交割的區別：操作時間點的不同。

表 5–2　EFP 與交割的區別

交割	操作時間點為期貨到期月份
EFP	操作時間點為期貨到期日之前

㈡ EFP 與沖銷的區別：實體標的物的換手行為。

表 5–3　EFP 與沖銷的區別

沖銷	虛擬期貨契約的交換
EFP	有實體標的物的換手行為：期貨空頭部位的持有者需有足夠的標的物現貨

■ 5.2.3 未平倉量

◎ 例題 **5–2**

若張董買進 1 口 X3 年 9 月到期的燕麥期貨，請問他的燕麥期貨未平倉量會是增加還是減少？

解答：

由於題目敘述不完整，故張董的燕麥期貨未平倉量可能增加，也可能減少！以下就各種情況分別討論：

1. 張董在買進前並未擁有 X3 年 9 月到期的燕麥期貨部位

燕麥期貨部位

買進1口
↓

+0 ⇒ +1

↗ 圖 5–1⒜

　　從圖5-1⒜可知，由於張董原本沒有任何燕麥期貨部位，因此若張董買進1口燕麥期貨，就表示張董看好燕麥價格未來的走勢，即張董的燕麥期貨增加1口多頭部位，也就是說張董的燕麥期貨未平倉量增加1口。

　　2.張董在買進前已擁有1口 X3年9月到期的燕麥期貨空頭部位

燕麥期貨部位

買進1口
↓

-1 ⇒ +0

空頭1口　　自動與原來
　　　　　空頭1口沖銷

↗ 圖 5–1⒝

　　從圖5-1⒝可知，由於張董原本就有1口燕麥期貨空頭部位，因此若張董買進1口燕麥期貨，就表示張董是為了「空頭回補」，而張董原有的1口空頭部位會被沖銷，也就是張董的燕麥期貨的未平倉量是減少1口的。如果張董原本就擁有燕麥期貨多頭部位的話呢，那麼他的多頭未平倉量會增加1口。

　　從上述可知，若單憑投資人的買賣行為是無法判斷當天的未平倉量是增加或減少，必須要等收盤後彙整所有期貨商客戶的期貨部位才能確定。這也是為什麼當日收盤行情只能顯示前一日未平倉量的原因。

　　至於未成交量的變化要如何計算？讓我們先來觀摩一個最基本的例子。

◎例題 **5-3**

　　假設 X3 年 9 月的棉花期貨目前沒有任何未平倉量,若盧董從邱董和李董手中各買進 1 口 X3 年 9 月的棉花期貨,則請問交易完成時,此期貨的:

　1.個別帳戶未平倉量為何?

　2.總未平倉量為何?

解答:

　1.個別帳戶未平倉量:

(1)盧董向邱董買進 1 口棉花期貨後,各人的未平倉量:

	盧董	邱董	李董
未平倉量	+1	−1	0

註: +1 代表多頭部位 1 口;−1 代表空頭部位 1 口。

　　此時 X3 年 9 月棉花期貨的成交量是 1 口。

(2)盧董向李董買進 1 口棉花期貨後,各人的未平倉量:

	盧董	邱董	李董
未平倉量	+1	0	−1

　　此時 X3 年 9 月棉花期貨的成交量也是 1 口。

　　將(1)和(2)整合後可得下表:

	盧董	邱董	李董
盧董向邱董買進 1 口	+1	−1	0
盧董向李董買進 1 口	+1	0	−1
未平倉量	+2	−1	−1

　　從上表可知,盧董有未平倉多頭部位 2 口;邱董有未平倉空頭部位 1 口;李董有未平倉空頭部位 1 口。

　2.總未平倉量:

　　從上述 1.可知此期貨契約交易的部位總共只有 2 口(多方 2 口,空方 2 口),因此可得出此期貨的總未平倉量為 2 口。

　　買賣契約成立的前提是同一時間內一方買進、一方賣出,故從例題 5-3 可得出:

期貨總未平倉量(口)= 期貨多方部位總量(口)= 期貨空方部位總量(口)

◎ 例題 **5-4**

　　承例題 5-3，若盧董接著賣出 3 口期貨給廖董，則請問交易完成時，此期貨的個別帳戶未平倉量為何？

解答：

　　沿用例題 5-3 的表格：

	盧董	邱董	李董	廖董
盧董向邱董買進 1 口	+1	−1	0	0
盧董向李董買進 1 口	+1	0	−1	0
盧董賣出 3 口給廖董	−3	0	0	+3
未平倉量	−1	−1	−1	+3

　　從上表可知，盧董有未平倉空頭部位 1 口；邱董有未平倉空頭部位 1 口；李董有未平倉空頭部位 1 口；廖董有未平倉多頭部位 3 口。

※成交量 3 口不代表未平倉量增加 3 口，因為一部分成交量（2 口）是用來「平倉」原來 2 口作多部位的。

熱身操　**5-1**　●

　　在計算未平倉契約數時，應將未平倉多頭與未平倉空頭部位　(A)相加　(B)相減　(C)相加後再除以 2　(D)相減後再除以 2

【2004 期貨商業務員測驗】

5.3 期貨結算制度

　　期貨的結算所以及結算制度，是期貨的交易對手違約風險遠低於遠期契約的重要原因。在前面的部分已經跟各位同學討論過，交易人在期貨交易所的交易，不論是買方還是賣方，交易對手就是結算所。但是結算所難道就不會違約或甚至倒閉嗎？老實說機率非常低，但是也不是永不可能發生，所以結算所當然也有保護自己的機制：

一、徵　信

結算所在交易人開戶的時候，就會對交易人以前的交易紀錄做檢視。

二、逐日結算

結算所在每天交易結束後都會以結算價把所有交易人的帳目算清楚，以免到最後結算日作總結算時才發現有人虧損大到沒有任何人可以承擔。

三、保證金

這是期貨交易人在進行期貨交易前所需要準備的抵押品，為期貨交易的特色之一。

四、交割結算基金

為了確保結算會員履行他的交割義務，結算所要求結算會員須繳交一定款項（交割結算基金）。

本節的重點有兩個：

◆ 深入探討交割的流程

◆ 保證金的計算，保證金是重要的計算題來源，要多加留心。

■ 5.3.1 實物交割流程

咦？為什麼只討論實物交割，而不討論現金交割呢？因為現金交割比實物交割單純多啦！現金交割期貨的買方與賣方如果堅持要持有到到期日的話，只要在結算日當天清點清楚各自輸贏的數目就沒事了，但是實物交割不太一樣，實物交割下，期貨的賣方（又稱空方，指結算時要提供實體標的物的一方）有一個特權，即賣方有權利「主動提出」實物交割的要求。

賣方在何時可以提出實物交割的要求？一段不算短的時間喔！通常在實物交割期貨契約到期日的前幾天至最後交易日的後幾天，賣方都有權可以要求買方進行交割（圖5-2）。

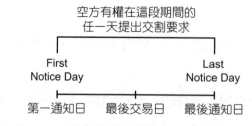

空方有權在這段期間的
任一天提出交割要求

| First
Notice Day | | Last
Notice Day |
| 第一通知日 | 最後交易日 | 最後通知日 |

↗ 圖 5-2　賣方有權任選實物交割日期的期間

從圖 5-2 可知，自第一通知日 (First Notice Day) 開始，到最後通知日 (Last Notice Day) 的這段期間內，賣方都有權要求交割。

在實物交割程序完成，期貨買方也已經按照契約價值付款之後，期貨的賣方該如何交付標的物給買方？如果是小麥期貨的話，賣方會載一大卡車（5,000 英斗）過來交割嗎？實務上，通常不會有這麼浩大的場景出現的，賣方通常會在收到貨款後，交付倉庫提貨單 (Warehouse Receipt) 給買方即完成交割手續。

↘ 小百科

倉庫提貨單

貨品儲存在倉庫、保險櫃等地方的所有權證明書。

5.4 期貨保證金之制度

期貨保證金簡單的說，就是交易人必須提供的擔保品，當交易人開始發生損失，在每日收盤結算時，便直接從這個擔保品中扣除損失金額，並將這個金額轉到獲利的另一方的保證金帳戶，在損失到達某種程度的時候，如果交易人不再補滿這個保證金帳戶的話，期貨商就有權不經由交易人的同意，自行將交易人虧損過多的期貨契約沖銷。這種強迫沖銷的行動，就被稱為「斷頭」！不過被斷頭的期貨最少還能拿回一點剩餘的保證金回來，不至於像遠期契約一樣屍骨不存。因此，此種制度除了保護了結算所外，也保護了交易人。

保證金可分為原始保證金、維持保證金以及變動保證金三種，茲分別介紹如下。

■ 5.4.1 原始保證金

簡單來說，原始保證金 (Initial Margins) 就是期貨的入場券，沒有這個入場券，你根本就無法下單。在下期貨委託單的那一瞬間，期貨商就會馬上檢查下單者保證金帳戶的餘額，如果保證金餘額不足，那麼你的委託單就會馬上遭到退件!

那麼原始保證金到底要多少錢? 答案是不一定! 不同的期貨標的物會有不同的原始保證金要求。不過原始保證金訂定的原則應該不難想像得到。把你自己當成是期貨結算所決定保證金的負責人，請問何種特性的期貨標的物會需要較高的原始保證金? 答案是「價格波動大」的期貨契約，由於此種期貨的交易人需要獲得較多的保護，故需要較高的原始保證金。

原始保證金的主要用意是在確保參與者的保證金足以應付第一天的價格波動，之後的變動便以維持保證金的制度處理。學理上而言，原始保證金應是以過去的歷史資料，在一定的信賴區間下（如 99%）所求出價格上可能會有的最大變動，以計算出能承受這種變動的所需資金。原始保證金還必須隨著契約價值的變動而調整，才能充分承受契約可能產生的風險。同樣的，當期貨契約的價位水漲船高，其標的物價值也會提高，當然保證金也要調高，為什麼期貨保證金要隨它的價位上漲而調高呢? 可用例題 5-5 說明:

◎ 例題 **5-5**

如果 1 口玉米的規模是 5,000 英斗。假設目前期貨報價是 2 美元/英斗，原始保證金是 1,000 美元。如果未來玉米期貨飆漲到 20 美元/英斗，原始保證金還是穩如泰山，仍然維持 1,000 美元時，會發生何種情況?

解答：

1. 假設目前玉米價格下跌 1%

由於目前玉米期貨契約報價為 2 美元/英斗，故價格下跌 1% 表示下跌了 0.02 (= 2 × 1%) 美元/英斗。1 口玉米期貨有 5,000 英斗玉米，因此 5,000 英斗玉米總價值下降 100 (= 5,000 × 0.02) 美元。所以作多玉米期貨的投資人保證金將從 1,000 美元下降到 900 (= 1,000 − 100) 美元。

2. 假設未來玉米價格下跌 1%

由於未來玉米期貨契約報價為 20 美元/英斗，故價格下跌 1% 表示下跌 0.2 (= 20 × 1%) 美元/英斗。1 口玉米期貨有 5,000 英斗玉米，因此 5,000 英斗玉米總價值下降 1,000 (= 5,000 × 0.2) 美元。所以作多玉米期貨的投資人保證金將從 1,000 美元下降到 0 (= 1,000 − 1,000) 美元！

也就是說，原始保證金一定會隨著這個期貨價格的位置做調整，但是這種調整不會天天進行。

◎ 例題 **5-6**

原始保證金的基本題

CME 玉米期貨的原始保證金為 1,750 美元。姚董的期貨保證金帳戶內有 8,000 美元。請問他最多可以放空或作多幾口玉米期貨？

解答：

$$8,000 \div 1,750 = 4.57$$

因此姚董最多只能放空或作多 4 口玉米期貨。

熱身操 5-2

臺股期貨的原始保證金 1 口是新臺幣 82,000 元。現在保證金帳戶內有新臺幣 150,000。且市場目前的買價為新臺幣 8,145 元，賣價為新臺幣 8,146 元。請問如果以市價買進 2 口，則成交價為多少？

在解答原始保證金的問題時，有一個觀念一定要牢牢記得，那就是保證金只是一種抵押品，與買賣股票帳戶裡的資金是用來購買股票的價款意義完全不同。例如說，我們持有台積電股票尚未脫手，但是帳面獲利已經足夠我們購買 1 張台積電了，請問我們可以多買 1 張嗎？不可以！因為在帳面上的獲利還不是現金（已實現的獲利才有現金），沒有現金就沒有加購台積電股票的貨款。

但是期貨保證金不同，因為期貨保證金是每日結算，每天獲利的金額會直接加到保證金帳戶之內，要是抵押品市值夠的話，當然可以再增加部位。所以期貨部位即使還沒有平倉，但只要因為獲利而使得保證金部位合乎原始保證金的話，是可以再加碼期貨部位的喔！

期貨交易人把錢存進保證金專戶中，還能提出來嗎？當然是可以的，想要把錢提出保證金專戶的流程叫做出金，可以透過以下的方式提出申請：

1.直接撥電話給營業員。

2.傳真給營業員。

3.親自前往期貨商營業據點。

4.網路出金（網路下單與出金通常需要先安裝憑證金鑰）。

言歸正傳，那麼到底最多可以出多少金呢？這得要看你到底有沒有期貨部位了。

◆ 沒有任何期貨部位的交易人：

出金的極限是保證金專戶中的所有資金。

◆ 有期貨部位的交易人：

出金的極限是保證金專戶中，保證金餘額高於所持有的期貨部位的總原始保證金的部分。

◎ 例題 **5-7**

可出金的部分

承例題 5-5，姚董的保證金帳戶內有 8,000 美元，玉米期貨的原

始保證金為 1,750 美元，姚董放空 4 口玉米期貨，成交價為 642.50 美分，玉米期貨的最小跳動單位為 0.25 美分（12.50 美元）。假設玉米期貨今天的結算價為 641.75 美分，則姚董最多可以出金多少美元？

解答：

由於今天的結算價是 641.75 美分，因此姚董放空 4 口玉米期貨的價格為 $-0.75(= 641.75 - 642.50)$ 美分，即下跌 0.75 美分，表示有 $-3 = (\frac{-0.75}{0.25})$ 個價格跳動單位。因為姚董總共放空 4 口玉米期貨，因此姚董今日損益是 $150(= -3 \times 12.5 \times -4)$ 美元，即獲利 150 美元。

150 美元的獲利將會在當日結算之後匯進姚董的保證金專戶，因此姚董的保證金專戶餘額為：

$$8,000 + 150 = 8,150 （美元）$$

姚董放空 4 口玉米期貨所需要的原始保證金為：

$$4 \times 1,750 = 7,000 （美元）$$

姚董最多可以出金的部分為保證金餘額高於部位原始保證金的部分，即：

$$8,150 - 7,000 = 1,150 （美元）$$

熱身操 **5-3**

同例題 5-6，假如當日玉米期貨的結算價為 644.25 美分，則請問姚董在當日收盤後最多能出金多少美元？

5.4.2 維持保證金

維持保證金 (Maintenance Margins) 為原始保證金的一定比例，通常為 75%，當交易人的保證金餘額低於這個額度時，為了避免過度虧損而無力履約，就必須再補足金額至原始保證金的水平，方能證明自己有應付價格波動的能力，否則就必須強迫出場。這種制度類似股票信用交易的保證金追繳 (Margin Call)，只是條件更加嚴格，如果期貨交易人無法在

24 小時之內補足至原始保證金，就會被斷頭出場，不像股票信用交易還有三天的緩衝期。這項制度其實在無形中為交易人設立了一個停損點，因為唯有當交易出現問題時，才會出現追繳保證金的情形，此時最好的作法是先退出場外，儲備足夠金額後，再次進場。

◎ 例題 **5-8**

維持保證金

小沈作多紐約西德州中級輕甜原油期貨 3 口，成交價為 105.34 美元。他的保證金專戶目前有資金 21,000 美元。假設該期貨的原始保證金為 6,880 美元，維持保證金為 5,100 美元，價格升降單位為 0.01 美元/桶，合約規格為 1,000 桶輕原油。則請問小沈在紐約西德州中級輕甜原油期貨到達何種價位時，保證金餘額會低於維持保證金？

解答：

3 口輕原油期貨的維持保證金為 15,300(= 3 × 5,100) 美元。由此可知，3 口輕原油期貨的總虧損要超過 5,700 (= 21,000 − 15,300) 美元以上才會被追繳保證金，平均而言，1 口輕原油期貨虧損 1,900 (= 5,700 ÷ 3) 美元以上就會被追繳保證金。

1,900 美元代表多少最小升降單位呢？在最小升降單位（0.01 美元 = 1 美分/桶）時，1 口輕原油期貨（即 1,000 桶輕原油）的價值變動為 10 美元 (= 0.01 × 1,000)，故

$$1,900 ÷ 10 = 190 （美分）= 1.90 （美元）$$

因為小沈是多頭部位，因此輕原油期貨價格下跌才會造成虧損，由於他的買進成本是 105.34 美元，故唯有當價格跌為 103.44 (= 105.34 − 1.90) 美元時，才會被追繳保證金。

熱身操 **5-4** •

黃金期貨每 0.1 點之合約值為 US$10，原始保證金為 US$1,000，維持保證金為 US$700，請問若在 312.5 賣出，則應補繳保證金的價位是？

【2004 期貨商業務員測驗】

■ 5.4.3 變動保證金

變動保證金 (Variation Margins) 與維持保證金必須同時考量,如果交易人的保證金水位始終在維持保證金之上,就無須考慮變動保證金的問題。此話怎說? 因為唯有當交易人的保證金水位低於維持保證金的時候,才需要做出抉擇,在此情況下,交易人可選擇置之不理,讓期貨商斷頭出場;或者選擇追加保證金,留在場上繼續奮勇作戰。如果投資人選擇補繳保證金繼續作戰,就必須要把保證金帳戶補足到原始保證金的水位,這個補繳的金額,就叫做變動保證金。

◎ **例題 5-9**

變動保證金

同例題 5-8,假設今天輕原油期貨的結算價是 103.05 美元,請問當期貨商通知小沈補繳保證金時,小沈必須繳交多少變動保證金?

解答:

變動保證金的計算,是要看交易人現在的保證金餘額剩下多少,然後要下的餘額補足到原始保證金的總水位。因此第一步就是計算小沈的保證金專戶「還剩多少籌碼」?

小沈買進輕原油期貨後的價格變動是:

$$103.05 - 105.34 = -2.29（美元）= -229（美分）$$

例題 5-8 已經計算出,原油 1（美分/桶）的變化,折合 1 口契約 (1,000 桶):

$$1 \times 1,000 = 1,000（美分）= 10（美元／美分變化量）$$

3 口多頭輕原油期貨共虧損:

$$3 \times (-229)（美分變化量）\times 10（美元／美分變化量）= -6,870（美元）$$

小沈的保證金帳戶在當日結算之後變成:

$$21,000 - 6,870 = 14,130（美元）$$

從上式可知,小沈的保證金餘額（14,130 美元）低於維持保證金 (15,300 美元),因此會接到期貨商的保證金追繳通知。至於要補繳到多少呢? 要補到原始保證金的水位。

3 口輕原油的原始保證金是:

$$3 \times 6,880 = 20,640（美元）$$

所以小沈必須從今天結算後的保證金餘額 14,130（美元）補繳到 20,640（美元），即：

$$20,640 - 14,130 = 6,510（美元）$$

故小沈需繳交變動保證金 6,510 美元。

表 5–4 是某些跟我們密切相關的期貨保證金。不過記得喔，這些保證金是 2015 年 8 月 14 日的資訊，過不了多久又會有變化了。但是考試的時候還是可能會問你這個問題，而最新的保證金資訊得要自己去查，因為這很有可能被拿來考時事題！

表 5–4 重要期貨契約的保證金

期貨契約	交易所	代號	原始保證金	維持保證金
臺指期貨	TAIFEX	TX	NTD$83,000	NTD$64,000
迷你臺指	TAIFEX	MTX	NTD$20,750	NTD$16,000
電子期貨	TAIFEX	TE	NTD$68,000	NTD$52,000
金融期貨	TAIFEX	TF	NTD$53,000	NTD$41,000
玉米期貨	CBOT	C	USD$1,375	USD$1,250
小麥期貨	CBOT	W	USD$1,925	USD$1,750
黃豆期貨	CBOT	S	USD$2,860	USD$2,600
小型道瓊工業指數期貨	CBOT	YM	USD$4,290	USD$3,900
100 盎司黃金期貨	CBOT	ZG	USD$3,630	USD$3,300
歐元期貨	CME	EC	USD$3,905	USD$3,550
小型 S&P500 指數期貨	CME	ES	USD$5,060	USD$4,600
西德州中級輕甜原油期貨	NYMEX	CL	USD$5,060	USD$4,600

資料來源：各期貨交易所

5.4.4 結算保證金制度

上述所講解的「原始保證金」與「維持保證金」，是我們在建立期貨新倉前必須要存入期貨商的客戶保證金專戶內，但是保障交易結算履約的是結算所可不是期貨商唷！也就是說，期貨商要把交易人所存入的保證金，大部分都存到結算所當作保證金，這就是結算保證金。簡單的說：

◆交易人與期貨商之間的履約抵押品：原始保證金與維持保證金。

◆期貨商與結算所之間的履約抵押品：結算保證金。

表 5–5　臺灣期貨交易所公布的期貨結算保證金

期貨契約	結算保證金
臺股期貨	61,000
小型臺指	15,250
電子期貨	50,000
金融期貨	39,000
臺灣 50 期貨	22,000
櫃買期貨	21,000
非金電期貨	42,000

資料來源：臺灣期貨交易所

結算保證金的算法主要有三種：

一、淨額制

期貨商因為不同客戶有不同的期貨部位，對同一個期貨契約而言（如：X2 年 3 月臺股期貨），有的客戶是作多部位，有的則是放空部位，所以不管期貨的走勢是漲是跌，一定有客戶賺錢，也有客戶賠錢，互相抵銷的狀況下，期貨商很少會出現結算保證金鉅額虧損的情形。所以有的結算所[1]只要求期貨商提交期貨部位的「淨部位」作為繳交結算保證金的依據。

> ◎例題 **5–10**
>
> 淨額制結算保證金是怎麼算的？
>
> 　　臺股期貨的結算保證金為新臺幣 61,000 元。假設現在有一家「迷你期貨公司」有兩個客戶，客戶甲的期貨部位是 X2 年 3 月臺股期貨多頭部位 3 口，客戶乙的期貨部位是 X2 年 3 月臺股期貨空頭部位 4 口。請問在淨額制的情況下，迷你期貨公司必須繳交多少結算保證金？
>
> 解答：
>
> 　　由於迷你期貨公司的客戶擁有相同的期貨商品（X2 年 3 月臺指期

---

[1]例如在臺灣，交易人在同一帳戶內所交易之期貨契約係採淨額法計算；若交易人在多家期貨商開戶進行之期貨交易，則以總額法計算其部位。

貨），因此多空部位可以互相抵消：

$$+3+(-4)=-1$$

表示迷你期貨公司的淨部位為空頭部位 1 口，因此只需提交 1 口臺股期貨的結算保證金，即：

$$1\times 61,000=61,000（元）$$

故迷你期貨公司需繳交新臺幣 61,000 元給結算所。

熱身操 5-5 ●

「穩贏期貨公司」目前客戶所持有的期貨總部位為：X2 年 4 月芭樂期貨空單 1,100 口，X2 年 4 月芭樂期貨多單 1,102 口，假設芭樂期貨的保證金規定如下：

原始保證金	新臺幣 24,000 元
維持保證金	新臺幣 18,000 元
結算保證金	新臺幣 16,000 元

請問在淨額制的情況下，穩贏期貨公司必須在結算所存入多少保證金？

二、總額制

臺灣期貨交易所及世界主要期貨交易所，如 CME、NYMEX 等，對於結算保證金的計算都是採取總額制。

所謂的總額制是表示不論期貨商擁有多少空頭和多頭部位，只要將兩者加總，其「總和」就是結算保證金所要繳交的金額，而一般交易人繳交給期貨商的原始保證金與維持保證金，也都是屬於總額制。

◎ **例題 5-11**

總額制保證金

同例題 5-10，結算所如果要求結算會員採取總額制，則迷你期貨公司必須存入多少結算保證金？

解答：

因為是採取總額制，故須先求出迷你期貨公司目前總共有多少期貨部位，即：

3 口臺股期貨多頭部位＋4 口臺股期貨空頭部位＝7 口部位

表示迷你期貨公司的總部位為 7 口，因此需提交 7 口臺股期貨的結算保證金，即：

$$7 \times 61,000 = 427,000 \text{（元）}$$

故迷你期貨公司需繳交新臺幣 427,000 元給結算所。

熱身操 5-6

同熱身操 5-5，假設結算所也要求穩贏期貨公司的結算保證金採取總額制，則穩贏期貨公司必須存入多少保證金到結算所？

三、整戶風險保證金計收保證金 (SPAN)

SPAN 是 Standard Portfolio Analysis of Risks 的縮寫，這個制度是 CME 於 1988 年發展的保證金計算系統。這個結算系統的特色是：視帳戶內所有部位為一投資組合計算保證金。其優點可分為兩方面：

◆就風險面而言：交易人採行 SPAN 可以更瞭解期貨、選擇權的風險特性。

◆就資金面而言：絕大多數的交易人在相同風險下，採用 SPAN 所需支付的保證金較低，因此可享有較佳的資金運用效能。

由於 SPAN 的計算牽涉到複雜的計算，這裡就不一一贅述。各位同學只要知道：SPAN 是將帳戶內所有部位視為一個投資組合，透過情境模擬、相關性分析及風險折抵等原則來計算，這個制度對於帳戶整體部位風險衡量較為精準，尤其是選擇權契約。

5.5 期貨市場的其他專有名詞

可以稍微的鬆一口氣啦！我們對於期貨交易所內的介紹大致可以做一個結論了。最後剩下幾個期貨市場比較特殊的名詞，各位同學留意一下就可以了！

一、當日沖銷 (Day Trade)

期貨部位在建立當天就沖銷，不必像股票的當沖必須要先融資買進然後融券賣出。當日沖銷還有個特色，那就是當日沖銷的原始保證金通常可以減半。

二、買賣報告書

交易人每天在期貨收盤之後，期貨商都要製作一份當日的買賣報告書給期貨交易人，當日買賣報告書資訊，可供使用者查詢當日交易狀況以及帳戶餘額等資料，每個月期貨商還要製作月買賣報告書給它的客戶，交易人交易帳戶內尚有未沖銷部位或保證金、權利金餘額時，不論交易人當月有無進行交易，皆應按月編製對帳單分送各交易人。期貨商月對帳單，應於次月 5 日前製作完成，一份送交期貨交易人，一份由期貨商保存。

練習題

（ ） 1. 關於保證金的敘述何者不正確？　(A)客戶下單前，期貨商要求客戶繳交的金額　(B)保證金比率由期貨交易所依不同商品分別訂定　(C)做為期貨交易履約保證　(D)係客戶的最大損失

【2010 期貨業務員測驗】

（ ） 2. 當交易人下了一張新倉單，則下列何者有誤？　(A)交易人的未平倉部位，會因新倉單的成交而增加　(B)交易人的風險，將因之而提高　(C)交易人的保證金淨值，必須要足夠才能下此新倉單　(D)交易人的未平倉部位，會因新倉單的成交而減少

【2010 期貨業務員測驗】

（ ） 3. 維持保證金的意義，下列何者為真？　(A)當客戶的淨值跌破維持保證金時，就必須補足到原始保證金　(B)客戶只要有維持保證金的水準就可以下新倉單　(C)客戶的淨值只要超過維持保證金就可以出金　(D)以上皆是　【2010 期貨業務員測驗】

（ ） 4. 某交易所僅有三家結算會員，每家結算會員僅一位客戶，若當天每位客戶交易相同的商品及月份，當天交易的結果如下：A. 結算會員買進 30 口賣出 50 口；B. 結算會員買進 20 口賣出 45 口；C. 結算會員買進 50 口賣出 5 口，交易所公告當天的未平倉量(O.I.) 為　(A) 45 口　(B) 90 口　(C) 100 口　(D) 0 口

【2010 期貨業務員測驗】

（ ） 5. 下列何者是 E.F.P 交易必須存在的條件？　(A)二個持有期貨相同部位的投資人　(B)持有空頭部位的一方必須持有現貨多頭部位　(C)須在集中市場交易　(D)以上皆是　【2010 期貨業務員測驗】

（ ） 6. 期貨交易人對期貨商發出之保證金催繳通知置之不理，其後果如何？　(A)期貨商可能借款融資給該期貨交易人　(B)期貨商可能向期貨交易人收取利息　(C)期貨商可能將其期貨部位強制部

分或全部平倉　(D)期貨商可能將其帳戶強制撤銷

【2010 期貨業務員測驗】

(　) 7. 交易人已有 3 口 6 月歐元期貨的多頭部位，當他下達賣出 1 口 6 月歐元期貨的委託單，則此一委託單是　(A)平倉單　(B)新倉單　(C)既不是新倉單，亦非平倉單　(D)可能是新倉單，亦可能是平倉單

【2010 期貨業務員測驗】

(　) 8. 對期貨交易人發出追繳保證金通知者為?　(A)期貨交易所　(B)期貨經紀商　(C)場內自營商　(D)期貨結算所

【2010 期貨業務員測驗】

(　) 9. 臺灣期貨交易所之結算會員應向其繳存　(A)營業保證金　(B)違約損失準備金　(C)儲備基金　(D)交割結算基金

【2010 期貨業務員測驗】

(　) 10. 假設咖啡期貨市場僅有三位交易人小平、阿輝與小陳，今天小平向阿輝買了 2 口咖啡期貨契約，因此今天未平倉期貨契約為 2 口，如果明天小平又將此 2 口契約賣給小陳，請問明天的未平倉數量應為何?　(A) 0 口　(B) 1 口　(C) 2 口　(D) 3 口

【2010 期貨業務員測驗】

(　) 11. 下列何者是解決持倉期貨合約的方式?　(A)現金或實物交割　(B)平倉或反向交易　(C) EFP(Exchange for Physics)　(D)以上皆是

【2010 期貨業務員測驗】

(　) 12. 客戶是否能出金，是依其淨值是否超過其未平倉部位所需的何種保證金而定?　(A)原始保證金　(B)維持保證金　(C)變動保證金　(D)以上皆非

【2010 期貨業務員測驗】

(　) 13. 期貨商替客戶強迫平倉後所造成的超額損失 (Overloss)，應由下列何者承擔?　(A)客戶　(B)期貨商　(C)交易所　(D)結算所

【2011 期貨業務員測驗】

(　) 14. 未平倉契約數量及價格均大幅上揚，則市場可能處於　(A)後勢看漲　(B)後勢看跌　(C)盤整　(D)選項(A)、(B)、(C)皆非

【2011 期貨業務員測驗】

( ) 15.目前客戶的保證金淨值為 US$15,000,而其未平倉部位所需原始保證金為 US$24,000，維持保證金為 US$20,000，則客戶必須補繳多少保證金？ (A) US$6,000 (B) US$3,000 (C) US$9,000 (D)不必補繳　　　　　　　　　　　　【2011 期貨業務員測驗】

( ) 16.期貨商對客戶之保證金低於所需維持保證金的追繳動作是 (A)每天處理 (B)三天處理一次 (C)每週處理一次 (D)每月處理一次　　　　　　　　　　　　【2013 期貨業務員測驗】

( ) 17.臺灣期貨商的客戶繳交保證金的方式為 (A)攜帶現金至期貨商繳給出納人員 (B)由客戶的銀行帳戶匯款或轉帳至期貨商的客戶保證金專戶 (C)攜帶支票至期貨商繳給出納人員 (D)法規沒有規定　　　　　　　　　　　　【2013 期貨業務員測驗】

( ) 18.結算保證金通常每天在收盤後收付一次，但若遇價格急劇變動時，結算所發出盤中變動保證金追繳通知書，結算會員收到通知後，通常繳交的期限為 (A)隔天開盤前 (B)一小時 (C)當天收盤後 (D)選項(A)、(B)、(C)皆可，由結算會員決定

【2013 期貨業務員測驗】

( ) 19.所謂 Out Trade 是指 (A)場外交易 (B)無法比對 (MISMATCH) 之錯帳 (C)交易所必須負責 (D)跑單員 (RUNNER) 拿錯的委託

【2013 期貨業務員測驗】

( ) 20.交易所公告今天的未平倉量 (O.I.) 比昨天減少 20 口，下列敘述何者正確？ (A)今天交易量減少 40 口 (B)今天交易量減少 20 口 (C)多頭未平倉部位減少 20 口 (D)空頭未平倉部位減少 10 口

【2013 期貨業務員測驗】

( ) 21.國內之期貨交易人下單交易期貨，應於何時將保證金轉入期貨經紀商之客戶保證金專戶中？ (A)成交後兩日 (B)成交後 (C)下單前 (D)下單後　　　　　　　　　　　　【2013 期貨業務員測驗】

( ) 22.客戶保證金區分為原始保證金及 (A)變動保證金 (B)維持保證

金 (C)結算保證金 (D)避險保證金 【2013 期貨業務員測驗】

( ) 23.以下有關期貨保證金制度的敘述，何者為真？ (A)只有期貨賣
方須繳保證金 (B)只有期貨買方須繳保證金 (C)期貨買賣雙方
均須繳保證金 (D)賣方所繳之保證金額度高於買方

【2013 期貨業務員測驗】

( ) 24.在美國，期貨交易保證金可以用何者繳交？ 甲.現金； 乙.債券；
丙.股票 (A)僅甲 (B)僅甲、乙 (C)僅乙、丙 (D)甲、乙、丙

【2013 期貨業務員測驗】

( ) 25.臺灣期貨交易所對結算會員之結算保證金計算，除期交所規定
之指定部位組合及股價指數期貨契約收盤後多空部位組合外，
採 (A)總額制 (B)餘額制 (C)總額制餘額制併行 (D)選項

【2013 期貨業務員測驗】

( ) 26.結算機構若以淨額保證金制度計算結算保證金，則結算會員所
繳保證金為未平倉之？ (A)多頭部位總和 (B)空頭部位總和
(C)多空部位加總 (D)多空部位差額 【2014 期貨業務員測驗】

( ) 27.若某期貨契約之保證金為契約總值之 6%，當期貨價格跌 3%
時，該契約之買方損益為？ (A)損失 50% (B)獲利 50% (C)損
失 25% (D)獲利 25% 【2014 期貨業務員測驗】

( ) 28.小恩以 0.7500 買進 CME 歐元期貨 1 口，後以 0.7550 平倉，則
其盈虧為何？（一口歐元期貨契約為 125,000 歐元） (A)獲利
625 歐元 (B)損失 625 歐元 (C)獲利 625 美元 (D)損失 625 美
元 【2014 期貨業務員測驗】

( ) 29.假設 1 口台指期貨契約期初保證金額度為 15 萬元，維持保證金
額度為 11 萬元，小恩繳予甲期貨商 20 萬元之保證金買進 1 口
台指期貨契約，價格為 4,500 點，請問小恩會在台指期貨價格漲
跌超過多少點時，開始被通知補繳所需保證金？ (A)上漲 450
點 (B)下跌 350 點 (C)上漲 350 點 (D)下跌 450 點

【2014 期貨業務員測驗】

（　）30.白金期貨每 0.1 點之契約值為 US$5，原始保證金為 US$1,000，維持保證金為 US$700，請問若在 1,465.8 賣出，則應補繳保證金的價位是？　(A) 1,470.8　(B) 1,470.9　(C) 1,471.8　(D) 1,471.9

【2014 期貨業務員測驗】

（　）31.假設目前台指期貨的原始保證金為 14 萬元，維持保證金為 11 萬元，昨天小恩買進 1 口台指期貨，價格為 5,300 點，繳交 14 萬元之保證金，若今天台指期貨價格下跌至 5,100 點，請問小恩應會被追繳多少保證金？　(A) 1 萬元　(B) 2 萬元　(C) 3 萬元　(D) 4 萬元

【2014 期貨業務員測驗】

（　）32.期貨交易人開立帳戶後，需存入哪種保證金才能開始交易？(A)原始保證金　(B)變動保證金　(C)結算保證金　(D)維持保證金

【2014 期貨業務員測驗】

第6章
期貨「理論價值」
與期貨投機交易

6.1 期貨的內涵價值存在嗎?

有關於金融商品的真實價值 (Real Value)，可以說是眾說紛紜，事實上，誰也不知道金融商品的真實價值，要是知道的話，金融市場就沒有人在做買賣了，因為不會有人笨到以高於真實價值的價格買進金融商品，也不會有人傻到以低於真實價值的價格賣出金融商品。而依照效率市場的理論，金融商品的市價會立即反映它新的真實價值，所以當新的事件、新的資訊發生，使得金融商品的真實價值發生改變時，絕大部分的人無法以最新的真實價值買進或賣出金融商品。既然如此，也沒有人可以百分之百的斷定金融商品的真實價值，我們在課堂上所學的定價，只能算是內含價值的估計值而已。

期貨也是一樣。有關期貨的理論價值，也只能算是一個估計值，就因為如此，有關期貨的理論價值版本也不少。在這本書我們只提供兩種最常見的理論給各位參考:

◆ 持有成本理論 (Cost of Carry Theory)
◆ 預期理論 (Expectation Theory)

6.2 持有成本理論

各位同學之前應該都學過一些金融資產的定價模型: 如權益證券鼎鼎有名的股利折現模型 (Dividend Discounted Model, DDM)、固定收益證券的定價等，這些定價模型都是基於財務界公認的「無風險套利定價原理」，簡稱無套利原理 (No Arbitrage Principle)，其涵義為:「兩個完全相同或非常類似的商品，如果因為市場失衡等原因而造成價位的差異，那麼這個商品就擁有無風險的套利空間。然而，這樣的情形在有效率的市場是不可能發生的!」

舉個例子說明，假設目前富士蘋果在臺中的售價是 1 斤 15 元，如果

你有未卜先知的超能力，能夠預知一個月之後富士蘋果在臺北的售價是
1 斤 20 元。此時你發現，相同的商品卻有不同的售價，若能將在臺中買
的 15 元富士蘋果運到臺北，再以 20 元的價格賣出，就能賣愈多賺愈多！
不過事情沒這麼簡單，因為要將富士蘋果從臺中運到臺北去賣，除了運
輸費用（例如油錢、高速公路通行費等）外，尚需支付不少附加成本，
茲列舉如下：

一、資金成本

如果是使用自有資金，則此次投資會犧牲將資金存在銀行的利息（即
資金的機會成本）；如果是使用借貸資金，則必須考慮借貸所需支付的利
息。

二、倉儲費用

由於富士蘋果在 1 個月之後才能賣到 1 斤 20 元，在這之前，你必須
在臺北找個倉庫安置富士蘋果。倉庫儲存是要支付費用的喔！

三、保險費用

若你為這批富士蘋果現貨投保產險，則保險費用也是成本之一。

由於需要考慮的成本眾多，如果這些成本加起來總和超過 1 斤 5 元，
那奉勸你還是打消念頭，因為在此種情況下，你辛辛苦苦把富士蘋果從
臺中運到臺北賣的結果是會賠錢的。這就是持有成本理論的基本觀念，
用數學公式來表示為：

期貨價格 (F) = 現貨價格 (S) + 持有現貨到期貨到期日所需的所有成本 (C)

$$F_{t,T} = S_t + C_{t,T} \tag{6-1}$$

$$t = 現在的時間$$

$$T = 期貨到期日$$

那麼期貨的持有成本到底有哪些呢？在考試我們經常會看到的是剛
剛所介紹的各種相關費用。先做一個例題想必讓你更清楚該怎麼著手！

◎ 例題 **6-1**

持有成本理論

假設 A 年 4 月 1 日黃金的現貨市場報價是 1,608 美元/盎司, 且黃金的各項持有成本如下:

1. 運輸費用: 占黃金現貨價格的 1.5%。
2. 倉儲費用: 以月計算, 每個月占黃金現貨價格的 0.7%。
3. 資金成本: 占黃金現貨價格的 2.5%。

若依照持有成本理論, 則 A 年 6 月到期的黃金期貨的理論價格為何?

解答:

依照持有成本理論可知

期貨價格＝現貨價格＋持有現貨到期貨到期日所需的所有成本

1. 運輸費用: 只需要計算一次, 即:
$$1,608 \times 1.5\% = 24.12 \text{（美元）}$$

2. 倉儲費用: 由於黃金期貨是從 A 年的 4 月 1 日開始, 到 A 年的 6 月結算, 接近有 3 個月的時間長度, 所以要乘以 3, 即:
$$1,608 \times 0.7\% \times 3 = 33.768 \text{（美元）}$$

注意! 倉儲費用是按月計費的, 黃金放在倉庫愈久, 其倉庫費用就會愈高。

3. 資金成本: 由於利率通常是以「年」為單位, 所以 3 個月的時間只占 1 年的 $\frac{3}{12} = \frac{1}{4}$, 即:
$$1,608 \times 2.5\% \times \frac{1}{4} = 10.05 \text{（美元）}$$

將上述加總後可得:
$$1,608 + 24.12 + 33.77 + 10.05 = 1,675.94 \text{（美元）}$$

故依照持有成本理論來看, A 年 6 月到期的黃金期貨理論價值應為 1,675.94 美元。

熱身操 6-1

　　輕原油 A 年 4 月 1 日的現貨報價為每桶 105.58 美元，假設輕原油的運輸費用為每桶 0.32 美元；資金成本為 1.55%；保險成本為每月每桶 0.02 美元；倉儲費用為每月每桶 0.22 美元。請問依持有成本理論，A 年 6 月期貨的理論價值為？

■ 6.2.1 持有成本理論的基礎

　　持有成本理論是基於什麼原理而產生的呢？持有成本理論的基礎跟其他金融商品定價的基礎是相當類似的，那就是無風險套利空間理論 (Arbitrage-free Theory)。它的意思是，如果這個金融商品的市價偏離它的理論價值太遠的話，那麼我們可以藉著複製一個類似的金融資產，來套取無風險，但高於無風險利率的利潤。茲舉例如下：

◎例題 6-2

持有成本理論的套利空間

　　延續例題 6-1，假設 A 年 6 月期貨的市價為 1,700 美元/盎司，此時會產生何種情況？

解答：

　　由於 1,700 美元比期貨的理論價值 1,675.94 美元來得高，使得投資人有套利的空間。

　　所謂套利，是指同時放空與作多相類似的兩個金融產品：放空價格「相對」過高的，同時作多價格「相對」過低的，利用價差賺取獲利！由例題 6-2 可知，A 年 6 月黃金期貨的市價為 1,700 美元，高於理論價值 1,676 美元，因此我們可以建立兩個相似的資產：資產 A：黃金現貨；資產 B：A 年 6 月到期的黃金期貨。事實上，這兩者在 A 年 6 月的時候是完全相同的金融資產（因為到到期日時，期貨的結算價是以現貨在結算

時的市價為準的)。

因為資產 B 的價格高於資產 A 的價格，因此我們可以同時:

◆放空 A 年 6 月黃金期貨 1 口 (1 口 = 100 盎司)，成交價 (到期結算價) 為 1,700 美元/盎司。

◆作多黃金現貨 100 盎司，支付現貨價 160,800 (= 100 × 1,608) 美元。

那麼結果會怎麼樣呢? 圖 6-1 希望能讓你們一目瞭然!

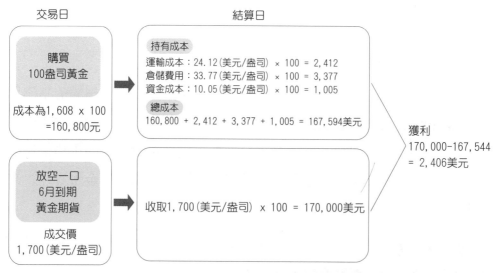

↗ 圖 6-1　期貨價值高於持有成本時的套利結果

在沒有風險的情形之下，3 個月之後，1 口黃金期貨就能為你賺進 2,406 美元耶!

現在你可能有一個疑問: 如果我們知道 A 年 6 月黃金期貨的市價會高於持有成本理論算出的理論價值，那我們為什麼不直接買進黃金現貨或放空 A 年 6 月的黃金期貨，兩種方式選擇一種來操作就可以了呢? 這是因為期貨價格與持有成本理論所算出來的價值出現差異，只是市場價格暫時性的失衡，且這個失衡會在未來自我修正回原來的狀態。就期貨與現貨的關係來說，因為期貨於到期日結算的結算價是以結算時的標的物現貨價為準，所以到最後結算日的時候，期貨價格要等於現貨價格 (圖 6-2)。

　　我們要釐清一個觀念，當期貨的市價偏離持有成本理論的理論價值時，投資人能獲利的是期貨「價值偏離」（該偏離在未來一定會收斂回來）的部分，而不是期貨或者是現貨價值上漲或下跌的部分。要如何從價值偏離的部分獲利呢？我們舉例子來說明吧。

　　假設現在臺灣有兩個期貨交易所：臺北交易所與高雄交易所。

　　這兩個交易所都有規格完全相同的芭樂期貨契約：臺北期貨交易所交易的是芭樂期貨契約(甲)，而高雄期貨交易所交易的是芭樂期貨契約(乙)，到期月份也都一樣是 2015 年 9 月，那麼芭樂期貨契約(甲)與芭樂期貨契約(乙)價格應該一模一樣吧？但是很不巧的，目前的成交價為：

芭樂期貨契約(甲)：$41（/公斤）

芭樂期貨契約(乙)：$38（/公斤）

　　我們知道芭樂的真實價值嗎？不可能的！我們只知道這兩個期貨到最後價格一定會一樣的。那麼最後這兩種期貨趨於一致的價格又是多少？$50？還是 $20？誰也不知道！在這種情況下單邊投機交易還是會承受巨大的風險。所以在這種情況之下能做的只有：

◆ 放空「相對」價格較高的芭樂期貨契約(甲)。

◆ 同時做多「相對」價格較低的芭樂期貨契約(乙)。

　　這就是套利交易的方式之一。如此一來不論最後芭樂期貨趨於一致的價格是多少，套利交易者都可以鎖住芭樂期貨契約(甲)與芭樂期貨契約(乙)的價差

$$41 - 38 = 3$$

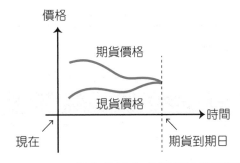

↗ 圖 6-2　期貨價格與現貨價格的關係

■ 6.2.2 正價差以及逆價差

財經報導中常會看到正價差 (Contango) 及逆價差 (Backwardation) 兩個專有名詞，例如：

「臺股期貨與現貨呈現大幅正價差，臺股後市看好！」

「今日臺股價漲量縮，期指出現逆價差，投資人宜停看聽！」

這兩個標題又代表什麼涵義呢？在還沒學過持有成本理論之前，要解說正、逆價差的概念，恐怕有點困難，但是現在各位可以不費吹灰之力的瞭解這個概念。

假設現在是 A 年 1 月 1 日，現在有 A 年 3 月與 A 年 6 月到期的黃金期貨。若只考慮持有成本理論，則(A)黃金現貨、(B) A 年 3 月到期的黃金期貨和(C) A 年 6 月到期的黃金期貨，三者的理論價格孰高孰低？

持有現貨的人，要儲存現貨到 A 年 3 月與 6 月交割，誰的持有成本較高？當然是持有愈久，成本愈高！所以上述三者的理論價格排名應該是：(C) A 年 6 月到期的黃金期貨 > (B) A 年 3 月到期的黃金期貨 > (A)黃金現貨。

也就是說，愈遠期的期貨價格越高的話，以持有成本理論來看，是合理的情況，也就是正常市場的情況。

所以遠期期貨價格高於近期期貨或是現貨價格，叫做「正價差」。所有月份都是正價差的期貨就叫做「正向市場」(Normal Market)；反之，近期期貨或是現貨價格高於遠期期貨價格，叫做「逆價差」，所有月份都是逆價差的期貨就叫做「逆向市場」(Inverted Market)。

現在讓我們看看一個標準的正價差期貨契約。表 6–1 為美國紐約商業交易所 (NYMEX) 交易的西德州中級輕甜原油期貨 (WTI) 在 2016 年 3 月 16 日各月份的結算價：

表 6–1 西德州輕原油期貨契約各月份結算價（正價差期貨範例）

輕原油期貨到期月份	結算價（美元 / 桶）
2016 年 4 月	37.07
2016 年 5 月	38.85

2016 年 6 月	39.78
2016 年 7 月	40.49
2016 年 8 月	41.07

資料來源：CME Group

那有沒有逆價差的期貨契約呢？有的！雖然說純粹逆價差期貨契約比較少，但是還是有的。例如說我們每天都看得見的臺股期貨契約就是一個逆價差的契約。表 6–2 為臺股期貨在 2012 年 3 月 23 日各月份的結算價：

表 6–2　臺股期貨契約各月份結算價（逆價差期貨範例）

臺股期貨到期月份	結算價（點）
2016 年 4 月	8,691
2016 年 5 月	8,657
2016 年 6 月	8,603
2016 年 9 月	8,265
2016 年 12 月	8,235

資料來源：臺灣期貨交易所

這不是太奇怪了嗎？逆價差的意思是代表持有成本理論完全錯誤了是嗎？不是的，逆價差是代表除了持有成本外，尚有其他的收益可以減少持有成本或轉而獲利的情形，這種收益，我們通稱為持有收益（Convenience Yield，又稱便利收益）。持有收益的討論，我們放在下一小節介紹。

至於同一標的物的期貨，會不會有可能「一半月份是正價差，另一半月份則是逆價差」呢？答案是有可能的，並不是所有的期貨契約，都是純粹正價差或是純粹逆價差，以表 6–3 芝加哥期貨交易所 (CBOT) 交易的玉米 (Corn) 期貨在 2012 年 3 月 22 日各月份的結算價為例：

表 6–3　美國玉米期貨各月份結算價（正、逆價差都有的範例）

玉米期貨到期月份	結算價（美分/英斗）
2012 年 5 月	$644\frac{1}{2}$
2012 年 7 月	$642\frac{3}{4}$

2012 年 9 月	$582\frac{1}{2}$
2012 年 12 月	$555\frac{3}{4}$
2013 年 3 月	566
2013 年 5 月	574
2013 年 7 月	$577\frac{3}{4}$
2013 年 9 月	$551\frac{1}{2}$

玉米期貨從 2012 年 5 月開始到 2012 年 12 月為止，連續 4 個月份的期貨是逆價差，但是 2013 年 3 月與 2012 年 12 月相比，變成了正價差。正價差持續到了 2013 年 7 月，我們看到 3 個月份的正價差。可是到了 2013 年 9 月，一下子又變成了逆價差！這是怎麼回事？這下子不論是持有成本理論或是便利收益都沒有辦法解釋這個現象。

關於這個現象，我們的解釋是：由於交易人對於某些月份的期貨價格有著強烈的預期心理，這個預期心理的力量甚至大於持有成本的力量，因此本來應該是正價差的期貨契約，在某些月份反而出現了逆價差的現象！

仔細觀察玉米各到期月份的期貨，最明顯的就是 9 月的期貨價格一定是大幅低於 7 月的期貨價格，且每年都是如此，為什麼呢？這牽涉到農作物的收割季節。由於玉米通常會在每年的 9 月收割，此時市場上會有許多玉米，故 9 月是 1 年中玉米價格最低的月份，所以在 9 月份交割的玉米期貨一定是當年度最低價的月份。而投資人預期玉米在 9 月份價格會下跌的幅度大於持有玉米現貨的持有成本，就造成了玉米期貨的逆價差，此種現象通常稱為季節因素 (Seasonal Factor)。

季節因素通常發生在實物交割的期貨，尤其是供給（需求）有強烈季節性或週期性的標的物。例如剛剛討論過的農產品期貨就都是季節性的供給（收穫）；至於季節性需求的期貨，最有名的就是原油期貨。夏季因為是出遊的旺季，汽油的需求量大增，而冬季因為天氣寒冷需要開暖

氣，熱燃油的需求量也會大增，因此，原油期貨在一年中的夏季及冬季月份到期的期貨價格通常都比較高。

6.2.3 持有收益 (Convenience Yield)

如果單由英文直接翻譯成便利收益，可能比較難以理解這個專有名詞的意義，所以也有學者把它翻譯成持有收益。

投資人持有現貨至期貨到期日才交割，要負擔這麼多的持有成本，看起來真是不划算啊，但是，持有現貨的時間真的只有持有成本負擔嗎？事實上也未必。持有現貨可以說是一種囤積的行為，而所有囤積現貨可能帶來的效益，都可被稱為持有收益，其來源有哪些呢？請看表 6-4：

表 6-4　持有收益的來源

金融產品	實體商品
持有證券的現金股利	現貨在期貨到期日前突然飆漲可以提前抬高價碼出售帶來的利益

也就是說持有現貨帶給現貨持有人的不一定只是成本負擔，也有帶來收益的可能，而持有收益因此會減輕現貨持有人的持有成本。也就是說持有收益會降低我們持有現貨的持有成本，因此公式 (6-1) 可改成：

$$F_{t,T} = S_t + (C_{t,T} - H_{t,T}) \tag{6-2}$$

$H_{t,T}$ 為從現在到期貨到期日因為持有現貨所產生的持有收益，其中持有成本原為 $C_{t,T}$，由於持有收益的關係，降低到 $C_{t,T} - H_{t,T}$ 了。

6.2.4 小結論

持有成本理論是期貨理論價值最重要的定價理論，但是如果期貨市場完全可以用持有成本理論來解釋的話，所有的期貨契約應該都會是正向市場，因此有一些其他因素必須加以考慮來補充持有成本理論的缺陷。

◆持有收益可以解釋部分期貨契約的逆價差現象。

◆預期心理可以解釋期貨契約不規則的逆價差現象。

◆季節因素可以解釋季節性或週期性的逆價差現象。

6.3 預期理論

預期理論 (Expectation Theory) 其實原理很簡單，它的核心概念就是：
市場是對的！

目前期貨在市場中的交易價格，就是市場上對這個期貨到期日現貨
價值的期望值。因為現貨在期貨到期日那天的價格是未知的，它是隨機
變數，因此我們只能知道它的期望值。

$$F_{t,T} = E(S_t) \tag{6-3}$$

例如說，2015 年 9 月到期的臺股期貨報價為 8,171，依照預期理論的
看法，在 2015 年 9 月結算日的那一天，臺股的現貨價格的市場期望值正
是 8,171。但是你自有你精闢的見解，你認為臺股現貨到 9 月結算日的結
算價應該是 8,015，很明顯的你預期目前臺股市價高於你的預期理論價
值，於是你選擇了放空臺股期貨。

由於預期理論是依據交易者對現貨未來走勢的判斷，是種相當主觀
的看法，不像持有成本理論是依據有實體存在的現貨價格與實際持有現
貨的成本等客觀事實來判斷，所以預期理論的交易者不能像持有成本理
論的交易者一樣，可以進行同時作多及放空期貨現貨的套利，只能做純
投機交易，例如：

◆ 單純作多：如果交易者認為期貨市價「低於」他所預期未來的現貨價
格。

◆ 單純放空：如果交易者認為期貨市價「高於」他所預期未來的現貨價
格。

投機交易要怎麼計算獲利（虧損），或是報酬率呢？不難，算法跟股
票很像。股票的獲利（虧損），如果沒有除權或是股票分割，是這麼計算
的：

$$\text{Profit} = (S_T - S_t) \times \text{Shares} \qquad (6\text{--}4)$$

S_T = 股票賣出的價格

S_t = 股票買進的價格，也就是成本

Shares = 交易的股數

做多期貨投機交易的損益也大致是這麼計算的：

$$\text{Profit} = (F_T - F_t) \times \text{Lots} \qquad (6\text{--}5)$$

如果是放空期貨的投機交易，只要在 (6-5) 前面加一個負號即可：

$$\text{Profit} = -(F_T - F_t) \times \text{Lots} \qquad (6\text{--}6)$$

F_T 代表賣出 1 口期貨的價值，F_t 代表買進 1 口期貨的價值；Lots 代表期貨契約的口數。

例題 6-3 可以幫助各位同學解答投機交易的損益計算。

◎例題 **6-3**

投機交易的損益計算

黃金期貨契約為每口 100 盎司，原始保證金為每口 5,500 美元，老王看空黃金走勢，存入 30,000 美元於保證金帳戶，並放空 5 口黃金期貨,他的成交價為 935 美元/盎司。假設黃金價格上漲到 950 美元/盎司,則:

1. 老王這次期貨投機交易的損益與報酬率是多少?

2. 如果老王改以現貨交易，則其損益為何?

3. 老王使用期貨投機交易的總槓桿為何?

解答:

1. 由於黃金期貨每口契約為 100 盎司，而 1 盎司黃金報價 950 美元，故 1 口黃金期貨的價值為:

$$F_T = 950 \times 100 = 95,000 \text{（美元）}$$

依此類推，老王 1 口黃金期貨的成交價為:

$$F_t = 935 \times 100 = 93,500 \text{（美元）}$$

又老王放空 5 口，故: Lots = 5。由於老王是放空期貨，代入公式 (6-6):

$$\text{Profit} = -(95,000 - 93,500) \times 5 = -7,500 \text{（美元）}$$

故可知老王此筆交易虧損了 7,500 美元。

此外，老王下了 5 口黃金期貨空單的成本（保證金）為：

$$5,500 \times 5 = 27,500 （美元）$$

又報酬率 $= \dfrac{交易損益}{成本}$，所以老王此次交易的報酬率為：

$$\dfrac{-7,500}{27,500} = -0.2727 = -27.27\%$$

2. 如果老王改採現貨交易，則其損益應為：

$$\dfrac{-(950 - 935)}{935} = -0.01604 = -1.604\%$$

3. 從上文可知，老王使用現貨交易的虧損只有 1.6%；但是若老王採用期貨交易，則他的保證金虧損程度高達 27.27%！這種損益被放大的現象就稱為槓桿 (Leverage)，而放大的倍數就叫做「槓桿倍數」。就本例題而言，老王的槓桿倍數約為：

$$\dfrac{-27.27\%}{-1.604\%} = 17 （倍）$$

熱身操 6-2

由於期貨交易是高度槓桿倍數的交易，請問投資人在從事期貨投機交易時，跟從事股票投資在心態上與操作策略上會相同嗎？為什麼？

6.4 價差交易

純投機交易就是所謂的「賭單邊」，若賭對邊就能賺錢；賭錯邊就只好賠錢，是風險最高的期貨交易策略。如果是想要採用投機交易，卻希望能降低風險的話，則可以嘗試操作「價差交易」(Spread Trading)。

「價差」的定義非常寬鬆，只要兩種期貨契約（契約標的物可不相同）之間的價格存在差異，就可被稱為是有價差。例如 A 年 7 月的小麥期貨報價是 734 美分，而 B 年 5 月的大豆期貨報價為 1,332 美分，兩者

之間價格上的差異就可以說是一種價差了。

瞭解價差的定義之後,接著可以探討如何利用價差交易來獲利?價差交易,顧名思義是指藉由交易價差以獲取利潤。然而價差要怎樣交易呢?既然價差是交易的標的物,因此「作多價差」表示投資人預期未來價差會持續「擴大」;「放空價差」則表示投資人預期未來價差會「縮小」。至於該如何作多或放空價差呢?可藉由圖 6-3 與圖 6-4 來幫助理解!

↗ 圖 6-3　作多價差交易的過程

↗ 圖 6-4　放空價差交易的過程

總結來說:

◆若預期未來價差會擴大:作多高價格的期貨,同時放空低價格的期貨。

◆若預期未來價差會縮小:作多低價格的期貨,同時放空高價格的期貨。

開始慢慢瞭解如何操作價差交易了吧?它並非單邊交易,而是同時作多與放空價位不同的期貨,此種作法減低單純投機交易的風險。怎麼說呢?單純投機交易如果期貨價格走勢預測錯誤,損失將會十分慘重,但是價差交易的交易部位會有一半的作多部位與一半的作空部位,不論期的走勢是上漲或是下跌,一半部位的虧損會被另一半的獲利抵銷很多,甚至獲利可以超越虧損。因此價差交易所在乎的並非價格的趨勢,而是作多與放空期貨價位之間的相對關係!

　　啊！你們問得很好，價差交易與套利交易好像很類似是嗎？是的，它們的操作方式是一樣的。放空價位高的，同時買進價位低的。但是在技術方面來看是有所不同的喔！

　　基本上套利交易所作多與放空的是相同的商品，例如說剛剛談到的臺北交易所與高雄交易所的芭樂期貨，它們是完全相同的期貨契約，所以說當它們之間發生價格差異的時候，放空高價買進低價，幾乎可以確定未來它們的價格會收斂到相同的價位，所以說套利交易是幾乎無風險的。

　　不過價差交易所操作的並不是相同的商品，價差交易也未必是買進低價位，放空高價位的商品。交易者完全是憑經驗或是複雜的統計模型算出它們之間未來價格有可能收斂或是擴大，所以價差交易是有風險，只是風險比投機單邊交易小而已。注意！價差交易仍然是投機交易的一種，只是風險比純投機交易來得低而已。

　　價差交易的風險比較低，是否意味著隨便拿兩個不同價位的期貨契約來作價差交易就可以了？不是的，價差交易必須選擇兩個具有高度相關性的期貨契約！哪些期貨契約具有高度的相關性呢？最常見的有市場內價差交易 (Intra-market Spread)、市場間價差交易 (Inter-market Spread) 和商品間價差交易 (Inter-commodity Spread) 三種[1]，分別介紹如下：

■ 6.4.1 市場內價差交易

　　市場內價差交易 (Intra-market Spread) 是指標的物、數量和交易所相同，但到期月份不同的期貨契約間的價差交易，市場內價差交易常被應用在農產品期貨交易上，因為農產品期貨屬於商品期貨的一種，季節因素又特別高，比較容易觀察出不同月份之間是不是有真正的價差發生。茲舉例說明如下：

---

[1] 以上價差交易的分類，資料來自美國網站 eHow Money。網址是：http://www.ehow.com/list_6824859_strategies-futures-spread-trading.html

◎例題 **6-4**

農產品期貨

X2 年 7 月 CME 的玉米期貨報價為 $643\frac{1}{2}$ 美分，X2 年 9 月 CME 的玉米期貨報價則為 $540\frac{1}{2}$ 美分。吳董認為，即使 9 月份是玉米的收穫季節，現貨價格會偏低，但是目前期貨報價的差距也太大了。所以他決定作 1 口價差交易，請問：

1. 吳董的價差交易策略為何？
2. 若吳董價差交易開始之後 1 個星期，X2 年 7 月 CME 的玉米報價變為 $654\frac{3}{4}$ 美分，X2 年 9 月 CME 的玉米期貨報價變為 $572\frac{1}{4}$ 美分，請問吳董這次價差交易的損益為何？

解答：

1. 由於吳董預期未來玉米期貨的價差將會縮小，因此他會「作多」「低價格」的期貨，同時「放空」「高價格」的期貨，即作多 X2 年 9 月的玉米期貨，並同時放空 X2 年 7 月的玉米期貨。

2. 價差交易的損益即作多期貨的損益和放空期貨的損益的總和，即：

    作多 1 口 X2 年 9 月玉米期貨的損益為：

    $$1 \times (572\frac{1}{4} - 540\frac{1}{2}) \times 5,000 = 158,750（美分）= 1,587.5（美元）$$

    放空 1 口 X2 年 7 月玉米期貨的損益為：

    $$-1 \times (654\frac{3}{4} - 643\frac{1}{2}) \times 5,000 = -56,250（美分）= -562.5（美元）$$

    所以本次價差交易的損益為：

    $$1,587.50 + (-562.50) = 1,025（美元）$$

    故可知吳董此次操作可獲利 1,025 美元。

熱身操 **6-3**

為什麼價差交易的標的物必須是相同標的物或類似標的物的期貨？有哪些類似的標的物可以拿來做價差交易呢？

市場內價差交易又可分為多頭價差策略與空頭價差策略兩種，其與價差交易的區別在於，多頭（空頭）價差策略是預期單一期貨未來的走勢，而價差交易則是預測不同期貨間價差的變化。

一、多頭價差策略 (Bull Spread Strategy)

多頭價差策略是一種風險較小的「作多投機策略」，其操作策略為：作多「近期月份期貨」，同時放空「遠期月份期貨」。

一般來說，期貨價格與現貨價格的相關性會隨著到期日的接近而愈來愈大，由於近期月份期貨的到期日距離現在較近，因此近期月份期貨的價格波動會比遠期月份期貨價格的波動性來得大。所以交易人作多近期月份期貨，才能捕捉到現貨價格上揚的利潤。而放空遠期月份期貨雖然會有損失，然而因為近期月份期貨的波動性比較大，其上漲幅度會大於遠期月份期貨下跌幅度，所以仍然會有獲利。

如果不幸交易人判斷錯誤，現貨價格在未來所呈現的是下跌的趨勢，那麼放空遠期月份期貨所帶來的獲利，可以抵消一部分作多近期月份期貨所造成的損失，整體的損失會低於單純作多期貨的損失。

二、空頭價差策略 (Bear Spread Strategy)

空頭價差策略的操作動機與多頭價差策略相反，是一種風險較小的「放空投機策略」，其操作策略為：放空「近期月份期貨」，同時作多「遠期月份期貨」。

■ 6.4.2 市場間價差交易

市場間價差交易 (Inter-market Spread) 是指標的物、數量和到期月份相同，但交易所不同的期貨契約間的價差交易。

此種跨市場的價差交易也很常見。例如當芝加哥期貨交易所 (CBOT) X2 年 12 月的小麥期貨與堪薩斯期貨交易所 (Kansas City Board of Trade, KCBT) X2 年 12 月的小麥期貨價格產生顯著差異時，即可從事市場間價差交易。

■ 6.4.3 商品間價差交易

商品間價差交易 (Inter-commodity Spread) 是指數量、到期月份和交易所相同，但標的物不同（多為互補型態或替代型商品）的期貨契約間的價差交易。

由於目前交易多以電腦為主，使得市場內價差交易與市場間價差交易的操作時機稍縱即逝，一般交易人很難掌握，遂轉而在類似的標的物之間尋找其他價差交易的機會，例如原油期貨與熱燃油期貨的價差交易、黃豆期貨與黃豆油期貨的價差交易等，其標的物為原料（原油、黃豆）與成品（熱燃油、黃豆油）之間的關係。這種邏輯應該是很容易理解的：原料的成本愈高，其成品的價格當然也會隨之提高！因此原料與成品之間的價格有極密切的關係。

這種原料與成本之間的價差交易，其價差主要來源為從原料到成品過程的加工成本，故又可稱為加工商品間價差交易 (Commodity-product Spread)，其作法為：作多原料期貨，同時放空成品期貨。但是反式價差交易，即放空原料期貨，同時作多成品期貨，也是被允許的。

加工商品間價差交易又可分為下列幾種：

一、擠壓式價差交易 (Crush Spread)

Crush 為「壓碎、榨油」之意，其原料為黃豆，而製成品為黃豆油和豆餅，故其交易策略為：作多黃豆期貨，同時放空黃豆油期貨或豆餅期貨。

二、反擠壓式價差交易 (Reverse Crush Spread)

與擠壓式價差交易相反，其操作方式為：放空黃豆期貨，同時做多黃豆油期貨或豆餅期貨。

三、裂解式價差交易 (Crack Spread)

Crack 為「裂解」之意，裂解就是從原油分餾到各種石化產品的過程，該過程的原料為原油，而製成品為熱燃油和汽油等，故其交易策略為：做多原油期貨，同時放空熱燃油期貨或汽油期貨。

四、反裂解式價差交易 (Reverse Crack Spread)

與裂解式價差交易相反，其操作方式為：放空原油期貨，同時做多熱燃油期貨或汽油期貨。

■ 6.4.4 其他重要價差交易策略

其他比較重要的價差交易策略，幾乎都是兩對價差交易的組合，茲列舉如下：

一、蝶式價差交易 (Butterfly Spread Strategy)

蝶式價差交易其實只是兩組市場內價差交易的組合。兩組價差交易只包含了 3 個月份的契約。我們姑且將它們分別起個名字吧？

㈠近契約指的是 3 個期貨之中月份最接近到期日的期貨契約。

㈡中契約指的是 3 個月份中居中的期貨契約。

㈢遠契約指的是 3 個期貨之中月份距離到期日最遠的期貨契約。

其中多頭蝶式價差交易 (Bull Butterfly Spread) 的操作方式為：

$$\begin{cases} \text{作多 1 口近契約} \\ \text{放空 1 口中契約} \end{cases} + \begin{cases} \text{放空 1 口中契約} \\ \text{作多 1 口近契約} \end{cases}$$

兩組同時操作，多頭蝶式價差交易就變成了：

$$\begin{cases} \text{作多 1 口近契約} \\ \text{放空 2 口中契約} \\ \text{作多 1 口遠契約} \end{cases}$$

而空頭蝶式價差交易 (Bear Butterfly Spread) 的交易策略則為：

$$\begin{cases} \text{放空 1 口近契約} \\ \text{作多 2 口中契約} \\ \text{放空 1 口遠契約} \end{cases}$$

◎ 例題 **6-5**

空頭蝶式價差交易

假設 A 年 4 月 6 日美國 CME 的瘦豬肉期貨報價如下（單位：美

分/磅）：

A 年 5 月	94.225
A 年 7 月	93.300
A 年 12 月	82.250

請問交易人如何利用這 3 個月份的期貨進行空頭蝶式價差交易？

解答：

本題的近契約為 A 年 5 月的瘦豬肉期貨；中契約為 A 年 7 月的瘦豬肉期貨；遠契約為 A 年 12 月的瘦豬肉期貨。所以空頭蝶式價差交易的策略為：

$$\begin{cases} 放空 1 口 A 年 5 月的瘦豬肉期貨 \\ 作多 2 口 A 年 7 月的瘦豬肉期貨 \\ 放空 1 口 A 年 12 月的瘦豬肉期貨 \end{cases}$$

二、兀鷹價差交易 (Condor Spread Strategy)

兀鷹價差交易與蝶式價差交易極為相似，也是兩對價差交易的組合，唯一的不同點在於：兀鷹價差交易要使用「四個不同月份」的期貨契約。我想各位也應該猜得到是怎麼一回事了吧？這兩對價差交易的期貨，月份都不一樣！我們姑且將 4 個月份的期貨分別起個名字吧？

㈠近契約指的是 4 個期貨之中月份最接近到期日的期貨契約。

㈡近中契約指的是 4 個期貨之中月份第二接近到期日的期貨契約。

㈢遠中契約指的是 4 個期貨之中月份第三接近到期日的期貨契約。

㈣遠契約指的是 4 個期貨之中月份距離到期日最遠的期貨契約。

兀鷹價差交易又可分為多頭及空頭兩種：

其中多頭兀鷹價差交易 (Bull Condor Spread) 的操作方式為：

$$\begin{cases} 作多 1 口近契約 \\ 放空 1 口近中契約 \end{cases} + \begin{cases} 放空 1 口遠中契約 \\ 作多 1 口遠契約 \end{cases}$$

而空頭兀鷹價差交易 (Bear Condor Spread) 的交易策略則為：

$$\begin{cases} 放空 1 口近契約 \\ 作多 1 口近中契約 \end{cases} + \begin{cases} 作多 1 口遠中契約 \\ 放空 1 口遠契約 \end{cases}$$

◎ 例題 **6-6**

多頭兀鷹價差交易

　　假設 A 年 1 月 14 日美國 CME 的瘦豬肉期貨報價如下（單位：美分/磅）：

A 年 2 月	85.375
A 年 4 月	90.300
A 年 5 月	98.350
A 年 6 月	100.625

　　請問交易人如何利用這 3 個月份的期貨進行空頭蝶式價差交易？

解答：

　　本題的近契約為 A 年 2 月的瘦豬肉期貨；近中契約為 A 年 4 月的瘦豬肉期貨；遠中契約為 A 年 5 月的瘦豬肉期貨；遠契約為 A 年 6 月的瘦豬肉期貨。所以多頭兀鷹價差交易的策略為：

$$\begin{cases} 作多1口A年2月 \\ 的瘦豬肉期貨 \\ 放空1口A年4月 \\ 的瘦豬肉期貨 \end{cases} + \begin{cases} 放空1口A年5月 \\ 的瘦豬肉期貨 \\ 作多1口A年6月 \\ 的瘦豬肉期貨 \end{cases}$$

三、縱列價差交易 (Tandem Spread Strategy)

　　縱列價差交易也是兩對價差交易的組合，但是它是兩對「商品間價差交易」的組合，也就是說從事價差交易的這兩對期貨，可以是不同標的物，但是其標的物需具互補性。

衍生性商品災難事件簿

PVM Oil 瘋狂交易員

2010 年 7 月 10 日，期貨主管機關決定對某位交易員開罰，他一個人的罰金就高達 72,000 英鎊！是誰有這麼大的能耐，還是應該說，是誰膽子這麼大，闖了多大的一個禍，使得個人的罰金有這麼高？

他的名字是 Steve Perkins。他在短短一個晚上為他的公司 PVM Oil——全球最大的油品公司——帶來 5 億 2 千萬美元的大黑洞（損失）。

話說大約在一年前，也就是 2009 年 6 月 30 日清晨 7:45，PVM Oil 行政部門的職員致電給他們公司某位資深交易員，也就是 Perkins，問道：為什麼你會在一個晚上之內買進 7 百萬桶的原油？Perkins 本來宣稱他只是為客戶執行交易指令而已，不過他的故事馬上就穿幫了，因為他拒絕連絡那位虛擬的客戶。

他的壯舉造成了什麼結果呢？在清晨 2:00 的半個小時之內，他的買單讓原油期貨整整上漲了 1.50 美元/桶，衝上 8 個月內的新高價。像這種急拉的走勢，通常只有在發生全球性的政治經濟大事的時候才會發生，在歐美的凌晨時分，也就是我們亞洲盤開盤的時候，那個時候美國期貨交易所的期貨都是電子盤交易，交易清淡，流動性也很差，所以大單敲進會造成價格的劇烈波動。Perkins 的大單的確造成了暫時的原油價格飆漲，但是接下來很多作多原油期貨的交易人趁這個大好機會賣出平倉，因此原油期貨價格又回到起漲前的價格。很不幸的是，Perkins 的大買單有很多是成交在極高的價位，所以當 PVM Oil 將這些高價買進的原油期貨契約賣出平倉時造成了很大的虧損。

那半個小時到底發生了什麼事？答案居然再簡單不過：Perkins 那晚喝得爛醉，客戶是有委託下單，但是根本沒有要買那麼多口，所以喝酒不只是會酒駕肇事，還會不小心亂下單肇事！他下了 7,000 口的布蘭特原油期貨買單！

自問自答時間

這種離譜事件曝露了期貨交易的哪些風險？你覺得我們該怎麼去防範呢？

練習題

( )　1.下列何者不為兩組期貨價差交易組合而成的混合型價差交易？
(A)蝶狀價差交易 (Butterfly Spread)　(B)擠壓式價差交易 (Crush Spread)　(C)兀鷹價差交易 (Condor Spread)　(D)縱列式價差交易 (Tandem Spread)　　　　　　　　　　【2010 期貨業務員測驗】

( )　2.若持有成本大於 0，則期貨價格一定會較現貨價格高，該敘述為
(A)正確　(B)錯誤　(C)不一定　(D)持有成本與期貨價格沒有關係
　　　　　　　　　　　　　　　　　　　　　　【2010 期貨業務員測驗】

( )　3.在期貨市場中，投機者買進原油期貨，而賣汽油期貨，此種交易稱為　(A)擠壓價差交易 (Crush Spread)　(B)反擠壓價差交易 (Reverse Crush Spread)　(C)裂解價差交易 (Crack Spread)　(D)以上皆非　　　　　　　　　　　　　　　　　　　【2010 期貨業務員測驗】

( )　4.如果 3 月期貨價格為 105.00，6 月期貨價格 100.00，稱為　(A)正向市場　(B)逆向市場　(C)淺碟市場　(D)以上皆非
　　　　　　　　　　　　　　　　　　　　　　【2011 期貨業務員測驗】

( )　5.在同一市場內同時買進 7 月交割的小麥期貨，賣出 12 月交割的小麥期貨，此種交易稱為　(A)商品間價差交易　(B)市場間價差交易　(C)市場內價差交易　(D)以上皆非
　　　　　　　　　　　　　　　　　　　　　　【2011 期貨業務員測驗】

( )　6.假設 6 月長期公債期貨價格為 95-03，9 月長期公債期貨價格為 95-25，若小明認為其未來的價差將會縮小，其應　(A)買 6 月份、賣 9 月份　(B)賣 6 月份、買 9 月份　(C)同時買 6、9 月份　(D)同時賣 6、9 月份　　　　　　【2011 期貨業務員測驗】

( )　7.下列何者非價差交易的功能？　(A)可使市場之流動性增加　(B)可使相關的期貨價格間維持一相對均衡之關係　(C)從事價差交易的人越多，市場便會更具效率　(D)可供一般交易人較簡易的

投資方式　　　　　　　　　　　　　　【2014 期貨業務員測驗】

( )　8.期貨市場中所謂「正向市場」乃指所有期貨價格與現貨價格比
較為　(A)高於現貨價格　(B)等於現貨價格　(C)低於現貨價格
(D)與現貨價格無關　　　　　　　　　【2014 期貨業務員測驗】

( )　9.同市場價差交易是否能獲利，取決於兩個不同交割月份期貨的
什麼因素？　(A)商品價格(B)商品特性(C)到期時間(D)持有成本。
　　　　　　　　　　　　　　　　　【2014 期貨業務員測驗】

( )　10.金融期貨主要持有成本是　(A)資金成本　(B)倉儲成本　(C)保險
費　(D)選項(A)、(B)、(C)皆非　　　【2014 期貨業務員測驗】

( )　11.凱文於 1 月 10 日時，買入 3 月份小麥期貨 10,000 英斗，每英斗
$3.5，同時以每英斗 $3.92 賣出等量的 7 月份小麥期貨，請問此
期貨交易人於 1 月 10 日的一買一賣之交易，其損益是多少？
(A)－0.42　(B)－0.36　(C) 0.4　(D)無法確定
　　　　　　　　　　　　　　　　　【2014 期貨業務員測驗】

( )　12.當持有成本為正時，若現貨價格高於期貨價格，則最佳的套利
策略為　(A)賣空期貨　(B)買進現貨　(C)賣空現貨並買進期貨
(D)賣空期貨並買進現貨　　　　　　　【2014 期貨業務員測驗】

( )　13.交易人從事期貨交易，他所承擔的風險為　(A)原始保證金　(B)
維持保證金＋原始保證金　(C)總契約值　(D)總契約值的一半
　　　　　　　　　　　　　　　　　【2015 期貨業務員測驗】

( )　14.在現貨市場不虞匱乏，倉儲之供給量夠大，則不同交割月份之
同一商品期貨價格之間的差距，在理論上應反應　(A)倉儲成本
(B)融資成本　(C)兩個交割月份間的持有成本　(D)商品供需之季
節性因素　　　　　　　　　　　　　【2015 期貨分析人員測驗】

( )　15.一原油提煉廠，進行裂解式 (Crack) 避險時，會如何操作？　(A)
買原油期貨，買熱燃油期貨，賣汽油期貨　(B)買原油期貨，賣
熱燃油期貨，賣汽油期貨　(C)賣原油期貨，買熱燃油期貨，買
汽油期貨　(D)賣原油期貨，賣熱燃油期貨，買汽油期貨

【2015 期貨業務員測驗】

( ) 16.買進 2 月份原油期貨，賣出 8 月份原油期貨，差價為 $30.00，此種委託稱為　(A) GTC 委託　(B)限價委託　(C)價差委託 (SPREAD ORDER)　(D)無效的委託　【2015 期貨業務員測驗】

( ) 17.價差交易時，若認為兩相關產品價格差距會縮小，則應該如何操作獲利？　(A)買入價格高者，並賣出價格低者　(B)買入價格高者，並買入價格低者　(C)買入價格低者，並賣出價格高者 (D)賣出價格高者，並賣出價格低者　【2015 期貨業務員測驗】

( ) 18.黃豆油製造商之避險策略通常是　(A)買黃豆期貨，賣黃豆油期貨　(B)買黃豆期貨，買黃豆油期貨　(C)賣黃豆期貨，買黃豆油期貨　(D)賣黃豆期貨，賣黃豆油期貨　【2015 期貨業務員測驗】

( ) 19.何謂期貨的空頭價差 (Bear Spread)？　(A)買進近月期約，同時賣出遠月期約　(B)賣出近月期約，同時買進遠月期約　(C)同時賣出遠月期約和近月期約　(D)同時買進遠月期約和近月期約

【2015 期貨業務員測驗】

( ) 20.兀鷹價差 (Condor Spread) 交易會使用幾個月份之期貨？　(A) 2 個　(B) 3 個　(C) 4 個　(D) 5 個　【2015 期貨業務員測驗】

( ) 21.下列有關期貨投機策略的敘述何者有誤？　(A)屬買低賣高之操作策略　(B)承受期貨避險者之風險　(C)根據預期賺取價差利潤 (D)持有現貨部位　【2015 期貨業務員測驗】

( ) 22.某期貨交易人於 1 月 10 日時，以每英斗 $4.92 賣出 7 月份的玉米期貨 10,000 英斗，若 2 月 10 日 7 月份玉米期貨上漲至 $4.94，則此期貨交易人於 2 月 10 日平倉的損益應為　(A)獲利 $800 (B)損失 $800　(C)獲利 $200　(D)損失 $200

【2015 期貨業務員測驗】

( ) 23.下列何者會造成在不同交易所交易之同一種期貨商品價格的差異？　(A)地理位置　(B)交割品質的規定　(C)運輸成本　(D)選項 (A)(B)(C)皆是　【2015 期貨業務員測驗】

（　）24.假設明年 3 月份黃豆期貨的價格為 $6.2，而同年 7 月份的黃豆
期貨價格為 $6.72，如果儲存成本為每月 $0.12，則應　(A)買 3
月份契約，賣 7 月份契約　(B)買 7 月份契約，賣 3 月份契約
(C)買 3 月份契約　(D)賣 3 月份契約　【2015 期貨業務員測驗】

第 7 章
基差及避險策略

避險操作是期貨的起源，也是最基本的功能之一，所以我們必須非常嚴謹的關注這一章的內容。至於從事避險交易的交易者，最為關注的名詞就是基差。所以我們就從介紹基差這個名詞開始吧！

7.1 基　差

基差 (Basis) 的定義為：

$$基差 = 現貨價格 - 期貨價格$$

注意！基差是現貨價格減掉期貨價格，而不是期貨價格減掉現貨價格喔！

◎例題 **7-1**

計算期貨的基差

　　X2 年 4 月 5 日臺股現貨的報價為 7,640，X2 年 4 月臺指期貨的報價則為 7,618。請問 X2 年 4 月臺指期貨的基差為？

解答：

$$基差 = 現貨價格 - 期貨價格$$
$$= 7,640 - 7,618$$
$$= 22$$

故 X2 年 4 月臺指期貨的基差為 22。

熱身操 **7-1**

　　同例題 7-1，假設 X2 年 6 月臺股期貨報價為 7,612，則其基差為多少？

■ 7.1.1 基差、正向市場和逆向市場

基差與正向市場、逆向市場的關係如下：

◆由於正向市場的期貨價格高於現貨價格,所以正向市場的基差恆為負值。

◆由於逆向市場的期貨價格低於現貨價格,所以逆向市場的基差恆為正值。

許多人會把正向市場的「正」字,看成是基差為正的意思,然而這是中文翻譯的問題。因為正向市場的原文是 "Normal Market",是「正常市場」的意思,若採用此種解釋就較不容易混淆。

注意! 正向市場的基差恆為負值;逆向市場的基差恆為正值。

7.2 基差值的變化

習慣上,對於金融資產(如股票或期貨等)價格的變化,常用「上漲」或是「下跌」來形容,但是對於「基差」的變動,則會使用「轉強」或是「轉弱」來形容。

■ 7.2.1 基差轉強

基差轉強 (Strengthening of Basis),意義與上漲相同。只要是「基差的值變大」,就可稱為基差轉強。例如基差由 1 變成 5 或由 –7 變成 –2,都是屬於基差轉強的情形。

■ 7.2.2 基差轉弱

基差轉弱 (Weakening of Basis),意義與下跌相同。只要是「基差的值變小」,就可稱為基差轉弱。例如基差由 9 變成 –1 或由 –2 變成 –7,都是屬於基差轉弱的情形。

■ 7.2.3 基差變大

基差的「絕對值」上升,叫做基差變大。「基差轉強」不一定會「基差變大」喔!例如基差由 2 變成 4,其絕對值也是由 2 變成 4,這是基

轉強，也是基差變大。但是如果基差由 –2 變成 –10（基差轉弱），那麼基差的絕對值則是由 2 到 10（基差變大）。

■ 7.2.4 基差變小

基差的「絕對值」下降，叫做基差變小。同樣的，「基差轉弱」不一定會「基差變小」，例如基差由 4 變成 2，其絕對值也是由 4 變成 2，這是基差轉弱，也是基差變小。但是如果基差由 –10 變成 –2（基差轉強），那麼基差的絕對值則是由 10 到 2（基差變小）。

注意！金融資產價格的上漲與下跌，跟基差的轉強與轉弱，並沒有直接的關係。例如說，金融期貨價格上漲，但該期貨與現貨之間的基差卻很可能是在轉弱當中！

◎例題 7-2

基差轉強轉弱與標的物價格轉強轉弱無關

以下為小型道瓊工業指數期貨的資料：

日　期	現貨價格	X2 年 9 月期貨價格
X2 年 3 月 1 日	13,124	13,050
X2 年 4 月 1 日	12,936	12,899
X2 年 5 月 1 日	12,846	12,740

1.請問在 X2 年 3 月這段期間，9 月小型道瓊工業指數期貨的基差變化情形為何？

2.請問在 X2 年 4 月這段期間，9 月小型道瓊工業指數期貨的基差變化情形為何？

解答：

日　期	X2 年 9 月小型道瓊工業指數期貨的基差
X2 年 3 月 1 日	13,124 – 13,050 = 74
X2 年 4 月 1 日	12,936 – 12,899 = 37
X2 年 5 月 1 日	12,846 – 12,740 = 106

1. X2 年 3 月份，道瓊工業指數現貨由 13,124 下跌至 12,936，共下跌 188 點（現貨下跌）；基差則是由 74 下跌至 37，其變化為 –37 (= 37

－74)，基差轉弱。

2. X2 年 4 月份，道瓊工業指數現貨由 12,936 下跌至 12,846，共下跌 90 點（現貨下跌）；基差則是由 37 上升到 106，其變化為 69 (= 106 － 37)，基差卻是轉強。

熱身操 7-2

現貨或是期貨價格上升，是否代表基差也會跟著轉強？

■ 7.2.5 期貨到期日與基差之變化

我們都知道，現貨與期貨價值，在期貨到期日之前很可能並不一致，這就產生了所謂的基差。基差可能是正值，也可能是負值，但是無論如何，所有期貨的基差都會有一個共同的特點：「愈靠近期貨到期日，基差的絕對值就愈接近 0。在期貨到期日那一天，基差則必定為 0!」這是怎麼一回事？請參考圖 7-1：

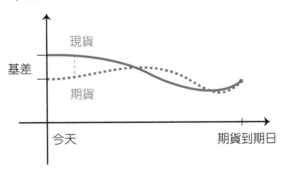

↗ 圖 7-1 期貨與現貨間的基差

期貨在到期日的結算價，是以結算當時標的物的現貨價格為基準所定出來的，也就是說，到期月份的期貨，在到期日的結算價約等於現貨價。所以期貨不論在之前價格偏離現貨價格多遠，在到期日那一天應該要等於現貨價格。也就是基差為 0。

因為基差有可能是正值，也有可能是負值，我們只能知道，基差的絕對值趨近於 0 代表的是期貨價格與現貨價格正在接近中。

好了，到這裡各位同學對於基差應該有基本的認識了，我們現在就將注意力轉移到「避險」這個區塊。

7.3 避險的本質以及有避險需要的人

避險指的當然就是可以迴避掉可能發生的風險。雖然說在統計學裡，風險指的是「不確定性」，其實不確定性同時包含了「壞於預期」以及「好於預期」這兩種情況。但是，沒有正常人想避掉對自己有利的不確定性的。避險者想要避開的，是標的物價格走勢不利於自己的風險。

◎ **例題 7-3**

同樣的標的物，不同人有不同的避險需求

　　小麥的生產者和消費者的風險是否相同？其風險為何？

解答：

1. 小麥的生產者是小麥農夫，他最不希望看到小麥價格在未來下跌，因為這樣會導致他的獲利降低，因此「小麥價格在未來下跌」就是小麥生產者的風險所在。

2. 小麥的消費者是糧食商，他最不希望看到小麥價格在未來飆漲，因為這樣會導致他的收購成本提高，因此「小麥價格在未來上揚」就是小麥消費者的風險所在。

熱身操 7-3

　　從例題 7-3 可知，原物料的生產者與消費者有不同的風險需求，至於金融資產（例如債券、利率期貨等），生產者與消費者的風險需求亦有區別嗎？

從例題 7-3 可以發現，生產者與消費者的避險需求是完全相反的。那麼生產者該如何利用期貨避險？消費者又該如何利用期貨避險呢？避險的通則其實很容易用常識來判斷，即避險者的期貨部位必須在未來現貨價格走勢對他不利的時候獲利，因為這樣才能抵銷在現貨所產生的損失。所以說：

現貨生產者／未來出售現貨的人的角度	現貨價格走跌是不利的情況，因此他的期貨避險部位應該是空頭部位，因為現貨與期貨價格如果在未來走跌的話，他的期貨空頭部位的獲利可以補貼未來因為價格下跌所遭受的出售現貨損失。
現貨消費者／未來購買現貨的人的角度	現貨價格上揚是不利的情況，因此他的期貨避險部位應該是多頭部位，因為現貨與期貨價格如果在未來上揚的話，他的期貨多頭部位的獲利可以補貼未來因為價格上升所帶來的購買現貨成本上升。

對於避險的分類，常常就以避險者所持有的期貨部位來做區分：

◆ 空頭避險 (Short Hedge)：指避險者的期貨為「空頭部位」。

◆ 多頭避險 (Long Hedge)：指避險者的期貨為「多頭部位」。

7.4 空頭避險

空頭避險 (Short Hedge) 的避險者，其期貨部位是空頭部位，代表他所擔憂的是未來現貨價格會下跌的風險，例如生產小麥的農夫、原油的開採公司和未來有出售股票需求的基金經理人，還有現在有持股的投資人，都是此類避險者。其操作策略為（表 7-1）：

表 7-1 空頭避險策略操作

操作時程	現貨部位	期貨部位
避險部位建立日	已持有或期貨到期日前開始持有	放空以現貨為標的物的期貨（新倉）
避險部位平倉日	賣出現貨	買進期貨（平倉）

下面重頭戲要出場了。我們來看看空頭避險的操作及結果是怎樣。

◎例題 **7-4**

空頭避險操作實例

今天的日期是 X2 年 4 月 15 日，養牛大戶方董預定在 X2 年的 9 月出售一批活牛，總重量約為 200,000 磅。在此同時，方董得知有許多養牛戶也同樣預計在 X2 年 9 月出售大批活牛，這使得方董開始擔心未來活牛的價格會有崩盤的危險，於是他決定採取空頭避險策略。假設活牛期貨的規格為 1 口 40,000 磅，且目前活牛現貨與期貨的報價如下：

活牛現貨（美分/磅）	X2 年 9 月活牛期貨（美分/磅）
114.550	115.275

1. 若方董計畫要規避所有 200,000 磅活牛的價格風險，他應該要放空幾口活牛期貨？

2. 已知方董 X2 年 9 月活牛的成交價及結算價如下：

活牛現貨（美分/磅）	X2 年 9 月活牛期貨（美分/磅）
118.675	118.675

在不考慮交易成本的情況下，請問方董「完全避險後的實際售價」為何？

3. 延續上題，若方董 X2 年 9 月活牛的成交價及結算價變為：

活牛現貨（美分/磅）	X2 年 9 月活牛期貨（美分/磅）
109.250	109.250

在不考慮交易成本的情況下，請問方董「完全避險後的實際售價」為何？

解答：

1. 方董欲避險的活牛數量為 200,000 磅，如果要全部得到活牛期貨的保障，則共需要放空 5 (= 200,000 ÷ 40,000) 口活牛期貨。

2. 活牛價格從 4 月到 9 月呈現上漲趨勢。若方董沒有進行空頭避險，則他的真正售價就是活牛現貨市場 9 月的售價 118.675（美分/磅）。

然而在方董進行了空頭避險之後，他的期貨空頭部位的損益為：

$$-1 \times (118.675 - 115.275) = -3.4 \text{（美分/磅）}$$

方董的實際售價必須扣除避險部位的損失，所以他完全避險後的實際售價為：

$$118.675 + (-3.4) = 115.275 （美分/磅）$$

3. 活牛價格從 4 月到 9 月呈現下跌趨勢。若方董沒有進行空頭避險，則他的真正售價就是活牛現貨市場 9 月的售價 109.250 （美分/磅）。然而在方董進行了空頭避險之後，他的期貨空頭部位的損益為：

$$-1 \times (109.250 - 115.275) = 6.025 （美分/磅）$$

方董的實際售價必須加上險部位的獲利，所以他完全避險後的實際售價為：

$$109.250 + 6.025 = 115.275 （美分/磅）$$

熱身操 7-4

　　美國某跨國企業「獨占國際股份有限公司」在歐洲設有分公司。每年年終歐洲分公司都會把在歐洲的營收（歐元）兌換成美元匯回美國。歐洲分公司總經理擔心歐債危機會使歐元在年底貶值，導致兌換的美元減少，於是決定採取空頭避險策略。假設今天是 X2 年 4 月 21 日，歐元現貨與期貨的報價如下：

歐元兌美元現貨	X2 年 12 月歐元期貨
1.2854	1.2859

　　總經理預估在年底可以有 12,500,000 歐元的營收可以兌換成美元，而歐元期貨的規模為每口 125,000 歐元。

1. 如果公司決定要完全避免 12,500,000 歐元的匯率風險，請問公司必須放空多少口歐元期貨？

2. 假設本次空頭避險策略持續到 X2 年 12 月歐元期貨最後結算。結算資訊如下：

歐元兌美元現貨	X2 年 12 月歐元期貨
1.1925	1.1925

　　請問分公司歐元兌換美元的實質匯率為何？

　　這是怎麼回事？例題 7-4 2.和 3.的答案竟然是一模一樣！避險之後的實際售價都等於 115.275，然而這數字又代表什麼涵義呢？事實上，

115.275 就是方董放空活牛期貨的價位！所以利用期貨進行空頭避險並且持有到期貨結算這種策略，在建立部位的同時，就已經可以非常肯定的知道期貨在到期時出售的實際售價了。不論這段期間內活牛價格是漲是跌，都與方董無關了。所以利用期貨避險，有兩種結果：

◆對未來走勢估計正確——活牛價格下跌

　　方董藉由空頭避險，將未來活牛的售價鎖定在每磅 115.275 美分，成功的避開了損失。

◆對未來走勢估計錯誤——活牛價格上漲

　　方董藉由空頭避險，將未來活牛的售價鎖定在每磅 115.275 美分，因此錯過了大賺一票的機會。

　　如此看來，期貨避險是一種一刀兩刃的策略，因其雖然可以規避避險者可能發生的損失，但是也會斬斷避險者潛在的獲利。要不要避險，完全端視避險者的心態。生產者所能掌握的是自己的生產成本，只要他能將售價經由避險鎖定在某個價位，那麼他將可以穩定的獲取利潤，當然有得也有失，生產者也有可能錯過大幅獲利的機會！

7.5 多頭避險

　　多頭避險 (Long Hedge) 的避險者，其期貨部位是多頭部位，代表他所擔憂的是未來現貨價格會上揚，例如未來有購買小麥需求的糧食商、汽油的購買者（如加油站等）、未來有購買股票需求的基金經理人、或是目前放空股票，未來有回補需求的投資人，都是此類避險者。其操作策略則為（表 7-2）：

表 7-2　多頭避險策略操作

操作時程	現貨部位	期貨部位
避險部位建立日	無現貨或是有現貨放空部位	作多以現貨為標的物的期貨（新倉）
避險部位平倉日	買進現貨	賣出期貨（平倉）

◎ 例題 **7-5**

多頭避險實務

　　萬利基金是一檔指數型基金，它的組成股票與每支股票的比重完全與臺灣加權股價指數的組成相同。今天的日期是 2016 年 4 月 20 日，基金經理人劉董預定在 2016 年 10 月有一筆新臺幣 30,000,000 元的資金投入基金。但是劉董擔心在那時臺股已經上漲到相當高的水準，等到資金到位時才買進臺股可能成本過高。因此，劉董為了將買進股票的成本鎖定在目前的股價水準，決定進行多頭避險。已知目前臺股期貨的報價如下：

臺股現貨	12 月臺股期貨
7,588	7,500

1. 請問要達到完全避險，劉董必須買進幾口臺股期貨？

2. 劉董於 2016 年 10 月收到這筆新臺幣 30,000,000 元，並於 12 月期指結算前進行平倉動作。如果劉董平倉的資訊如下：

臺股現貨	12 月臺股期貨
7,758	7,742

　　請問劉董這筆投資的實際成本（實際買價）為何？

3. 延續上題，如果劉董平倉的資訊變為：

臺股現貨	12 月臺股期貨
7,344	7,346

　　請問劉董這筆投資的實際成本（實際買價）為何？

解答：

1. 臺股期貨 1 點代表新臺幣 200 元的臺指股票組合價值。劉董在建立多頭避險部位時買進 12 月臺股期貨報價為 7,500 點，因此 1 口臺股期貨代表了 1,500,000 (= 7,500 × 200) 元的臺指股票組合。未來有新臺幣 30,000,000 元的購買需求，因此避險口數為 20 (= 30,000,000 ÷ 1,500,000) 口。

2. 如果劉董沒有進行多頭避險，則他的投資成本在 10 月收到資金時上升到 7,758 點。在進行多頭避險之後，劉董在臺股期貨多單的損益為每口 242 (= 7,742 − 7,500) 點。至於臺股期貨多頭部位 242 點的獲利可以用來降低劉董在 10 月投資臺股的成本，因此劉董的實際投資

成本在此時降為 7,516 (= 7,758 – 242) 點。

3. 如果劉董沒有進行多頭避險,則他的投資成本在 10 月收到資金時下降為 7,344 點。在進行多頭避險之後,劉董在臺股期貨多單的損益為每口 –154 (= 7,346 – 7,500) 點。至於臺股期貨多頭部位 –154 點的損失會增加劉董在 10 月投資臺股的成本,因此劉董的實際投資成本在此時上升為 7,498 (= 7344 – (–154)) 點。

熱身操 7-5

奔騰航空公司的財務長擔憂油價持續上漲會增加公司未來的購油成本,決定操作輕原油期貨的多頭避險。假設奔騰航空公司避險需求為 8,000 桶輕原油。

已知今天是 X2 年 4 月 22 日,輕原油市場的報價如下:

輕原油現貨	X2 年 12 月期貨
104.24	104.56

奔騰航空公司於 X2 年 10 月 15 日結束多頭避險策略,買進輕原油現貨以及賣出輕原油期貨。X2 年 10 月 15 日的輕原油行情報價為:

輕原油現貨	X2 年 12 月期貨
110.35	110.25

在不考慮交易成本的情況下,請問奔騰航空公司實際購買輕原油的實質成本為?

7.6 基差的觀念在多頭避險與空頭避險的應用

事實上,所謂的避險,在本質上也是某種投機行為。舉例來說,從事空頭避險的生產者,必定是預期未來現貨價格很可能下跌才會進行避險。如果生產者預期未來現貨價格將會飆漲,請問他會去做避險嗎?答案當然是不會!生產者此時最好是什麼事也不做,就坐在家裡等待日後

現貨價格大漲再賣出大賺一票。也就是說，不論是投機或是避險，交易者或多或少都會預測未來現貨價格的走勢。

　　因此，避險交易可以拿來做投機交易嗎？答案當然是可以的。因為避險交易其實就是一種價差交易，只是避險交易使用「現貨」來取代價差交易的「近期期貨」而已。當然，這樣的操作，目的就是要將「價格風險」轉化成「價差（基差）風險」，也就是說投機交易所預期的是「價格的漲跌」，而避險交易所預期的是「基差的轉強或轉弱」。那麼到底預期基差轉強該怎麼做？預期基差轉弱又該怎麼做？

　　基差的定義是期貨價格減去現貨價格。我們用 F 代表期貨價格，S 代表現貨價格，t 代表開始避險操作的時間，T 代表避險操作結束的時間。因此

$$F_t = 避險操作開始時的期貨價格$$
$$F_T = 避險操作結束時的期貨價格$$
$$S_t = 避險操作開始時的現貨價格$$
$$S_T = 避險操作結束時的現貨價格$$

避險操作開始的時候，基差為

$$(S_t - F_t)$$

避險操作結束的時候，基差為

$$(S_T - F_T)$$

「基差變化量」的定義是：

$$避險結束時的基差值 - 避險開始時的基差值$$
$$= (S_T - F_T) - (S_t - F_t) \tag{7-1}$$

「基差變化量」又是代表什麼意義呢？我們將公式 (7-1) 整理一下：

$$(S_T - F_T) - (S_t - F_t)$$
$$= S_T - F_T - S_t + F_t$$
$$= (S_T - S_t) - (F_T - F_t) \tag{7-2}$$

這是一個投資組合的損益總和。這個投資組合由兩個資產所組成：

◆買進現貨，其損益為 $(S_T - S_t)$

◆放空期貨，其損益為 $-(F_T - F_t)$

這是什麼組合呢？反應快的同學可能馬上就聯想到正確答案了：這是空頭避險的組合，所以基差變化量基本上就是空頭避險組合的損益公式 (7–2)。那麼多頭避險呢？多頭避險的投資組合是放空現貨、買進期貨，也就是說多頭避險的損益是：

$$(S_T - S_t) - (F_T - F_t)$$
$$= -[(S_T - S_t) - (F_T - F_t)]$$
$$= -1 \times \lceil 空頭避險 \rfloor 的損益$$
$$= -1 \times \lceil 基差變化量 \rfloor \qquad (7-3)$$

◆基差轉強代表基差變化量大於 0，也就是說當基差轉強時，空頭避險的損益為正值。

◆基差轉弱代表基差變化量小於 0，也就是說當基差轉弱時，多頭避險的損益為正值。

我們把價差與基差的概念綜合起來，用表 7–3 來說明：

表 7–3　價差與基差交易對應策略

	空頭價差（避險）	多頭價差（避險）
價差（基差）	轉強	轉弱

◎ 例題 **7-6**

基差變化與空頭避險的績效

方董利用小麥現貨與小麥期貨進行空頭避險。假設在進行空頭避險時的基差為 –20.25 美分，在結束空頭避險時的基差則為 –15.50 美分。請問方董空頭避險的損益為何？

解答：

由公式 (7–1)、(7–2) 可知，方董空頭避險的損益為：
$$-15.5 - (-20.25)$$
$$= -15.5 + 20.25$$
$$= 4.75（美分）$$

熱身操 **7-6**

假設馬經理對可可豆從事空頭避險交易，他的交易資訊如下：

	避險開始日	避險平倉日
可可豆現貨（美元）	2,320	2,177
可可豆期貨（美元）	2,298	2,108

請問在不考慮交易成本的情況下，馬經理這次空頭避險的損益為何？

◎例題 **7-7**

多頭避險與基差值變化的關係

某糧食商的莫主任為了控制玉米進貨成本，決定進行「多頭避險」。以下是莫主任的避險資訊：

單位：美分

	避險開始日	避險平倉日
玉米現貨	653.00	650.75
玉米期貨	652.50	648.25

請問莫主任的「多頭避險」的績效如何？

解答：

避險開始時的基差為：

$$653.00 - 652.50 = 0.50$$

避險結束時的基差為：

$$650.75 - 648.25 = 2.50$$

$$基差變化量 = 2.50 - 0.50 = 2（美分）$$

由公式 (7-4) 可知，多頭避險的損益為：

$$-1 \times 基差變化量 = -1 \times 2 = -2（美分）$$

熱身操 **7-7**

6 月 10 日，現貨黃金 843 美元/盎司，期貨黃金 845 美元/盎司；到 6 月 30 日，現貨為 840 美元/盎司，期貨為 858 美元/盎司，則基差（現

貨－期貨）的變動為? 　　　　　　　　　　【2010 期貨商業務員測驗】

7.7 交叉避險

之前討論的期貨避險策略，都是現貨與期貨標的物相同的避險，屬於直接避險。然而縱使期貨交易所交易的期貨契約種類繁多，但仍無法滿足所有人的避險需求。舉例而言，期貨交易所有黃豆期貨，因此種植黃豆的農夫或是黃豆進口商都可以直接利用黃豆期貨避險。但是對於其他豆類（如綠豆）來說，由於期貨交易所並沒有綠豆期貨可以拿來避險，故有綠豆避險需求的人只好尋找價格走勢與綠豆價格走勢相似的標的物（如黃豆）的期貨來從事避險。這種現貨（綠豆）與期貨（黃豆）標的物不同的避險稱為交叉避險 (Cross Hedge)。

即使是直接避險，基差轉強或基差轉弱在對避險者不利的狀況下都會造成損失，而交叉避險又比直接避險複雜，故最好是在別無選擇的情況下再使用。

7.8 避險數量（程度）的決定

既然知道何種情境該操作空頭避險，何種情境該操作多頭避險，那麼我們究竟要做多少比例的期貨來避險最恰當呢? 許多人的直覺反應是完全避險，有多少現貨，就用多少相對應的期貨口數來避險! 不過，事情有這麼簡單嗎? 事實上，並不是每位避險者都會採取完全避險策略來決定避險期貨的數量，而造成此種現象的原因，就是我們接下來要討論的主題。

■ 7.8.1 完全避險

完全避險 (Perfect Hedge) 又稱單純避險、簡單避險 (Simple Hedge)，其避險期貨口數為：

$$期貨避險口數 = \frac{現貨數量}{每口期貨契約規格} \qquad (7\text{--}4)$$

◎ 例題 **7-8**

完全避險所需要的期貨數量

施董在非洲象牙海岸擁有廣大的可可園，他預計可可豆今年將會大豐收，因此決定採用放空避險策略。已知 1 口可可豆期貨在 NYBOT 交易的規模是 10 公噸。假設施董決定在今年 9 月採收可可豆，且其預估收成量為 500 公噸，若施董決定採用完全避險策略，則請問：

1. 施董必須放空幾口可可豆期貨？
2. 若將題目中可可豆今年的預估收成量改為 498 公噸，則施董必須放空幾口可可豆期貨？

解答：

1. 利用公式 (7–4)：

$$期貨避險口數 = \frac{現貨數量}{每口期貨契約規格}$$
$$= \frac{500（公噸）}{10（公噸/口）}$$
$$= 50（口）$$

2. 利用公式 (7–4)：

$$期貨避險口數 = \frac{現貨數量}{每口期貨契約規格}$$
$$= \frac{498（公噸）}{10（公噸/口）}$$
$$= 49.8（口）$$

由於期貨的口數一定是整數，那麼到底是採用 49 口比較恰當？還是採用 50 口比較恰當？在避險的經驗中，如果遇到計算出來的期貨口數不是整數的話，通常是採用「小於但最接近避險口數的整數」，也就是說，實務上大部分的避險會採取「不足避險」。故本題的答案是 49

口!

熱身操 7-8 •

為什麼不足避險會比過度避險來得受歡迎?

■ 7.8.2 最小風險避險比例 (Minimum Risk Hedge Ratio Method)

從事完全避險最重要的假設就是：期貨價格與現貨價格的走勢完全相同，也就是說沒有基差風險，期貨的損益完全可以抵消現貨方面的損益。事實上，期貨到期的那一天，它的結算價格是以當時的現貨價格為準，也就是說，如果避險結束日剛好在避險期貨的到期日，則當天的基差一定是「0」! 我們在避險操作開始進行的時刻，當然知道此時的基差是多少 (就是當時現貨價格與期貨價格的差異)，而我們剛剛又提到避險結束的那一天 (也就是避險期貨契約的到期日) 的基差為 0，也就是說，在避險結束那一天 (期貨結算日)，我們的獲利是可以確定的 (開始避險時的基差 − 0 基差)，所以根本就不會有基差風險!

結論是：假如我們的避險期間正好在避險期貨到期日結束，那麼完全避險是最好的避險策略，因為沒有任何的基差風險。

不幸的是，絕大部分避險者所遭遇到的真實情況並不是這麼美好。避險者如果在避險期貨到期之前平倉，就要面對未知的基差變化風險。由於我們無法預知避險結束的時刻，期貨與現貨的基差為何，因此不適合採用完全避險策略，我們能做到的，就只有將避險的期貨與現貨組合看作是一個整體的投資組合，且這個投資組合的報酬率標準差 (即風險) 是最小的。

至於要怎麼做到這樣的避險口數? 首先讓我們來定義一個名詞：避

險比率 (Hedge Ratio, HR)。

$$避險比率 = \frac{避險期貨總規模}{欲避險現貨總規模} \qquad (7-5)$$

◎ 例題 **7-9**

避險比率的計算

小孫未來有購買 253 噸可可豆的需求，決定購買可可豆期貨避險。已知小孫買進 20 口可可豆期貨，而 1 口可可豆期貨的規模為 10 噸，請問小孫的避險比率為？

解答：

利用公式 (7-5)：

$$避險比率 = \frac{避險期貨總規模}{欲避險現貨總規模} = \frac{20 \times 10}{253} = \frac{200}{253} = 0.79$$

熱身操 **7-9** •────

請問在完全避險的策略中，避險比率是多少？

最適當的避險比率應為多少，才能創造出風險最小的避險投資組合？最簡單，也是在實務上最常採用的方法，就是假設期貨價格與現貨價格的走勢是「線性關係」，利用迴歸模型 (Regression Model) 找出期貨與現貨價格變化的線性關係：

$$\Delta S_t = \alpha + \beta \Delta F_t + \varepsilon_t \qquad (7-6)$$

ΔS_t = 在時間 t 的現貨價格變化量

ΔF_t = 在時間 t 的期貨價格變化量

α = 迴歸模型所估計出來的常數（截距）

β = 迴歸模型的「斜率」

ε_t = 迴歸模型一定會有的誤差項

迴歸模型所採用的樣本當然是期貨與現貨的歷史資料了！找出了期

貨與現貨的迴歸式之後，我們把焦點鎖定在 "β" 值，因為這個參數就是我們要找的「最適避險比率」。

◎ 例題 **7-10**

最適避險比率與最適避險口數的計算

棉花大亨邱董預定今年收成的棉花數量高達 10,000,000 磅，已知他經由迴歸模型求出棉花現貨與棉花期貨價格的變動量之間有以下的關係：

$$\Delta S_t = 0.823 + 0.72\Delta F_t$$

棉花期貨 1 口的規模為 50,000 磅，請問若邱董想要達到最適避險比率，則最少需要幾口棉花期貨避險？

解答：

由公式 (7-6) 可以很容易看出，最適避險比率 β 為 0.72，而由公式 (7-5)：

$$避險比率 = \frac{避險期貨總規模}{欲避險現貨總規模}$$

$$\Rightarrow 0.72 = \frac{期貨總規模}{10,000,000}$$

$$\Rightarrow 期貨總規模 = 7,200,000$$

7,200,000 磅的棉花要多少口棉花期貨呢？

$$期貨避險口數 = \frac{7,200,000}{50,000} = 144 （口）$$

熱身操 **7-10**

同例題 7-10，假設期貨價格與現貨價格的迴歸式為 $\Delta S_t = 10 - 0.84\Delta F_t$，這代表什麼意義？避險方向與例題 7-10 會有什麼不同？

如果各位同學曾經深入研讀統計學的迴歸部分，應該還記得迴歸式中 β 是如何估計出來的：

$$\beta = \frac{\rho \times \sigma_S}{\sigma_F} \tag{7-7}$$

ρ = 現貨變化量 (ΔS_t) 與期貨變化量 (ΔF_t) 之間的「相關係數」

σ_S = 現貨變化量 (ΔS_t) 的標準差

σ_F = 期貨變化量 (ΔF_t) 的標準差

上面 3 個因素決定了最適避險比率的大小，把這 3 個因素與最適避險比率的關係整理一下，可得表 7-4：

表 7-4　在其他因子不變的情況下，單一因子上升對最適避險比率的影響

影響因子	最適避險比率
ρ 上升	上升
σ_S 上升	上升
σ_F 上升	下降

練習題

( ) 1.期貨市場所謂「正向市場」乃指期貨價格與現貨價格比較為，期貨價格　(A)高於現貨價格　(B)等於現貨價格　(C)低於現貨價格　(D)與現貨價格無關　　　　【2010 期貨業務員測驗】

( ) 2.若持有成本為正的，即基差值為負的，則此市場為什麼市場？　(A)逆向市場　(B)正向市場　(C)折價市場　(D)溢價市場　　　　【2010 期貨業務員測驗】

( ) 3.通常避險策略會一直維持而且儘可能愈接近期貨契約到期日時才結束避險策略，其中最主要的考量為　(A)交易成本低　(B)基差風險小　(C)價格波動性大　(D)基差風險大　　　　【2010 期貨業務員測驗】

( ) 4.當公司預計於三個月後發行公司債以籌募資金時，可以政府公債期貨來避險，下列何者不正確？　(A)為一種交叉避險　(B)須於公債期貨上採賣出部位　(C)其風險來源為長期利率上漲　(D)最佳避險比率為 1　　　　【2010 期貨業務員測驗】

( ) 5.下列何者會影響期貨避險之效果？　(A)避險比例　(B)基差之變化　(C)現貨與期貨標的物之關聯性　(D)以上皆是　　　　【2010 期貨業務員測驗】

( ) 6.使用期貨避險時，如提供類似期貨商品之交易所有兩個以上，在期貨契約的選擇上應考量　(A)各期貨商品與現貨商品之品質差異　(B)各期貨商品交易量之大小　(C)各期貨商品所指定之交割地點　(D)以上皆是　　　　【2011 期貨業務員測驗】

( ) 7.於完全避險策略，避險者仍有可能遭遇追繳保證金之情況，其主要原因為　(A)現貨價格與期貨價格之變動相關性改變　(B)逐日結算制度　(C)基差值改變　(D)現貨價格波動性增大　　　　【2011 期貨業務員測驗】

( ) 8. 最小風險避險比例（最佳避險比例）的估計式為 h，例如 h=–0.5，試問「–」符號之意義為何？ (A)表示期貨部位與現貨部位相反 (B)表示賣空期貨契約 (C)表示期貨部位將產生虧損 (D)表示買進期貨契約 【2011 期貨業務員測驗】

( ) 9. 下列何者會使交叉避險的效果不彰？ (A)基差波動性大 (B)現貨與期貨標的物價格之相關性高 (C)期貨價格與其標的物之間的相關性高 (D)以上皆是 【2012 期貨業務員測驗】

( ) 10. 某法人持有價值 100 萬元之股票投資組合，其貝它值為 1.2，設目前 E-mini S&P 500 期貨指數為 870.40，為避免持股跌價，此法人應買賣多少口 E-mini S&P 500 期貨契約：（契約乘數為 50）(A)買進 28 口 (B)賣出 28 口 (C)賣出 55 口 (D)買進 50 口

【2012 期貨業務員測驗】

( ) 11. 在基差（現貨價格－期貨價格）為＋3 時，賣出現貨並買入期貨，在基差為多少時結清部位會獲利？ (A) 5 (B) 4 (C) 3 (D) 2

【2012 期貨業務員測驗】

( ) 12. 3 月 30 日，6 月到期之黃金期貨價格為 $1,390/ 盎司，黃金現貨價格為 $1,388/ 盎司。假設某交易人擁有 100 盎司的黃金，為了防止黃金價格下跌，採取賣出等量黃金期貨。如果交易人於 6 月到期前即了結期貨部位，當時基差值轉至－1，則避險投資組合損益為 (A)－200 (B) 200 (C)－100 (D) 100

【2012 期貨業務員測驗】

( ) 13. 某位期貨交易者進行指數合約的空頭價差交易，近月份的指數為 97.50，遠月份的指數為 93.10；該交易人於近月指數為 94.50，遠月份指數為 95.62 時平倉，請問其盈虧為何？ (A)每單位賺 2.76 (B)每單位損失 2.76 (C)每單位賺 5.52 (D)每單位損失 5.52 【2012 期貨業務員測驗】

( ) 14. 當期貨市場由正向市場轉為逆向市場時，其基差會如何變化？ (A)轉弱 (B)轉強 (C)變大 (D)變小 【2014 期貨業務員測驗】

（　）15.當期貨市場由正向市場轉為逆向市場時，其基差會如何變化？
(A)轉弱　(B)轉強　(C)變大　(D)變小。【2015 期貨業務員測驗】

（　）16.交叉避險之效果與下列何者無關？　(A)期貨商品與現貨商品之
品質差異　(B)期貨價格與現貨價格之相關性　(C)現貨部位與期
貨部位的變化　(D)期貨商品所指定之交割地點
【2015 期貨業務員測驗】

（　）17.下列何者不會是期貨多頭避險者？　(A)種植黃豆之農人　(B)紡
織廠　(C)可可進口商　(D)選項(A)(B)(C)皆非
【2015 期貨交易分析人員測驗】

（　）18.利用期貨市場降低風險，即是以何種風險來取代現貨市場價格
風險？　(A)時差　(B)基差　(C)匯差　(D)息差
【2015 期貨業務員測驗】

（　）19.臺灣的石油公司若以購買原油期貨避險，可達到何種功能？
(A)鎖定油價之新臺幣成本　(B)鎖定油價之美元成本　(C)消除油
價上漲之風險，同時保有油價下跌之好處　(D)無任何避險之功
能　　　　　　　　　　　　　　【2015 期貨業務員測驗】

（　）20.下列何人會採多頭避險 (Long Hedge)？　(A)半導體出口商　(B)
發行公司債的公司　(C)預期未來會持有現貨者　(D)銅礦開採者
【2015 期貨業務員測驗】

（　）21.基差交易是利用期貨、現貨一買一賣反向操作以達到避險目的，
如果現貨與期貨價格變動的相關係數（相關性）越大　(A)愈可
能達到避險效果　(B)愈不可能達到避險效果　(C)無法判斷　(D)
選項(A)、(B)、(C)皆是　　　　　【2015 期貨業務員測驗】

（　）22.9 月 5 日，現貨黃金 $1,643/ 盎司，期貨黃金 $1,645/ 盎司；到 9
月 30 日，現貨為 $1,640/ 盎司，期貨為 $1,658/ 盎司，則基差
（現貨－期貨）的變動為　(A) 16　(B) –16　(C) 12　(D) –12
【2015 期貨業務員測驗】

（　）23.相較於直接避險策略，交叉避險策略的風險通常如何？　(A)高

於直接避險策略　(B)等於直接避險策略　(C)低於直接避險策略

(D)無法判斷　　　　　　　　　　　【2015 期貨業務員測驗】

( )　24.下列有關基差的敘述,何者不正確?　(A)基差的變動會影響避
險的效果　(B)基差於期貨交割日時必定歸零　(C)基差大小與期
貨交易手續費無關　(D)基差若為正,必定會產生套利機會

【2015 期貨交易分析人員測驗】

( )　25.對價差交易與基差交易之敘述下列何者有誤?　(A)價差交易是
期貨間一買一賣的操作　(B)基差交易是期貨與現貨間一買一賣
的操作　(C)價差交易其交易對象是兩個相同或相關之期貨合約

(D)基差交易是採取現貨與期貨間同向的操作策略

【2015 期貨業務員測驗】

( )　26.下列何者應採賣方避險?　(A)原油進口商　(B)種植咖啡的農人

(C)未來對日圓有需求者　(D)未來即將投資公債者

【2015 期貨業務員測驗】

( )　27.依據歷史交易資料並應用線性迴歸得到結果如下:迴歸係數＝
0.5,R 平方＝0.7。避險者構建避險比例為 0.5 的避險策略,待
避險期間結束後,確實之避險效應為　(A) 0.5　(B) 0.6　(C) 0.7

(D)無法確定　　　　　　　　　　【2015 期貨業務員測驗】

( )　28.5 月時某人預計在同年 10 月買進 3,000 萬元之股票,為了規避
屆時股價上漲後成本提高之風險,可在股價指數期貨上採何種
部位?　(A)買進 12 月契約　(B)賣出 12 月契約　(C)買進 6 月契
約　(D)賣出 6 月契約　　　　　　【2015 期貨業務員測驗】

( )　29.期貨的避險交易要能達到完全避險效果,必須建立部位與平倉
出場的基差　(A)不變　(B)變大　(C)變小　(D)選項(A)(B)(C)皆非

【2015 期貨業務員測驗】

( )　30.於實際應用上,利用線性迴歸式來估計最小風險避險比例,即:
$\triangle S＝a＋b\triangle F＋$誤差項。其中$\triangle S$ 與$\triangle F$ 分別為現貨與期貨價格
變動,a 與 b 分別為係數。其中誤差項的變異數可以被視為　(A)

現貨部位風險　(B)期貨部位風險　(C)市場風險　(D)基差風險

【2015 期貨業務員測驗】

第 8 章
商品期貨

由於期貨交易以金融期貨為大宗，使得目前國內有關期貨與選擇權的教科書，較少有介紹商品期貨的專屬章節。雖然金融期貨的成交量遠大於商品期貨，但是其重要性卻不一定高於商品期貨。舉例而言，看報紙時，大家目光的焦點通常在「汽油連三漲，民眾苦不堪言」、「黃金是治療通膨的靈藥」、「口蹄疫造成豬肉價格狂跌」等新聞上面，而非歐洲美元或利率交換之類的報導。因此，誰說商品期貨不重要呢？

商品期貨的標的可說是琳瑯滿目，但本章我們只介紹一些最重要的商品期貨契約，這些標的商品期貨到底有什麼特性？我們要投資商品期貨應該要注意哪些特殊的基本面？對於這些特性我們都該有初步的瞭解。否則不論我們操作商品期貨的動機是投機還是避險，都只是瞎子摸象，想要獲利難上加難呀！

8.1 農產品期貨

農產品期貨除了小麥 (Wheat)、玉米 (Corn, Maize) 與黃豆 (Soybean) 期貨外，還包括軟性商品期貨。介紹如下：

■ 8.1.1 小麥、玉米與黃豆期貨

會將這三種穀物期貨放在一起討論，純粹是因為它們是人類與家畜最重要的糧食來源，且它們最重要的交易場所 CBOT 的期貨契約規格皆為 1 口 5,000 英斗。以美國而言，4 月到 11 月為各種穀物的播種及收割季節，在這段期間，美國農業部 (United States Department of Agriculture, USDA) 每週都會公布前一週各種穀物的種植與生長情況，包括播種率、出苗率等等。這些數據是影響穀物供給的重要因素，也就是影響穀物期貨價格的重要因素。所以在公布這些數字的時刻，都是從事穀物期貨的交易人必須提高警覺的時刻。

一、小　麥 (Wheat)

　　小麥的長期最終價格是由供給與需求來決定。我們來看一下供給面。圖 8-1 為聯合國農糧組織 (Food and Agriculture Organization of the United Nations, FAO) 於 2013 年的統計報告[1]，茲列出全球十大小麥生產國及其產量：

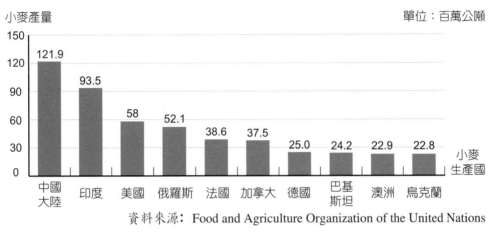

小麥產量　　　　　　　　　　　　　　　　　　　單位：百萬公噸

資料來源：Food and Agriculture Organization of the United Nations

↗ 圖 8-1　2013 年全球十大小麥生產國及其產量

　　很多國家都出乎你的意料之外吧？例如說中國大陸居然是小麥第一大生產國？但是生產多並不代表輸出多。中國大陸人口眾多，自給恐怕都大有問題，更不用說有能力輸出了，因此全世界的小麥多由美國、加拿大或是澳洲出口。

　　小麥根據播種時間的不同又可分為春小麥與冬小麥。春小麥於春天播種，在當年夏天收割；冬小麥，也稱秋播小麥，於秋天播種，在越冬後第二年夏初收割，而 CME 的小麥期貨契約的標的物為冬小麥。

　　最重要的小麥期貨契約是在 CME 交易的小麥期貨 (SRW Wheat Futures)，在此先簡單地為各位同學介紹規格：

---

[1]http://faostat3.fao.org/browse/rankings/countries_by_commodity/E

表 8-1　美國 CME 交易的小麥期貨契約規格

Contract Size	5,000 Bushels (～136 Metric Tons)
Deliverable Grade	#2 Soft Red Winter at contract price, #1 Soft Red Winter at a 3 cent premium, other deliverable grades listed in Rule 14104.
Pricing Unit	Cents per bushel
Tick Size (Minimum Fluctuation)	1/4 of one cent per bushel ($12.50 per contract)
Contract Months/Symbol	March (H), May (K), July (N), September (U) & December (Z)
Trading Hours	Sunday–Friday, 7:00 p.m.–7:45 a.m. CT and Monday–Friday, 8:30 a.m.–1:20 p.m. CT
Daily Price Limit	$0.40 per bushel expandable to $0.60 when the market closes at limit bid or limit offer. There shall be no price limits on the current month contract on or after the second business day preceding the first day of the delivery month.
Settlement Procedure	Physical Delivery
Last Trade Date	The business day prior to the 15th calendar day of the contract month.
Last Delivery Date	Second business day following the last trading day of the delivery month.

資料來源：CME

> ↘ 小百科
>
> **聯合國農糧組織**
>
> 是一個聯合國專門機構，主要任務有消除飢餓、減少農村貧困、提高農業、林業、漁業的生產率和可持續性，以及推動建設有效的農業與糧食系統。

二、玉　米 (Corn, Maize)

　　玉米是全球總產量最高的糧食作物。因為玉米的用途是多方面的，需求量大，當然相對的供給也會增多。圖 8-2 為 2013 年全球十大玉米生產國及其產量。

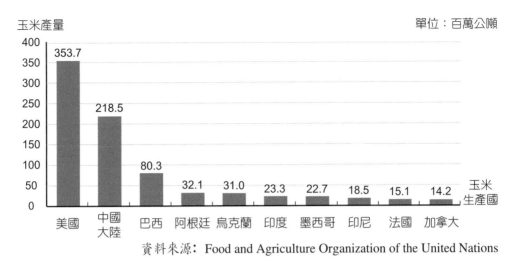

資料來源：Food and Agriculture Organization of the United Nations

↗ 圖 8-2　2013 年全球十大玉米生產國及其產量

　　玉米期貨的最大集中市場是美國芝加哥的 CBOT，原因很簡單，因為美國就是世界上玉米產出最多的國家，而美國的穀物類農產品最重要的生產區就是在芝加哥附近的美國中西部大平原區如愛荷華州 (Iowa)、伊利諾州 (Illinois) 等地區。玉米是重要的飼料來源，因地利之便，這些地區畜牧業也十分發達，如愛荷華州的養豬業是美國最興盛的地方。而芝加哥位於五大湖的樞紐位置，於是便成為美國最重要的農產品集散中心。而美國期貨契約一開始就是農產品期貨契約，因此芝加哥成為美國農產品期貨的交易中心，是很自然的事，玉米期貨也不例外，美國玉米期貨市場具有世界上最廣泛的客戶基礎和巨大的影響力。

　　筆者剛到美國求學的地點，即是在美國的中西部愛荷華州，那裡有一望無際的玉米田，肥沃的黑土，但是有趣的是，那裡的玉米是棕色的，而不是我們市場看見的綠油油的玉米。因為品種不同，絕大多數的玉米是拿來用作動物飼料而非供人食用。

　　不過玉米現在的用途可以說是多方面的，各位同學去超市閒逛時，可以發現到很多垃圾袋是可分解的，這種環保垃圾袋的原料大多是玉米，玉米甚至是目前非常熱門的原油替代品：生質柴油、乙醇的原料。玉米的價格，從此以後與原油價格也掛上關係了，原油價格上漲，大家預期

生質柴油等的使用率會提高，玉米的需求量會提升，因而玉米價格有可能會上漲。

　　因為玉米的生長季節每年幾乎都是固定的，使得美國玉米期貨價格具有非常強烈的季節性。美國玉米的種植週期通常是從第一年的 12 月到第二年的 11 月，待玉米收成之後，約在 12 月上市銷售，因此每年的 12 月到 2 月之間的玉米期貨契約的價位通常是一年之中最低的；另一方面，由於每年的 7 月到 9 月玉米庫藏通常快要消耗殆盡，此時玉米期貨價格通常會比較高，10 月、11 月時，因為大家預期玉米即將收穫完畢並運往市場銷售，因此不會急於在此時搶購，玉米價格不會很高。

　　就玉米期貨而言，美國將標的物的玉米品質分為 5 個等級，最高級的是 1 號，接著是 2 號，依此類推。實務上，玉米期貨通常會要求 2 號黃色玉米的品質，但由於期貨市場上絕大部分的玉米等級都在 3 號以上，而且期貨交易所不能只指定 2 號玉米作為標的物的唯一選擇，因為如此做的話，合格標的物產量有限，那麼就容易被大資金鎖住炒作。資金可以將全球的 2 號玉米全部囤積起來，然後再大量放空玉米期貨，並且持有到交割日，然後呢？玉米期貨的買方要交割的時候發現市面上根本沒有 2 號玉米，買方又不能以其他等級的玉米來代替 2 號玉米交割，那麼只好被賣方擺布了！這就是為什麼玉米期貨契約的標準交割標的為 2 號，但是可以 1 號及 3 號玉米等當替代品的原因。

　　玉米的用途非常廣泛，但其主要是用來作為食物及飼料。從圖 8-3 可看出誰需要玉米，也就是誰需要對玉米作「多頭避險」：

單位：百萬英斗

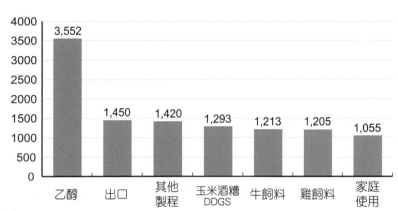

資料來源：United States Department of Agriculture and ProExporter Network, 2014

↗ 圖 8-3　2013 年美國玉米的使用分布

美國 CME 的玉米期貨契約主要規格已經在第 2 章介紹過，這邊就不再重複說明了！

三、黃　豆 (Soybean)

黃豆，又稱為大豆，其製成品有豆漿、黃豆油、黃豆粉等等。黃豆的產區與小麥、玉米稍微有點差距，最主要是因為彼此適宜生長的氣候各有不同。

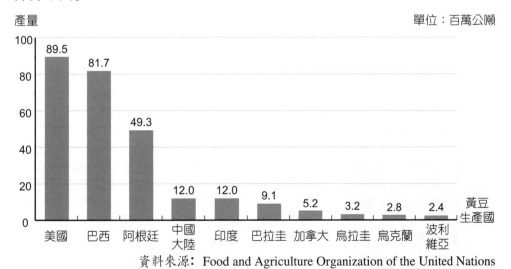

資料來源：Food and Agriculture Organization of the United Nations

↗ 圖 8-4　2013 年黃豆重要生產國及其產量

　　黃豆的種植週期與玉米不同，其播種期約為每年的 5 月到 6 月，此時，黃豆交易人會特別注意該區的雨量，若雨勢過大，則容易影響黃豆的播種及發芽過程，所以如果黃豆種植地區開始下起豪雨，黃豆期貨價格就會大漲。

　　接著，黃豆要經歷發芽期、開花期、受粉期和結莢期後，才會進入成熟收割期（約在 9 月上旬及 10 月上旬），待收割完後就會開始上市銷售，因此每年的 10 月到 12 月之間的黃豆期貨契約價位通常是一年之中最低的；6～9 月則由於黃豆庫存即將用盡，而新豆尚未收成，所以此時黃豆的價位也比較高。

　　黃豆交易人除了要留意美國黃豆的生長週期外，也必須特別注意南美洲如巴西、阿根廷等主要競爭對手國的黃豆生長狀況，其他競爭國的黃豆產量也會影響其價格。競爭國的黃豆產量增加，因為總供給量增加，美國的黃豆價格就會下跌。

　　大部分黃豆都被拿來榨油，產出品為黃豆油 (Soy Oil) 與豆餅 (Soymeal)。黃豆油也就是我們常用的沙拉油，而豆餅則是重要的畜牧飼料。

　　表 8–6 是美國 CME 交易的黃豆期貨 (Soybean Futures) 的主要規格。

表 8–2　美國 CME 交易的黃豆期貨契約規格

Contract Size	5,000 Bushels (～136 Metric Tons)
Deliverable Grade	#2 Yellow at contract price, #1 Yellow at a 6 cent/bushel premium, #3 Yellow at a 6 cent/bushel discount
Pricing Unit	Cents per bushel
Tick Size (Minimum Fluctuation)	1/4 of one cent per bushel ($12.50 per contract)
Contract Months/Symbol	January (F), March (H), May (K), July (N), August (Q), September (U) & November (X)
Trading Hours	Sunday–Friday, 7:00 p.m.–7:45 a.m. CT and Monday–Friday, 8:30 a.m.–1:20 p.m. CT
Daily Price Limit	$0.70 per bushel expandable to $1.05 when the market closes at limit bid or limit offer. There shall

	be no price limits on the current month contract on or after the second business day preceding the first day of the delivery month.
Settlement Procedure	Physical Delivery
Last Trade Date	The business day prior to the 15th calendar day of the contract month.
Last Delivery Date	Second business day following the last trading day of the delivery month.

資料來源：CME

■ 8.1.2 軟性商品期貨

事實上，軟性商品期貨 (Soft Commodity Futures) 在美國的定義十分寬廣，只要契約標的物是用來「種植」而非「開採」的，都可以被稱為軟性商品期貨，也就是說，上一節所談到的小麥、玉米和黃豆都可以算是廣義的軟性商品期貨。然而在這裡我們所要討論的是較狹義的軟性商品期貨，是專指咖啡 (Coffee)、可可豆 (Cocoa)、糖 (Sugar) 與凍濃縮橘汁 (Frozen Concentrated Orange Juice) 而言，其特色有二：

一、皆為熱帶特有的農產品。

二、皆在紐約期貨交易所 (New York Board of Trade, NYBOT) 交易（現在 NYBOT 已經被洲際交易所所併購）。

接著就為大家簡單介紹這幾種軟性商品期貨的標的物。

一、咖　啡 (Coffee)

咖啡大致可以分為兩大類：

阿拉比卡 (Arabica)	屬於品質比較好的咖啡，通常種植在海拔比較高的地方，但是單位產量與抗病性比較差。阿拉比卡咖啡占了全球咖啡產量大約 70%，主要的產地在中南美洲，例如我們熟知的頂級牙買加藍山咖啡（中美洲）、哥倫比亞咖啡，都是屬於阿拉比卡咖啡，洲際交易所的咖啡期貨，標的物就是阿拉比卡咖啡
羅布斯塔 (Robusta)	羅布斯塔咖啡通常被視為是普通級的咖啡，通常種植在海拔較低的地方甚至是平地，口味較重，適合製作即溶咖啡。主要出產國集中在越南、印尼等東南亞國家

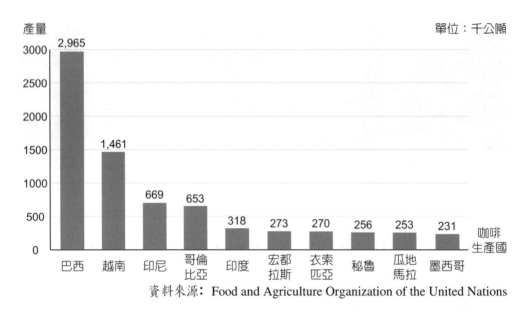

資料來源：Food and Agriculture Organization of the United Nations

↗ 圖 8-5　2013 年全球十大咖啡生產國及其產量

咖啡是很多人每天必喝的飲料，其受到景氣循環的影響比較小，需求方面的變化並不大，故可知咖啡價格主要是受到供給面的影響，因此應特別注意咖啡產地的氣候以及影響咖啡生長的因素。

一口洲際交易所的咖啡期貨規格為 37,500 磅，到期月份有 3 月、5月、7 月、9 月與 12 月。標的物為等級 C 水洗阿拉比卡咖啡。

二、可可豆 (Cocoa)

可可豆就是大家最喜愛的巧克力的原料！表 8-8 為全球十大可可豆生產國及其產量。

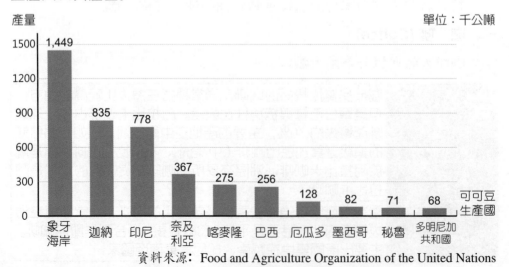

資料來源：Food and Agriculture Organization of the United Nations

↗ 圖 8-6　2013 年全球十大可可豆生產國以及其產量

各位同學可以發現，可可豆的最大產區幾乎都在非洲某些特定地區，不然就是在中南美洲。這些地區有一個共通點，那就是都在同一個緯度：赤道南北約 20 度的地區，氣候炎熱、多雨，是最適合可可豆生長的環境。其中象牙海岸的產量非常的高，這個國家的可可豆產能如果因為氣候的影響以至於歉收，那麼可可豆的價格就會大漲。象牙海岸的政治局勢一向不很穩定，因此觀察可可豆的供給也不能不注意到象牙海岸的政治情勢。

可可豆還有一個特性，那就是一年四季都可以採收，也就是說，可可豆價格並沒有所謂的「季節性」的問題。

一口可可豆期貨契約的規模為 10 公噸，契約的月份為 3 月、5 月、7 月、9 月與 12 月。與多數標的物依品質區分級數不同，可可豆期貨的級數是以產地來區分的（表 8-3）。

假設可可豆期貨的標的物是最低的群組 C(Group-C)，若可可豆期貨的賣方以群組 B(Group-B) 的可可豆交割，則買方必須支付每公噸 80 美元的溢價；若可可豆期貨的賣方以群組 A(Group-A) 的可可豆交割，則買方必須支付每公噸 160 美元的溢價。

表 8-3　ICE 可可豆期貨實物交割等級表

可可豆等級	生長國家	期貨買方支付溢價（美元/公噸）
Group-A	迦納、奈及利亞、象牙海岸、獅子山等等	160
Group-B	巴西 Bahia 省、委內瑞拉等	80
Group-C	海地、馬來西亞及其他	0

資料來源：Intercontinental Exchange

三、糖 (Sugar)

糖的主要來源為甘蔗 (Cane) 與甜菜 (Beets)。蔗糖初步提煉之後即為粗糖 (Raw Sugar)，粗糖再加以精煉為精糖 (Refined Sugar) 或俗稱白糖 (White Sugar)，而甜菜則可直接提煉為白糖，不需要經過粗糖的中間步驟。

那麼洲際交易所的糖期貨合約的標的物是什麼呢？是「粗糖」。也就是說糖期貨契約的標的物是「蔗糖」，因為只有蔗糖會先製作成粗糖，而甜菜直接可以被製成精糖，因此不能作為糖期貨合約標的物。由於甘蔗不像甜菜一樣有深入地表的根部可以吸收與儲存水分，必須要有充分以及規律的雨量，使甘蔗的莖部可以儲存水分以轉換成糖分，所以，產量與雨量的關係相當大。也就是說，糖的主要產區的降雨情形，是影響糖的供給與糖價的重要資訊。

蔗糖既然是糖的最主要原料，那麼我們的注意力就應該放在蔗糖上面，蔗糖生產國的氣候與降雨概況是糖期貨投資人必須時時關注的：

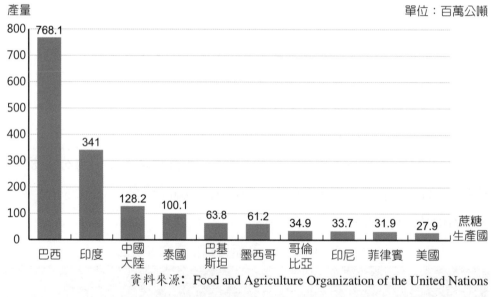

資料來源：Food and Agriculture Organization of the United Nations

↗ 圖 8-7　2013 年全球十大蔗糖生產國及其產量

在這裡要為大家所介紹的指標性糖期貨，是在美國洲際交易所 (ICE) 所交易的 11 號糖期貨 (Sugar No. 11)。11 號糖期貨的標的物是粗糖 (Raw Sugar)，也就是說，11 號糖期貨專門是以蔗糖為標的物（甜菜根的糖是高級糖，可以直接提煉出精糖）。1 口 11 號糖期貨的規模是 112,000 磅，合約到期月份是每年的 3 月、5 月、7 月與 10 月。

四、凍橘汁 (Frozen Concentrated Orange Juice)

凍橘汁是將柳橙榨出原汁後，經過殺菌、過濾、真空蒸餾和低溫冷凍等步驟後所得到的產品，其產地稀少，以巴西（產量約占全球的 51%）和美國（產量約占全球的 40%）為主。雖然「現榨非濃縮果汁」的銷售量已經超越了凍橘汁，但是凍橘汁的期貨報價仍然是柳橙汁的指標報價。

美國洲際交易所 (ICE) 的凍橘汁期貨契約的標的物是「美國等級 A，且含糖量 (Brix) 不低於 62.5% 的凍橘汁」。1 口凍橘汁的合約規模為 15,000 磅，到期月份是每年的 1 月、3 月、5 月、7 月、9 月與 11 月。

8.2 能源期貨——原油期貨

石油又稱原油，其重要性我想不用我多說大家也都非常的清楚。但是原油產地分布於全世界，到底哪種原油被當成原油期貨的標的物？原油的用途又在哪裡？供需的狀況又是如何？

原油主要被用來作為燃油和汽油，同時也是許多化學工業產品如溶液、化肥、殺蟲劑和塑料等的原料，現今所開採的石油中約有 88% 被用作燃料，12% 則作為化工業的原料。以目前的估計值來看，80% 以上已證實的石油蘊藏在 OPEC 會員國。其中中東地區又占最重要的地位，蘊藏量約合 OPEC 會員國總產量的 66%，至於原油的生產量的排名順序是：

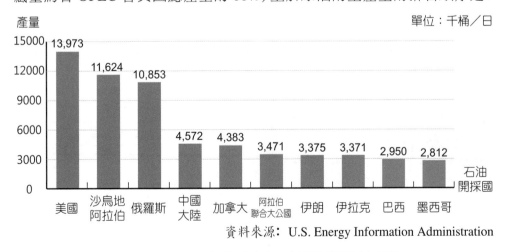

資料來源：U.S. Energy Information Administration

↗ 圖 8–8　2014 年全球十大石油開採國及其產量

而石油的需求分布呢（圖 8–9)？

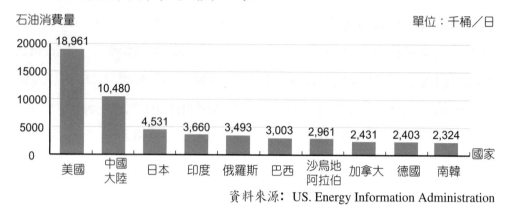

資料來源：US. Energy Information Administration

↗ 圖 8–9　2013 年全球十大石油消費國

世界上常用的參考原油價格有三種：

布蘭特原油 (Brent Crude Oil)	布蘭特原油指的是在英國北海油田所開採出來的輕質，含硫量低的原油。一般來說，從其他地區如中東阿拉伯地區、亞洲產油國輸往歐洲的原油，定價都是以布蘭特原油價格為準。
西德州中級輕甜原油 (West Texas Intermediate, WTI)	這個名字的由來是以美國德州西部開採出來的輕質低硫原油而得名。凡是美國輸出或是銷往美國的原油價格都是以 WTI 報價為準。
杜　拜	波斯灣產油國輸往亞洲地區的中東原油的價格標準。

交易量最大的原油期貨標的物有兩種：

◆美國西德州中級輕甜原油 (WTI)：於 CME 交易的原油期貨。

◆布蘭特原油 (Brent Crude Oil)：主要的交易場所是洲際交易所 (ICE)。

表 8–4　CME 德州中級輕甜原油期貨契約簡介

合約規格	1,000 桶
最小價格跳動單位	0.01 美元 / 桶
最小保證金金額變動	10 美元
合約月份	連續 30 個月份

資料來源：CME

↘ 小百科

OPEC

OPEC 是石油輸出國組織 (Organization of the Petroleum Exporting Countries) 的縮寫，會員國目前有: 阿爾及利亞、安哥拉、厄瓜多、伊朗、伊拉克、科威特、利比亞、奈及利亞、卡達、沙烏地阿拉伯、阿拉伯聯合大公國、委內瑞拉。

↘ 小百科

桶

一桶即 42 美制加侖。因為各地出產的石油的密度不盡相同，所以一桶石油的重量也不盡相同，一般來說，一公噸石油大約有 7.3 桶。

8.3 金屬期貨

金屬期貨主要又可分為黃金期貨 (Gold Futures) 和銅期貨 (Copper Futures) 兩種，茲介紹如下:

8.3.1 黃金期貨

金光閃閃的黃金，是財富的象徵，也是人類有史以來一直被視為保值的重要選項! 黃金雖然有許多工業用途，然而我們總是將它歸類為貴金屬的代表金屬，所以我在這裡也將黃金作為貴金屬期貨的代表來討論。

黃金的供需狀況當然是大家要討論的重點，全球重要黃金生產國有南非、美國、澳洲、中國大陸、秘魯和俄羅斯。至於黃金的消費量也是很難計算的，因為黃金的購買大戶經常包括了各國中央銀行，因此並不是那麼容易確定計算的，這裡比較可以準確統計到的是用來製造珠寶與工業用途的黃金消費量。黃金的用途比重大約是:

珠寶	50%
投資	40%
工業用途	10%

從前黃金的第一大消費國非印度莫屬，這個國家的人民瘋狂的喜愛

黃金。以後各位同學有機會到印度或是近一點的新加坡小印度區，就會發現很多人從頭到腳都戴滿了金飾，最熱鬧的黃金地段，街道上也都是金飾店。因此當印度的結婚旺季（每年年底）到來的時候，也就是黃金需求大增的時候！大中華地區的人喜歡金飾，也使用黃金在工業用途，所以這幾年來，大中華地區的黃金消費量已經愈來愈高，甚至超越了印度。

黃金消費大國的經濟狀況也是各位要注意的重點（表 8–14）。黃金消費大國景氣陷入衰退，黃金的需求量也必定會隨之衰退：

資料來源：World Gold Council Gold Demand Trends Report, First Quarter, 2015

↗ 圖 8–10　2014 年全球十大黃金消費國及其消費量

影響黃金價格變動的因素，大致可以分為以下幾個[2]：

一、供給因素

㈠黃金蘊藏量：黃金並不是無限的。如果需求不變，而黃金的回收率又不高的話，那麼黃金總是有存量枯竭的一天。

㈡開採成本：由於開採技術的發展，黃金開發成本在過去 20 年以來持續下跌。

㈢央行對黃金的需求：在金本位時代，各國央行儲備了大量的黃金。自從美元取代黃金的地位之後，各國央行大量拋售黃金，使得黃金價格

---

[2]MBA 智庫百科，條目：黃金，搜尋日期：2015 年 9 月 22 日。

大跌。不過自從美國的經濟力量開始消退之後，有些央行又重新成為黃金的買主，變成拉抬黃金價格的力量。

二、需求因素：黃金的需求與黃金的用途有直接的關係。

㈠黃金實際需求量（首飾業、工業等）的變化：一般來說，世界經濟的發展速度決定了黃金的總需求，這個因素在剛剛已經討論過了，因為黃金消費大國前幾名的黃金消耗量已經占了全世界黃金需求量的一半，黃金需求大國的經濟成長，則黃金的需求量就會跟著增加。

㈡投機性需求：投機者根據國際國內形勢，買進或賣出黃金，目的有可能是防止通貨膨脹所做的避險行為，也有可能是看好黃金價格未來的走勢，行投機行為。例如前幾年金價大漲，很多投資人搶進黃金 ETF，而 ETF 就必須從市場上買進大量黃金。

> ↘ 小百科
>
> ETF
>
> Exchange Traded Funds，中文稱作指數股票型基金，也稱為交易所買賣基金，通常投資於一籃子證券或商品，追蹤特定指數（或商品）的績效表現。

三、其他因素

㈠美元匯率：大致上來說，美元與黃金價格的走勢是相反的！原因剛剛也已經討論過了，就是人們對於美元還是黃金才是保值最佳工具，一直是猶豫不定。美國經濟強大，大家信任美元，那麼黃金就會下跌。但是當然也有例外。例如說當戰亂或是其他政治軍事緊張的時候，大量尋求安全避風港的資金湧入，會造成美元與黃金同時上漲。

㈡通貨膨脹：其實我們一直在通貨膨脹，但是為何金價老是起起伏伏的呢？因為通貨膨脹是正常的，只有突如其來的物價暴漲、貨幣價值狂貶，或者是長期超級通貨膨脹週期，才會刺激人們囤積黃金保值。

目前最活絡的黃金期貨契約為 CME 的黃金期貨契約。表 8–5 為各位大略介紹一下它的規格。

表 8-5　CME 黃金期貨規格

規　格	100 盎司 (Ounces)
合約月份	2 月、4 月、6 月、8 月、12 月
最小價格跳動單位	0.10 美元 / 盎司
最小保證金金額變動	10 美元
交割等級	至少純度為 995

8.3.2 銅期貨

　　銅是基本金屬中最為大家所熟知，且用途最廣泛的一種，因此它當然是順理成章的列入本章的介紹嘍！

　　我們知道銅的主要的工業用途在於電線的原料，幾乎所有的電線都是由純銅所製造，所以當我們翻開報紙社會版，如果看到一大堆電線電纜大盜的新聞就會知道銅期貨價格又開始飆漲啦！

　　銅礦並不像有些礦區那樣，只集中在很少數的地區，銅礦的分布地區很廣，世界各地幾乎都有銅礦的分布。但是產量最高的國家是南美洲的智利，年產量高居全世界的三分之一。緊接著的是美國、印尼以及秘魯。

　　影響銅價格變化有很多因素，我在這裡將它的摘要整理如下[3]：

一、銅的供需關係

　　表現銅的供需關係的一個最重要指標就是銅的庫存。一般來說，銅的庫存分為報告庫存和非報告庫存兩種。報告庫存是指交易所庫存，目前世界上較大的銅期貨交易所，有倫敦金屬交易所，紐約商品交易所和上海期貨交易所。三個交易所均定期公布指定倉庫的庫存。一般都以交易所庫存來衡量銅的供需關係。

二、全球經濟景氣

　　銅是最重要的基礎金屬之一，因此世界景氣循環對銅價的影響比其他金屬都來得大。也有市場交易者因此認為，銅期貨價格是景氣的領先

---

[3] http://www.pmf.com.tw/newversion/prodclass/foreign_7_c.php?ShowType=1

指標之一。

三、使用銅的產業的發展趨勢

銅的消費量是影響銅價的直接因素，而用銅行業的發展則是影響消費量的重要因素。例如建築業中管道用銅大幅增加，成為銅消耗量最大的業別。因此銅的投資人就要特別注意營建業的指標，例如新屋開工率等等。

目前最活躍的銅期貨分別於美國的 CME 以及英國的 LIFFE 交易，這裡我們只介紹 CME 的銅期貨（表 8–6）。

表 8–6　CME 銅期貨的基本規格

規格	25,000 磅
合約月份	3 月、5 月、7 月、9 月、12 月
最小價格變動單位	0.05 美分 / 磅
最小保證金金額變動	12.50 美元

8.4 商品期貨在臺灣

之前跟各位說明過，臺灣不論是在大環境與本身地理或是產業的特性都沒有適合發展商品期貨的條件，然而臺灣期貨交易所還是推出了商品期貨。既然如此，那麼你覺得哪種商品期貨會在臺灣交易呢? 答案是:「黃金」! 而且有趣的是，臺灣的黃金期貨可分為以美元計價和以新臺幣計價兩種規格，茲介紹這兩種臺灣黃金期貨的基本規格（表 8–7、表 8–8）如下:

表 8–7　臺灣期貨交易所股份有限公司黃金期貨契約規格

項　　目	內　　容
交易標的	成色千分之九九五之黃金
中文簡稱	黃金期貨
英文代碼	GDF
交易時間	・本契約之交易日與本公司營業日相同 ・交易時間為營業日上午 8:45～下午 1:45
契約價值	100 金衡制盎司

到期月份	自交易當月起連續 6 個偶數月份
每日結算價	每日結算價原則上採當日收盤前 1 分鐘內所有交易之成交量加權平均價，若無成交價時，則依本公司「黃金期貨契約交易規則」訂定之
每日漲跌幅	最大漲跌幅限制為前一交易日結算價上下 15%
最小升降單位	US$0.1/ 金衡制盎司（10 美元）
最後交易日	各契約的最後交易日為各該契約到期月份最後一個營業日前之第 2 個營業日，其次一營業日為新契約的開始交易日
最後結算日	最後交易日之次一營業日
交割方式	以現金交割，交易人於最後結算日依最後結算價之差額，以淨額進行現金之交付或收受

資料來源：臺灣期貨交易所

表 8–8　臺灣期貨交易所股份有限公司新臺幣計價黃金期貨契約規格

項　目	規　格
交易標的	成色千分之九九九點九之黃金
中文簡稱	臺幣黃金期貨
英文代碼	TGF
交易時間	1.本契約之交易日與本公司營業日相同 2.交易時間為營業日上午 8:45～下午 1:45
契約價值	10 臺兩（100 臺錢、375 公克）
到期月份	自交易當月起連續 6 個偶數月份
每日結算價	每日結算價原則上採當日收盤前 1 分鐘內所有交易之成交量加權平均價，若無成交價時，則依本公司「新臺幣計價黃金期貨契約交易規則」訂定之
每日漲跌幅	最大漲跌幅限制為前一交易日結算價上下 15%
最小升降單位	1.契約以 1 臺錢（3.75 公克）為報價單位 2.最小升降單位為新臺幣 0.5 元 / 臺錢（新臺幣 50 元）
最後交易日	各契約的最後交易日為各該契約到期月份最後一個營業日前之第 2 個營業日，其次一營業日為新契約的開始交易日
最後結算日	最後交易日之次一營業日
交割方式	以現金交割，交易人於最後結算日依最後結算價之差額，以淨額進行現金之交付或收受

資料來源：臺灣期貨交易所

　　大家有沒有發現到，臺灣期貨交易所的兩種黃金期貨，它們的規格與美國的黃金期貨頗為類似。新臺幣計價的黃金期貨，雖然規模、最小價位變動等等不太一樣，但是到期月份等則完全一樣。至於美元計價的黃金期貨則與美國的黃金期貨契約幾乎完全相同。因此要全部記起來並不困難。期貨交易所如此的設計，當然是為了臺灣交易者的便利，如此一來，臺灣的交易者可以交易如同美國 CME 的黃金期貨契約，不過可以免除美元與臺幣匯率變化的風險。

衍生性商品災難事件簿

白銀星期四 (Silver Thursday)

1980 年 3 月 27 日，星期四。對普通人來說是再平常不過的一天，然而對於金融市場，尤其是白銀市場，卻是歷史上重要的一天。當日白銀價格巨幅崩潰，震撼了現貨以及期貨市場!

故事的起源是兩位富家兄弟，Bunker Hunt 與 William Herbert Hunt 兩兄弟。他們都是美國德州石油大亨的兒子，從 1970 年代早期，這對兄弟就開始囤積白銀，據統計，他們囤積的白銀數量達到除了各國央行庫存以外，全世界總庫存的 1/3（據估計他們囤積了 1 億盎司，也就是約 3,100,000 公斤的白銀）! 他們幾乎是完全成功了，在 1979 年這一年，他們幾乎把世界白銀市場逼入了絕境。在這段期間中 (1979～1980)，白銀的價格從 1979 年 9 月的每盎司 11 美元爬升到 1980 年 1 月的每盎司超過 50 美元! 當然手中持有這麼龐大數量白銀的 Hunt 兄弟，獲利是以 10 億美元來計算的!

他們兄弟倆是怎麼操弄銀價的? 一開始他們所囤積的是白銀銀塊，接下來就大量作多白銀期貨。而且他們都會持有白銀期貨的多頭部位，一直等到實物交割的日子。等到實物交割的時候，因為放空期貨的交易者必須取得白銀現貨交割，而白銀現貨市場上卻是收購不到，因為都被 Hunt 兄弟給搜刮了，所以白銀期貨空方只能不計代價的在現貨市場搜購白銀，以避免違約交割，這造成上漲效應擴大。這種現象有個專有名詞，叫做「空頭擠壓」(Short Squeeze)。

好景不常，銀價在兩個月之後打回原形，下跌至每盎司 11 美元以下，原因很簡單，那就是美國政府看不下去了，為了防止金融市場失序，美國的期貨交易所在 1980 年的 1 月 7 日更改了許多交易所的規定，其中包括

◆ 每個交易者最多允許持有白銀 10,000,000 規格的合約，持有白銀期貨合約部位超過這個數量的交易者，必須要馬上平倉多出來的期貨合約。

◆ 嚴格限制使用槓桿買進白銀的槓桿比率。

這些規則的改變擊中了 Hunt 兄弟的要害，他們雖然富有，但是還是得使用極高的槓桿來囤積白銀現貨，更不要說是期貨合約了，期貨合

約可以用極少的保證金押注大部位的白銀現貨。

在這種情況下，Hunt 兄弟節節敗退，他們長期 (1970–1980) 累積的白銀部位，事實上成本是很低的，因此仍然是獲利狀態。然而期貨部位因為是高槓桿，而且期貨會到期，期貨部位在到期後必須轉倉，所以他們的白銀期貨成本高達每盎司 35 美元。在這種狀況之下，白銀期貨多頭部位在 1980 年初所遭受的損失遠遠大於白銀現貨的獲利。更糟的是，期貨的保證金必須補足，否則會被期貨商斷頭。

保證金不足的狀況終於發生了，Hunt 兄弟在 1980 年 3 月 27 日被追繳 1 億美元的保證金，而他們無力補齊，這代表著他們的潛在損失高達 17 億美元，而且他們持有的白銀期貨大量多頭部位會被期貨商斷頭，在市場上進行拋售，這造成市場極度恐慌。那一天，銀價創下了歷史上單日最大跌幅!（當日白銀期貨開盤價為每盎司 15.80 美元，收盤價則為每盎司 10.80 美元）。而 Hunt 兄弟除了白銀的虧損之外，還要再加上無窮無盡的政府與其他投資人的求償官司，因此也宣告破產!

這個事件也可以說是衍生性商品災難的一種，它牽涉到好幾個議題：

一、壟斷期貨標的物的現貨，因此期貨標的物必須要有其他替代品以供選擇。

二、期貨高槓桿的特性，會造成「膨脹需求」，而使得期貨標的物價格暴漲暴跌。（例如：假設全世界 A 商品的總價值為 $1，但如果期貨的槓桿倍數為 20 倍的話，那麼只要有人有 $1 就可以利用 A 期貨契約來作多 A 商品，並且持有到交割日，那麼到交割時期貨的空方勢必因為收購不到 A 商品而陷入恐慌。）

三、金融監管機關在必要時必須及時出手，以免金融市場失序的機率大幅提高。

自問自答時間

你們有沒有想過這個有趣的問題：Hunt 兄弟為什麼會以白銀作為囤積的標的物，而不是以黃金作為囤積的標的物呢（事實上，想要利用白銀作為囤積商品的，還有很多人，白銀到底有哪些致命的吸引力）?

資料來源：http://silverprice.org/silver-price-history.html

↗ 圖 8–11　白銀價格歷史圖

練習題

( )　1.如果某甲預期下半年小麥歉收，將導致小麥期貨價格上漲，為了賺取利潤，則他不應　(A)買入小麥現貨　(B)買入小麥期貨　(C)買入小麥現貨並賣出小麥期貨　(D)以上皆非

【2010 期貨業務員測驗】

( )　2.黃豆期貨保證金為 $0.25/ 英斗，黃豆期貨價格為 $7.50/ 英斗，黃豆期貨保證金對契約值之比為何？若黃豆期貨價格下跌 2%，獲利（損失）對保證金之比為何？（黃豆期貨契約值 5,000 英斗）

(A) 3.33%,60%　　(B) 3.05%,45%　　(C) 3.50%,39.58%　　(D) 3.55%,61.25%　　【2010 期貨業務員測驗】

( )　3.某加工廠將黃豆做黃豆油，而其主要的利潤是來自於加工的過程，但由於黃豆原料價格可能上漲或者黃豆油價格可能下跌，而導致加工利潤的減少，甚至為負的，為了規避此一風險，可以進行下列何種策略？　(A)同時賣黃豆期貨和黃豆油期貨　(B)同時買黃豆期貨和黃豆油期貨　(C)賣黃豆期貨，買黃豆油期貨　(D)買黃豆期貨，賣黃豆油期貨　　【2010 期貨業務員測驗】

( )　4.某礦商賣出銅期貨避險，何者會造成避險的不完全？　(A)當銅現貨與銅期貨的相關係數為 1 時　(B)避險後，基差沒有變動　(C)期貨契約規格固定　(D)若可以買到所需要的銅期貨數量

【2010 期貨業務員測驗】

( )　5.預期銅價上漲，一投機客以 63.0 美分 / 磅買進 6 口 7 月銅期貨合約；且以 63.3 美分 / 磅賣出 6 口 9 月銅期貨（每合約 25,000 磅），幾天後，客戶平倉期貨價差交易，7 月 62.6 美分 / 磅，9 月 62.7 美分 / 磅，此時價差的改變，交易產生　(A)損失 $600　(B)賺 $900　(C)損失 $1,500　(D)賺 $300

【2011 期貨業務員測驗】

( )　6.小真做了 1 口咖啡 3 月 /5 月的多頭價差交易，當時 3 月咖啡 106.05 美分，5 月咖啡 108.00 美分，之後價差縮小為 3 月 107.55 美分且 5 月 109.05 美分，若不計佣金，則此價差交易的結果為何？（咖啡契約值為 37,500 磅）　(A)損失 168.75　(B)損失 337.5　(C)獲利 168.75　(D)獲利 337.5【2011 期貨業務員測驗】

( )　7.某金礦公司預計 3 個月後將出售黃金，故先賣出黃金期貨，價格為 1,598 美元，出售黃金時之市價為 1,608 美元，同時以 1,611 美元回補黃金期貨，其有效黃金售價為　(A) 1,608 美元　(B) 1,621 美元　(C) 1,595 美元　(D) 1,601 美元

【2013 期貨業務員測驗】

( )　8.某一咖啡進口商在現貨價與期貨價分別為 61.25 與 66.10 時，以期貨來規避咖啡漲價的風險，最後在基差為 −9.50 時結平期貨部位，該避險操作之淨損益為　(A)每單位獲利 4.85　(B)每單位獲利 4.65　(C)每單位淨損 4.85　(D)每單位淨損 4.65

【2013 期貨業務員測驗】

( )　9.可可期貨是屬於那一類別的商品期貨？　(A)農業期貨　(B)金屬期貨　(C)能源期貨　(D)軟性期貨　【2014 期貨業務員測驗】

( )　10.假設小恩持有黃金現貨，則臺灣期貨交易所的那些商品可供選擇，又應採何種方式避險？　(A)放空美元計價黃金期貨　(B)買進黃金賣權　(C)放空新臺幣計價黃金期貨　(D)選項(A)、(B)、(C)均可　【2014 期貨業務員測驗】

( )　11.中油若每隔三個月進貨一次原油，則為鎖定未來二年之油價成本（美元計算），必須　(A)購買三個月後交割的原油期貨　(B)購買二年後交割的原油期貨　(C)購買八個交割日間隔三個月的原油期貨　(D)購買三個月後交割的原油期貨，但數量為選項　【2015 期貨業務員測驗】

( )　12.小恩在黃豆 8 月份期貨對 10 月份期貨在價差為 −5 美分時，賣 8 月份期貨並買 10 月份期貨，並在價差為 −10 美分時，結平部

位，則每一英斗之交易損益為 ㈠損失 5 美分 ㈡損失 15 美分
㈢獲利 5 美分 ㈣獲利 15 美分 【2015 期貨業務員測驗】

( ) 13.臺灣期貨交易所之臺幣黃金期貨之契約乘數為 ㈠ 10 台兩
㈡ 100 台錢 ㈢ 375 公克 ㈣選項㈠㈡㈢皆是

【2015 期貨業務員測驗】

( ) 14.買進 1 口黃豆油期貨契約（契約值 60,000 磅），價位為 $0.3200/
磅，黃豆油期貨原始保證金為 $0.0080/ 磅，問保證金對契約值
之比為 ㈠ 50% ㈡ 2.5% ㈢ 5% ㈣ 1.25%

【2015 期貨業務員測驗】

第 9 章
股價指數期貨

　　股價指數期貨可以說是目前最受歡迎的期貨，成交也最熱絡。例如美國交易量最大的期貨商品就是大名鼎鼎的迷你標準普爾 500 指數期貨 (E-mini S&P 500 Futures)，其每天的成交量幾乎都超過一百萬口以上。然而，事實上股票市場的成交量，遠遠低於債券市場和外匯市場 (Foreign Exchange Market)，但是股價指數期貨契約的交易量卻比利率期貨與外匯期貨來得大。股價指數期貨受到歡迎的原因是什麼呢？有以下的原因：

一、股票是常常出現於報章新聞頭條的金融商品，較易受到矚目。

二、指數型基金與 ETF 的風行，因此股價指數期貨可以完美的避險。

三、外匯交易通常以即期或是遠期契約為主，外匯期貨不是法人操作的主要工具。但是股價指數期貨則是法人用來投機或避險股市的主要工具。

9.1 股價指數

　　股價指數並沒有一定的定義，只要是一籃子股票所組成的投資組合，可以代表一個國家、一個地區、甚至一個特定產業的整體報酬率與整體風險，就可以稱為股價指數。所以你也可以編出一套屬於你自己的股價指數！表 9-1 列出世界上著名的股價指數給各位參考：

表 9-1　重要的股價指數
a. 區域與全球股價指數

MSCI World Index（摩根世界指數）
MSCI EAFE Index（摩根歐澳遠東指數，美洲以外已開發國家的綜合股價指數）

b. 各國主要股價指數

巴　西	Ibovespa
加拿大	S&P/TSX Composite Index
中國大陸	SSE Composite Index（上海證券交易所綜合股價指數） SZSE Component Index（深圳證券交易所成分股價指數）
法　國	CAC 40（法國證券商公會指數）

德　國	DAX（德國證券交易所股價指數）
香　港	Hang Seng Index（恆生指數）
印　度	Sensex（孟買敏感 30 指數）
日　本	Nikkei 225（日經 225 指數） TOPIX（東京證券交易所指數）
新加坡	Straits Times Index（新加坡海峽時報指數）
南　韓	KOSPI
臺　灣	TAIEX（臺灣發行量加權股價指數）
英　國	FTSE All-Share Index
美　國	DJIA（道瓊工業指數） S&P 500 Index（標準普爾 500 指數）

9.1.1 股價指數的編製方式

從理論上來說，股價指數的編製並沒有一定的規則，只要你高興就好，然而這種方式編製出來的股價指數市場接受度不高，可能只有你自己會採用而已！因此，如果想要創造出一個廣受金融市場接受的股價指數，除了要兼顧到「深度」與「廣度」外，還必須讓「使用者容易上手」，通常需要考慮的要素有：

一、樣本股票的選取

㈠數量多寡

這個問題很棘手。將全部股票都選作樣本？也許這樣真的有做到了廣度，但是在使用上會十分不方便。例如美國紐約證券交易所 (NYSE)，目前有超過 8,000 種不同的證券在這裡交易，如果 NYSE 的股價指數包含了這 8,000 種不同的證券，那麼以這個股價指數為依據的股票指數型基金可就慘了！畢竟要建構 8,000 支證券的基金真的會累死人，且隨之而來的龐大交易費用，也會使得指數型基金完全喪失了低管理費的優勢！但是若股價指數的樣本數太少，又會失去代表性！

㈡市值大小

除了樣本股票的數量多寡外，另一個問題是，該選取哪些股票作為樣本才具有代表性？這個問題可能比較好回答一點，當然是選擇「重要

的」股票。但是該以何種標準來決定股票的重要性呢？通常我們會以這間公司的市值大小來決定這支股票是不是夠重要。

二、該如何分配這些樣本股票的比重？

有關這個問題，在你們的金融市場的課程裡都有提到，細節就不在這邊討論了，最常用的樣本股票比重分配方式有三種：

㈠等值加權 (Equal Weighted)

這是早期股價指數常用的加權方式。其計算方式為當日所有樣本股票的「股價算術平均數」，即：

$$股價指數 = 當日樣本股票市價總和 \div 樣本股票的數目$$

世界上最著名的股價指數，如道瓊工業指數 (Dow Jones Industrial Average, DJIA)、日經 225 指數 (Nikkei 225 Stock Index) 等都是使用此種分配方式。

㈡價格加權 (Price Weighted)

與等值加權類似，都是以樣本股票的市價為基礎來計算股價指數，其不同點在於等值加權只考慮「當日」的樣本股票市價總和，而價格加權法的計算必須要有兩個時間的樣本股票市價總和：第一個時間是所謂的「基準日」，在那一天股價指數被設定成一個「基準值」（通常被設定為 100）；第二個時間就是計算股價指數當日的股票市價總和。價格加權的計算方式為：

$$股價指數 = \frac{當日樣本股票市價總和}{基準日樣本股票市價總和} \times 基準值$$

上面所談到的這兩種計算法，最大的缺點是，它們都沒有考慮到單靠股價是無法判斷這支股票在整個市場的重要性的。股價低的股票，如果發行的股票數目夠多，它的市值還是很驚人的！因此只憑藉股價的高低來判斷這支樣本股票在股價指數中的重要性，其準確度真的很令人懷疑。

㈢價值加權 (Value Weighted)

價值加權的計算方法跟價格加權一樣，也是在基準日與當日各計算

一次，但是價值加權所計算的並不是樣本股票的「市價」，而是「總市值」，個股的總市值即為：

$$股價指數 = 市價 \times 已發行股數$$

這樣的算法同時考慮到股票市價與發行股票數量，完全以市值決定這支股票在股價指數所占的比重。近期的股價指數以這種計算法比較多。例如：臺灣加權股價指數 (TAIEX)、標準普爾 500 指數 (S&P 500 Index) 和東京證交所指數 (TOPIX) 等等。

三、權重的計算方式

權重的計算方式可分為算術平均和幾何平均兩種，以前者居多，介紹如下：

㈠算術平均：算式通常是以一個分數表示，例如：

$$\frac{A + B + C + \cdots}{\alpha + \beta + \chi + \cdots} \tag{9-1}$$

㈡幾何平均：算式通常是以下列方式計算：

$$\sqrt[n]{A \times B \times C \times \cdots} \tag{9-2}$$

從沒看過以幾何平均來計算股價指數嗎？其實還是有的，其中最有名的是美國的價值線指數 (Value Line Index)。

9.2 重要的股價指數期貨

談到股價指數期貨，一開始大家最感興趣的一定是，哪個股價指數期貨是上市時間跑第一名的？但要注意的是，跑第一名的未必是最受歡迎的，例如第一個出現在期貨交易所的股價指數期貨，是美國堪薩斯期貨交易所 (Kansas City Board of Trade, KCBT) 所推出的價值線指數期貨 (Value Line Index Futures)。堪薩斯市是美國堪薩斯州的首府，而堪薩斯州則是美國優質小麥種植的核心地區，因此 KCBT 主要的產品是小麥期貨。雖然 KCBT 推出股價指數期貨的創新精神令人驚嘆，然而因其：

1. 推出的地點不好，堪薩斯市不是美國股市交易的中心。

2.標的物的選擇不恰當。

　　價值線指數在美國並不是最具有代表性的股價指數，使得該股價指數的交易量始終無法成功放大。後來推出的股價指數期貨，有的相當成功，但有更多股價指數期貨黯然下場。如果想要獲得市場青睞的股價指數期貨，最好是以該國家或地區最具代表性的股價指數作為標的物，除此之外，除非是獨具特色的股價指數，因為合乎市場的投資或避險需求而屹立不搖。現在就為各位介紹目前最活躍的股價指數期貨吧！

表 9–2　美國重要股價指數期貨與交易場所

股價指數期貨契約	期交所	特　點
迷你標準普爾 500 指數期貨 (E-mini S&P 500 Futures)	CME	標的為美國最具代表性的股價指數——標準普爾 500 指數 (S&P 500 Index)
小型道瓊工業指數期貨 (E-mini Dow Jones Industrial Average Futures)	CBOT	標的為傳統美國股市的指標指數——道瓊工業指數 (Dow Jones Industrial Index, DJIA)
小型那斯達克 100 指數期貨 (E-mini NASDAQ-100)	CME	NASDAQ100 是代表在那斯達克 (NASDAQ) 所交易的股票中市值最大的大型股所組成的指數，也是那斯達克 100 指數期貨的標的

表 9–3　歐洲地區重要股價指數期貨與交易場所

股價指數期貨契約	期交所	特　點
FT-SE100 Index Future	倫敦國際金融期貨暨選擇權交易所 (LIFFE)	標的物為英國的指標股價指數——英國倫敦金融時報指數
CAC-40 股價指數期貨	泛歐交易所 (EURONEXT)	標的物為法國的指標股價指數——法國證券商公會指數
DAX 股價指數期貨 (DAX® Futures)	歐洲期貨交易所 (EUREX)	標的物為德國證券交易所股價指數

表 9–4　亞洲地區重要股價指數期貨與交易場所

股價指數期貨契約	期交所	特　點
KOPSI 200 Index Futures	韓國證券交易所 (KRX)	全球最大成交量的股價指數期貨
Hang Seng Index Futures	香港期貨交易所 (HKFE)	標的物為香港股價指數的指標——香港恆生指數

Nikkei 225 Futures	1.大阪證券交易所 (OSE) 2.新加坡交易所 (SGX) 3.芝加哥商業交易所 (CME)	1.以日圓計價 2.以日圓計價 3.以美元計價
TOPIX 指數期貨 (TOPIX Futures)	東京證券交易所 (TSE)	於東京證券交易所第一類股交易的大型股

9.3 與臺灣股價指數有關的股價指數期貨

臺灣雖然不算是世界上最重要的股市之一，不過也是有好幾個股價指數期貨的標的物，是以臺灣的股價指數為基準的，而這些以臺灣加權股價指數為標的的期貨契約，則分別於兩個期貨交易所交易：

◆臺灣期貨交易所。

◆新加坡交易所。

■ 9.3.1 臺股期貨（大臺指）與小型臺股期貨（小臺指）

由於臺灣的自然資源稀少、相關的重工業也不發達，使得臺灣期貨交易所開辦一般商品期貨的誘因不大，因此臺灣期貨交易所推出的期貨商品清一色幾乎都是金融期貨。至於臺灣人最為熱衷的是哪一種金融商品？答案當然是股票了。因此股價指數期貨是臺灣期貨交易所推出的第一砲，到目前為止也是成交量最大的期貨契約。

臺灣加權股價指數期貨（以下簡稱為「臺股期貨」）問世的時間是1998 年的 7 月，標的物是「臺灣發行量加權股價指數」(TAIEX)，也是我們天天可以在新聞上看到股市行情的臺灣加權股價指數。

「小臺指」是「大臺指」的縮小版，它們的契約內容幾乎完全一樣，唯一不同的是它們的規格（表 9–5）。

表 9–5　大臺指與小臺指契約基本內容

項　目	大臺指	小臺指
交易標的	臺灣證券交易所發行量加權股價指數	臺灣證券交易所發行量加權股價指數
英文代碼	TX	MTX
交易時間	1.交易時間為營業日上午 8:45～下午 1:45 2.到期月份契約最後交易日之交易時間為上午 8:45～下午 1:30	1.交易時間為營業日上午 8:45～下午 1:45 2.到期月份契約最後交易日之交易時間為上午 8:45～下午 1:30
契約價值	臺股期貨指數乘上新臺幣 200 元	臺股期貨指數乘上新臺幣 50 元
到期月份	自交易當月起連續二個月份，另加上 3 月、6 月、9 月、12 月中三個接續的季月，總共有五個月份的契約在市場交易	自交易當月起連續二個月份，另加上 3 月、6 月、9 月、12 月中三個接續的季月，總共有五個月份的契約在市場交易
每日結算價	每日結算價原則上採當日收盤前 1 分鐘內所有交易之成交量加權平均價，若無成交價時，則依本公司「臺灣證券交易所股價指數期貨契約交易規則」訂定之	每日結算價原則上採當日收盤前 1 分鐘內所有交易之成交量加權平均價，若無成交價時，則依本公司「臺灣證券交易所股價指數期貨契約交易規則」訂定之
每日漲跌幅	最大漲跌幅限制為前一營業日結算價上下 10%	最大漲跌幅限制為前一營業日結算價上下 10%
最小升降單位	指數 1 點（相當於新臺幣 200 元）	指數 1 點（相當於新臺幣 50 元）
最後交易日	各契約的最後交易日為各該契約交割月份第三個星期三，其次一營業日為新契約的開始交易日	各契約的最後交易日為各該契約交割月份第三個星期三，其次一營業日為新契約的開始交易日
最後結算日	最後結算日同最後交易日	最後結算日同最後交易日
最後結算價	以最後結算日臺灣證券交易所當日交易時間收盤前三十分鐘內所提供標的指數之簡單算術平均價訂之。其計算方式，由本公司另訂之	以最後結算日臺灣證券交易所當日交易時間收盤前三十分鐘內所提供標的指數之簡單算術平均價訂之。其計算方式，由本公司另訂之
交割方式	以現金交割，交易人於最後結算日依最後結算價之差額，以淨額進行現金之交付或收受	以現金交割，交易人於最後結算日依最後結算價之差額，以淨額進行現金之交付或收受

資料來源：臺灣期貨交易所

看到了嗎？大臺指和小臺指的規格幾乎完全一樣。唯一的差距只有在期貨契約的規模，大臺指一個最小升降單位（一點）值保證金變動 200 元，而小臺指一個最小升降單位（一點）值保證金變動 50 元。也就是說 4 口小臺指的總和規格就完全等於 1 口大臺指了，事實上，臺灣期貨交易所也允許「1 口大臺指對 4 口小臺指期貨之未平倉部位可以互抵」。當然，大臺指與小臺指的互抵必須它們是相同月份才可以！

有兩個地方要特別提醒各位留意的，那就是：

◆合約月份

臺灣期貨交易所對期貨合約月份的規定與美國期貨交易所不同，美國期貨的合約月份大多是固定的月份，而臺灣期貨的月份數雖然固定是五個月份，但這五個月份並不是一年中的固定月份，而是依照「自交易當月起連續二個月份，另加上 3 月、6 月、9 月、12 月中三個接續的季月，總共有五個月份的契約在市場交易」的規則。

◎例題 **9-1**

現在市場上有哪幾個月份的臺股期貨契約？

假設今天是 X2 年 6 月 1 日，請問目前臺灣期貨交易所交易的大臺指的到期月份為何？

解答：

1. 自交易當月起連續二個月份：6 月 1 日，6 月大臺指一定還沒有到期（到期日是 6 月的第 3 個星期三），所以連續 2 個月份為 X2 年 6 月和 7 月。

2. 三個接續的季月：7 月之後的第一個季月是 9 月，接下來 2 個季月為 12 月、3 月。

所以 X2 年 6 月 1 日，臺灣期貨交易所內交易的大臺指的到期月份分別為 X2 年的 6 月、7 月、9 月、12 月和 X3 年的 3 月。

熱身操 **9-1**

假設今天為 X2 年 7 月 1 日，請問臺灣期貨交易所所交易的小臺指的到期月份為何？

◆ 最後交易日與最後結算日

　　臺股期貨契約裡所規範的「最後交易日」與「最後結算日」是同一天，都是最後交易月份的第三個星期三。重點是要怎麼定義第一個星期呢？是當月 1 日所在的星期就是那個月的第一個星期嗎？不是的，只有當月 1 日在星期日、一、二或三時，這個星期才可以算是當月的第一個星期，否則要下一個星期才算是當月的第一個星期！

　　所以說第三個星期三到底是哪一天呢？要特別的注意，並不是月曆上看到當月第三列的星期三就是臺股期貨的最後交易日喔！我們以圖 9-1(a)與(b)分別說明這兩個實際月份的臺股期貨最後交易日到底是哪一天。

X2年7月

日	一	二	三	四	五	六
1	2	3	4	5	6	7
8	9	10	11	12	13	14
15	16	17	18	19	20	21

第一週（1~7）
最後交易日（18）

↗ 圖 9-1(a)　X2 年 7 月臺股期貨的最後交易日暨最後結算日

X2年6月

日	一	二	三	四	五	六
					1	2
3	4	5	6	7	8	9
10	11	12	13	14	15	16
17	18	19	20	21	22	23

第一週（3~9）
X2年6月臺指期最後交易日（20）

↗ 圖 9-1(b)　X2 年 6 月臺股期貨的最後交易日暨最後結算日

9.3.2 摩根臺指期貨 (MSCI Taiwan Index Futures)

摩根臺指期貨的標的物為摩根史坦利資本國際公司 (Morgan Stanley Capital International Inc., MSCI) 所編製的「摩根臺灣股價指數」。

摩根臺灣股價指數又是怎麼一回事？它跟臺灣期貨交易所的臺灣加權股價指數有差異的地方嗎？事實上差異不大，表 9–6 為這兩種指數的比較：

表 9–6　臺灣加權股價指數與摩根臺灣股價指數的比較

	臺灣加權股價指數	摩根臺灣股價指數
成分股	只要上市一個月以上，就會被列入成分股，不過小型股所占的比重相當小	目前有一百多支成分股，主要為大型與中型股
占全市場比重	約 100%	約 84%
基　期	1966 年	1987 年 12 月 31 日

摩根臺指期貨的契約規格又是如何呢？

表 9–7　摩根臺指期貨契約規格

標的物	MSCI 臺灣指數
合約規模	100 美元 × MSCI 臺灣指數期貨價格
合約月份	二個連續月份，及 4 個季度月份（3 月、6 月、9 月、12 月）
最小升降單位	0.1 點（相當於 10 美元）
交易時段	T 時段：上午 8:45～下午 1:45 T + 1 時段：下午 2:35～次日凌晨 2 點
最後交易日	合約月份的倒數第二個交易日
最後交易日的交易時間	上午 8:45～下午 1:50

資料來源：新加坡交易所

摩根臺指期貨與本土的臺股期貨差異在哪裡呢？

一、交易時間

臺股期貨的交易時間為上午 8:45 到下午 1:45，而摩根臺指除了在前述交易時間外，又多了一段從下午 2:35 到次日凌晨 2 點的交易時段，這段時間橫跨了歐洲與美國股市開盤的時間。這樣有何好處？臺股期貨留倉的交易人，在下午 1:45 收盤之後，就只能眼巴巴的看歐美股市的巨大

變化而束手無策，在第二天開盤的時候，因為要反應收盤期間長達 19 小時的資訊變化，因此常常一開盤就有大幅開高或開低的跳空情形，在臺股期貨採取留倉策略的交易人，在某種程度上來說可以說是一種賭博。而摩根臺指的交易人，可以大幅降低這種風險。

二、交易幣別

臺股期貨是採用「新臺幣」計價，而摩根臺指期貨則是採用「美元」計價。採用美元計價的期貨，外資可以直接使用美元進行交易，降低了兌換新臺幣的成本，然而卻要承受美元兌新臺幣匯兌的風險。

三、最後交易日

臺股期貨的最後交易日是「第三個星期三」，摩根臺指則是「倒數第二個交易日」，這兩個期貨契約到期日之間的交易日，由於本土法人以投資臺股期貨為主，臺股期貨到期之後到摩根臺指到期日之間，本土法人正在忙於建立下一個月份期貨的部位，但是外資法人卻是忙於當月份摩根臺指期貨的結算，因此常常會有土洋大戰的激烈攻防。期貨市場的波動率通常很大。

舉例來說，假設 2015 年 8 月臺股大跌，在第三個星期三（臺股期貨結算日）之前，本土法人與外資都大幅放空臺股期貨，它們的期貨部位都是空單。但是在臺股結算之後，本土法人因為 8 月的期指已經到期，必須開始建立 9 月份的臺股期貨部位。假設本土法人仍然看空 9 月臺股，那麼它們就必須在臺股期貨放空，建立空頭部位；但是另一方面，摩根臺指即將於月底到期，外資可能會在月底到期日之前買回摩根臺指平倉空頭部位。這樣形成了臺股期貨下跌，然而摩根臺指卻有外資買盤拉抬，變成多空不明，土洋大戰。

表 9-8　臺股期貨和摩根台指期貨的比較

	臺股期貨	摩根臺指期貨
交易時間	第三個星期三	倒數第二個交易日
交易幣別	新臺幣計價	美元計價
最後交易日	上午 8:45～下午 1:45	1. 上午 8:45～下午 1:45 2. 下午 2:35～次日凌晨 2 點

■ 9.3.3 電子期貨

電子期貨當然是以臺灣投資人最愛的電子類股指數（基準日為：1994 年 12 月 31 日）作為交易標的物，這個期貨正式推出的時間是 1999 年 7 月 21 日。表 9–9 為電子指數裡最重要的電子股與其比重：

表 9–9　電子指數之重要成分股（2015 年 8 月 22 日）

排　名	證券名稱	股票代號	比　重	排　名	證券名稱	股票代號	比　重
1	台積電	2330	26.9684%	6	台達電	2308	2.9656%
2	鴻　海	2317	11.1325%	7	台灣大	3045	2.9403%
3	中華電	2412	6.5011%	8	遠　傳	4904	2.0446%
4	聯發科	2454	3.4311%	9	日月光	2311	2.0353%
5	大立光	3008	3.2053%	10	可　成	2474	2.0163%

資料來源：臺灣期貨交易所

電子期貨契約的規格請看表 9–10：

表 9–10　臺灣證券交易所電子類股價指數期貨契約規格

項　目	內　容
交易標的	臺灣證券交易所電子類股價指數
中文簡稱	電子期貨
英文代碼	TE
交易時間	1. 本契約交易日同臺灣證券交易所交易日 2. 交易時間為營業日上午 8:45～下午 1:45 3. 到期月份契約最後交易日之交易時間為上午 8:45～下午 1:30
契約價值	電子期貨指數乘上新臺幣 4,000 元
到期月份	自交易當月起連續二個月份，另加上 3、6、9、12 月中三個接續季月，總共五個月份的契約在市場交易
每日結算價	每日結算價原則上採當日收盤前 1 分鐘內所有交易之成交量加權平均價，若無成交價時，則依本公司「臺灣證券交易所電子類股價指數期貨契約交易規則」訂定之
每日漲跌幅	最大漲跌幅限制為前一營業日結算價上下 10%
最小升降單位	指數 0.05 點（相當於新臺幣 200 元）
最後交易日	各契約的最後交易日為各該契約交割月份第三個星期三，其次一營業日為新契約的開始交易日
最後結算日	最後結算日同最後交易日

| 交割方式 | 以現金交割，交易人於最後結算日依最後結算價之差額，以淨額進行現金之交付或收受 |

資料來源：臺灣期貨交易所

◎ 例題 **9-2**

電子期貨交易的損益計算

　　小陳認為電子股目前已經打底完成，可能會發動一波漲勢。他決定作多電子期貨。小陳於 X2 年 7 月 18 日買進 8 月電子期貨 2 口，成交價為 259.85。已知小陳於 X2 年 7 月 25 日平倉，平倉價為 258.75。不考慮交易成本的話，請問小陳這次期貨交易的損益為？

解答：

$$2 \times (258.75 - 259.85) \times 4,000 = -8,800 \text{ 元}$$

這是直接用點數來算，電子期貨 1 大點是 4,000 元喔！

如果你覺得用 1 個跳動單位（0.05 點）200 元來計算也可以

$$\frac{(258.75 - 259.85)}{0.05} = -22 \text{（價格升降單位）}$$

$$2 \times (-22) \times 200 = -8,800 \text{ 元}$$

熱身操 **9-2** ●

　　電子期貨的原始保證金為 68,000 元，維持保證金為 52,000 元。續例題 9-2，假設小陳開始交易時的保證金帳戶內有 150,000 元，則交易結束後，小陳的保證金帳戶餘額為多少？

■ 9.3.4 金融期貨

　　在電子股興起之前，金融類股曾經是臺灣投資人的最愛，現在雖然不若以往風光，然而金融類股的成交量仍然僅次於電子類股，居於第二位，在股市行情欠佳的時候，金融股仍然是政府護盤的重要標的，大家仍然要注意這個類股所代表的意義！

　　金融期貨的標的物是臺灣證券交易所標誌的金融類股指數（基期為

1986 年 12 月 29 日），它的上市時間為 1999 年 7 月 21 日。表 9-11 為金融期貨契約的規格。

表 9-11　臺灣證券交易所金融保險類股價指數期貨契約規格

項　　目	內　　容
交易標的	臺灣證券交易所金融保險類股價指數
中文簡稱	金融期貨
英文代碼	TF
交易時間	1.本契約交易日同臺灣證券交易所交易日 2.交易時間為營業日上午 8:45～下午 1:45 3.到期月份契約最後交易日之交易時間為上午 8:45～下午 1:30
契約價值	金融期貨指數乘上新臺幣 1,000 元
到期月份	自交易當月起連續二個月份，另加上 3、6、9、12 月中三個接續季月，總共五個月份的契約在市場交易
每日結算價	每日結算價原則上採當日收盤前 1 分鐘內所有交易之成交量加權平均價，若無成交價時，則依本公司「臺灣證券交易所金融保險類股價指數期貨契約交易規則」訂定之
每日漲跌幅	最大漲跌幅限制為前一營業日結算價上下 10％
最小升降單位	指數 0.2 點（相當於新臺幣 200 元）
最後交易日	各契約的最後交易日為各該契約交割月份第三個星期三，其次一營業日為新契約的開始交易日
最後結算日	最後結算日同最後交易日
交割方式	現金交割，交易人於最後結算日依最後結算價之差額，以淨額進行現金之交付或收受

資料來源：臺灣期貨交易所

9.3.5 臺灣 50 指數期貨

　　為什麼會有臺灣 50 指數期貨的推出呢？臺灣 50 指數為了避免股價指數納入小型股票造成交易成本提高的問題，遂選取臺灣 50 支「市值最大，合乎篩選條件」的股票編製而成。這個指數的正式名稱為「富時臺灣證券交易所臺灣 50 指數」，是由臺灣證券交易所與「英國富時指數國際有限公司」(FTSE International Ltd.) 合作編製的。臺灣 50 指數的基期為 2002 年 4 月 30 日，而其基期指數與大部分指數的基準值為 100 不同，

臺灣 50 指數的基準值為 5,000。

那麼臺灣 50 指數會不會因只選取 50 支股票而失去了臺灣股價指數的代表性了呢？答案是不會！因為這 50 支股票合在一起總市值就占了全臺灣股票市場總市值的 70% 以上，而臺灣 50 指數與臺灣加權股價指數的相關性也高達 99%！

臺灣 50 指數期貨的交易地點在臺灣期貨交易所，上市的時間是 2003年 6 月 30 日。表 9-12 為臺灣 50 指數期貨契約的基本規格：

表 9-12　富時臺灣證券交易所臺灣 50 指數期貨契約規格

項　　目	內　　容
交易標的	富時臺灣證券交易所臺灣 50 指數
中文簡稱	臺灣 50 期貨
英文代碼	T5F
交易時間	1. 本契約交易日同臺灣證券交易所交易日 2. 交易時間為營業日上午 8:45～下午 1:45 3. 到期月份契約最後交易日之交易時間為上午 8:45～下午 1:30
契約價值	臺灣 50 期貨指數乘上新臺幣 100 元
到期月份	自交易當月起連續二個月份，另加上 3、6、9、12 月中三個接續的季月，總共五個月份的契約在市場交易
每日結算價	每日結算價原則上採當日收盤前 1 分鐘內所有交易之成交量加權平均價，若無成交價時，則依本公司「富時臺灣證券交易所臺灣 50 指數期貨契約交易規則」訂定之
每日漲跌幅	最大漲跌幅限制為前一營業日結算價上下 10%
最小升降單位	指數 1 點（相當於新臺幣 100 元）
最後交易日	各契約的最後交易日為各該契約交割月份第三個星期三，其次一營業日為新契約的開始交易日
最後結算日	最後結算日同最後交易日
交割方式	以現金交割，交易人於最後結算日依最後結算價之差額，以淨額進行現金之交付或收受

資料來源：臺灣期貨交易所

■ 9.3.6 非金電指數期貨

　　既然有電子期指與金融期指這兩大支柱，那麼其他類股就沒有人關心了嗎？其他指數當然也要有相對應的期貨，只是每個類股指數都個別成立指數期貨是沒有必要的。所以將其他類股的上市股票集中在一起，推出一個非金電指數也不失為一個好方法。雖然到目前為止非金電指數期貨的交易量一直都無法與臺股期貨相提並論，不過仍然要介紹這個股價指數期貨的基本規格，因為這些都是金融專業人士應該具備的基本知識（表 9–13）。

表 9–13　臺灣證券交易所未含金融電子類股價指數期貨契約規格

項　　目	內　　容
交易標的	臺灣證券交易所未含金融電子股發行量加權股價指數
中文簡稱	非金電期貨
英文代碼	XIF
交易時間	1.本契約交易日與臺灣證券交易所交易日相同 2.交易時間為營業日上午 8:45～下午 1:45 3.到期月份契約最後交易日之交易時間為上午 8:45～下午 1:30
契約價值	非金電期貨指數乘上新臺幣 100 元
到期月份	自交易當月起連續二個月份，另加上 3、6、9、12 月中三個接續季月，總共五個月份的契約在市場交易
每日結算價	每日結算價原則上採當日收盤前 1 分鐘內所有交易之成交量加權平均價，若無成交價時，則依本公司「臺灣證券交易所未含金融電子類股價指數期貨契約交易規則」訂定之
每日漲跌幅	最大漲跌幅限制為前一營業日結算價上下 10%
最小升降單位	指數 1 點（相當於新臺幣 100 元）
最後交易日	各契約的最後交易日為各該契約交割月份第三個星期三，其次一營業日為新契約的開始交易日
最後結算日	最後結算日同最後交易日
交割方式	以現金交割，交易人於最後結算日依最後結算價之差額，以淨額進行現金之交付或收受

資料來源：臺灣期貨交易所

9.3.7 櫃買期貨

櫃檯買賣中心的「上櫃指數」雖然因為上櫃公司規模比較小，知名度也比較低的緣故，成交量一直趕不上上市公司的指數，不過隨著上櫃公司數目的增加，與投資人接受度的提高，上櫃股票的交易量也愈來愈大。尤其是在股市大多頭的時期，投資人對風險的接受度提高，上櫃指數的漲勢往往更為剽悍，因此上櫃指數期貨的推出是有其市場性的。表9-14 為上櫃指數期貨契約的主要規格：

表 9-14　中華民國證券櫃檯買賣中心股價指數期貨契約規格

項　目	內　容
交易標的	財團法人中華民國證券櫃檯買賣中心發行量加權股價指數
中文簡稱	櫃買期貨
英文代碼	GTF
交易時間	1.本契約交易日與財團法人中華民國證券櫃檯買賣中心交易日相同 2.交易時間為營業日上午 8:45～下午 1:45 3.到期月份契約最後交易日之交易時間為上午 8:45～下午 1:30
契約價值	櫃買期貨指數乘上新臺幣 4,000 元
到期月份	自交易當月起連續二個月份，另加上 3、6、9、12 月中三個接續季月，總共五個月份的契約在市場交易
每日結算價	每日結算價原則上採收盤前 1 分鐘內所有交易之成交量加權平均價，若無成交價時，則依本公司「中華民國證券櫃檯買賣中心股價指數期貨契約交易規則」訂定之
每日漲跌幅	最大漲跌幅限制為前一營業日結算價上下 10%
最小升降單位	指數 0.05 點（相當於新臺幣 200 元）
最後交易日	各契約的最後交易日為各該契約交割月份第三個星期三，其次一營業日為新契約的開始交易日
最後結算日	最後結算日同最後交易日
交割方式	以現金交割，交易人於最後結算日依最後結算價之差額，以淨額進行現金之交付或收受

資料來源：臺灣期貨交易所

臺灣期貨交易所這麼多的股價指數期貨，該如何著手記憶呢？其實並不難，只要記得這些股價指數期貨的相同（表 9-15）和不同（表 9-16）之處即可。

表 9–15　臺灣期貨交易所股票指數期貨的相同之處

交易時間	上午 8:45～下午 1:45
到期月份	二個連續月份加上三個季月，共五個月份
每日漲跌幅	前一營業日結算價上下 10%
最後交易日與最後結算日	到期月份的第三個星期三
交割方式	現金交割

表 9–16　臺灣期貨交易所股票指數期貨的不同之處

期貨契約	最小升降單位	契約價值的最小變動量
臺股期貨	1 點	200 元
小型臺指期貨	1 點	50 元
電子期貨	0.05 點	200 元
金融期貨	0.2 點	200 元
臺灣 50 期貨	1 點	100 元
非金電期貨	1 點	100 元
櫃買期貨	0.05 點	200 元

　　從表 9–16 可看出，最小升降單位不是 1 點，就是 0.05 點，只有金融期貨（0.2 點）是例外。至於契約價值的最小變動量，不是 200 元，就是 100 元，只有小型臺指期貨（50 元）是例外。

9.4 個股期貨

　　個股期貨 (Single Stock Futures, SSF) 又稱股票期貨，是比較新的衍生性金融商品。在國際金融市場上，通常都以它的英文名稱縮寫 SSF 來代表。目前世界上最具代表性的股票期貨交易所為美國的 "OneChicago LLC."，該期貨交易所沒有人工喊價的機制，完全以電子交易，其主要產品為 SSF，標的物為美國上市公司股票，目前約有接近 3,000 支個股期貨商品。

　　臺灣期貨交易所是在 2010 年 1 月 25 日推出股票期貨，至 2012 年 7 月 17 日為止，被列為標的物的股票有 234 支，有興趣的同學可以到臺灣期貨交易所的網站查詢，這個數字仍在持續增加中。然而實際上，很多

股票期貨幾乎都沒有成交量，它們的買價與賣價差距非常大，以至於交易成本非常高，因此在投入股票期貨交易之前一定要打聽清楚，只有熱門的股票，股票期貨的交易才會熱絡！表 9–17 為股票期貨契約的基本規格：

表 9–17 股票期貨契約規格

項 目	內 容
交易標的	於臺灣證券交易所上市之普通股股票
中文簡稱	股票期貨
英文代碼	各標的證券依序以英文代碼表示
交易時間	1.本契約交易日同臺灣證券交易所交易日 2.交易時間為營業日上午 8:45～下午 1:45 3.到期月份契約最後交易日之交易時間為上午 8:45～下午 1:30
契約價值	2,000 股標的證券（但依規定為契約調整者，不在此限）
到期月份	自交易當月起連續二個月份，另加上 3、6、9、12 月中三個接續季月，總共五個月份的契約在市場交易
每日結算價	每日結算價原則上採當日收盤前 1 分鐘內所有交易之成交量加權平均價，若無成交價時，則依本公司「股票期貨契約交易規則」訂定之
每日漲跌幅	最大漲跌幅限制為前一營業日結算價上下 10%（但依規定為契約調整者，另訂定之）
最小升降單位	(1)價格未滿 10 元者：0.01 元； (2) 10 元至未滿 50 元者：0.05 元； (3) 50 元至未滿 100 元者：0.1 元； (4) 100 元至未滿 500 元者：0.5 元； (5) 500 元至未滿 1,000 元者：1 元； (6) 1,000 元以上者：5 元。
最後交易日	各契約的最後交易日為各該契約交割月份第三個星期三，其次一營業日為新契約的開始交易日
最後結算日	最後結算日同最後交易日
交割方式	以現金交割，交易人於最後結算日依最後結算價之差額，以淨額進行現金之交付或收受

資料來源：臺灣期貨交易所

個股期貨與股價指數期貨的交易時間、合約月份、交割方式、結算方式、最後交易日與最後結算日都是相同的，但須特別留意：

表 9-18 股價指數期貨和股票期貨的比較

	股價指數期貨	股票期貨
最小升降單位	固定	非固定，依期貨目前價位的高低來決定
標的物	虛擬的股價指數	「2,000 股」標的證券

9.5 股價指數期貨的應用

股價指數期貨就是一種期貨商品，因此所有期貨商品的應用也同時適用在股價指數期貨。期貨的主要應用是什麼呢？就是「投機」與「避險」！投機交易該如何計算損益，在前面幾章都已經有例題計算練習過了，同學應該不會陌生才對。至於股價指數期貨的避險功能與應用，在第 7 章我們也學到了有關完全避險與最小風險避險比率的避險方式。除了投機和避險外，期貨是否還有其他特別的應用呢？有的，而且是這幾年期貨商業務員考試的熱門試題唷！

■ 9.5.1 投資組合 β 值的調整

β 值是什麼？各位還有印象嗎？相信只要提到資本資產訂價模型 (CAPM) 的 β 值，應該就有不少人已經恍然大悟了。是的，根據資本資產訂價模型 (CAPM)，對於一個給定的資產 i，它的期望收益率和市場投資組合的期望收益率之間的關係可以表示為：

$$E(R_i) = R_f + \beta_{im}[E(R_m) - R_f]$$

$$E(R_i) = 資產 i 的期望收益率$$

$$R_f = 無風險收益率$$

$$\beta_{im}(Beta) = 資產 i 的系統風險，\quad \beta_{im} = \frac{Cov(R_i, R_m)}{Var(R_m)}$$

$$E(R_m) = 市場投資組合 m 的期望收益率$$

$[E(R_m) - R_f] = 市場風險溢價 (Market Risk Premium)，即市場投資組合的期望收益率與無風險收益率之差。

表 9-19　投資組合 β 值的意義

$\beta < 1$	投資組合的報酬率的變動（風險）小於市場溢酬	保守的投資組合
$\beta = 1$	投資組合的報酬率的變動（風險）等於市場溢酬	市場投資組合
$\beta > 1$	投資組合的報酬率的變動（風險）大於市場溢酬	積極的投資組合

↘小百科

系統風險 (Systematic Risk)

又稱為市場風險或不可分散風險，指的是會影響整體市場的風險，例如通貨膨脹、戰爭、金融海嘯等等，系統風險無法藉由分散投資消除。

↘小百科

非系統風險

只會影響個別行業或個股的風險，例如公司高層突然離職、勞資糾紛、產品出包等等，可以藉由分散投資消除。

　　你必須知道，若一個基金經理人想要在競爭激烈的投信公司中出人頭地，並不是一味的投機，將自己的投資組合暴露在極高的風險之下就可以達到，他還必須要考慮到 1.報酬與風險的平衡、2.對於景氣循環與經濟情勢敏銳的感知與判斷力和 3.法令的限制。

　　隨著基金經理人對於區域、產業與景氣循環的判斷不同，投資組合的 β 值勢必要跟著做機動調整。至於該怎麼調整 β 值呢？是變更投資組合內的股票與比重就可以嗎？不是的，雖然這種作法有一定的可行性，但這樣做勢必會耗費許多人力和時間，且更麻煩的事情是，在調整完投資組合之後，還要重新計算新組合的 β 值，而這個新的 β 值可能會跟原先所設定的調整目標有一大段差距。此外，更嚴重的問題是，法令上對於共同基金的持股比例通常定有一定的下限，即使是在股市下跌的時候，基金也必須持有高於或等於最低比例的股票。若將上述因素全部考慮進去，則此種作法會使股票的交易成本變得很可觀。那麼基金經理人究竟該如何調整投資組合的 β 值呢？有關於此，成本最低且效果最顯著的方法就是「利用股價指數期貨直接調整投資組合的 β 值」。

　　要怎麼利用股價指數期貨來調整投資組合的 β 值呢？有一個公式可以讓你很快的解決這個問題：

$$買進股價指數期貨口數 = -\frac{投資組合市值}{每口期貨價值} \times (\beta - \beta') \qquad (9\text{--}3)$$

其中，β 為投資組合原來的 β 值，β' 為組合調整後的 β 值。

(9–3) 式所算出來的結果：

◆若為負值：代表股價指數期貨的操作是「放空」。

◆若為正值：代表股價指數期貨的操作是「作多」。

◎例題 **9-3**

利用股價指數期貨調整投資組合的 β 值

臺指必勝基金目前基金的規模為新臺幣 2 億元，基金的 β 值經計算為 1.12，目前臺股期貨的報價為 7,000。假設基金經理人認為歐債危機將造成全球景氣大蕭條，為了避免持股股價大跌造成投資人巨額損失，他計畫將投資組合的 β 值降低到 0.7，請問他該如何操作臺股期貨？

解答：

臺股期貨的報價為 7,000，由於 1 點臺股期貨的價值為 200 元，因此 1 口臺股期貨的價值為

$$7,000 \times 200 = 1,400,000 \text{（元）}$$

又 $\beta = 1.12$、$\beta' = 0.7$，代入公式 (9–3) 可得：

$$買進股價指數期貨口數 = -\frac{200,000,000}{1,400,000} \times (1.12 - 0.7) = -60 \text{（口）}$$

–60 口代表基金經理人在期貨市場上以 7,000 的價位「放空」60 口臺股期貨後，就可以將他基金的 β 值從 1.12 調降至 0.7。

熱身操 9-3

延續例題 9–3，若基金經理人認為歐債危機一定會順利解決，目前正是加碼的時機，遂計畫把基金的 β 值從 1.12 調升到 1.33，則請問經理人應該如何操作指數期貨以達到他所設定的 β 值？

到這裡你一定會想到一個嚴重的問題，因為期貨是不能拆開成為好幾個部分的，萬一（應該是很有可能）算出來的口數不是整數的話該怎麼辦？答案是：你可以將小數點之後的數字無條件進入或無條件捨棄，因為該數值對調整後的 β 值的影響很小！

9.5.2 利用股價指數期貨「合成」其他資產

簡單的說，這是一種「合成資產」的觀念。什麼是合成資產呢？若將不同種類的資產以某種方式組合起來（投資組合 A），而這個投資組合的所有特性與另外一種資產（資產 B）完全相同，則我們可以說這個投資組合 A 是資產 B 的合成資產。

「合成」資產的目的在哪裡？明明有資產 B 了，為什麼不大大方方直接投資資產 B 就好，還要大費周章的利用其他資產來合成呢？原因有很多，通常是因為：

◆受到基金本身的特性或是法令的限制，無法直接投資資產 B，然而目前的確有投資資產 B 的必要，所以必須使用其他可以使用的資產來組合成資產 B。

◆在某些地區，根本沒有資產 B 的存在。例如說臺灣以前只能發行認購權證（買權），而認售權證（賣權）法令上雖然可以發行，但是認售權證的避險，必須要放空標的股，這在實務上根本做不到，因為從前自營商是不允許放空股票的。所以券商如果發行認售權證的話，只能靠其他市場上流通的某些資產合成賣權。

那麼我們該如何利用股價指數期貨去合成其他資產？哪種資產可以與股價指數期貨合成？而最後又可以合成哪種資產呢？我嘗試著用投資常識的觀點為各位同學解說，希望各位能有所領悟，因為股價指數期貨的資產組合可以算是「合成資產」的基本觀念！

一、合成債券

期貨的理論價值計算主要是依據「持有成本理論」（見本書第 6 章）：

$$F_{t,T} = S_t + C_{t,T} \tag{9-4}$$

$$F_{t,T} = 期貨價格$$

$$S_t = 現貨價格$$

$C_{t,T} = $ 持有現貨到期貨結算日所需要的成本總和。

而股價指數的持有成本只有一個，那就是「資金成本」，也就是：

$$C_{t,T} = S_t \times r \times (T - t) \tag{9-5}$$

我們把公式 (9-4) 做一下整理，可得：

$$S_t - F_{t,T} = -C_{t,T} \tag{9-6}$$

既然 $C_{t,T}$ 代表現貨持有者的成本，那麼 $-C_{t,T}$ 就是代表現貨持有者的收益。

將公式 (9-5) $C_{t,T} = S_t \times r \times (T - t)$ 代入公式 (9-4) 裡，可得：

$$S_t - F_{t,T} = -S_t \times r \times (T - t) \tag{9-7}$$

$$S_t = 買進股價指數現貨$$

$$-F_{t,T} = 放空股價指數期貨$$

$S_t \times r \times (T - t) = $ 在時間 t 的時候投資 S_t 元到殖利率為 r 的債券，而這個債券會在時間 T 到期。此算式則是這個債券在 $(T - t)$ 這段時間所帶來的收益。

總結來說，公式 (9-7) 的意義就是說，「買進股價指數現貨」加上「放空相同規模的股價指數期貨」，合成了一個買進價 S_t，殖利率為 r，到期時間為 $T - t$ 的債券的收益。

這樣子買進股價指數現貨與放空股價指數期貨的組合，合成了債券的收益率。現實世界裡有這個債券存在嗎？沒有！所以我們可以寫作：

$$股票投資組合 - 股價指數期貨 = 合成債券 \tag{9-8}$$

二、合成股票組合

把公式 (9-8) 移項，就可以得到：

$$合成債券 + 股價指數期貨 = 股票投資組合 \tag{9-9}$$

注意！這裡所謂的股票投資組合，指的是與這個股價指數期貨的標的指數完全一樣的股票投資組合，並不一定是市場投資組合喔！

■ 9.5.3 投資組合保險

投資組合保險 (Portfolio Insurance) 就是利用股價指數期貨為自己的股票投資組合避險的方式之一，既然都是避險，那麼為什麼還要跑出「投資組合保險」這個名詞出來？這是因為，投資組合保險的避險目標與避險方式，不同於之前我們所討論過的各種避險策略。

既然是保險，就代表一種保障，那保障什麼呢？投資組合保險所談的，通常是指「保障投資組合的價值或報酬率會在某一個數值之上！」

這種投資組合保險與之前所討論的各種避險策略最大的不同點，就是之前的避險策略是靜態避險 (Static Hedging)，在避險比率決定之後，放空股價指數期貨的口數就不會再調整了。而投資組合保險的避險是動態避險 (Dynamic Hedging)，也就是說，避險的股價指數期貨的口數，必須要隨著股票投資組合的價值作機動的調整。動態避險的基本原則是：當股票投資組合的價值開始減少（下跌）的時候，放空的股票指數期貨口數要「增加」；當股票投資組合的價值開始增加（上升）的時候，放空的股票指數期貨口數要「減少」。

這麼做可以達成投資組合保險的目的。那麼另外一個關鍵問題來了，為什麼不要直接做完全避險就好呢？這麼做就可以安穩的睡好覺，不用天天煩惱要如何調整避險的股價指數期貨比率不是嗎？那是因為單純做完全避險操作，雖然可以避免股票投資組合在市場下跌時的損失，但是在股票市場上漲的時候，放空股價指數期貨的部位會有虧損，進而抵銷在股票投資組合的獲利！因此股票投資組合的經理人，不可能在一開始就做完全避險，一定是放空很少的股價指數期貨避險，這樣如果股市上漲的時候，便可以笑納投資組合價值增長的獲利。但是如果不巧股市是下跌的，那麼我們的對策會是什麼呢？當然就要開始考慮增加放空股價指數期貨的口數，也就是應該開始提高警覺，加強保護自己的投資組合的時候了！

當股票市場下跌幅度愈大，我們所需要的保護愈多，此時放空的股

價指數期貨的口數就要愈多，到了最後，放空的股價指數期貨總規模應該會等於股票投資組合的市值，也就是進入了完全避險的階段。各位知道，當股票投資組合是在完全避險的狀態之下，那麼不管股票市場如何變動，股票投資組合加上指數期貨的總價值都會維持不動。這也就是剛剛說的「保障股票投資組合的價值或報酬率會在某一個數值之上」。

看起來這個策略真的是太理想了！只要使用這種投資組合保險策略，在股市上漲時可以享受獲利，而在股市下跌的時候也能保障安全，我們再也不用害怕了，是嗎？所謂人算不如天算，想想看，現在大家都知道這個策略的好處，每個人、每支基金的投資組合都做了投資組合保險，那麼當股市下跌時，所有的人都會開始放空指數期貨，可能會導致賣壓產生，造成股市進一步的下跌。而股市進一步下跌會使得有動態避險需求的投資人賣出更多的股價指數期貨來增加保護。那麼結果會是如何呢？聰明的你們也許早就在心裡浮現出一幕可怕的雪崩景象。歷史上曾經發生過類似的災難嗎？有的，據專家推測，發生在 1987 年 10 月 19 日的股市崩盤[1]，就是因為觸發了一連串的投資組合保險的大量放空期指機制，而導致股價指數在極短的時間之內暴跌！

■ 9.5.4 市場中立策略

市場中立 (Market Neutral) 策略是避險基金最常使用的策略之一，為什麼會在這裡說明這個策略呢？當然是因為市場中立策略也是股價指數期貨的應用之一。

股票的風險又可細分為「系統風險」與「非系統風險」。該如何規避這些風險呢？有學過投資學的人應該知道，可以採取分散投資的方式來降低非系統風險。至於系統風險該怎麼對付呢？由於系統風險無法降低，只能移轉，因此我們可以透過放空股價指數期貨來移轉給投機者。那麼風險的移轉又跟市場中立有什麼關係呢？

---

[1]這一天的大崩盤，因為是在星期一發生，因此又被稱為「黑色星期一」(Black Monday)。道瓊工業指數在那一天下跌了 22.61%。

多數市場中立基金的管理人都認為自己的擇股能力非常的優秀，但是選對股票並不代表能夠有獲利。在股市大盤下跌的時期，就算選股選對了，也不能保證它會逆勢上漲，所以市場中立避險基金的經理人通常會採用 1. 買進精選股票和 2. 放空股價指數期貨等策略。

這種作法的目的是希望去除個股的系統風險，使個股的報酬率純粹是反映這家公司自己獨有的所有訊息，包括基本面、技術面……種種訊息（圖 9-2）。

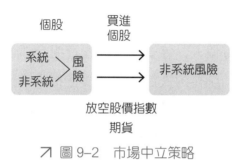

↗ 圖 9-2　市場中立策略

9.6 臺灣期貨交易所新推出的股票指數期貨

2015 年 12 月 21 日，臺灣期貨交易所推出了第一支國外指數期貨商品。不出所料，選擇的標的物是我們的鄰居——日本股市最具代表性的「東京證券交易所股價指數」(TOPIX)。以下為東證指數期貨契約的契約規格：

表 9-20 東京證券交易所股價指數期貨契約規格

項目	內容
交易標的	東京證券交易所股價指數 (Tokyo Stock Price Index,TOPIX)
中文簡稱	東證期貨
英文代碼	TJF
交易時間	1. 本契約交易日同臺灣證券交易所交易日 2. 本契約之交易日同本公司營業日 交易時間為交易日上午 8 時至下午 4 時 15 分
契約價值	東證期貨指數乘上新臺幣 200 元
到期月份	自交易當月起連續二個月份，另加上三月、六月、九月、十

	二月中三個接續的季月，總共有五個月份的契約在市場交易
每日結算價	每日結算價原則上採當日收盤前 1 分鐘內所有交易之成交量加權平均價，若無成交價時，則依本公司「東京證券交易所股價指數期貨契約交易規則」訂定之
每日漲跌幅	最大漲跌幅限制為前一交易日結算價上下 16%
最小升降單位	指數 0.25 點（新臺幣 50 元）
最後交易日	各契約的最後交易日原則上為各該契約交割月份第二個星期五之前一營業日，最後交易日之次一營業日為新契約的開始交易日
最後結算日	最後交易日之次一營業日
最後結算價	最後交易日之次一東京證券交易所營業日計算之東京證券交易所股價指數特別報價
交割方式	以現金交割，交易人於最後結算日依最後結算價之差額，以淨額進行現金之交付或收受

說明：最後交易日若為假日或因不可抗力因素未能進行交易時，以其最近之次一營業日為最後交易日。

資料來源：臺灣期貨交易所

衍生性商品災難事件簿

黑色星期一 (Black Monday)

美國股市在 1987 年 10 月 19 日星期一創下了歷史紀錄，不過是不光采的紀錄，道瓊工業指數在那一天創下了史上最大跌幅！這裡所謂的最大跌幅，並不是絕對點數的最大跌幅（當日的跌幅是 508 點，而道瓊工業指數歷史上最大的點數跌幅是在金融海嘯時期發生，發生日期是 2008 年 9 月 29 日，當日下跌了 777.68 點），而是報酬率的跌幅 (−22.61%)。又因為發生在星期一，所以被稱為黑色星期一。

事實上，黑色星期一是全球性的股災，黑色星期一的前一個星期五（1987 年 10 月 16 日），美股就已經下跌超過 91 點 (5%)，所以在美股開盤前的星期一亞洲盤，就開始展開暴跌了。亞洲的股災之後席捲了歐洲股市，在歐洲股市慘跌之後繞了地球一圈又回到美國，造成美股更劇烈的下跌。

慘劇過後，檢討聲四起，很多人都想知道為什麼會發生如此慘烈的崩跌？從基本面來看，美國經濟在當時的確有放緩的跡象，也就是所謂的「軟著陸」(Soft Landing)，但是軟著陸並不是壞事，以此作為股市崩盤的主因非常牽強。

另一說是認為當時美國與伊朗的衝突一觸即發，在黑色星期一的前一個星期五，伊朗發射的飛彈擊中了美國的貨輪；而在黑色星期一當天，美國攻擊伊朗的海上鑽油平臺，造成波斯灣情勢非常緊張。然而這個地區的衝突本來就大大小小不斷，該地區的衝突也應該是對原油價格影響較大，而不是股票。

目前大部分的專家幾乎都有一個共識，那就是黑色星期一與「程式交易」以及「投資組合保險」有著很大的關係。

在本章同學們已經瞭解到，投資組合保險最主要的步驟就是放空股價指數期貨來保護投資組合價格下跌的風險。而程式交易就是將交易觸發點交由程式所控制的交易電腦自動下單，這樣可以避免人工交易員會受到心理或是主觀判斷的影響。如果股市狀況不佳，下跌到程式的觸發價位時，電腦會毫不猶豫的放空股價指數期貨。

但是程式交易隱藏著重大危機，就是當股市快速下跌的時候，可能在跌破技術面上的某一重要支撐區時，會同時觸發很多交易電腦的放空

指數期貨的指令，因而造成極大的賣壓。而在那時因為群眾的恐懼心理，敢於進場承接的買單很少，因而造成股市下跌幅度更大，進而觸發其他在更低價位的放空賣單，如此就形成了惡性循環了！

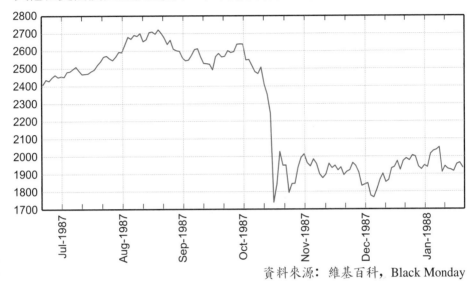

資料來源：維基百科，Black Monday

↗ 圖 9-3　道瓊工業指數 1987 年下半年走勢

自問自答時間

投資組合保險被視為是 1987 年大崩盤的兇手，但是這個策略也提供了投資組合避險的管道。你認為投資組合保險到底是功大於過，還是過大於功？

練習題

( ) 1. 避險投資組合的主要風險來源為　(A)期貨價格變動風險　(B)現貨價格變動風險　(C)現貨價格變動風險與期貨價格變動風險之總合　(D)現貨價格與期貨價格相對變動風險

【2010 期貨業務員測驗】

( ) 2. 股票投資組合的風險可分為系統性風險與非系統性風險，下列何者正確？　(A)分散投資可規避系統風險　(B)買賣股價指數期貨契約可降低非系統性風險　(C)分散投資可降低非系統性風險，而系統性風險無法規避　(D)分散投資可降低非系統性風險，而買賣股價指數期貨契約可規避系統風險

【2010 期貨業務員測驗】

( ) 3. 交易人預期 A 公司將發布利多消息，卻預期股市可能下跌，交易人應如何賺取 A 股票報酬而且又規避市場下跌風險？　(A)賣空指數期貨　(B)買進 A 股票，同時大量分散投資於其他股票　(C)買進 A 股票，同時賣空指數期貨　(D)買進 A 股票，同時買進指數期貨　　【2010 期貨業務員測驗】

( ) 4. 假設目前是 9 月初，請問在臺灣期貨交易所之臺股指數期貨將有哪些月份？I.9 月；II.10 月；III.12 月；IV. 隔年 3 月；V. 隔年 6 月　(A)I、II、III、IV、V 均有　(B)僅 I、II、III、IV　(C)僅 II、III、IV、V　(D)僅 I、II、III　　【2010 期貨業務員測驗】

( ) 5. 某股票投資組合之市值為 2,000 萬元，貝他值為 1.1，經理人看淡後市，欲將貝他值變為 –0.1，臺股指數期貨目前為 7,500 點，每點代表 200 元，該經理人應　(A)賣出 13 口契約　(B)賣出 12 口契約　(C)賣出 16 口契約　(D)貝他值無法變負

【2011 期貨業務員測驗】

( ) 6. 假設一口臺股期貨契約期初保證金額度為 15 萬元，維持保證金

額度為 11 萬元，當交易人保證金帳戶權益數為 8 萬元時，交易人被追繳至少應補繳多少保證金？　(A) 3 萬元　(B) 5 萬元　(C) 8 萬元　(D) 7 萬元　　　　　　【2011 期貨業務員測驗】

(　　) 7. 下列何者不屬於股價指數期貨？　(A) S&P 500 期貨　(B) Euroyen 期貨　(C) Nikkei 225 期貨　(D)香港恒生指數期貨

【2011 期貨業務員測驗】

(　　) 8. 指數期貨每點乘數愈大時，避險所須合約數會　(A)愈少　(B)愈多　(C)與乘數無關　(D)視大盤走勢而定

【2011 期貨業務員測驗】

(　　) 9. 放空股票者，應如何操作股價指數期貨以規避風險？　(A)買進指數期貨　(B)賣出指數期貨　(C)視市場走勢而定　(D)無法避險

【2012 期貨業務員測驗】

(　　) 10. 在期貨避險策略中，何謂避險比例？　(A)現貨部位風險 / 避險投資組合風險　(B)避險策略中，每單位現貨部位所需期貨契約口數　(C)避險期間，基差值變動比例　(D)現貨價格變動 / 期貨價格變動　　　　　　【2012 期貨業務員測驗】

(　　) 11. 首先推出 Nikkei 225 日經指數期貨之交易所為　(A)新加坡交易所 (SGX)　(B)大阪交易所 (OSE)　(C)芝加哥商業交易所 (CME)　(D)東京金融交易所 (TFX)　　　　　　【2013 期貨業務員測驗】

(　　) 12. 瓊斯進行 S&P 股價指數期貨價差交易，買入近月合約，價位為 220，賣出遠月合約，價位為 218。於近月合約價位為 228.5，遠月合約價位為 223.75 時平倉，請問其盈虧為何？（期約規格為 250）　(A)損失 $1,375　(B)賺 $687.5　(C)損失 $687.5　(D)以上皆非　　　　　　【2013 期貨業務員測驗】

(　　) 13. 下列何種策略可突顯個別股票的非系統風險，同時排除系統風險？　(A)買進個股買進指數期貨　(B)買進個股賣空指數期貨　(C)賣空個股賣空指數期貨　(D)賣空個股買進指數期貨

【2013 期貨業務員測驗】

（　）14.交易人持有現貨部位價值 St，同時，賣空等值期貨價格為 Ft。一直持有到期，試問於到期日時，交易人資產價值為何？（其中當時時間為 t，到期日為 T）　(A) FT　(B) FT-ST　(C) ST-FT　(D) FT＋ST　【2013 期貨業務員測驗】

（　）15.美國最早推出的股價指數期貨是　(A)道瓊指數　(B) S&P 500 指數　(C)價值線 VALUE LINE 指數　(D) NASDAQ 指數　【2014 期貨業務員測驗】

（　）16.下列何者非指數期貨交易之特性？　(A)買進指數期貨沒有選股的困擾　(B)期貨交易成本遠低於現貨股票的買賣　(C)買進指數期貨只需要支付保證金，故損失有限　(D)買進指數期貨主要時機為交易人強烈看好股市動向，且預期漲幅很大時　【2014 期貨業務員測驗】

（　）17.小型臺指期貨，其契約價值為臺股期貨的多少比例？　(A)十分之一　(B)四分之一　(C)三分之一　(D)二分之一。　【2014 期貨業務員測驗】

（　）18.甲基金經理人決定投入資金於英國的股市，若他想用期貨避險，則應以何種股價指數期貨為之？　(A) FTSE 100　(B) S&P 500　(C) CAC 40　(D) NKK 225　【2014 期貨業務員測驗】

（　）19.臺灣期貨交易所之臺灣 50 指數期貨契約之契約乘數為　(A) 50 元　(B) 100 元　(C) 200 元　(D) 250 元　【2015 期貨業務員測驗】

（　）20.依據 β 值而估計之最小風險避險策略，需賣空 20 口期貨契約。如果避險者僅賣空 10 口期貨契約，則剩餘的風險為何？　(A) 1/2 系統風險，但非系統風險增加　(B) 1/2 系統風險，但非系統風險不變　(C) 1/2 系統風險，但非系統風險降低　(D)零系統風險，但非系統風險不變　【2015 期貨業務員測驗】

（　）21.某基金價值為 3 億元，假設當臺股期貨變動 1% 時，該基金價值將會變動 1.5%，若目前大臺指期貨的價格為 8,250，請問該基金避險時，須買賣多少口大臺指期貨？　(A)買進 173 口　(B)

買進 273 口　(C)賣出 173 口　(D)賣出 273 口
【2015 期貨業務員測驗】

(　) 22.臺灣投資人以 SGX 之 MSCI 臺股指數期貨避險時，最難消除
(A)大盤風險　(B)系統風險　(C)股價風險　(D)匯率風險
【2015 期貨業務員測驗】

(　) 23.SGX 之 MSCI 臺股指數期貨在交易之初，大都呈逆價差狀態，
買方避險者，若以避險比率為 1 來操作，在交割日時會有：（設
忽略匯率之變動）　(A)多餘的虧損　(B)多餘的獲利　(C)視市場
走勢而定　(D)不一定　　　　　　　【2015 期貨業務員測驗】

(　) 24.某臺灣期貨交易所之小型臺指期貨之契約乘數為　(A) 50 元
(B) 100 元　(C) 200 元　(D) 250 元　〈提示：b 值就是基金報酬率
與大盤報酬率的比值，完全避險就是要將 b 值降為 0〉
【2015 期貨業務員測驗】

(　) 25.股價指數期貨在最後交易日以後是以何種方式交割?　(A)依買
方之意願決定以何種股票交割　(B)依賣方之決定將股票交給買
方　(C)由交易所決定交割之方式　(D)現金交割
【2015 期貨業務員測驗】

(　) 26.下列那一種指數期貨是代表大型股 (Blue Chips) 走勢?　(A) S&P
500　(B) NASDAQ　(C) NYSE　(D)道瓊工業指數
【2015 期貨業務員測驗】

第 10 章
利率期貨

10.1 前　言

利率期貨顧名思義，當然是有關利率的期貨嘍！不過利率期貨有幾點比較特殊的地方：

一、標的物與期貨名稱不一定相同

原油期貨的標的物是原油價格，股價指數期貨的標的物是股價指數，然而利率期貨的標的物未必是利率，短期利率期貨的標的物的確是利率，中長期利率期貨的標的物則是債券價格。我們無法由債券價格直接看到利率是多少，必須要經過換算的手續才可以算出中長期債券的利率。

二、標的物價格與期貨價格成反比

其他種類的期貨，價格愈高，代表標的物的報價愈高，然而利率期貨則是剛好相反，利率期貨價格愈高，代表利率愈低！

利率期貨的重要性不言而喻，在成熟的金融市場裡，債券的成交量至少會等於或遠大於股市成交量，雖然說全球匯市的成交量又凌駕於債市之上，然而外匯市場交易的主力是在即期 (Spot) 與遠期 (Forwards) 交易，外匯期貨在期貨市場的重要性反而不及利率期貨，原因我們會在第 11 章外匯期貨的章節中跟各位討論。利率期貨在股價指數期貨崛起之前，一直都是交易量最大的期貨契約族群，表 10-1 為 2013 年與 2014 年各類期貨契約的成交量與年成長率：

表 10-1　全球期貨交易所分類成交量排名

期貨契約分類	2014	2015	成長率（%）
個股期貨 (Individual Equities)	4,931,561,737	4,927,935,476	−0.1
股價指數期貨 (Equity Index)	7,338,870,063	8,342,860,438	13.7
利率期貨 (Interest Rate)	3,293,164,521	3,251,257,586	−1.3
外匯期貨 (Foreign Currency)	2,122,783,609	2,784,884,902	31.2
農產品期貨 (Agriculture Commodity)	1,387,993,407	1,639,668,492	18.1

能源相關產品 (Energy Products)[1]	1,160,869,956	1,407,235,307	21.2
非貴金屬 (Non-Precious Metals)	872,626,126	1,280,935,517	46.8
貴金屬 (Precious Metals)	371,064,966	321,272,201	−13.4
其他 (Other)	353,997,195	819,713,435	131.6
合計 (Total)	21,832,931,580	24,775,761,354	13.5

資料來源：Futures Industry Association

現在再讓我們看看利率期貨，到底哪幾種利率期貨是全世界交易量最大的呢？請看表 10–2：

表 10–2　全球利率期貨與選擇權交易量排名

名次	合約名稱	交易所	2014	2015	年成長率（%）
1	歐洲美元期貨 (Eurodollar Futures)	CME	664,433,493	586,913,126	−11.7
2	美國 10 年中期公債期貨 (10 Year Treasury Note Futures)	CBOT	340,485,319	328,341,066	−3.6
3	巴西幣 (Real) 的一日銀行拆款利率期貨 (One Day Inter-Bank Deposit Futures)	BM&F[2]	286,125,664	309,308,981	8.1
4	美國 5 年期公債期貨 (5 Year Treasury Note)	CBOT	196,429,135	190,707,727	−2.9
5	德國長期公債期貨 (Euro-bund Futures)	Eurex	179,136,822	177,107,346	−1.1

資料來源：Futures Industry Association

由表 10–2 的統計數字，大家可以發現到很有趣的現象。榮獲全球利率期貨成交量冠軍的是歐洲美元期貨，注意！歐洲美元期貨是短期利率期貨，而不是外匯期貨，歐元期貨才是外匯期貨！為什麼歐洲美元期貨會這麼重要呢？因為歐洲美元期貨的標的物是大名鼎鼎的倫敦銀行同業拆款利率 (London Interbank Offered Rate, LIBOR)。

---

[1]包含各種排放期貨（如碳排放）。

[2]BM&F Bovespa 為巴西證券期貨交易所的英文簡稱，位於聖保羅 (San Paulo)。

LIBOR 可以說是所有浮動利率金融商品最常拿來作為參考指標的利率，具有舉足輕重的地位。美元的短期利率，怎麼會以倫敦的利率作為代表，而不是以紐約的美元利率作代表呢？因為美元在美國境外的數量，早已超越美元在美國境內的數量了，自第二次世界大戰以後，美元大量的流出美國國境，因此歐洲美元利率，成為最具代表性的短期美元利率。

既然討論到債券與利率，是否該順帶討論一下影響利率整體環境的因素呢？畢竟這是操作利率期貨的交易者應該密切注意的基本面。不過大夥兒請留意，這裡所討論的只是「整體利率環境」對所有天期利率的共同影響分子。

影響整體利率水準的主要因素有五個：貨幣供給與需求、通貨膨脹、中央銀行的重貼現率、國家經濟政策和國際因素。

表 10-3　影響利率的因素

因素	說明
貨幣供給與需求	你可以將利率當作是一種商品看待，一種代表貨幣價值指標的商品。當市場資金供給是固定的情況下，市場對資金需求高，那麼利率自然也會提高。反之，市場對資金的需求降低，那麼利率自然就會下降。若市場對資金的需求是固定的，市場資金供應減少，那麼利率就會上揚；反之，市場資金增加的話，那麼利率就會下跌
通貨膨脹	通貨膨脹速度加快，也代表貨幣的價值在削減。中央銀行通常會升息以抑制通貨膨脹
中央銀行的重貼現率	重貼現率代表中央銀行貸款給商業銀行的資金利率，所以它也代表了一種基準利率。中央銀行提高重貼現率，代表商業銀行取得資金的成本提高了，當然商業銀行貸放資金出去市場的利率也會隨之提高。反之，中央銀行調降重貼現率，通常代表市場利率會下降
國家經濟政策	國家的經濟政策，決定了中央銀行對市場利率的態度，如果政府認為國家的經濟成長陷於衰退，必須以貨幣政策刺激景氣的話，那麼中央銀行便會降息以刺激景氣，而市場利率也會隨之下降
國際市場利率水準	在這個金融國際化的時代，一國的利率是沒有辦法自己埋頭苦幹，不用理會其他國家的情況的。如果世界各國都是傾向於低利率的環境，那麼本國的利率是不可能獨自走高的

此外，影響利率變化的因素，還有銀行經營成本、利率管理體制、法律規定、傳統習慣等。這些因素交錯在一起，綜合影響利率的變化。

10.2 短期利率期貨

■ 10.2.1 IMM 指數報價

短期利率期貨的報價方式，是採用所謂的國際貨幣市場 (International Monetary Market, IMM) 指數，至於什麼是 IMM 指數呢？為什麼短期利率的報價要採用 IMM 指數呢？這要從短期利率債券的特性談起。

一般一年以下的短期國庫券，都是零息債券。（為什麼呢？因為一般有票息的債券，最快也是半年才支付一次票息；三個月的國庫券如果是採用一般的票息債券，第一次票息都還沒發放就到期了！所以短期債券不會使用一般債券的票息付息方式。）

零息債券為了吸引投資人，一般會將面額打折後發售給投資人，待到期時，再以面額償還給投資人，而打折的部分，就是投資人持有至到期日所獲得的利息。零息債券的折價率愈高，代表投資人從買進這個零息債券至債券到期日這段期間所能得到的利率當然比較多。我們有一個公式在計算這個折價所獲得的年利率，叫做貼現殖利率。

$$\text{貼現殖利率} = \frac{\text{債券面額} - \text{債券價格}}{\text{債券面額}} \times \frac{360}{\text{債券到期天數}} \qquad (10\text{--}1)$$

那麼我們現在來看 IMM 指數，IMM 指數的定義是：

$$\text{IMM 指數} = 100\% - \text{貼現殖利率} (\%) \qquad (10\text{--}2)$$

所以：

◆短期利率債券的利率愈低（貼現殖利率愈低），IMM 指數愈高。

◆短期利率債券的利率愈高（貼現殖利率愈高），IMM 指數愈低。

美國 CME 的利率期貨都是如此：不論是短期、長期、中期利率期貨，都是殖利率愈低，利率期貨價格愈高。但是因為短期利率債券採用

的是折價發行的方式，所以必須使用 IMM 指數的方式報價，才可以跟中長期利率期貨一樣，殖利率愈低，利率期貨報價愈高；殖利率愈高，則利率期貨報價愈低！

◎ 例題 **10-1**

貼現殖利率與 IMM 指數的計算

有一美國國庫券還有 90 天到期，其面額為 1,000,000 美元，目前的市價為 998,500。請問該國庫券的貼現殖利率為何？IMM 指數為何？

解答：

首先算出這個債券的折價率到底有多少？

$$折價率 = \frac{1,000,000 - 998,500}{1,000,000} = 0.0015 = 0.15\%$$

0.15% 的報酬率也太低了吧？不過這是投資 90 天的報酬率喔。由於美國國庫券的計息是以 360 天為一年，因此將之換算成年利率後，所得到的答案才是貼現殖利率：

$$0.15\% \times \frac{360}{90} = 0.15\% \times 4 = 0.6\%$$

IMM 指數則為

$$100 - 0.6 = 99.4$$

熱身操 **10-1**

有一美國國庫券還有 132 天到期，其面額為 1,000,000 美元，目前的市價為 994,300。請問該國庫券的貼現殖利率為何？IMM 指數為何？

從例題 10-1 就可以發現，貼現殖利率的計算事實上是很簡單的。

10.2.2 重要的美國短期利率期貨契約

目前交易量最大也最有知名度的短期利率期貨契約，應該是排名第一的「歐洲美元」期貨，與「美國 13 週國庫券」(13-week T-bill Futures) 期貨兩種吧！在這裡我們先把它們的期貨契約規格做一個比較（表 10-4）：

表 10–4　歐洲美元與美國 13 週國庫券期貨契約規格

項　　目	歐洲美元期貨	美國 13 週國庫券期貨
期貨交易所	CME	CME
標的物	3 個月的歐洲美元存款利率	13 週（三個月）美國國庫券
報價方式	IMM 指數報價	IMM 指數報價
契約規模	1,000,000 美元	1,000,000 美元
到期月份	最近的二個連續月（不包含季月）以及 10 年的 3 月、6 月、9 月、12 月連續四個季月，也就是四個連續月份加上 40 個季月	最近的二個連續月以及 3 月、6 月、9 月、12 月連續四個季月
每日漲跌幅	1.交易所場內人工喊價：無限制 2.電腦撮合交易系統 (GLOBEX)：200 個基本點	1.交易所場內人工喊價：無限制 2.電腦撮合交易系統 (GLOBEX)：200 個基本點
最小升降單位	1.到期月份：0.0025（6.25 美元） 2.其他月份：0.005（12.5 美元）	0.005（12.5 美元）
最後交易日	到期月份的第三個星期三之前的第二個倫敦銀行營業日	到期月份的第三個星期三
最後結算價	最後交易日當日，英國銀行公會三個月期銀行間歐洲美元存款利率來作為最後結算價	以到期月份之第三個星期三當週公開標售的 13 週美國國庫券得標的最高得標利率[3]
交割方式	以現金交割	以實體國庫券交割

資料來源：CME

　　這兩個契約的規格有很多相同的地方，通常在期貨相關測驗題目應該都會提供最小升降單位或是契約的最小金額變動。因此，我們應該多加注意的是，如何去應用這些期貨契約。

　　看到這裡，想必你的心中充滿疑惑。既然美國國庫券期貨與歐洲美元期貨的標的物都是「三個月的美元利率」，那麼它們的差異在哪裡？可以將它們視為同一種期貨嗎？答案是不可以，它們本質上還是有差異存在，而這對於有避險或套利需求的交易者來說，卻是非常關鍵的因素。

一、歐洲美元期貨的標的物

---

[3] 美國 13 週國庫券每週都有標售。

歐洲美元期貨的標的物為倫敦銀行之間的短期拆款利率 (LIBOR)，然而歐洲美元利率的範圍其實很廣，不論這個美元存款利率是在德國、日本或埃及，只要是美國境外的美元存款利率，都可以包含在內。所以臺灣的銀行牌告的各類美元定存利率，也是屬於歐洲美元利率的一種！由於倫敦是美國紐約之外最重要的金融中心，因此它的銀行間美元拆款利率的平均值理所當然的成為歐洲美元期貨的標的物。

二、美國國庫券期貨的標的物

美國國庫券期貨標的物為「還有 13 週到期的美國國庫券」，而其所代表的利率，當然是「美國境內的短期美元定存利率」！國庫券期貨交割日的時候，期貨賣方可以交付 1.剛發行的「全新」13 週美國國庫券或 2.還有 13 週以上的時間才會到期的國庫券。

另外一個疑惑可能也在你的心裡滋生：不管是美國境內還是境外，美元的存款利率應該要差不多才對吧？也就是說，美國國庫券利率與歐洲美元利率之間存在「零誤差」的可能性？事實上這兩種利率是有差異的：美國國庫券的發行人是美國財政部，違約機率幾近於 0，金融市場普遍認為其為最安全的標的；歐洲美元的發行人是倫敦的銀行，有無法償還美元借款的風險。由於美國國庫券的利率是無風險利率，而歐洲美元是有風險的利率，因此美國國庫券的利率一定低於歐洲美元的利率。實務上將此兩種利率間的差距稱為泰德價差 (Treasury Eurodollar Spread, TED Spread) 或 TED 價差，是金融市場上一項非常重要的指標。

$$\text{TED 價差} = \text{歐洲美元利率} - \text{13 週美國國庫券利率} \qquad (10\text{--}3)$$

為什麼會有 TED 價差？原因就在於剛剛所說的，借款人不同，風險當然不同。TED 價差愈小，代表大家認為銀行倒閉的風險微乎其微；TED 價差愈大，則代表市場認為銀行遭遇危機的可能性大增，無法償還歐洲美元借款的機率增加。

TED 價差的值是多少呢？在正常的情況下，這個值很小，都在 1%（100 基本點）以下（圖 10-1），而且相對波幅不大，相當穩定。然而 TED 價差有時候也會一鳴驚人，在某些狀況下呈現暴衝狀態。

　　圖 10-1 是 TED 價差在 1984 到 2008 年間的歷史走勢圖，各位同學有發現到 TED 價差在 1987 年發生暴衝嗎？1987 年發生了什麼大事嗎？是的，1987 年發生了有名的黑色星期一的股市一日大崩盤，當時 TED 價差飆升到 3.08%（308 基本點）！在那之前，TED 價差早就已經悄悄的開始爬升，債券市場早就嗅到經濟衰退的風險已經風雨欲來，然而當時股市還在上演大漲行情，渾然不知股價已經來到危險的高峰，要是投資人當時有注意到 TED 價差急速擴大這個趨勢的話，應該可以及時在股票市場退出，順利上演大脫逃。

　　鏡頭回到 2008 年的金融風暴，股市在 2007 年仍然創下歷史高點，可是事實上 TED 價差在 2007 年就已經開始上揚了。金融災難的歷史一再的重複演出，令我們看了怵目驚心，所以在這裡提醒大家，觀察投資風向球，不能只注意股票市場，因為股票市場的交易量不如債券與外匯市場，只要用相對少量的資金炒作股票，就可維持一定的榮景，可是債券與外匯市場卻是大筆資金的操作，當波動幅度開始變大，這就是警訊了！因此要觀察景氣的榮枯與市場風險意識的水準，請重視 TED 價差與風險貨幣（如澳幣等）、避險貨幣（如美元、日圓等）的走勢！

　　澳洲是全世界極為重要的原物料出產國，當世界景氣開始轉弱，對於原物料的需求就會大幅下降，直接影響到澳洲的經濟強度，因此澳幣常被視為風險貨幣，澳幣轉弱通常都預告全球景氣的衰退。美元本來就是世界貨幣之王，被認為沒有違約的風險；日本也一向被視為經濟力量強大的國家，當景氣衰退時，資金會湧向這些被視為安全性高的貨幣。因此美元、日圓常被視為避險貨幣。

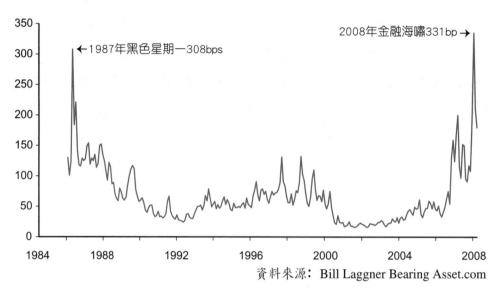

↗ 圖 10–1 TED 價差走勢圖 (1984-2008)

■ 10.2.3 短期利率期貨的應用

不論是哪種期貨契約，它們的功用大致都不出以下幾種：投機、避險、套利。套利的部分留待以後去鑽研，這裡我們先討論最重要的投機與避險。

一、投　機

這是大部分交易者最關心的議題。什麼時候需要作多短期利率期貨？什麼時候又應該放空短期利率期貨？

◆ 作多短期利率期貨：預期未來短期利率「下降」。

◆ 放空短期利率期貨：預期未來短期利率「上升」。

注意！這是利率期貨比較特殊的地方，各位同學要特別謹慎！

不論是為了投機或是避險，想要從事短期利率期貨的操作，基本面的考量是非常重要的。一般而言，不論是臺灣的中央銀行（以下簡稱央行）還是美國的聯準會，都可藉由公開市場操作來影響市場利率，而其唯一可以直接干預的就是「短期利率」！例如央行可透過公開市場操作賣出短期國庫券來回收市場資金，使短期利率上升；買進短期國庫券來釋放出資金，使短期利率下降，由此可知，央行的態度是影響短期利率最

重要的因素，而央行調整重貼現率所直接影響的就是商業銀行的短期資金成本，但這對於中長期利率的影響並不是直接的。想要影響中長期利率，央行所能做的只有藉由公開市場操作，間接的影響市場中長期利率的走勢。

另外，有時也要考慮影響短期利率季節性的因素。例如在華人地區，每到農曆春節就必須送禮、發紅包等，是資金較緊俏的時期。這時候的短期利率就會上升，不過這通常只是短暫的現象，等農曆春節過完以後，短期利率就會回復到反映基本面的水準。

◎ 例題 **10-2**

短期利率期貨投機

　　X2 年 10 月到期的歐洲美元期貨市價為 99.640，小平認為目前油價突破每桶 100 美元，通貨膨脹危機發生的可能性大增，因此他決定放空 5 口 13 週美國國庫券期貨，以防止短期利率飆升。10 天之後，小平將他的空頭部位平倉，平倉價位為 99.625。已知 13 週美國國庫券期貨的價格最小升降單位為 0.005（12.5 美元）。請問在不考慮交易成本的情況下，小平此次投機交易的總損益為何？

解答：

$$\frac{(99.625 - 99.640)}{0.005} = -3 \text{（最小升降單位）}$$

表示契約價值變動：

$$-3 \times 12.5 = -37.5 \text{（美元／口）}$$

小平共放空 5 口，所以他的總損益為：

$$(-5) \times (-37.5) = 187.5 \text{（美元）}$$

熱身操 **10-2**

　　志成觀察到目前市場對於希臘是否退出歐元區充滿了不確定性，認為銀行彼此之間的信任感會逐漸降低，資金有可能會從全球各地轉到有安全的避風港之稱的短期美國國庫券。在此情況下，志成該如何利用 TED 價差從事投機交易呢？

1. 如果志成的判斷是正確的，請問 TED 價差將會擴大還是收斂？
2. 延續上題，志成該如何操作 13 週美國國庫券期貨與歐洲美元期貨？

二、避　險

　　短期利率期貨是非常重要的避險工具。至於其避險目的為何呢？就歐洲美元期貨而言，其標的物為 LIBOR，是最重要的浮動利率指標，因此可以用來規避「持有（或發行）浮動利率金融商品」的浮動利率風險：

◆ 對浮動利率商品的債務人而言

　　可以放空歐洲美元期貨，以防止未來利率上升，浮動利息成本增加的風險。

◆ 對浮動利率商品的債權人而言

　　可以作多歐洲美元期貨，以防止未來利率下降，浮動利息收入減少的風險。

　　在實務上公司該如何利用短期利率期貨避險呢？我們這裡用一家虛擬公司日出股份有限公司來做範例。

　　日出股份有限公司認為未來利率看跌，但是公司目前就有資金的需求，所以決定向銀行以浮動利率借款 10,000,000 美元，借款時間長度為九個月，每三個月付息一次，借款之年利率為 LIBOR + 150bp (1.5%)，bp 是基本點 (Basic Point) 的縮寫，代表萬分之一 (0.01%) 的利率，也是利率的基本單位。如果日出公司對利率的研判是正確的話，那麼因為借款利率浮動的關係，日出公司的利息負擔會愈來愈低。

　　假設日出公司取得貸款的時候，LIBOR 為 1.50%，因此日出公司知道三個月後，第一次支付的利息為 1.50% + 150bp = 3.00%。

　　注意！在金融市場裡，本期的浮動利率是以「上一期付息當時的參考利率 (LIBOR)」為基準，而不是在當天要支付利息了，才依現在的參考指標來決定浮動利率。

　　圖 10-2 為一個半年付息一次的浮動利率債券，浮動利率債券的票面利率為 LIBOR + 100bp：

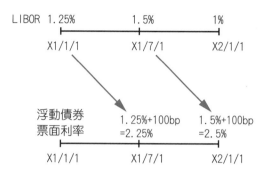

假設浮動利率債券每半年付息一次
票面利率為LIBOR+100bp

↗ 圖 10-2　浮動利率債券如何決定當期票面利率

現在麻煩的是，第二次付息日的利率要看第一次付息日（三個月後）當時的 LIBOR 才知道，然而日出公司並不是財神爺，因此它無法得知第二次付息日（六個月後）的利率是多少。雖然日出公司的高層看跌未來利率，但由於發行日的 LIBOR(1.50%) 已經非常低了，利率有可能會上揚，因此公司高層決定放空歐洲美元期貨避險。

◎ 例題 **10-3**

短期利率期貨避險

1. 已知日出公司操作歐洲美元利率期貨時利率，以及假設三個月後的歐洲美元利率資訊如下：

時　　間	LIBOR	三個月歐洲美元利率期貨報價
取得貸款	1.50%	98.375 (1.625%)
三個月後（第一次付息日）（假設）	1.75%	98.130(1.87%)

歐洲美元期貨的規模為 1,000,000 美元，因此日出公司貸款 10,000,000 美元等同於放空 10 口歐洲美元期貨避險。如上表，假設三個月後 LIBOR 真的上升到 1.75%，而三個月歐洲美元期貨價格下跌至 98.13，請問日出公司的避險績效如何？（一年以 360 天計算）

2. 已知日出公司操作歐洲美元利率期貨時利率，以及假設三個月後的歐洲美元利率資訊如下：

時　　間	LIBOR	三個月歐洲美元利率期貨報價
取得貸款	1.50%	98.375 (1.625%)
三個月後（第一次付息日）（假設）	1.00%	99.010(0.99%)

歐洲美元期貨的規模為 1,000,000 美元，因此日出公司貸款 10,000,000 美元等同於放空 10 口歐洲美元期貨避險。如上表，假設三個月後 LIBOR 真的下跌至 1.00%，而三個月歐洲美元期貨價格上升至 99.010，請問日出公司的避險績效如何？（一年以 360 天計算）

解答：

1. 第一次支付利息是取得貸款的三個月之後，因此我們要看的利息成本要從第三個月開始：

	第一次付息日 （取得貸款之後的第三個月）	第二次付息日 （取得貸款之後的第六個月）
貸款利率	LIBOR + 150bp = 1.50% + 1.50% = 3.00%	LIBOR + 150 bp = 1.75% + 1.50% = 3.25%
貸款須支付的利息	$10,000,000 \times 3.00\% \times \dfrac{90}{360}$ = 75,000（美元）	$10,000,000 \times 3.25\% \times \dfrac{90}{360}$ = 81,250（美元）

因為利率上升而須多支付的利息負擔為：

$$81,250 - 75,000 = 6,250（美元）$$

至於在取得貸款當日放空的 10 口歐洲美元期貨，損益為：

$$-10 \times \frac{(98.13 - 98.375)}{0.005} \times 12.5 = 6,125 \text{ 美元（獲利）}$$

從上式可知，日出公司在避險之後，原本因為 LIBOR 上揚而需多負擔的 6,250 美元，被放空 10 口歐洲美元期貨的獲利 6,125 美元所抵銷，結果只有多出 25 美元的利息負擔！也就是說，即使利率由 3.00% 上升至 3.25%，日出公司避險之後所實際支付的利息為

75,025 美元，實質支付的利率極為接近 3.00%！

2. 第一次支付利息是取得貸款的三個月之後，因此我們看的利息成本要從第三個月開始：

	第一次付息日（取得貸款之後的第三個月）	第二次付息日（取得貸款之後的第六個月）
貸款利率	LIBOR + 150bp = 1.50% + 1.50% = 3.00%	LIBOR + 150 bp = 1.00% + 1.50% = 2.50%
貸款須支付的利息	$10,000,000 \times 3.00\% \times \dfrac{90}{360}$ = 75,000（美元）	$10,000,000 \times 2.50\% \times \dfrac{90}{360}$ = 62,500（美元）

因為利率下降而要少支付的利息負擔為：

$$62,500 - 75,000 = -12,500（美元）$$

至於在取得貸款當日放空的 10 口歐洲美元期貨，損益為：

$$-10 \times \frac{(99.010 - 98.375)}{0.005} \times 12.5 = -15,875 \text{ 美元（損失）}$$

從上式可知，日出公司在避險之後，原本因為 LIBOR 下降而可以省下 12,500 美元的利息負擔，被放空 10 口歐洲美元期貨的虧損 15,875 美元所抵銷，結果多出 3,375 美元的利息負擔！也就是說，日出公司從事避險操作之後，即使是利率走低的狀況下，它實質支付的利率仍然約是 3.00%。

由 1.、2. 兩小題的結果，我們可以知道，不論 LIBOR 在未來是上揚或是下跌，日出公司在未來利息負擔的變動皆變得十分的微小，也就是說，日出公司已經將它的貸款利率鎖定在 3.00%(1.50% + 150 bp) 附近。我們可以說日出公司藉由操作歐洲美元利率期貨，把它的浮動利率貸款轉變成固定利率貸款！

熱身操 10-3

既然財務工程師可以巧妙的將手中的浮動利率商品改為固定利率商品，那麼假設現在有一持有固定利率的客戶來找你求援，想要把他手中投資的固定利率債券轉變為浮動利率收益，請問你該怎麼做？

10.3 中、長期利率期貨

對於短期利率期貨已經開始覺得有輕度暈眩症狀的同學,再看到中、長期利率期貨的話恐怕會陷入重度昏迷了。怎麼一回事? 中、長期利率期貨,特別是長期利率期貨的交割複雜度,恐怕將會是你學習期貨的過程中,所遭遇到的最大的挑戰。也許你會說,金融商品期貨不是沒有等級之分嗎? 難道中、長期公債也有分一級、二級與三級? 待我一一道來,也希望同學讀完這一章之後,你的重度昏迷的症狀會減輕很多!

一開始當然是要向各位介紹重要的中、長期利率期貨契約,它們是我們這一節的假想敵! 我把它們列在表 10-5、10-6 中,這樣比較容易做比較。

表 10-5　美國中期利率期貨契約規格

項　目	美國 2 年期公債期貨 (2-Year U.S. Treasury Note Futures)	美國 5 年期公債期貨 (5-Year U.S. Treasury Note Futures)	美國 10 年期公債期貨 (10-Year U.S. Treasury Note Futures)
期貨交易所	CBOT		
標的物	2 年期, 票面利率為 6% 之公債[1]	5 年期, 票面利率為 6% 之公債[1]	10 年期, 票面利率為 6% 之公債[1]
報價方式	以點數以及 $\frac{1}{32}$ 點合起來表示（如: $101\frac{5}{32}$）		
契約規模	200,000 美元	100,000 美元	100,000 美元
到期月份	離現在最近之 5 個 3、6、9、12 月季月合約		
每日漲跌幅	無限制		
價格最小升降單位（契約價值變動）	$\frac{1}{32}$ 點的 $\frac{1}{2}$（15.625 美元）	$\frac{1}{32}$ 點的 $\frac{1}{4}$（7.8125 美元）	$\frac{1}{32}$ 點的 $\frac{1}{2}$（15.625 美元）
最後交易日	交割月份最後一個交易日,交割月份契約會在最後交易日中午 12:01 停止交易		交割月份最後一個交易日的前第 7 個交易日,交割月份契約會在最後交易日中午 12:01 停止交易

[1] 此為虛擬數據, 現實中不一定有此種公債。

最後結算價	最後交易日的中午 12:00～12:01，於電腦撮合交易系統 (Globex) 交易的交易量加權平均價
交割方式	實體公債交割

資料來源：CME

表 10–6　美國長期利率期貨契約規格

項　　目	美國長期公債期貨 (U.S. Treasury Bond Futures)
期貨交易所	CBOT
標的物	至少 15 年期，票面利率為 6% 之公債[1]
報價方式	以點數以及 $\frac{1}{32}$ 點合起來表示（如：$115\frac{7}{32}$）
契約規模	100,000 美元
到期月份	離現在最近的連續 3 個季月：3、6、9、12 月
每日漲跌幅	沒有限制
價格最小升降單位（契約價值變動）	$\frac{1}{32}$ 點（31.25 美元）
最後交易日	交割月份最後一個交易日之前的第七個交易日，交割月份期貨會在最後交易日的中午 12:01 停止交易
最後結算價	最後交易日的中午 12:00～12:01，於電腦撮合交易系統 (GLOBEX) 交易的交易量加權平均價
交割方式	實體公債交割

資料來源：CME

中長期利率期貨契約的規格，似乎與短期利率期貨契約有些差距？是的，差距還不少，值得在這裡討論一下：

一、報　價

債券的報價方式有殖利率報價（即 IMM 報價法）和面額百分比報價兩種。而短期利率期貨與中、長期利率期貨的報價方式是不同的。

◆ 短期利率期貨的報價方式採用「IMM 報價法」。

◆ 中、長期利率期貨則採用「面額百分比報價法」。

在短期利率期貨的章節中，已經介紹過 IMM 報價法，那麼面額百分比報價法就更好應付啦，它的公式是：

$$\frac{債券市價}{債券面額} \times 100\% \qquad (10–4)$$

表 10–5 已經告訴各位中、長期利率期貨的最小價格升降單位是 $\frac{1}{32}$

點的 $\frac{1}{4}$，這是怎麼回事？表 10–7 為美國期貨商交易平臺的即時報價表：

表 10–7　美國期貨商交易平臺報價表

Symbol	ESZ2	RLM-MV2	YMZ2	FDAXZ2	6AZ2	6EZ2	ZFZ2
Last	1,455.5	0.0	13,537	7,435.5	103.84	129.71	124 12.25
Chg	4.00	0.0	48	17.0	0.29	0.24	−0 02.50
BidSize	868	0	104	12	2	27	240
Bid	1,455.25	0.0	13,537	1,734.5	103.84	129.71	124 10.25
Ask	1,455.50	0.0	13,538	7,435.0	103.85	129.72	124 10.50
AskSize	737	0	22	4	71	41	1,188
High	1,456.50	0.0	13,545	7,441.5	103.88	129.78	124 15.25
Low	1,450.25	0.0	13,481	7,371.5	103.31	128.98	124 10.25
Chg%	0.25%	0%	0.36%	0.23%	0.28%	0.19%	−0.06%
LastVol	1	0	1	3	1	1	6
TotalVol	564,092	0	45,281	77,646	65,009	184,424	186,386
Open	1,452.00	0.0	13,497	7,434.0	103.53	129.44	124 14.00
Settle	1,451.50	849.8	13,489	7,418.5	103.55	129.47	124 12.75
Updated	22:46:06		22:46:06	22:46:06	22:46:06	22:46:06	22:46:06
Base Contract	ES	RLM-M	YM	FDAX	6A	6E	ZF

其中最右邊一列，代碼為 **ZFZ2** 的期貨契約就是 5 年期利率期貨的報價。它的報價為「124 10.25」，可用圖 10–3 來表示：

$$124 + \frac{10}{32} + 0.25 \times \frac{1}{32}$$

↗ 圖 10–3　利率期貨的報價

二、標的物

美國公債的面額是標準化的，但是它的其他條件，如票面利率等可是一點也不標準化！就拿過去這一年美國 10 年期中期公債的標售結果來給各位看看吧（表 10–8）。

表 10–8　美國 10 年期中期公債的標售結果

標售日期	發行日期	到期日	票面利率	殖利率
2011/09/13	2011/09/15	2021/08/15	2.125%	2.000%
2011/10/12	2011/10/17	2021/08/15	2.125%	2.271%
2011/11/09	2011/11/15	2021/11/15	2.000%	2.030%
2011/12/13	2011/12/15	2021/11/15	2.000%	2.020%
2012/01/11	2012/01/17	2021/11/15	2.000%	1.900%
2012/02/08	2012/02/15	2022/02/15	2.000%	2.020%
2012/03/13	2012/03/15	2022/02/15	2.000%	2.076%
2012/04/11	2012/04/16	2022/02/15	2.000%	2.043%

資料來源：Treasury Direct

　　各位看到了嗎？ 10 年期的公債，在不同的發行時間，票面利率是不會相同的。那麼 CBOT 的 10 年利率期貨，到底該選擇什麼時候發行的 10 年期公債作為標的物呢？

　　談到這裡，如果你是 CBOT 契約設計者的話，應該也會開始感到頭痛，因為問題很多又棘手，例如：

㈠何時發行的 10 年期公債才是適合的標的物？是 2012 年 4 月發行的 10 年期公債？還是 2011 年 9 月發行的 10 年期公債呢？

㈡公債可以分等級嗎？如果可以的話，公債要怎麼分等級？是將不同時點發行的 10 年期公債分成優等以及劣等嗎？還是將所有時點的 10 年期公債都一視同仁？

㈢利率期貨的標的公債有替代品嗎？假設 CBOT 選擇了 2012 年 4 月的 10 年期公債作為標的物，那麼其他的 10 年期公債是不是也可以作為標的物？或者是其他發行的時候到期時間較長（如 30 年公債），但是它發行到現在剛好 20 年，只剩下 10 年到期，這個是否也可以算是 10 年期公債？

　　看到這麼多的問題，也許你真的開始感覺快昏迷了，中、長期利率期貨因為都是實物交割，所以要考慮到不同交割公債的差異性，複雜度絕對高於一般實物交割的商品期貨。我現在就要開始試著去解答各位的疑惑了！首先要解釋一下什麼是「虛擬債券」。

　　各位同學如果花一點時間去檢視一下 CME 的官方網站,會發現中期利率期貨的標的物,比起長期或短期公債期貨,其實定義是十分寬鬆的(表 10–9):

表 10–9　中、長期利率期貨合格標的公債的範圍

項　目	美國 2 年期公債期貨	美國 5 年期公債期貨	美國 10 年期公債期貨
標的物定義	該公債發行時的到期時間不可以超過 5 年又 3 個月;從期貨交割月份的第一天起算:距離到期時間不少於 1 年又 9 個月之間的美國公債;同時距離交割月份的最後一日不多於 2 年	該公債剛發行時的到期時間不可以超過 5 年又 3 個月;從期貨交割月份的第一天起算:距離到期時間不少於 4 年又 2 個月的美國公債	從期貨交割月份的第一天起算:距離到期時間為 $6\frac{1}{2} \sim 10$ 年之間的美國公債

資料來源: CME

　　表 10–9 應該可以解答不少同學們的疑惑。

　　利率期貨的標的物可容許範圍很廣,只要在某個時間範圍之內的公債,都可以被視為是合格的標的物。也就是說,標的物的替代品很多!為了避免大家看了以上可交割公債的定義還是不曉得到時可以拿哪些合格的公債出來交割,CME 在官網上都會隨時更新每一種利率期貨目前可交割公債的列表,交易者只要上官網搜尋,便可以輕易的查出每一種利率期貨可以交割的標的公債!

　　而同一個國家發行的公債,理論上信用風險是一樣的,並沒有所謂的優等與劣等的公債之分,只要合乎利率期貨契約範圍內的公債,都可以拿出去交割,但是交割的時候,期貨的多方(買方)支付的價格會是一視同仁嗎? 當然不是的! 不同時期發行的債券,票面利率可能大不相同,舉例來說,就 5 年期利率期貨的來說,合格標的公債是琳瑯滿目,但是取得這些標的公債的成本都會一樣嗎? 其實是大大的不同! 請看以下這個 10 年期公債的例子,這個例子的目的只是讓大家知道中長期利率

期貨，空方在交割時可以選擇成本比較低的合格公債拿去交割。事情就是這麼簡單，如果有得選擇的話，為什麼不拿便宜的來交割呢？

◎例題 **10-4**

可交割債券的選擇

假設 X 期貨交易所的 5 年期利率期貨即將進行交割，已知目前市場上有兩種合格的標的債券可供交割：

A 公債：30 年期，票面利率 6.25%，結算時距到期日恰好為 5 年。

B 公債：10 年期，票面利率 3.50%，結算時距到期日恰好為 5 年。

如果期貨交易所對於 A、B 債券的交割價格以 5 年利率期貨的最後結算價為準，一視同仁，也就是說，買方所需要支付的價格都一樣，請問身為賣家的你，會選擇 A 債券還是 B 債券拿出來交割？還是會覺得沒差，兩者都一樣？（假設目前 A、B 公債的殖利率都是 2.50%，且每年付息一次）

解答：

還記得債券價值怎麼算的嗎？

$$\sum_{i=1}^{m \times n} \frac{C_i}{(1 + \frac{y}{m})^i} + \frac{Par}{(1 + \frac{y}{m})^{m \times n}}$$

y = 債券的殖利率

Par = 債券的面額

m = 一年內付息的次數

C_i = 每次付息的金額

n = 債券到期時間長度

也就是債券每一期的現金流量以殖利率折現的總和。

因此 A 債券的價值為：

$$\frac{100 \times 0.0625}{(1 + 0.025)} + \frac{100 \times 0.0625}{(1 + 0.025)^2} + \frac{100 \times 0.0625}{(1 + 0.025)^3} + \frac{100 \times 0.0625}{(1 + 0.025)^4} +$$

$$\frac{100 \times 0.0625}{(1 + 0.025)^5} + \frac{100}{(1 + 0.025)^5} = 117.42$$

而 B 債券的價值為：

$$\frac{100 \times 0.035}{(1+0.025)} + \frac{100 \times 0.035}{(1+0.025)^2} + \frac{100 \times 0.035}{(1+0.025)^3} + \frac{100 \times 0.035}{(1+0.025)^4} +$$

$$\frac{100 \times 0.035}{(1+0.025)^5} + \frac{100}{(1+0.025)^5} = 104.65$$

由於期貨交易所規定在交割的時候，期貨買方支付的金額沒有差別，都是一樣的，因此站在賣方的立場上，你當然會選擇拿較便宜的 B 債券來交割給買方！

例題 10-4 點出了債券交割的兩個問題：

◆利率期貨標的物的交割，必須制定一個可以「持續」作為標準的公債，然而現實世界中並不存在此種公債！

◆利率期貨的賣家在交割的時候，一定會想辦法拿最便宜的債券出來交割！

為了解決上述兩個問題，CBOT 制定了不同到期時間的虛擬公債，並將它們的票面利率訂為 6%：

	2 年期利率期貨	5 年期利率期貨	10 年期利率期貨
標的物	票面利率 6%，到期時間正好 2 年的「虛擬公債」	票面利率 6%，到期時間正好 5 年的「虛擬公債」	票面利率 6%，到期時間正好 10 年的「虛擬公債」

如果利率期貨的賣方，在交割的時候剛好有和虛擬債券完全相同的公債的話，那當然是再好不過了，但不巧的是，這種狀況幾乎是不可能發生。那麼當利率期貨的賣方在交割的時候，所持有的公債規格要是與虛擬標準債券不同的話，買方到底是要補貼賣方呢？還是賣方必須要打折賣給買方呢？如果真的必需補貼或是打折的話，那到底又要多少金額呢？這個時候真的需要有一個換算的機制，不然交割的兩方很容易會一言不合，大打出手。

還好從來沒有發生過這種場面，因為 CBOT 早就考慮到這個問題，它在利率期貨到期月份接近之前，就會公布每一項利率期貨可以交割的公債以及這些公債與虛擬標準債券之間價格的關係，即轉換因子 (Conversion Factor)。

對買方而言，其必須支付給賣方的實際總金額，即發票金額 (Invoice Price) 為：

發票金額 = \$100,000 × 結算價格 × 轉換因子 + 應計利息　　(10–5)

各位同學之前在固定收益證券的課程中應該學過，債券買賣的時候，報價是不含息的。所以說買方除了報價的金額之外，還要支付賣方應計利息 (Accrued Interest)。所謂應計利息又是怎麼回事？圖 10–4 希望能為各位解答疑惑：假設大明於 1 月 1 日向小華購買一張每半年付息一次的債券，這個債券於 4 月 30 日交割。

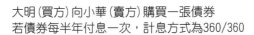

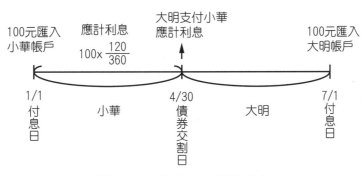

↗ 圖 10–4　為什麼有應計利息？

小華與大明在 4 月 30 日交割完債券後，該債券的所有人就是大明，因此在下一次付息日（7 月 1 日），100 元的利息是全進了大明的口袋裡。你認為這公平嗎？當然不公平！因為從 1 月 1 日到 4 月 30 日這麼長的一段時間裡，小華才是債券的所有人，這段期間的利息（應計利息）應該是屬於小華才對！因此在債券交割的時候，大明必須預先支付小華應得的應計利息！

至於轉換因子該如何計算？不用擔心，CME 都會幫你找出合格的標的公債並且會幫你表列出它們的轉換因子。不信請看表 10–10，這個表是從 CME 的官網所複製出來的！

表 10–10 CME Group 5 年期利率期貨可交割公債及轉換因子

票面利率(%)	發行日期	到期日	發行金額(十億美元)	5 年期利率期貨到期月份				
				2012 年 9 月	2012 年 12 月	2013 年 3 月	2013 年 6 月	2013 年 9 月
7/8	2011/11/30	2016/11/30	350	0.8135				
7/8	2012/01/03	2016/12/31	350	0.8102				
7/8	2012/01/31	2017/01/31	350	0.8069				
7/8	2012/02/29	2017/02/18	350	0.8037	0.8135			
1	2012/04/02	2017/03/31	350	0.8053	0.8148			
7/8	2012/04/30	2017/04/30	350	0.7973	0.8069			
5/8	2012/05/31	2017/05/31	350	0.7840	0.7941	0.8044		
3/4	2012/07/02	2017/06/30	350	0.7858	0.7956	0.8056		
1/2	2012/07/31	2017/07/31	350	0.7722	0.7824	0.7928		
5/8	2012/08/31	2017/08/31	350	0.7740	0.7840	0.7941	0.8044	

資料來源：CME, 23 SEP., 2012

◎例題 **10-5**

中、長期利率期貨最後交割所需支付的發票價格

　　小華決定選擇某合格公債甲作為 10 年期公債期貨的交割標的物。已知 10 年期公債最後結算價為 132-30，轉換因子為 0.8135，應計利息為 875 元，請問買賣雙方的實際買賣金額（發票金額）為何？（四捨五入至小數第二位）

解答：

　　這一題的答案很簡單，直接套用公式 (10–5) 就可以了！要留意的地方只有一個，那就是 CME 的中期公債報價要怎麼解讀？

　　由於中長期公債期貨的報價是「市價面額百分比」，表 10–6 有提到過，應以點數以及 $\frac{1}{32}$ 點合起來表示，所以 132-30 應該解讀為：

$$132\frac{30}{32}\% = 132.9375\% = 1.329375$$

將算出來的數字代入公式 (10–5) 中可得：

$$
\begin{aligned}
發票金額 &= \$100,000 \times 結算價格 \times 轉換因子 + 應計利息\\
&= \$100,000 \times 1.329375 \times 0.8135 + 875\\
&= \$109,019.66
\end{aligned}
$$

熱身操 10-4

2012 年 9 月到期的美國 5 年期公債期貨，到期進行實物交割，結算價格為 128-24。已知美國 5 年期公債期貨的規模為 $100,000，賣方所持有準備要交割的債券是 2012 年 2 月 29 日所發行，2017 年 2 月 18 日到期的美國 5 年期公債（請看表 10-9）。假設應計利息為 120 美元，請問這個債券的發票價格為?（轉換因子請查閱表 10-10）

10.4 臺灣期貨交易所的利率期貨

臺灣期貨交易所也推出了利率期貨，臺灣的散戶投資人對於利率期貨大都不甚瞭解，而且興趣也不大，大家關愛的眼神還是落在股票上面居多。表 10-11 所展示的是 2015 年臺灣期貨交易所各種期貨商品的年度總成交量:

表 10-11　臺灣期貨交易所 2015 年各類商品年成交量

期貨契約	2015 年成交總口數
臺股期貨 (TX)	33,059,533
電子期貨 (TE)	1,221,577
金融期貨 (TF)	1,060,748
小型臺指期貨 (MTX)	21,021,527
臺灣 50 期貨 (T5F)	261
10 年期政府公債期貨 (GBF)	0
黃金期貨 (GDF)	2
臺幣黃金期貨 (TGF)	58,014
非金電期貨 (XIF)	138,726
櫃買期貨 (GTF)	2,613
股票期貨 (STF)	12,189,434

資料來源: 臺灣期貨交易所,〈各商品年成交量統計表〉

從表 10-11 可以發現，一整年的 10 年期政府公債期貨竟然成交不到一件，也就是說，在台灣，交易利率期貨的機率很小，不過你還是得知道這個契約以免有客戶下委託單。

表 10-12　臺灣期貨交易所利率期貨契約規格

項目	中華民國 10 年期政府債券期貨
交易標的	面額 500 萬元,票面利率 3% 之 10 年期政府債券(虛擬債券)
中文簡稱	10 年期公債期貨
英文代碼	GBF
交易時間	1.財團法人中華民國證券櫃檯買賣中心債券等殖成交系統營業日上午 8:45～下午 1:45 2.到期月份契約於最後交易日之交易時間為上午 8:45～中午 12:00
到期月份	交易當月起接續之三個季月(3、6、9、12 季月循環)
每日結算價	每日結算價原則上採當日收盤前 1 分鐘內所有交易之成交量加權平均價,若無成交價時,則依「臺灣期貨交易所股份有限公司中華民國十年期政府債券期貨契約交易規則」訂定之
每日漲跌幅	以前一交易日結算價上下各新臺幣 3 元為限
可交割債券	依本公司公告符合「到期日距交割日在 8 年 6 個月以上,10 年以下,1 年付息一次,到期一次還本,發行時償還期限為 10 年,或增額發行時原始公債償還期限為 10 年」之中華民國政府中央登錄公債
報價方式	百元報價
最小升降單位	每百元 0.005 元(相當於 250 元)
最後交易日	交割月份第二個星期三
最後結算價	1.以最後交易日收盤前 15 分鐘內所有交易之成交量加權平均價訂之,但該時段內不足二十筆交易者,以當日最後二十筆交易剔除最高及最低各二筆交易後之成交量加權平均價替代之。當日交易不足二十筆者,以當日實際交易之成交量加權平均價替代之 2.當日交易時間內無成交價,或前項之最後結算價顯不合理時,由本公司決定之
交割方式	實物交割

資料來源:臺灣期貨交易所

衍生性商品災難事件簿

LIBOR 大醜聞

各位同學應該在本章之中，或多或少都學到了 LIBOR，也就是倫敦銀行同業拆款利率的簡稱。現在我再詳細的為各位介紹一下這個名詞，因為這個利率指標實在是太重要了！LIBOR 可以說是全世界最活躍，最常被使用的浮動利率。幾乎所有要應用到浮動利率的商品，包括利率期貨，選擇權定價，各種衍生性商品以及外匯，只要是有使用到浮動利率，都是以 LIBOR 為第一優先選擇。

既然 LIBOR 可以說是牽一髮動全球金融市場的關鍵指標，那麼是誰制定這個指標的呢？每天倫敦時間早上 11 點，英國銀行家協會會收集 20 家銀行的短期拆借利率報價（到期期限短到隔夜，長到 1 年），然後去除掉最高值與最低值之後再取平均值而得，接下來的 24 個小時之內，全世界的金融商品就要以這些拆款利率來做標準。

看到這裡，你是不是覺得有點不太對勁？事關全世界成千上萬家金融機構以及金融商品（估計相關的衍生性商品名目金額及債券價值高達 300 兆美元）的利率標準，居然是由 20 家金融機構所決定？其他金融機構都插不上嘴嗎？這 20 家金融機構憑什麼決定這個關鍵利率？

這些都是很好的疑問，但最容易出問題的地方是，LIBOR 等於是被幾家托拉斯企業所掌控，這幾家銀行是不是可以很容易就商量好一起「做出」對自己有利的 LIBOR 呢？

舉例來說，因為 LIBOR 只去掉最高與最低值取平均，如果這 20 家銀行的其中一家想要調高 LIBOR，它只要再找 20 家銀行的另一家合作就可以了。2 家銀行就可以操控了！我們兩家銀行都報偏高的利率，也許我們其中一家的因為是最高利率被去掉，但是最少會有一家所報的利率會被算進平均值裡，從而影響 LIBOR，不是嗎？更不要說超過 2 家以上銀行聯手操控 LIBOR 了！

事件爆發的時間點是 2012 年 7 月 27 日，英國權威財經報紙金融時報 (*Financial Times*) 刊載了一位前交易員的投書，文中提到，LIBOR 的操弄行為早在 1991 年就已經開始，後續的媒體如路透社 (Reuters) 也刊出相關的報導。

事實上，由美國司法部和美國商品期貨委員會 (CFTC) 牽頭的這次

LIBOR 操縱案的調查早在一年前就已經開始，包括英國、日本、歐盟等三大洲的監管部門共同參與，重點調查 2007 至 2008 年金融危機期間銀行內部及銀行之間是否存在操縱 LIBOR、EURIBOR（歐洲銀行間歐元同業拆款利率）和 TIBOR（東京銀行同業拆款利率）的串通行為。

巴克萊因試圖操控 LIBOR，遭英美監督機構罰款 4.5 億美元，被調查的機構超過 20 家，其中包括大型知名金融機構，如花旗、德意志、匯豐、摩根大通、蘇格蘭皇家銀行、瑞銀等等，而巴克萊是第一個與監管積極合作，達成和解和接受罰款的銀行。

2012 年 9 月 25 日，英國金融服務管理局官員 Martin Wheatley 宣布大刀闊斧的改革方案，預計在 2014 年，LIBOR 的監管由英國銀行家協會轉移到一個新監管機構，這一大膽舉措旨在恢復市場對 LIBOR 的信心。

這個事件有很多嚴重後果，維繫金融市場的秩序最重要的關鍵就是「互信」。LIBOR 的公信力現在已經受到嚴重質疑，事實上 LIBOR 的醜聞到現在還是餘波盪漾，在 2013 年的經濟日報，還報導歐盟執委會計畫讓倫敦銀行同業拆款利率 (LIBOR) 脫離倫敦掌控，改由位於巴黎的歐洲證券與市場管理局 (ESMA) 監督。此舉可能重創倫敦作為全球金融中心的地位。

自問自答時間

攸關全世界浮動利率大權的 LIBOR，竟然是由少數銀行所決定，你認為銀行真的「大到不能倒」嗎？

練習題

( ) 1.「歐洲美元」期貨契約是屬於 (A)長期利率期貨 (B)中期利率
期貨 (C)短期利率期貨 (D)外匯期貨【2010 期貨業務員測驗】

( ) 2.美國 CBOT 公債期貨之交割選擇 (Delivery Option) 不包括哪一
項? (A)現金結算 (B)任選交割公債 (C)任選交割日 (D)以上
皆是 【2010 期貨業務員測驗】

( ) 3.某公司計畫 3 個月後發行商業本票,為避免屆時利率上漲而受
損失,該公司可先 (A)賣國庫券期貨 (B)買國庫券期貨 (C)賣
國庫券 (D)向銀行貸款,同時買國庫券期貨

【2010 期貨業務員測驗】

( ) 4.下列何者為泰德價差 (Ted Spread)? (A)泰幣與德幣的價差 (B)
美國 T-Note 和 T-Bond 的價差 (C)歐洲美元期貨與美國國庫券
期貨的價差 (D)以上皆非 【2010 期貨業務員測驗】

( ) 5.臺灣期貨交易所公債期貨契約之交易標的為何? (A)面額 5 百
萬元,票面利率 6% 之 15 年期政府債券 (B)面額 5 百萬元,票
面利率 5% 之 12 年期政府債券 (C)面額 5 百萬元,票面利率
5% 之 10 年期政府債券 (D)面額 5 百萬元,票面利率 3% 之 10
年期政府債券 【2010 期貨業務員測驗】

( ) 6.小明預期美國聯準會即將調降存款準備率,以營造寬鬆貨幣的
環境,此時其可採取何種投機策略? (A)放空歐洲美元期貨
(B)買進國庫券期貨 (C)放空長期公債期貨 (D)放空股票指數期
貨 【2010 期貨業務員測驗】

( ) 7.預期央行調升存款準備率時,具利率上升風險的美商銀行應
(A)買入公債期貨 (B)買入歐元期貨 (C)賣出歐洲美元期貨 (D)
賣出美元期貨 【2010 期貨業務員測驗】

( ) 8.老吳預期美國殖利率曲線將會下降,請問其應 (A)賣出長期公

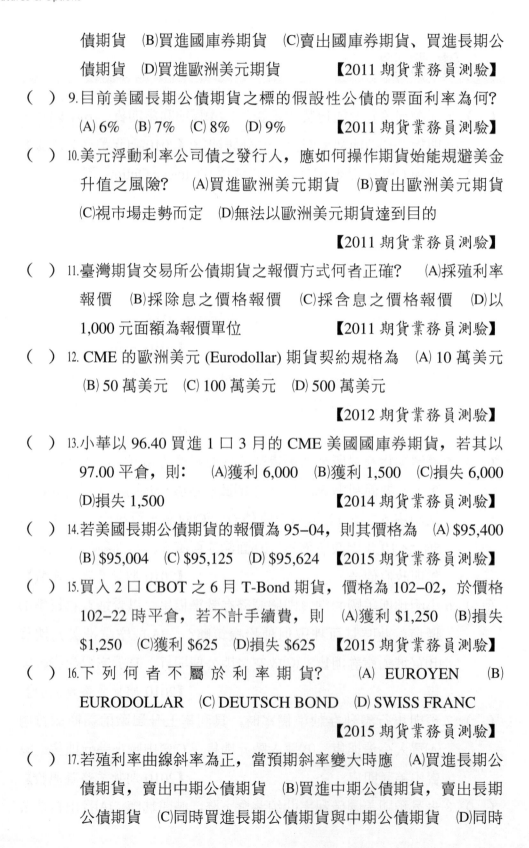

債期貨　(B)買進國庫券期貨　(C)賣出國庫券期貨、買進長期公債期貨　(D)買進歐洲美元期貨　【2011 期貨業務員測驗】

(　) 9.目前美國長期公債期貨之標的假設性公債的票面利率為何？
(A) 6%　(B) 7%　(C) 8%　(D) 9%　【2011 期貨業務員測驗】

(　) 10.美元浮動利率公司債之發行人，應如何操作期貨始能規避美金升值之風險？　(A)買進歐洲美元期貨　(B)賣出歐洲美元期貨　(C)視市場走勢而定　(D)無法以歐洲美元期貨達到目的
【2011 期貨業務員測驗】

(　) 11.臺灣期貨交易所公債期貨之報價方式何者正確？　(A)採殖利率報價　(B)採除息之價格報價　(C)採含息之價格報價　(D)以 1,000 元面額為報價單位　【2011 期貨業務員測驗】

(　) 12. CME 的歐洲美元 (Eurodollar) 期貨契約規格為　(A) 10 萬美元　(B) 50 萬美元　(C) 100 萬美元　(D) 500 萬美元
【2012 期貨業務員測驗】

(　) 13.小華以 96.40 買進 1 口 3 月的 CME 美國國庫券期貨，若其以 97.00 平倉，則：　(A)獲利 6,000　(B)獲利 1,500　(C)損失 6,000　(D)損失 1,500　【2014 期貨業務員測驗】

(　) 14.若美國長期公債期貨的報價為 95–04，則其價格為　(A) $95,400　(B) $95,004　(C) $95,125　(D) $95,624　【2015 期貨業務員測驗】

(　) 15.買入 2 口 CBOT 之 6 月 T-Bond 期貨，價格為 102–02，於價格 102–22 時平倉，若不計手續費，則　(A)獲利 $1,250　(B)損失 $1,250　(C)獲利 $625　(D)損失 $625　【2015 期貨業務員測驗】

(　) 16.下 列 何 者 不 屬 於 利 率 期 貨？　(A) EUROYEN　(B) EURODOLLAR　(C) DEUTSCH BOND　(D) SWISS FRANC
【2015 期貨業務員測驗】

(　) 17.若殖利率曲線斜率為正，當預期斜率變大時應　(A)買進長期公債期貨，賣出中期公債期貨　(B)買進中期公債期貨，賣出長期公債期貨　(C)同時買進長期公債期貨與中期公債期貨　(D)同時

賣出長期公債期貨與中期公債期貨

【2015 期貨交易分析人員測驗】

( ) 18.下列何者不是歐洲美元期貨之避險功能? (A)鎖定貸款成本 (B)鎖定匯率成本 (C)鎖定短期票券投資之獲利 (D)鎖定浮動利率債券之收益。 【2015 期貨業務員測驗】

( ) 19.CBOT 10 年中期公債 (T-Note) 期貨契約規定,其可交割現貨債券距到期日 (Maturity) 不得少於 (A) 5 年 (B) 6.5 年 (C) 10 年 (D) 15 年 【2015 期貨業務員測驗】

( ) 20.下列何者,可規避持有浮動利率美元債券之利率風險? (A)公債期貨 (B)美元之遠期契約 (C)歐洲美元期貨 (D) GNMA 期貨 【2015 期貨業務員測驗】

( ) 21.小恩上星期買進 2 口歐洲美元期貨,買進價格為 98.56,若現在以 97.47 平倉,請問其損益為何? (A)獲利 5,450 (B)獲利 2,725 (C)損失 5,450 (D)損失 2,725 【2015 期貨業務員測驗】

( ) 22.假設最廉交割 (Cheapest to Deliver) 債券不會改變,當長期利率高於短期利率時,公債期貨通常呈現何種情況? (A)正向市場 (NORMAL MARKET) (B)逆向市場 (INVERTED MARKET) (C)不一定 (D)資本成本高於公債的孳息

【2015 期貨業務員測驗】

第 11 章
外匯期貨

　　各位同學在閱讀完前面的章節後，應該已經擁有充分的期貨知識，接下來就把重點放在外匯期貨這邊吧！事實上，外匯期貨跟其他的期貨差不多，都有標的物，只是外匯期貨的市場上，待價而沽的商品是外幣。我們願意花多少本國貨幣去買 1 單位的外幣，所呈現出來的價格就是外匯市場的基本報價方式。這種報價方式又被稱作直接報價。當然相對來說，1 單位的本國貨幣可以值多少外國貨幣的報價方式叫做間接報價。

　　在這裡先列出幾種最常見的主要貨幣的代碼，這些代碼是未來你在金融市場天天都看得到的，請牢牢記住它們！

表 11-1　國際主要的貨幣的代碼

貨幣名稱	代　碼	貨幣名稱	代　碼
美　元	USD	新臺幣	TWD
歐　元	EUR	英　鎊	GBP
日　圓	JPY	澳　幣	AUD
加拿大幣	CAD	人民幣	RMB
瑞士法郎	CHF	紐西蘭幣	NZD

◎例題 **11-1**

　　假設今日報紙財經版的頭條新聞為：新臺幣今天對美元升值到 29.23。請問 29.23 對(1)我們及(2)美國人來說，是直接報價還是間接報價？

解答：

　　新臺幣是我們的本國貨幣，而美元是我們的外國貨幣。

　　所以 1 美元（外幣）可以兌換 29.23 新臺幣（本國貨幣）對我們而言，是屬於直接報價；至於對美國人而言，則是屬於間接報價了！

熱身操　**11-1**

　　歐元兌換美元的匯率是 USD/EUR = 1.2788，請問對法國而言，這樣的報價是屬於直接報價還是間接報價？

11.1 主要的外匯期貨契約

外匯期貨在整體外匯市場中只占了極小的一部分，而絕大多數的外匯交易都集中於⑴現貨市場 (Spot Market) 交易、⑵遠期市場 (Forwards Market) 交易和⑶外匯交換 (Foreign Exchange Swaps)。至於外匯期貨市場的成交量，所占的比重反而不大。

為什麼會是這個樣子？這跟外匯市場的特質有關。外匯市場是一個高度「依客戶量身訂做」、「非標準化」的市場。請問每個人對歐元的需求會一樣嗎？當然不可能！這些特性恰好與外匯期貨專長的地方──標準化契約相牴觸，外匯期貨成交量所占的比例因此始終未能明顯提升。

國際清算銀行 (Bank for International Settlements) 在 2015 年 9 月的報告[1]指出，全球外匯交易的平均日交易量為 5.3 兆美元，而全球交易所的外匯衍生性商品一天成交總規模為 1,680 億美元。算一算只占了全球平均日交易量的 7% 而已！

外匯市場目前最活躍的貨幣有哪些呢？在這裡提供一下資訊給好奇的同學們參考（表 11–2）：

表 11–2　2015 年全球外匯市場主要交易貨幣及其所占比重

排　名	貨　　幣	代　碼	比　重
1	美　元	USD ($)	87.0%
2	歐　元	EUR (€)	33.4%
3	日　圓	JPY (¥)	23.0%
4	英　鎊	GBP (£)	11.8%
5	澳　幣	AUD ($)	8.6%
6	瑞士法郎	CHF (Fr)	5.2%
7	加拿大幣	CAD ($)	4.6%
8	墨西哥披索	MXN ($)	2.5%
9	人民幣	CNY (¥)	2.2%
10	紐西蘭幣	NZD ($)	2.0%

---

[1]Bank for International Settlements(2015) , "Triennial Central Bank Survey: Report on Global Foreign Exchange Market Activity in 2015."

期貨與選擇權
Futures & Options

資料來源：國際清算銀行 (Bank for International Settlements)

對於表 11-2，可能會有許多同學認為我寫錯了，美元的成交量就占了 87.0%，若再加上歐元的 33.4%，就已經超過 100%。事實上，我並沒有寫錯喔，因為外匯是「成對」交易的，例如說美元與澳幣的外匯交易是 1 美元，那麼就是美元與澳幣各記上 1 個單位！當然全球外匯市場並不一定都是與美元為對手作交易的，也有可能是澳幣與歐元的交易，因此所有貨幣的交易量總和絕對超過 100%，應該是 200% 才對！

現在可以開始進入外匯期貨的正題了。在此我們將要為各位介紹幾種最主要的外匯期貨。

11.1.1 於美國芝加哥商業交易所 (CME) 交易的外匯期貨

實務上，有名的外匯期貨契約，大部分都是集中在美國芝加哥商業交易所交易。我們在這裡做一個介紹（表 11-3）。

表 11-3 CME 重要外匯期貨之基本規格

	歐元期貨 (EUR/USD)	日圓期貨 (JPY/USD)	英鎊期貨 (GBP/USD)	澳幣期貨 (AUD/USD)	瑞士法郎期貨 (CHF/USD)
標的物	歐元	日圓	英鎊	澳幣	瑞士法郎
契約規格	EUR 125,000	JPY 12,500,000	GBP 62,500	AUD 100,000	CHF 125,000
到期月份	3、6、9、12 月等季月共 6 個月				
最小升降單位（契約變動值）	0.0001（12.5 美元）	0.000001（12.5 美元）	0.0001（6.25 美元）	0.0001（10 美元）	0.0001（12.5 美元）
漲跌幅限制	沒有限制				
交割方式	實物交割				

資料來源：CME

表 11-3 中的外匯期貨其共通特色在於，對美元使用者來說，它們都是直接報價。所以要如何解讀這些外匯期貨的報價呢？

	對該外幣而言	對美元而言
外匯期貨報價上升	升值	貶值
外匯期貨報價下降	貶值	升值

◎ 例題 **11-2**

歐元期貨的報價與投機損益計算

　　趙董看好歐元，認為歐債危機將結束，而歐元即將展開主升段行情，因此買進 2 口歐元期貨，成交價位為 1.2958。假設趙董 2 口歐元期貨的平倉價位都是 1.2989，請問：

1. 歐元期貨每上升一個最小升降單位 (0.0001)，表示 1 口歐元期貨的價值變動為多少美元？

2. 在不考慮交易成本的情況下，趙董這次投機交易的總損益為何？

解答：

1. 從表 11-3 可知，1 口歐元期貨代表 125,000 歐元的規模。所以歐元期貨每上升一個最小升降單位 (0.0001)，表示 1 口歐元期貨的價值變動為：

$$125,000 \times 0.0001 = 12.5 （美元）$$

2. 成交價 1.2958 代表 1 歐元可以兌換 1.2958 美元。由於趙董是作多歐元，因此他每口歐元期貨的獲利為：

$$1.2989 - 1.2958 = 0.0031 （美元）$$

$$0.0031 \times 125,000 = 387.5 （美元）$$

趙董共有 2 口歐元期貨，所以他的總獲利為：

$$2 \times 387.5 = 775 （美元）$$

熱身操 **11-2**

　　小何的保證金帳戶內有 10,000 美元，預計放空 5 口澳幣期貨，已知放空的價位是 1.3958。假設澳幣期貨的原始保證金為 1,980 美元，維持保證金為 1,800 美元。已知目前澳幣價位是 1.3910，請問：

1. 交易完成後，小何保證金帳戶的餘額有多少？

2. 小何會被追繳保證金嗎？如果會的話，小何必須補繳多少保證金？

■ 11.1.2 於紐約期貨交易所 (NYBOT) 交易的外匯期貨

紐約期貨交易所的期貨契約，最為大家所熟知的非軟性期貨莫屬！例如咖啡、可可豆、糖、棉花等等，都是 NYBOT 的明星商品。然而，除此之外，NYBOT 還有一個非常重要的外匯期貨——美元指數期貨 (US Dollar Index Futures) 契約。我們先來看看美元指數是何方神聖！

如果我們看到報紙的標題為「歐元兌美元今天升值」，就可以斷定美元今天是貶值的嗎？那可不一定喔，也許當天日圓兌美元是貶值的呢！這時候你是否又該改口說，美元今天是升值的呢？要想知道美元今天到底是升值還是貶值，最好的辦法就是，把美元與它的主要貿易夥伴們的貨幣通通算在一起比。也就是說，將美元與一籃子貨幣比。貿易比重愈高的國家的貨幣，所占的比重就愈重。這就是美元指數！

好了，既然大家已經知道美元指數並不是美元兌換某一個特定貨幣的匯率，而是好幾種貨幣的組合，那麼這種貨幣組合可以代表美國的主要貿易夥伴整體相對美元的強弱程度。當然也可以間接反映美國的出口競爭能力和進口成本的變動情況。

美元指數是怎麼計算的呢？它是把美國 6 個主要貿易夥伴的貨幣以不同的權重加總組成一個貨幣投資組合，以 100 為強弱分界線。你認為這個貨幣投資組合裡，哪一種貨幣最重要呢？我想你猜也猜得出來，那就是歐元，其所占權重達到了 57.6%，因此，歐元的波動對於美元指數的強弱影響最大（表 11–4）。

表 11–4　美元指數所涵蓋的貨幣與它們所占的比重

幣　別	比　重
歐　元	57.6%
日　圓	13.6%
英　鎊	11.9%
加拿大幣	9.1%
瑞典克朗	4.2%
瑞士法郎	3.6%

資料來源：forexuseful.com 網站

至於臺灣呢？臺灣期貨交易所於 2015 年推出了一項最新的外匯期貨：「美元兌人民幣匯率期貨契約」以及內容完全相同，但是規格小一號的「小型美元兌人民幣匯率期貨契約」。以下是「美元兌人民幣匯率期貨契約」的基本內容：

表 11–5　臺灣期貨交易所美元兌人民幣匯率期貨契約規格

交易標的	美元兌人民幣匯率
中文簡稱	美元兌人民幣期貨
英文代碼	RHF
交易時間	1.本契約之交易日與銀行營業日相同 2.交易時間為營業日上午 8:45～下午 4:15 3.到期月份契約最後交易日之交易時間為上午 8:45～上午 11:00
契約價值	100,000 美元
到期月份	自交易當月起連續 2 個月份，另加上 3、6、9、12 月中 4 個接續季月，總共 6 個月份的契約在市場交易
每日結算價	每日結算價原則上採當日收盤前 1 分鐘內所有交易之成交量加權平均價，若無成交價時，則依本公司「美元兌人民幣匯率期貨契約交易規則」訂定之
每日漲跌幅	最大漲跌幅限制為前一交易日結算價上下 7%
最小升降單位	人民幣 0.0001 元／美元（人民幣 10 元）
最後交易日	最後交易日為各該契約交割月份第三個星期三，其次一營業日為新契約的開始交易日
最後結算日	最後結算日同最後交易日
最後結算價	香港財資市場公會在最後交易日上午 11:15 公布之美元兌人民幣（香港）即期匯率定盤價
交割方式	現金交割，交易人於最後結算日依最後結算價之差額，以淨額進行人民幣現金之交付或收受

資料來源：臺灣期貨交易所

11.2 外匯期貨契約的應用

■ 11.2.1 外匯期貨的投機

要在外匯期貨投機交易中獲利，當然要先知道自己作多或是作空這

個貨幣的動機。就我在期貨界交易數年的經驗來看，因為外匯市場每天的交易量實在是太大了，只靠一個外資或是一個有錢人就想撼動外匯市場的走向，是不可能的事。因此，我認為外匯市場是最適合使用技術分析來加以操作的市場，也是剛接觸期貨交易的投機者最容易上手的市場！

至於哪些因素會影響匯率的走勢呢？一般財經相關資訊對此都有詳盡的解釋[2]：

一、經濟成長

經濟成長一般都會使得本國國民的收入支出增加，那麼就會對國外商品的需求增加。購買國外商品（例如美國）必須兌換美元，所以美元就會升值。但是從另一方面來說，一個經濟發展良好的國家，它的貨幣應該會升值。因為這兩種因素力量的拉扯，所以經濟成長到底會造成本國貨幣升值還是貶值，就很難有直接的答案了。

二、國際收支平衡

所謂國際收支，就是商品、勞務的進出口以及資本的輸入和輸出。國際收支中如果出口大於進口，資金流入，意味著國際市場對該國貨幣的需求增加，則該國貨幣會升值。反之，若進口大於出口，資金流出，則國際市場對該國貨幣的需求下降，該國貨幣會貶值。

三、物價水準和通貨膨脹水準

如果一國的物價水準高，通貨膨脹率也高，通常代表本國的貨幣購買力下降，造成本國貨幣貶值。反之，就趨於升值。

四、利率水準的差異

在正常狀況下，利率較高的國家，自然比較容易吸引資金流入，來尋求較高的報酬，促成該國貨幣升值。

五、人們的預期心理

外匯匯率是外匯供需雙方對貨幣主觀心理評價的集中體現。評價高，信心強，則貨幣升值。尤其對短線趨勢而言，預期心理占了非常重要的地位。

---

[2]MBA 智庫百科，條目：外匯投資，搜尋日期：2015 年 9 月 14 日。

不過我認為上述基本面是長線投資者應該注意的事項，而短線投機客應關注於下列事項：

一、期貨是高度槓桿的金融商品，在短線劇烈的波動之下，容易被追繳保證金，而保證金不是非常雄厚的投機客可能會因此被迫掃地出門。因此，短線投機客要時時注意短線買賣強度的變化！

二、各國的中央銀行對自己國家的貨幣具有壓倒性的主導權！因此若非逼不得已，否則不要與央行對向操作，除非你很想跟自己的錢包過不去！

三、每天應該特別注意各國重要經濟數據公布的時間。如果公布的經濟數字（尤其是失業率、GDP 等）與預期有相當大的差異（不論是好的或是壞的差異），那麼盤勢會馬上有劇烈的變化，甚至會輕易扭轉本來的行情趨勢。例如說歐元外匯期貨本來盤勢是持續上漲的狀態，然而當德國總理反對希臘債務減記的壞消息傳出後，可能會導致歐元對美元匯率急殺，使得走勢在一瞬間完全逆轉，變成空頭走勢。我們無法預知經濟數據或是政治事件市場反應是好是壞，我們只能知道經濟數據公布的時間，因此盡量避開在經濟數據公布的時段交易，以策安全。

↘ 小百科

債務減記

債務在規定期限內無法償還，並且確定無能力償還時，將債務作為不良債務進行核銷，換言之就是債權人認賠，債務人的本息可以少還的意思。

◎ 例題 **11-3**

外匯投機客該如何判斷外匯期貨方向？

2012 年 12 月，日本新任首相安倍晉三宣示要提振出口，同時，日本央行也決定要啟動印鈔機，無限制的供應貨幣。請問在此情況下，外匯期貨投機者會如何操作？

解答：

1.安倍晉三為了提振出口，會希望日圓「貶值」！

2.央行無限制印鈔，會使得市場上日圓數目變多，在日圓需求未有強烈變動的情況下，日圓供給大幅增加會導致日圓貶值。

　　由上述雙重證據可知，日圓的走勢將會是「貶值」！也就是說，在此情況下，外匯期貨的投機者應該選擇「放空日圓期貨」！

熱身操 **11-3**

1. 假設今天報紙的頭條新聞是「法國深陷惡性通貨膨脹」，請問你應如何操作歐元期貨才能從中獲利呢？
2. 若英國被調降信用評等，則小王應該會對英鎊期貨採取作多或是放空的策略？

■ 11.2.2 外匯期貨的避險

　　外匯市場的劇烈波動，是跨國企業或是跨國貿易穩定的主要威脅。一般來說，與國際交流有關的行為，幾乎都有外匯避險的需求。不過我們要怎麼去判斷避險的方向，例如說：誰應該作多歐元期貨避險？又誰有放空歐元期貨避險的需求？

　　我覺得大家不用把問題想得太難，就美國 CME 交易的外匯期貨而言，期貨的標的物就是「外幣」，把外幣當成像是小麥、石油之類的實體資產看待就行啦！也就是說：

◆ 未來有用美元兌換外幣（賣出美元、買進外幣）需求的人，可以「作多外幣期貨」，來避免未來外幣升值的風險。

◆ 未來有用外幣兌換美元（賣出外幣、買進美元）需求的人，可以「放空外幣期貨」，來避免未來外幣貶值的風險。

　　把常會利用外匯期貨避險的避險者整理一下，我們可以得到表 11-6。

表 11-6　可能用到外匯期貨避險的避險者

外匯期貨多頭避險者	外匯期貨空頭避險者
◆已投資美元資產的外國投資人 ◆已發行美元證券募資，並會在未來轉成本國貨幣的外國企業 ◆出口貨品到美國的外國出口商，未來收到美國貨款有轉換成本國貨幣的需求 ◆從外國進口商品到本國的美國進口商，未來有支付外幣貨款的需求	◆已投資國外資產的美國投資人 ◆已發行外幣證券募資，並會在未來轉成美元的美國企業 ◆出口貨品到外國的美國出口商，未來收到外幣貨款有轉換成美元的需求 ◆從美國進口商品到本國的外國進口商，未來有支付美元貨款的需求

其他的外匯避險需求請依此類推。

◎例題 **11-4**

外匯期貨應採用空頭避險還是多頭避險？

　　日本某大企業到美國發行以美元計價的 3 個月洋基債券，預計在募款完成後將募款所得全部轉成日圓，再匯回日本。請問在此情況下，該日本企業應如何操作 CME 的日圓期貨避險？

解答：

　　由於該日本企業在未來要將美元轉換成日圓，表示它未來有「買進日圓的需求」，故其所擔心的風險為「未來日圓兌美元會升值」，因此，它應採用多頭避險策略，即買進 CME 的日圓期貨！

熱身操 **11-4**

　　澳洲進口商最近從美國進口了一批玉米，預計在 3 個月後支付美元貨款。請問在此情況下，該澳洲進口商應如何運用 CME 的澳幣期貨避險？

◎例題 **11-5**

廠商該如何利用外匯期貨避險？

　　澳洲出口商在今天出口了一批鐵礦砂到美國，價值為 100,000,000 澳幣，預計在 3 個月後收到美國方面所支付的美元貨款。現在澳幣兌美元的匯率為 USD/AUD = 1.3022。請問：

1. 澳洲出口商應如何操作 CME 的澳幣期貨避險?
2. 如果要達到完全避險,請問該澳洲出口商需要購買或賣出幾口 CME 的澳幣期貨?

解答:

1. 澳幣出口商在未來收到美元貨款。而它要將收到的美元轉換成澳幣,表示它未來有「買進澳幣的需求」,所以它所擔心的一定是:「美元兌換澳幣在未來貶值」! 因此它應採用多頭避險策略,即買進 CME 的澳幣期貨避險!

2. 從表 11-3 可知,CME 的澳幣期貨 1 口的規模為 100,000 澳幣,因此,若澳洲出口商未來想要完全避險的話,其需要買進 100 $(=\frac{100,000,000}{100,000})$ 口澳幣期貨避險。

熱身操 11-5

英國國內某一個基金 A 所投資的標的物為美國股市。基金經理人預期在 3 個月後,他的一位法人客戶即將贖回約 7,812,500 英鎊的資金。為了防止在這段期間內匯率波動的風險,請問:

1. 該基金經理人應該如何操作 CME 的英鎊期貨?
2. 欲達到完全避險的程度,請問基金 A 必須操作幾口英鎊期貨?

練習題

( )　1.某臺灣進口商為了規避匯率風險，而在期貨市場上操作，其需決定下列那些事項?　(A)買賣方向　(B)買賣商品期貨種類　(C)買賣的合約月份、數量　(D)以上皆是【2010 期貨業務員測驗】

( )　2.下列何者是賣出歐元期貨之時機?　(A)德國物價上漲率提高　(B)德國國際收支帳相對之順差增加　(C)德國市場利率相對上升　(D)以上皆非　　　　　　　　　　　　　　　【2010 期貨業務員測驗】

( )　3.日本出口商預計三個月後會收到 130 萬美元之貨款，目前即期匯率為 1 美元兌 125 日圓，為規避美元貶值之損失，該出口商應如何操作 CME 之日圓期貨? (每口契約為 1,250 萬日圓)　(A)買進 10 口契約　(B)賣出 10 口契約　(C)買進 13 口契約　(D)賣出 13 口契約　　　　　　　　　　【2011 期貨業務員測驗】

( )　4.握有 CME 瑞士法郎期貨多頭部位之交易人，當交割時，他將換取何種外幣?　(A)因採現金交割，交易人無須持有任何外幣　(B)美元　(C)瑞士法郎　(D)以上資料無法判斷

【2011 期貨業務員測驗】

( )　5.若出口商對每筆出口貨款均以外匯期貨避險，則出口報價時之適用匯率為　(A)目前之即期匯率　(B)期貨匯率　(C)預期未來之即期匯率　(D)以上皆可　　　　　　　【2011 期貨業務員測驗】

( )　6.如果老王數月前購買了以投資日本股市為主之海外基金，在預期日圓貶值以及日本股市下跌情況下，應如何規避風險?　(A)買進日圓期貨、放空日經 225 指數期貨　(B)買進日圓期貨、買進日經 225 指數期貨　(C)放空日圓期貨、買進日經 225 指數期貨　(D)放空日圓期貨、放空日經 225 指數期貨

【2013 期貨業務員測驗】

( )　7.美國某公司到德國發行公司債，價值 1,000 萬歐元，所募資金將

兌換成美元,此公司如何使用 CME 之外匯期貨,以規避匯率的
風險? (A)賣歐元期貨 (B)買歐元期貨 (C)賣美元期貨 (D)買
美元期貨 【2014 期貨業務員測驗】

( ) 8.日本進口商為規避美元升值之風險,須如何操作 CME 之日圓期
貨? (A)採賣出部位 (B)採買進部位 (C)視匯率走勢而定 (D)
無避險效果 【2014 期貨業務員測驗】

( ) 9.握有 CME 加幣期貨空頭部位之交易人,當交割時,他將換取何
種外幣? (A)加幣 (B)美元 (C)因採現金交割,交易人無持有
任何外幣 (D)選項(A)(B)(C)皆非 【2015 期貨業務員測驗】

( ) 10.對一個美國交易人,預期瑞郎對英鎊升值時,則應該如何操作?
(A)買瑞郎期貨 (B)買瑞郎現貨 (C)買英鎊期貨,並且賣瑞郎期
貨 (D)買瑞郎期貨,並且賣英鎊期貨 【2015 期貨業務員測驗】

( ) 11.美國的通貨膨脹率低於日本,如果預期此差距將縮小,則交易
人應 (A)買日幣賣權 (B)買日幣期貨 (C)賣日幣買權 (D)賣日
幣期貨 【2015 期貨業務員測驗】

第 12 章
選擇權簡易上手

12.1 選擇權的概念並不困難

許多同學可能對於期貨的概念覺得不難瞭解，本來嘛！我們可以將期貨交易看做是一種高度槓桿的現貨交易就可以了。只是當我們提到選擇權的時候，就會有不少同學感到有學習上的困難了。在教學的經驗中，同學對於期貨與選擇權的學習困難度為：

選擇權 > 期貨

而對於選擇權的恐懼感程度則為：

賣權 > 買權

希望在這一章盡力為各位同學以最淺顯的方式說明各種選擇權的概念，以後不需要再害怕選擇權了！

■ 12.1.1 選擇權的定義

選擇權 (Options) 是一種可交易的衍生性金融商品，也是一種契約，買方支付特定金額（權利金）給賣方後，便有權利在未來某個時段或時點（到期日），以約定好的金額（履約價）向賣方買賣標的物。買方可以選擇是否要執行權利，而賣方則有義務履行買方行使之權利。

各位可能有聽過「期權」，不要把「期權」跟「選擇權」混淆了，期權這個名詞已經有了特定的用法，指的是「標的物是期貨」的選擇權，期權只是選擇權的一種而已。

■ 12.1.2 我們在日常生活會遭遇這麼難懂的東西嗎？

剛剛所寫的，都是正經八百的定義，光是看定義就能瞭解的同學應該是少之又少吧？若能用生活上看到的事物來跟各位同學解釋選擇權的概念是否會更好呢？而我們在日常生活中，會遇到與選擇權有關的實例嗎？

是的，選擇權概念的事物，我們幾乎天天都遇得到，比起期貨、股

票與債券等等金融商品，選擇權更是屬於生活化的商品，因此在金融商品的歷史中，有人提到，選擇權的雛型出現在人類歷史的時間，要遠遠早於期貨與股票！不敢相信的話，我就為各位舉一個例子！

家電業者（如 ABC 家電公司）常常會在媒體上大幅刊登電器商品優惠折扣活動（如 Apple iPad-mini 16G Wi-Fi 原價新臺幣 10,500 元，8 月 1 日到 8 月 7 日之間特價新臺幣 10,000 元）。好了，我趁著 8 月 3 日有空檔，興匆匆的跑到 ABC 家電公司撿便宜，不過到了之後才發現，別人手腳更快，架上相同型號的機型已經被搶購一空了，真是晴天霹靂啊，馬上去找店長理論吧！店長說，全臺灣目前都缺貨，要再等一個禮拜才能補得到貨，那怎麼辦？8 月 10 日到貨已經超過優惠時間了耶！

在美國購物如果遇到這種尷尬的狀況，店長通常會給你一張權利書 (Rain Check)，內容通常會記載如下事項（圖 12–1）：

ABC家電公司 Rain Check

持有此券的消費者，可至本公司各門市以特價新臺幣10,000元購買1臺 Apple iPad-Mini 16G Wi-Fi。

發行公司：ABC家電公司
有效日期：2015年12月31日

↗ 圖 12–1　Rain Check

這就是一個非常典型的買權 (Call)！Rain Check 是什麼呢？是發行人（ABC 家電公司）給予客戶（我）的一個權利，千萬要注意，這是權利，不是義務，而且是有期限的權利。也就是說當我回到家後，就將 Rain Check 丟進垃圾桶也沒有關係，這對我來說，不會產生任何影響，這只代表我放棄了這項權利，因為我並沒有義務非得要以新臺幣 10,000 元的價位去買 ABC 家電公司販售的 iPad-mini。

如果我真的把 Rain Check 丟進垃圾桶裡，是不是有點可惜呢？聰明的你，是否有別的方法來處理這張 Rain Check 呢？我們把可能的處理辦

法列出來：

一、在期限之內，趕快使用這張 Rain Check，即以特價新臺幣 10,000 元買進 iPad-mini。在金融界，我們稱這個行動為履約 (Exercise, Strike)。

二、棄權。

三、將這張 Rain Check 上網拍賣，一定會有人願意花錢買的！也就是說，這張 Rain Check 是有價值的，它的市價我們稱之為權利金 (Premium)，誰買了這張 Rain Check，誰就有權利跟 ABC 家電公司用新臺幣 10,000 元的便宜價格買 iPad-mini！

開始對選擇權有一點概念了嗎？選擇權可以讓你在選擇權有效期限（2015 年 12 月 31 日）之內，決定是否要履行你的權利。這個權利可以讓你用契約上寫明的履約價（新臺幣 10,000 元）去買進（買權）iPad-mini（標的物）！

> ↘ 小百科
>
> ### Rain Check
>
> 出自於美國的棒球比賽遇雨取消，觀眾可以領取一張 Rain Check，球賽改期舉行時可憑票入場，後演變成流行的口語：Take a Rain Check，指的是因為有事不能赴約，婉拒或推遲約會的意思。

12.2 選擇權契約裡面有哪些東西？

希望各位同學能由剛剛的例子中，對於日常生活中可能的選擇權候選人，有了最基本的認識。當然我們也從剛剛的例子，隱約猜到一口合格的選擇權契約，裡面需要記載哪些東西。金融市場上的選擇權契約，它們的規格自然更多，也更為嚴謹，現在就為各位整理一下，選擇權有哪些你必須瞭解的東西！

一、履約後的權利是以約定價位買進標的物（買權）？還是賣出標的物（賣權）？

二、選擇權的標的物 (Underlying)（現貨選擇權、期貨選擇權）為何？

三、這口選擇權是否值得履約（價外、價平、價內選擇權)？

四、何時可以決定是否履約（歐式、美式)？

而我們通常也以這些選擇權契約重要的條件來作為選擇權分類的依據!

12.3 選擇權的分類

■ 12.3.1 買權與賣權

一、買　權 (Call)

上述提到的 Rain Check，就是一個標準的買權。買權的持有人有權利以權利書上所記載的履約價，跟給予權利的那一方購買標的物（圖 12-2)。

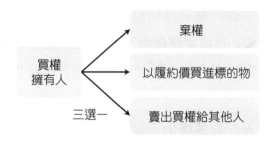

↗ 圖 12-2　買權持有人有很多的選擇

二、賣　權 (Put)

賣權所給予的權利與買權恰好完全相反，賣權的持有人有權利以權利書上所記載的履約價，把標的物賣給另一方（圖 12-3)。

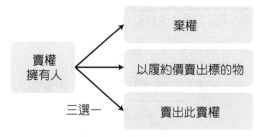

↗ 圖 12-3　賣權持有人也有很多的選擇

日常生活中賣權的例子會不會比較少？不會，也許比買權還要多！我們最常見到的賣權，就是幾乎每個人都有的「保險」！若把保險與 Rain Check 拿來相提並論，你們看得出兩者共通的地方嗎？

以汽車竊盜險為例子，我們在投保汽車竊盜險的時候，所繳的保費，就是這個選擇權的權利金。而標的物呢？很明顯就是你投保的愛車！那麼有到期時間吧？當然有，哪有永遠不失效的保單啊？至於履約價呢？那就是你的投保賠償額度了。那麼為什麼是賣權而不是買權呢？因為這個車險契約所講的就是，當你的愛車失竊，保險公司願意以履約價的金額賠償你的損失，等於就是「你用保證價格把你的車賣給保險公司」！所以這是一個賣權！

■ 12.3.2 以標的物分類

一、現貨選擇權

這個嘛我想大家都不會有任何疑問，就是以我們看得到的現貨商品作為標的物的選擇權，而這些選擇權又可再加以細分為：㈠商品選擇權、㈡個股選擇權、㈢指數選擇權、㈣利率選擇權、㈤外匯選擇權。

二、期貨選擇權

選擇權神通廣大，它的標的可以是現貨，也可以是其他的衍生性商品，例如期貨等。而期貨選擇權有一個特殊的專有名詞，那就是期權 (Options on Futures)。許多同學分不清楚選擇權與期權的差別，覺得兩者的標的物都相同，究竟差在哪裡？其實這兩種選擇權在交割的時候就不一樣了。

㈠買進美國西德州中級輕甜原油「現貨」買權，履約價為 USD$100/ 桶：

　當我們選擇履約時，可以用 USD$100/ 桶的價格直接向這個買權的賣方買進美國西德州中級輕甜原油（圖 12-4）。

↗ 圖 12-4　原油現貨買權履約後的交割

㈡買進 9 月美國西德州中級輕甜原油「期貨」買權，履約價為 USD$100/
桶，且假設現在美國西德州中級輕甜原油 9 月期貨的報價為 USD$105：
當我們選擇履約時，是不是表示這口買權的賣方必須交給我們一張履
約價格為 USD$100/ 桶的 9 月美國西德州中級輕甜原油期貨，而我們必
須給對方 USD$100？ 不對！ 因為期貨契約買賣的報酬來源是買進與賣
出的「價差」，我們在從事期貨交易時所提出的保證金是一種抵押品，
而且是買方與賣方都要存入的，並不是買方要支付給賣方的貸款，所
以期貨交易時，買方並不需要交付給期貨賣方任何金額。也就是說，
當我們執行期貨買權時，賣方將要交付給我們一口價位是 USD$100 的
9 月德州輕原油期貨契約，但是我們是不需要支付任何金額的。

而另一個問題出現了，現在期貨市場上 9 月西德州中級輕甜原油期
貨的報價是 USD$105，期權的賣方要去哪裡找 USD$100 的西德州中級輕
甜原油期貨？ 如果真的有 USD$100 的期貨可以交付的話，買權的持有人
可以馬上在期貨市場平倉，可獲利 USD$5/ 桶。然而事實上，目前只有
USD$105 的期貨契約可以交付。所以這一個期貨買權在持有者選擇履約
之後，期權賣方除了交付給買方一口 9 月西德州中級輕甜原油期貨外，
還要補貼 USD$5/ 桶給期權的買方（圖 12–5）。

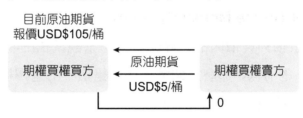

➚ 圖 12–5　原油期權買權履約之後買賣方的交割

表 12–1　現貨選擇權與期貨選擇權的差異

			現貨選擇權履約	期貨選擇權履約
買權	買	方	支付給賣方履約價的金額	什麼都不用給
	賣	方	交付標的物	交付買方 1 口標的期貨 + 標的期貨市價 − 履約價之金額
賣權	買	方	交付標的物給賣權賣方	什麼都不用給

| 權 | 賣 | 方 | 支付履約價給賣權買方 | 交付買方 1 口標的期貨 + 履約價 – 標的期貨市價之金額 |

12.3.3 價外、價平、價內選擇權

當我們持有選擇權的時候，最關心的當然是選擇履約的時候到底有沒有賺？然而，履約可不是賺錢的品質保證喔。在不該履約的時候履約是會賠錢的！還好的是，因為持有選擇權的買方所持有的是一種權利，在不該履約的時候可以選擇棄權。現在就讓我們來討論一下，在什麼樣的情況下，選擇權的買方履約會產生獲利？而在哪些情況下，選擇權的買方會按兵不動，甚至是棄權？

這就是選擇權另一種分類法的依據：

一、價內選擇權 (In the Money Options)

當選擇權買方執行這個選擇權的時候，是有利可圖的，那麼這個選擇權目前為價內的狀態。

二、價外選擇權 (Out of the Money Options)

當選擇權買方執行這個選擇權的時候，是無利可圖的，那麼這個選擇權目前為價外的狀態。

三、價平選擇權 (At the Money Options)

正好是介於價外與價內的分界點。簡單來說，標的物「市價」恰好等於「履約價」的時候，那麼這個選擇權就是價平的選擇權。嚴格來說，價平選擇權不能算是分類之一，因為市價與履約價相等的機率非常低，且由於市價不停在跳動，故其相等的時間很短暫，可能只有那麼一瞬間！

12.3.4 歐式與美式選擇權

選擇權還有另一種重要的分類方式，那就是以履約時間的彈性來分類的。前面我們提到的 Rain Check 與車險，都是只要持有者願意，在權利到期日之前，隨時都可以履約。這類我們常見的選擇權，有一個特別的名字，叫做美式選擇權 (American Options)（圖 12-6）。

而在金融市場的選擇權，還有另一種履約形式，那就是選擇權的持有人「只能在選擇權到期日當天，才有權利決定是否要履約」。也就是說，選擇權持有人履約的權利是受限的！這種類型的選擇權我們稱為歐式選擇權 (European Options)（圖 12-7）。

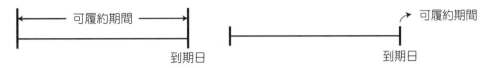

↗ 圖 12-6 美式選擇權可履約的時間點 ↗ 圖 12-7 歐式選擇權可履約的時間點

12.4 選擇權契約的內容

我們來看看一個正式的選擇權契約，應該有哪些必備的規格。茲以臺灣期貨交易所掛牌的臺灣證券交易所股價指數選擇權契約規格為例（表 12-2）：

表 12-2　臺灣證券交易所股價指數選擇權契約規格

項　目	內　容
交易標的	臺灣證券交易所發行量加權股價指數
中文簡稱	臺指選擇權（臺指買權、臺指賣權）
英文代碼	TXO
履約型態	歐式（僅能於到期日行使權利）
契約乘數	指數每點新臺幣 50 元
到期契約	自交易當月起連續 3 個月份，另加上 3 月、6 月、9 月、12 月中 2 個接續的季月，另除每月第 2 個星期三外，得於交易當週之星期三加掛次一個星期三到期之契約
履約價格間距	1. 履約價格未達 3,000 點：近月契約為 50 點，季月契約為 100 點 2. 履約價格 3,000 點以上，未達 10,000 點：近月契約為 100 點，季月契約為 200 點 3. 履約價格 10,000 點以上：近月契約為 200 點，季月契約為 400 點 4. 交易當週星期三加掛次一個星期三到期之契約，其履約價格間距同近月契約 5. 各契約自到期日之前一個星期三起，於前一營業日標的

	指數收盤價上下 3% 間，履約價格間距為近月契約之二分之一
權利金報價單位	1.報價未滿 10 點：0.1 點（5 元） 2.報價 10 點以上，未滿 50 點：0.5 點（25 元） 3.報價 50 點以上，未滿 500 點：1 點（50 元） 4.報價 500 點以上，未滿 1,000 點：5 點（250 元） 5.報價 1,000 點以上：10 點（500 元）
每日漲跌幅	權利金每日最大漲跌點數以前一營業日臺灣證券交易所發行量加權股價指數收盤價之 10% 為限
交易時間	1.本契約之交易日與臺灣證券交易所交易日相同 2.交易時間為營業日上午 8:45～下午 1:45 3.到期契約最後交易日之交易時間為上午 8:45～下午 1:30
最後交易日	各月份契約的最後交易日為各該契約交割月份第 3 個星期三；交易當週星期三加掛之契約，其最後交易日為掛牌日之次一個星期三
到期日	同最後交易日
交割方式	符合本公司公告範圍之未沖銷價內部位，於到期日當天自動履約，以現金交付或收受履約價格與最後結算價[1]之差額

資料來源：臺灣期貨交易所

同學們有沒有發現到，選擇權的規格有很多都和期貨是一樣的？因為它們都是衍生性商品契約，契約的規格當然有很多是類似的，我們不要浪費篇幅在重複的地方，只要為各位詳解選擇權契約獨特的規格就可以了！

一、履約型態：歐式

有關美式與歐式選擇權的差異，已經在上一節說明過了，這裡不再重提。各位要注意的是，臺指選擇權（不論是買權還是賣權）都是歐式，也就是說擁有臺指選擇權的人只有在到期日那天才有權選擇是否要履約，還沒到到期日之前都只能眼巴巴的在旁邊等。

二、到期契約

臺指選擇權的到期契約看似與臺股期貨一樣，但其實略有差異。選

---

[1]以到期日臺灣證券交易所當日交易時間收盤前三十分鐘內所提供標的指數之簡單算術平均價訂之。其計算方式，由本公司另訂之。

擇權契約的規格還有下文:「另除每月第 2 個星期三外,得於交易當週之星期三加掛次一個星期三到期之契約」,這句話是什麼意思? 簡單的說,就是在原本以月份為單位的一般臺指選擇權之外,又在每個星期三(每個月的第 2 個星期三除外),加掛了最長為一個星期的短期臺指選擇權!

這種新型態的選擇權是臺灣期貨交易所於 2012 年 11 月 21 日所推出,其推出的動機可能為:

㈠順應國際期貨市場發展趨勢,擴大本國期貨市場規模。例如,2011 年全球排名前 10 名之股價指數選擇權中,有 4 檔已加掛短天期契約。

㈡國際上不確定事件頻傳,交易人持有部位期間變短,亟需短天期契約進行各式交易。

㈢短天期契約交易資金需求低,提供交易人另一便利理財工具。

㈣讓臺指選擇權(TXO)同時具有短、中、長期等不同存續期間之到期契約,商品線更為多元與完整。

㈤現有部分交易人偏好交易存續期間僅剩 1 週之契約,加掛臺指選擇權一週契約可進一步滿足該類交易人之短期交易需求。

那麼可否舉一個例子說明這種「週選擇權」是怎麼在市場上交易的呢? 可以的,我們就以 X3 年 8 月來做範例吧!

首先當然要畫出 X3 年 8 月的月曆出來(表 12–3):

表 12–3 X3 年 8 月的月曆

日	一	二	三	四	五	六
7/28	7/29	7/30	7/31	1	2	3
4	5	6	7	8	9	10
11	12	13	14	15	16	17
18	19	20	21	22	23	24
25	26	27	28	29	30	31

由於 8 月 1 日是星期四,還記得之前學習期貨的時候,我們討論過當月 1 日如果是星期四的話,那一週就不能算是第一週? 所以 8 月的第一週是從 8 月 4 日開始的! 我們就從 8 月的第一週開始討論吧!

8 月 7 日是第一週的星期三,因此 8 月 7 日到期的週選擇權就是 8 月

第一週到期的選擇權。8月7日之後，8月第一週的週選擇權到期已經失效了，接著期貨交易所會「加掛新的一系列到下一個星期三，也就是8月14日到期的臺指選擇權」。所以到目前為止這兩週是有兩組除了到期日不同之外，其他完全相同的8月臺指選擇權！

　　為了與一般傳統正常的臺指選擇權區分，這些週選擇權的名字也是會「加掛」在正常的選擇權的後面。例如：

◆X3年8月到期的臺指選擇權記做：「TXO8月」。

◆X3年8月第一週到期的臺指選擇權記做：「TXO8月W1」。W1就是Week 1，第一週的意思。

　　有點概念了嗎？那麼我們現在來說明X3年8月的臺指週選擇權（表12-4）。

表 12-4 X3 年 8 月的臺指週選擇權

日　　期	到期契約	新上市契約
7 月 31 日	TXO7 月 W4	TXO8 月 W1
8 月 07 日	TXO8 月 W1	TXO8 月 W2
8 月 14 日	TXO8 月 W2	無
8 月 21 日	TXO8 月	TXO8 月 W4
8 月 28 日	TXO8 月 W4	TXO9 月 W1

　　為什麼沒有W3？臺指選擇權契約規格裡（表12-2）的確是這麼寫的：「另除每月第2個星期三外，得於交易當週之星期三加掛次一個星期三到期之契約」。為什麼？從表12-3應該就看得出原因了，每個月的第3個星期三是正常最近月的臺指選擇權到期日，所以在第2個星期三買進8月的臺指選擇權，到期日也是8月的第3個星期三，作用與TXO8月W3完全相同，因此就不必大費周章的再新上市TXO8月W3的臺指選擇權了！

三、履約價格間距

　　這個規格是在期貨交易所才有的特色。所謂履約價就是保證價格買進（買權）與保證價格賣出（賣權）的保證價格。所以理論上只要選擇權買賣雙方取得共識，履約價是多少都沒有關係的，但這麼一來，會產

生一個很大的問題，即：

㈠履約價間隔過小：假設臺指選擇權允許交易人任意選擇履約價交易，臺灣加權股價指數從 7,800 到 7,900 之間每一整數點都可以作為履約價的話，那麼就會有 101 個可能出現的履約價 (7,800, 7,801, 7,802, …, 7,900)，這也分得太細了吧？ 7,825 與 7,826 兩個履約價幾乎沒有差別，而且這麼多履約價的臺指選擇權，勢必會造成每個履約價的選擇權交易量銳減，這樣並不符合期貨交易所提供流動性的宗旨。

㈡履約價間隔過大：履約價間隔太大，交易者的選擇變少，不論是要投機或是避險都會變得十分困難。

從上述可知，履約價間隔過小或過大，都會造成交易上的困難，所以期貨交易所一定會在過與不及之間取捨，對履約價的間隔做一個設定。

我們就以 X3 年 8 月 14 日（星期三）的臺指選擇權市場作一個例子吧！假設臺指期貨報價為 7,860 附近，所以我們參考表 12-2，目前指數在 3,000 到 10,000 之間，履約價在這個區間之內，X3 年 8 月期貨的到期日為 8 月 21 日（星期三），因此剩不到 1 個星期就是到期日了。

近月（8 月）契約的履約價格間距為 100 點；季月（例如 12 月）契約的履約價格間距為 200 點。別忘了最下面還有 2 行說明：

1. 交易當週星期三加掛次一個星期三到期之契約，其履約價格間距同近月契約。

2. 各契約自到期日之前一個星期三起，於前一營業日標的指數收盤價上下 3% 間，履約價格間距為近月契約之二分之一。

上述 1.所提到的就是剛剛與各位同學所介紹的加掛週選擇權，意思就是說「新上市的週選擇權」，履約價格的間距與近月契約完全相同。也就是說，在剛剛的例子裡，TXO8 月 W1、TXO8 月 W2 的履約價格間距與 TXO8 月相同；而 TXO8 月 W4、TXO9 月 W1 的履約價格間距則與 TXO9 月相同。

上述 2.的規格是指，在一般最近月的臺指選擇權到期的「前一個星期」，也就是到期月的「第二週」，標的指數（臺灣加權股價指數）前一

日收盤價的上下 3%。

臺灣加權股價指數 8 月 14 日（星期三）的收盤價為 7,951，其上下 3% 為：

$$7,951 \times (1 + 3\%) = 8,189.53$$

$$7,951 \times (1 - 3\%) = 7,712.47$$

也就是說，近月（8 月）臺指選擇權在 7,712 到 8,189 之間的履約價格間距減半。原來的近月臺指選擇權履約價格間距是多少呢？100。減半之後為 50。所以在 8 月臺指選擇權到期的前一週，履約價格為：

> 7,400、7,500、7,600、7,700、7,750、7,800、7,850、7,900、
> 7,950、8,000、8,050、8,100、8,150、8,200、8,300、8,400

亦即，8 月臺指選擇權在 8 月 14 日收盤之後，又新上市履約價為 7,750、7,850、7,950、8,050 與 8,150 的買權與賣權。

熱身操 12-1

依據上述說明，假設 8 月 17 日臺灣加權股價指數現貨的收盤價為 7,780，請問表 12-4 的履約價間隔會增加哪些履約價？

四、權利金報價單位

權利金就是要擁有選擇權權利的買方支付給選擇權賣方的代價！臺指選擇權對於權利金報價的最小跳動單位定義得非常清楚，我們只需要舉例說明就可以了。

◎ 例題 12-1

權利金的最小跳動單位

表 12-5 X3 年 8 月 19 日的臺指選擇權權利金部分報價如下：

買權 (Call)			賣權 (Put)		
履約價	成交量	成交價	履約價	成交量	成交價
7,800	8,245	95.00	7,800	35,203	9.90

| 7,850 | 16,743 | 58.00 | 7,850 | 25,072 | 22.00 |
| 7,900 | 33,381 | 30.50 | 7,900 | 27,996 | 43.50 |

依據表 12–5 的資料，請問：

1. 履約價 7,800 賣權權利金上漲的下一個價位是？

2. 履約價 7,900 買權權利金下跌的下一個價位是？

解答：

1. 履約價 7,800 的賣權權利金成交價為 9.90 點，由於 9.90 點小於 10 點，因此它的價格最小變動單位為 0.1 點，也就是說 9.90 上漲的下一個價位是：

$$9.90 + 0.10 = 10.00$$

2. 履約價 7,900 買權的成交價為 30.50。30.50 介於 10 點與 50 點之間，最小變動單位為 0.5 點。因此 30.50 下跌的下一個價位是：

$$30.50 - 0.50 = 30.00$$

熱身操 12–2

同例題 12–1，履約價 7,850 的賣權，其權利金下跌的下一個價位是？

五、交易時間

臺指選擇權的交易時間與臺股期貨的交易時間是完全一樣的（圖 12–8）：

◆ 開盤時間早於現貨開盤時間 15 分鐘，即上午 8 點 45 分開盤。

◆ 收盤時間晚於現貨收盤時間 15 分鐘，即下午 1 點 45 分收盤。

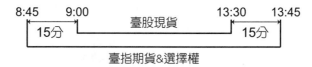

↗ 圖 12–8 臺灣股票現貨與期貨選擇權市場的交易時間差異

六、最後交易日及到期日

臺指選擇權與期貨完全一樣，最後交易日就是到期日，即近期契約月份的第三個星期三。

七、交割方式

臺指選擇權與期貨完全一樣，都是採用現金交割。因為指數並沒有任何的實體貨物可以交割。

12.5 選擇權與期貨的差異

當我們介紹到這裡的時候，許多同學可能已經開始對選擇權的概念有些似懂非懂了。「選擇權與期貨的不同點在哪裡？使用它們的時機會不同嗎？哪些時機適合用期貨？哪些時機適合用選擇權？」我想這些才是期貨與選擇權的使用者最關切的議題。

現在就讓我們先把注意力集中在差異性吧！期貨與選擇權有以下的重大差異，因此在使用上也有不同：

一、買賣雙方的權利與義務不對等

期貨就是簡單的買賣契約，買賣雙方約定在未來一手交錢，一手交貨。一旦期貨契約成立，那麼在結算日那天，買方必須拿得出錢，而賣方則必須要準備好交割的標的物。在期貨這個合約，買賣雙方都有履行合約的義務！為了確保義務能夠被履行，買賣雙方都要準備抵押品（也就是保證金）（圖 12-9）。簡單的說，有義務的那一方，都會被期貨結算所要求準備保證金！

義務	義務
買方 （自備保證金）	賣方 （自備保證金）

↗ 圖 12-9　期貨交易成交時，買賣雙方的資金走向與權利義務

至於選擇權就不一樣了，選擇權是一種權利，選擇權的買方是必須

要花錢買這個權利的（不論是以後買或是賣的權利）（圖 12-10）。買了權利的人當然就擁有權利，決定以後到底要不要履約，而賣出權利的人（選擇權賣方），就只能在選擇權到期日之前，天天提心吊膽，等著權利買方哪時候敲門來履約！當選擇權買方決定履約時，選擇權的賣方就有義務要讓對方履約！也就是說，選擇權的買方一開始就得支付權利金，然而之後最多就是棄權損失原來支付的權利金而已，但另一方面，選擇權的賣方，當買方履約的時候，就有履行的義務，結論是：選擇權的買方不需準備保證金，但是選擇權的賣方必須準備保證金！

↗ 圖 12-10　選擇權交易成交時，買賣雙方的資金走向與權利義務

二、買賣雙方所承受的風險不對等

我們這裡所談的風險，指的是未來可能承受的重大損失。風險的大小，是承接剛剛所談到的權利與義務而來。買進選擇權的人，既然擁有選擇的權利，當然他的風險是有限的，至於選擇權的賣方，在情勢對他不利的時候，他卻沒有放棄的權利，因此理論上，選擇權賣方的風險是沒有上限的。至於詳細的說明，我們會留在後面一章介紹，而那是你的選擇權學習的重心之一！而期貨呢？不論是期貨的空方或是多方，未來都面臨交割的義務，所以不論是多方或是空方都必須準備保證金。

三、價格與標的物的走勢不同

選擇權還有一個極為特殊的地方，那就是它的走勢並不是與標的物呈現 1:1 的走勢，到底是 1 比多少的走勢呢？這牽涉到極為複雜的數學公式，在之後會稍微提到！重點就是，因為選擇權價格與標的物價格的走勢關係是變化的，而且影響這種變化的因素很多，因此相當複雜，但是也給避險與投機的交易員更多的應用彈性！另一方面，期貨的損益是斜線，與股票的損益很類似。事實上期貨就是高度槓桿的現貨交易，因此

期貨的損益圖與現貨極為類似。

12.6 選擇權的功能

衍生性商品的功能幾乎都是一樣，大多包含避險、投機、價格發現、套利。這幾種功能前面各章已有介紹，在此我們就不再重複，除了上述4點之外，選擇權還具有一個由權利所帶給持有人的獨特功能，那就是避免期貨避險時，一刀兩刃的困境。

我們曾經在期貨的部分提到，利用期貨避險是一刀兩刃的行為。由於期貨與現貨的走勢幾乎完全相同，因此若避險方向正確，的確可以完全避掉現貨價格不利的風險，然而若避險方向錯誤，則期貨的虧損可能會完全抵銷現貨的獲利。

相較之下，選擇權的持有者因為擁有很多的彈性，在避險方向錯誤的時候，可以選擇棄權。如此一來，就可以丟棄掉對我們不利的合約，這不是很好嗎？但是使用選擇權是有代價的，其代價就在於，選擇權買方必須支付權利金給選擇權賣方，這筆權利金是有去無回的，也就是一定會損失這筆錢；期貨的話只是自備保證金，除非價格走勢對我們不利，否則是不用損失任何資金的。這中間的取捨，就要看投資人的判斷了。

12.7 簡介選擇權演進過程

臺灣的選擇權市場是分為兩階段開放的：

一、第一階段

此階段開放的是認購權證 (Warrants) 市場。談到這裡，又不得不停下來介紹一下認購權證給大家，認購權證事實上就是買權的一種，既然如此，為何會有這個特殊的名稱呢？大家不用太煩惱，你就把認購權證當作一般的買權來看就可以了！認購權證比較獨特、不同於一般買權的地方是：

㈠認購權證的賣方： 選擇權的買方與賣方都是不特定人，也就是只要符合保證金或是權利金的規定，任何交易人都可以作為選擇權的買方或是賣方，但是認購權證是由單一法人機構所發行的一大批的買權。最常見的例子就是目前在臺灣股票市場十分活躍的認購權證，發行人（賣方）都是證券商；另一個發行認購權證的主要發行人是標的股票的母公司，母公司在發行自己或是子公司新股時，有時會附加認購權證以增加吸引力，這種帶有認購權證的新股上市之後，投資人是可以把它們拆開分別賣出的。

㈡認購權證的交易場所： 買權的交易場所是期貨交易所或是選擇權交易所，而認購權證的交易場所在證券交易所。

㈢認購權證的契約規格： 買權是標準化的選擇權契約，而認購權證的契約規格則是具有彈性的，如重設型權證等等。

　　當然，既然認購權證是買權，那麼當然也有認售權證這種賣權了！認售權證與賣權不同的地方也是在賣方、交易場所與契約規格，這裡就不重複說明了。

　　不過臺灣在認購權證的啟蒙期，也是一段非常痛苦的血淚史，因為那時適逢亞洲金融風暴，而礙於法令，無法發行看空的認售權證，因此投資人與發行券商都蒙受慘重損失。記憶如此清楚，是因為那時作者剛好學成歸國，正在元富證券的衍生性商品部服務，親眼目睹了那時的慘況！不過亞洲金融風暴來得快去得也快，很快的 1999 年臺灣證券市場開始復甦，認購權證市場也蓬勃發展，新型態的認購權證也推陳出新。

二、第二階段

　　正式進入標準化契約的期貨交易所階段。期交所於 2001 年 12 月 24 日推出了臺指選擇權，目前各履約價的成交量總和已經超越了臺股期貨，後來又推出了各式各樣的選擇權，如：電子指數選擇權、金融指數選擇權、股票選擇權、非金電選擇權、櫃買選擇權、黃金選擇權等等。

衍生性商品災難事件簿

長期資本管理公司 (Long Term Capital Management, LTCM) 檔案[2]

　　LTCM 可能有很多同學聽過它的大名，在 1997～1998 年亞洲金融風暴，亞洲各國深受金融禿鷹（大多數為避險基金）的襲擊，大部分國家哀鴻遍野，尤其以東南亞國家如泰國、印尼等受害最為嚴重。美國可以說置身事外，隔岸觀火而已，但是後來爆發的 LTCM 操作失利而導致清算。由於該基金向銀行借貸金額超過 1,250 億美元，因此震動了華爾街，也迫使美國聯準會史無前例的召開救援會議，使得美國再也無法置身事外。

　　LTCM 成立的當下，可以說是冠蓋雲集、眾所矚目。因為它的幾位創辦人，來頭都太大了：創辦人梅里韋瑟 (John Meriwether)，是美國固定收益證券最有影響力的投資銀行 —— 所羅門兄弟 (Salomon Brothers) 固定收益證券部門副總裁。

　　掌握全球金融市場核心的美國聯準會副主席馬林斯 (David W. Mullins Jr.)、選擇權定價模型創造者，1997 年諾貝爾經濟學獎得主修斯 (Myron Scholes) 以及 1990 年諾貝爾經濟學獎得主莫頓米勒 (Merton Miller)。豪華超級卡司，學術與實務重量級的結合，一開始即受到萬眾矚目。而 LTCM 的表現也沒有讓人失望。

　　LTCM1994 年的淨獲利為 19.9%，1995 年則是 42.8%，1996 年是 40.8%，而 1997 年則是 17.1%。

　　然而 1998 年的亞洲金融風暴，最大的受害者正是 LTCM。亞洲金融危機爆發時，LTCM 開始受到重創，不久之後，面臨被要求追繳保證金以及清算的危機。梅里韋瑟也對所有的投資人發出一封信，說明 LTCM 資產已急劇縮減 52%（50 億美元左右下跌至 25 億美元，8 月份就損失了 21 億美元），並要求募集新的投資金額 15 億美元，以協助 LTCM 度過此一難關（此時，LTCM 資產負債顯示其資本額只有 40 億美元，但負債高達 1,250 億美元，財務槓桿高達 30 倍）。

　　情況並沒有因為增資而徹底改善，反而更加惡化。1998 年 8 月 17 日，俄羅斯盧比劇貶，葉爾欽政府宣布無限期延緩債務清還，這使得開

---

[2]http://blog.sina.com.tw/new_future_power/article.php?entryid=468480

發中國家的債券無人問津，利率差距也急遽增大。到了 1998 年 9 月中，LTCM 的損失超過 40 億美元，資產總值只剩下 6 億美元。1998 年 9 月初，LTCM 將它的窘境告知紐約聯邦準備銀行。在持續的數週內，聯邦準備銀行召集 LTCM 與其債權人商討對策。

9 月 23 日，16 家公司組成的銀行團同意增資 36.25 億美元給 LTCM，LTCM 因而免於倒閉。

LTCM 是做了什麼投機交易？為什麼在這麼短的時間就遭受如此鉅額的虧損？事實上它們所操作的是極為保守的套利交易，這種交易策略英文稱為 Market Neutral Arbitrage（市場中立策略），也就是持有被低估的有價證券，賣空被高估的有價證券。LTCM 認為，在 1998 年初的時候，由於亞洲金融危機的影響，使得流動性較低的債券（例如開發中國家發行的債券）與流動性較高的債券（例如美國政府公債）之間的利率差距 (Yield Spread) 過高。LTCM 猜測開發中國家的金融市場將逐漸恢復穩定，屆時二者的利率差距也就會縮小，LTCM 的交易策略將從中獲利。這完全是經過理論模型與複雜的電腦程式運算的結果，理論上來說失敗的機率是幾百萬分之一。

所以同學們覺得套利是很好賺的生意？那可錯了！目前全世界金融資訊、金融資產、資金流動速度非常驚人，在這種狀況之下，並不是人人都有辦法套到利的。而且套利機會通常出現一瞬間就會被套走，大家比的是科技，速度與流動性。而另一方面呢，套到的利大都相當的微薄，所以必須放大槓桿倍數才能擴大獲利。LTCM 到底放了多少槓桿下去？LTCM 的資產總值大約只有 50 億美元，卻向銀行與證券公司借貸了將近 1,250 億美元，負債與資產的比例高達 20 比 1。也就是說假設一次套利交易總資產只獲利 0.1%，然而就基金持有人來說他們是獲利 $0.1\% \times 20 = 2\%$。

到目前為止，一切都很順利，套利失敗機率低，即使失敗了也應該有停損機制，更何況歷史績效也是相當穩健傑出，令人感到十分可靠。那，擊垮 LTCM 的毀滅性偶發事件（黑天鵝）是怎麼冒出來的？答案是「流動性枯竭」，簡單的說，美國國庫券是世界流動性最好的金融商品之一，但是開發中國家的債券可就不是那麼具有流通性了，平時沒事的時候還好，在亞洲金融危機的時刻，所有的人想到的只有「逃走」，逃離即將破產的開發中國家債券！大家同時拋售開發中國家債券，而沒

有人想要購買的結果，就是新興市場債券價格崩跌、或甚至因為無法賣出開發中國家債券變現，而導致 LTCM 的投資人無法贖回。

　　流動性枯竭、過高的槓桿，這都是精密複雜的數學公式所無法計算出來的風險變數啊！

自問自答時間

　　如果你重新開始 LTCM 的操作，請問你會怎麼做來避免這次災難的發生？

練習題

( ) 1. 在臺灣期貨交易所交易的股票選擇權是屬於期貨交易法第三條定義的何種期貨交易契約？　(A)期貨契約　(B)選擇權契約　(C)期貨選擇權契約　(D)槓桿保證金契約　【2010 期貨業務員測驗】

( ) 2. 下列何種交易不需要繳交保證金？　(A)買進期貨契約　(B)賣出期貨契約　(C)買進 Call 期權　(D)賣出 Put 期權

【2010 期貨業務員測驗】

( ) 3. 當賣出期貨買權被執行時，會有何種結果？　(A)取得空頭期貨契約　(B)取得多頭期貨契約　(C)取得相等數量之現貨　(D)依當時之差價取得現金　【2010 期貨業務員測驗】

( ) 4. 老王賣出一口履約價格 $31.20 之原油期貨賣權後，若被要求履約，老王須　(A)以每桶 $31.20 買入原油期貨　(B)以每桶 $31.20 賣出原油期貨　(C)以每桶 $31.20 買入原油　(D)以每桶 $31.20 賣出原油　【2011 期貨業務員測驗】

( ) 5. 依臺指選擇權交易制度之相關規定，交易時段開始後，揭示之資訊包括　(A)各選擇權序列當日成交價、量、筆數　(B)買、賣委託價、量（上下各五檔）　(C)最高與最低價、總成交量　(D)以上皆是　【2011 期貨業務員測驗】

( ) 6. 下列敘述何者正確？　(A)期貨買權之賣方須交保證金，賣權之買方則須交權利金　(B)期貨選擇權之買賣雙方皆須交保證金　(C)期貨與選擇權交易只有賣方須交保證金　(D)期貨之買方只須交權利金，賣權之買方須交保證金　【2011 期貨業務員測驗】

( ) 7. 賣出履約價格為 970 之 S&P 500 期貨買權 (Call)，權利金為 20，最大損失為　(A) 970　(B) 950　(C) 20　(D)無限大

【2012 期貨業務員測驗】

( ) 8. 店頭市場與集中市場之選擇權有何差異？　(A)店頭市場的選擇

權部位較易平倉　(B)店頭市場之契約為量身訂作　(C)店頭市場有較完善的結算制度　(D)選項(A)、(B)、(C)皆是

【2012 期貨業務員測驗】

(　) 9.認購權證之「發行者」相當於下列選擇權策略中那一種角色? (A)買進買權　(B)買進賣權　(C)賣出買權　(D)賣出賣權

【2015 期貨業務員測驗】

(　) 10.我國臺指選擇權的契約乘數為　(A)每點 50 元　(B)每點 100 元 (C)每點 150 元　(D)每點 200 元　　【2015 期貨業務員測驗】

(　) 11.玉米期貨選擇權之標的商品為　(A)玉米合約　(B)玉米期貨合約 (C)玉米選擇權合約　(D)玉米期貨選擇權合約

【2015 期貨業務員測驗】

第 13 章
選擇權的價格

　　這個主題是選擇權中重要的一環，期貨商業務員證照考試非常多的問題是從這裡出來的，須多加留意！

13.1 價內、價外、價平選擇權

　　第 12 章裡已經為各位簡要說明了「價內」、「價外」以及「價平」選擇權，這是非常重要的分類。

◎例題 13-1

選擇權的履約及獲利

　　假設台積電股票買權和賣權的履約價都是 100 元，在不考慮權利金的情況下，甲、乙、丙、丁是否會選擇履約？若其履約的話，獲利為何？

	選擇權種類	到期日股價
甲	買權	102.5 元
乙	買權	95.5 元
丙	賣權	102.5 元
丁	賣權	95.5 元

解答：

1. 「履約價 100 元」表示擁有買權的交易者，可以用 100 元的價格買進台積電，而「台積電的股價為 102.5 元」，代表現在賣出台積電股票可獲得 102.5 元。那你說履不履約？當然履約呀！因此甲會履行選擇權契約，以 100 元向買權的賣方買進台積電股票，等拿到台積電股票之後，馬上拿去股票市場出售，可以賣到 102.5 元。故甲的損益為：

支出	100 元（以履約價格買進台積電股票）
收入	102.5 元（以 102.5 元市價在股票市場賣出台積電股票）
損益	102.5 元 – 100 元 = 2.5 元

　　從上述可知，如果在買權到期日當天，標的物價格 (S) 大於履約價 (K)，也就是說 $S > K$，則履約之後買權的獲利為 $S - K$。

2. 乙會履約嗎？當然不會啊，因為他在股票市場的買進成本才 95.5

元，為什麼要當冤大頭去履約買 100 元的台積電呢？他一定會棄權的！從上述可知，如果在買權到期日當天，標的物價格 (S) 小於履約價 (K)，也就是說 S < K，則買權不會被履約，損益為 0。

3. 賣權是賦予持有者賣的權利，因此在台積電的市價（102.5 元）高於賣權的履約價（100 元）時，丙會怎麼做呢？由於目前台積電的市價為 102.5 元，若丙手裡有台積電現股的話，可直接拿去市場販售，得到 102.5 元，不需要執行賣權來保證自己能以 100 元的價格賣出，所以丙一定是選擇棄權，損益為 0。從上述可知，如果在賣權到期日當天，標的物價格 (S) 大於履約價 (K)，也就是說 S > K，則賣權不會被履約，損益為 0。

4. 由於台積電股票市價（95.5 元）低於賣權的履約價（100 元），因此丁將會選擇執行這個賣權，他會先去股票市場以 95.5 元買進台積電股票，之後，再以 100 元把台積電股票賣給賣權的賣方。故丁的損益為：

支出	95.5 元（在股票市場買進台積電股票）
收入	100 元（以履約價格將台積電股票賣給賣權賣家）
損益	100 元 – 95.5 元 = 4.5 元

從上述可知，如果在賣權到期日當天，標的物價格 (S) 小於履約價 (K)，也就是說 S < K，則履約之後賣權的獲利為 K – S。

熱身操 13-1

假設聯電股票買權和賣權的履約價都是 18 元，且其目前股票市價為 20 元，在不考慮權利金的情況下，則：

1. 若小明擁有一張聯電股票的買權，他是否會選擇履約？若其履約的話，獲利為何？

2. 若小王擁有一張聯電股票的賣權，他是否會選擇履約？若其履約的話，獲利為何？

例題 13-1 給了我們很多的啟示：

一、投資人有利可圖的情況（亦即投資人會履約的情況）

㈠買權：標的物價格 (S) > 履約價 (K)

㈡賣權：標的物價格 (S) < 履約價 (K)

二、內含價值 (Intrinsic Value) 的重要性

在投資人選擇履約時的獲利，有一個非常重要的專有名詞，那就是選擇權的內含價值，其所代表的涵義為這個選擇權最基本應該有的價值。

選擇權的持有者立即履約的話，所得的獲利應該會是這個選擇權的最低可能價值，也是這個選擇權的基本價值、內含價值。為什麼呢？就拿例題 13-1 的第一小題來說吧，台積電股票買權立刻履約的獲利是 2.5 元。要是這個選擇權目前在交易所的市價是 1 元，而且只有你發現到這個好康的話，你會怎麼做？

如果是我的話，我會跟銀行借 101 元，先拿 1 元買進買權，並馬上履約（以 100 元買進台積電股票），再立刻拿到股票市場出售，可得 102.5 元。之後我再把錢（101 元）還給銀行，如此一來，就能開心的淨賺 1.5 元。請問這樣做是否有風險？自己需要出任何本錢嗎？很明顯地，這樣做不但沒有風險，且不用出任何本錢，這也就是所謂的無風險套利！然而現實中會有這麼好康的事情嗎？我想應該沒有，由於我們無法在市場上用比「無風險套利的獲利」還低的價格來買到這個選擇權，因此，該無風險套利的獲利即為該選擇權的最低可能價值！

三、價內、價平與價外的分類方式

這三種選擇權分類在第 12 章已有提及，在此進一步說明如下（表 13-1、圖 13-1 (a)、(b)）：

表 13-1 判定選擇權的價內、價平、價外

	價 內	價 平	價 外
買 權	S > K	S = K	S < K
賣 權	S < K	S = K	S > K

S: 標的物價格、K: 履約價

↗ 圖 13–1 (a) 買權的價內、價平、價外範圍

↗ 圖 13–1 (b) 賣權的價內、價平、價外範圍

◎例題 **13-2**

如何分辨選擇權是價內、價平或價外?

延續例題 13–1，請問甲、乙、丙、丁的選擇權各是價內、價平或價外選擇權?

解答:

	S	K	履約與否	選擇權種類
甲（買權）	102.5	100	S > K，獲利，履約	價內
乙（買權）	95.5	100	S < K，虧損，不履約	價外
丙（賣權）	102.5	100	S > K，虧損，不履約	價外
丁（賣權）	95.5	100	S < K，獲利，履約	價內

熱身操 **13-2**

假設臺股現貨的市價為 7,900 元，則下列三者屬於價內、價平或是價外選擇權?

1. 履約價 7,500 元的賣權。
2. 履約價 7,900 元的賣權。
3. 履約價 7,700 元的買權。

■ 13.1.1 價內、價平與價外選擇權的出現

經過上述討論之後，相信大家已經大致瞭解到：

一、如果選擇權履約之後有獲利，即可稱為價內選擇權。

二、如果選擇權履約之後損益兩平，即可稱為價平選擇權。

三、如果選擇權履約之後有虧損，即可稱為價外選擇權。

這個例子告訴大家，價內選擇權履約後的獲利，與價外選擇權的 0，都是這個選擇權的基本價值或最低可能價值，亦即金融市場所稱的內含價值。

表 13–2　選擇權價內、價外之內含價值

	選擇權現況	履約與否	選擇權種類	選擇權內含價值
買　權	S > K	履約	價內選擇權	S – K
	S < K	不履約	價外選擇權	0
賣　權	S > K	不履約	價外選擇權	0
	S < K	履約	價內選擇權	K – S

13.2 選擇權權利金的結構

既然內含價值是價內的選擇權履約後的價值，那麼事情應該就很簡單了，選擇權權利金的市價想必恰好等於它的內含價值嚕？是這樣嗎？讓我們先來看一下臺指選擇權權利金的收盤價（表 13–3）：

表 13–3　X3 年 8 月 3 日臺指選擇權權利金的收盤價

買權 (Call)	履約價	賣權 (Put)
506	7,300	10
395	7,400	18
310	7,500	31
236	7,600	52
162	7,700	81
106	7,800	125
62	7,900	182
32	8,000	259

◎ 例題 **13-3**

假設 X3 年 8 月 3 日臺股期貨的報價是 7,780，則：

1. 表 13-3 中，各選擇權是價內、價外或是價平選擇權？
2. 表 13-3 中，各選擇權的內含價值是多少？

解答：

1.

買權 (Call)	履約價	賣權 (Put)
價內	7,300	價外
價內	7,400	價外
價內	7,500	價外
價內	7,600	價外
價內	7,700	價外
價外	7,800	價內
價外	7,900	價內
價外	8,000	價內

2. 利用表 13-2 可以很輕易的算出這些選擇權的內含價值

買權 (Call)	履約價	賣權 (Put)
7,780 − 7,300 = 480	7,300	0
7,780 − 7,400 = 380	7,400	0
7,780 − 7,500 = 280	7,500	0
7,780 − 7,600 = 180	7,600	0
7,780 − 7,700 = 80	7,700	0
0	7,800	7,800 − 7,780 = 20
0	7,900	7,900 − 7,780 = 120
0	8,000	8,000 − 7,780 = 220

熱身操 **13-3**

假設 X3 年 8 月 3 日臺灣加權股價指數現貨的收盤價是 8,018，則：

1. 表 13-4 中，各選擇權是價內、價外或是價平選擇權？
2. 表 13-4 中，各選擇權的內含價值是多少？

表 13-4　X3 年 8 月 3 日臺指選擇權權利金的收盤價

買權 (Call)	履約價	賣權 (Put)
428.0	7,600	10.5
336.0	7,700	17.5
249.0	7,800	30.5
171.0	7,900	53.0
107.0	8,000	87.0
57.0	8,100	140.0
27.5	8,200	210.0
12.0	8,300	295.0

■ 13.2.1 時間價值

　　將表 13-3 與表 13-4 互相對照之後可發現：選擇權的權利金市價都高於它的內含價值！以履約價 7,700 元為例，買權的內含價值是 80，權利金的市價是 162；賣權的內含價值是 0，權利金的市價是 81。內含價值總是小於權利金的市價！因此我們可以知道，選擇權權利金是由內含價值與時間價值 (Time Value) 兩個部分所組成的，可寫成公式如下：

$$內含價值 + 時間價值 = 選擇權權利金 \qquad (13\text{--}1)$$

可將之改寫為：

$$時間價值 = 選擇權權利金 - 內含價值$$

或

$$內含價值 = 選擇權權利金 - 時間價值$$

由於價外選擇權的內含價值等於 0，將之代入公式（13-1）可得：

$$0 + 時間價值 = 選擇權權利金$$

故

$$時間價值 = 選擇權權利金 \qquad (13\text{--}2)$$

圖 13-2 (a)、(b) 可以讓各位同學更清楚的分辨內含價值與時間價值在價內和價外選擇權中所扮演的角色。

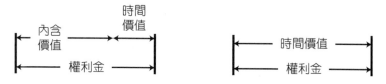

↗ 圖 13–2 (a) 價內選擇權的權利　↗ 圖 13–2 (b) 價外選擇權的權利
　　　　　　　金結構　　　　　　　　　　　　　　金結構

◎ 例題 **13–4**

時間價值的計算

　　我們利用表 13–3 與例題 13–3 的解答，來計算表 13–3，X3 年 8 月 3 日臺指選擇權各履約價的時間價值。

解答：

時間價值 = 選擇權權利金 − 內含價值

買權 (Call)	履約價	賣權 (Put)
480 − 480 = 0	7,300	10 − 0 = 10
395 − 380 = 15	7,400	18 − 0 = 18
310 − 280 = 30	7,500	31 − 0 = 31
236 − 180 = 56	7,600	52 − 0 = 52
162 − 80 = 82	7,700	81 − 0 = 81
106 − 0 = 106	7,800	125 − 20 = 105
62 − 0 = 62	7,900	182 − 120 = 62
32 − 0 = 32	8,000	259 − 220 = 39

熱身操 **13–4**

　　請參考表 13–4，計算臺指選擇權各履約價的時間價值。

　　時間價值，顧名思義，其價值來源與時間有關係！若沒有時間，就沒有時間價值，因此我們可以說，選擇權在到期日當天，沒有所謂的時間價值，亦即選擇權到期日當天的「時間價值 = 0」或「選擇權權利金 = 內含價值」。

13.3 選擇權到期前與到期時價值

在 13.2 節中，大家瞭解了一個重點，那就是，選擇權只有在到期日當天，權利金才會等於內含價值，但是到了那個時候，選擇權馬上就要失效了，不論是買進還是賣出都沒有任何意義了，所以我們更加關心的是，時間價值在選擇權還沒到期前，到底是如何影響選擇權價值的。

■ 13.3.1 選擇權到期價值

從上述可知，選擇權在到期日當天的時間價值為 0，或選擇權權利金價值＝內含價值。而內含價值又是什麼呢? 以表 13–2 為例，對每一個選擇權來說，履約價 (K) 是一個固定的數字，因此我們可以把 K 當成一個常數:

1.當選擇權權利金＝ S－K 時

是一條斜率為 1 的直線，與 x 軸的交點為 X＝K（圖 13–3 (a)）。

2.當選擇權權利金＝ K－S 時

是一條斜率為 –1 的直線，與 x 軸的交點為 X＝K（圖 13–3 (b)）。

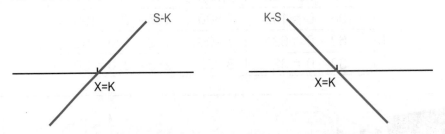

↗ 圖 13–3 (a) 選擇權權利金＝ S－K ↗ 圖 13–3 (b) 選擇權權利金＝ K－S

由於買權在 S＜K 時、賣權在 S＞K 時，投資人皆不會履約，因此選擇權沒有任何內含價值，也就是說選擇權的價值為 0。此時的選擇權為權利金＝0 的水平線（圖 13–4 (a)、(b)）:

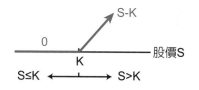

↗ 圖 13–4(a) 買權到期日相對應標的物的權利金價值

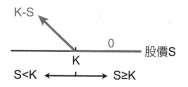

↗ 圖 13–4(b) 賣權到期日相對應標的物的權利金價值

◎ 例題 **13–5**

賣權到期日的權利金價值

請畫出履約價為 7,800 的臺指選擇權賣權到期日的權利金價值圖。

解答：

到期日的選擇權沒有時間價值，它的價值即為其內含價值。我們可以利用下面這個表格來畫出這個賣權到期日的價值圖。

到期日結算價	賣權價值（內含價值）
7,400	7,800 − 7,400 = 400
7,500	7,800 − 7,500 = 300
7,600	7,800 − 7,600 = 200
7,700	7,800 − 7,700 = 100
7,800	7,800 − 7,800 = 0[1]
7,900	0[2]
8,000	0[2]
8,100	0[2]
8,200	0[2]

註： 1.履約價 K = 7,800 是轉折點。
2.由於選擇權的持有人可以選擇不履約,故其內含價值不可能小於 0。

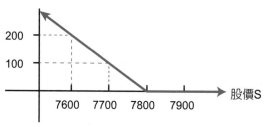

■ 13.3.2 選擇權到期前權利金價值

從 13.3.1 節可知，選擇權到期日當天的權利金價值，是一條有轉折但是連續的直線。雖然這種圖形已經超越了我們對一般金融產品價值的知識，但至少還算是容易理解。現在我們將要遭遇到更為棘手的圖形，那就是選擇權尚未到期之前的權利金價值圖。

由於選擇權在還沒有到期之前，除了內含價值以外，還要考慮時間價值，而麻煩的是，時間價值與內含價值不同，它跟標的物價格是呈現所謂的非線性關係，繪成圖表如下（圖 13-5(a)、(b)）：

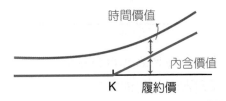

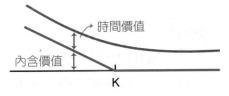

↗ 圖 13-5(a)　買權到期日前權利金與標的物價格的關係　　↗ 圖 13-5(b)　賣權到期日前權利金與標的物價格的關係

練 習 題

( ) 1. 何種期貨選擇權最容易被履約? (A)深度價外 (B)深度價內 (C)價平 (D)以上皆有可能 【2011 期貨業務員測驗】

( ) 2. 關於期貨賣權何者正確? (A)時間價值 = 權利金 + 內含價值 (B)時間價值 = 權利金 – 內含價值 (C)時間價值 = 內含價值 (D) 時間價值 = 保證金 【2011 期貨業務員測驗】

( ) 3. 如果 6 月黃金期貨市價為 990,履約價格為 995 之期貨賣權市價 為 7, 則內含價值為 (A) 7 (B) 5 (C) 0 (D) 2

【2011 期貨業務員測驗】

( ) 4. 若 6 月份黃金期貨買權的履約價格為 $1,630,權利金為 $30,內 含價值為 $25, 則此 6 月份黃金期貨價格為多少? (A) $1,600 (B) $1,630 (C) $1,660 (D) $1,655 【2014 期貨業務員測驗】

( ) 5. 賣出期貨買權具有 (A)依履約價格買進標的期貨之權利 (B)依 履約價格賣出標的期貨之權利 (C)依履約價格買進標的期貨之 義務 (D)依履約價格賣出標的期貨之義務

【2014 期貨業務員測驗】

( ) 6. CME 的 3 月份歐洲美元期貨賣權履約價為 95.25,目前權利金 為 0.2, 而 3 月份歐洲美元期貨市價為 95.35, 該賣權之內含價 值為多少? (A) 0 (B) 2,000 (C) 4,000 (D) 6,000

【2014 期貨業務員測驗】

( ) 7. 期貨選擇權買權之履約價低於標的商品期貨合約之交易價格 時, 稱該買權為 (A)價內 (In The Money) (B)價外 (Out of The Money) (C)價平 (At The Money) (D)無價

【2014 期貨業務員測驗】

( ) 8. 價外 (Out of The Money) 黃金期貨買權指黃金期貨價格 (A)等 於履約價格 (B)大於履約價格 (C)小於履約價格 (D)大於或小

於履約價格。　　　　　　　　　　　　　【2014 期貨業務員測驗】

(　) 9.若 3 月份黃金期貨買權的執行價格為 $830，權利金為 $25，內
含價值為 $10，則此 3 月份黃金期貨價格為多少?　　(A) $805
(B) $815　(C) $840　(D) $855　　　　　【2015 期貨業務員測驗】

(　) 10.設期貨買權 (Call) 履約價格為 K，選擇權標的期貨市價 F，若 F
> K，則其內含價值等於　(A) 0　(B) F-K　(C) K-F　(D) F
　　　　　　　　　　　　　　　　　　【2015 期貨業務員測驗】

(　) 11.若 9 月份 S&P500 期貨買權履約價格 1,300，權利金為 44，已知
內含價值為 4，則　(A)期貨市價為 1,304　(B)期貨市價為 1,296
(C)期貨市價為 1,344　(D)期貨市價為 1,340
　　　　　　　　　　　　　　　　　　【2015 期貨業務員測驗】

(　) 12.價內選擇權的意義為何?　　(A)履約價值 > 0　(B)履約價值 < 0
(C)（履約價值－權利金）> 0　(D)（履約價值－權利金）< 0
　　　　　　　　　　　　　　　　　　【2015 期貨業務員測驗】

(　) 13.設期貨賣權 (Put) 履約價格為 K，選擇權標的期貨市價 F，若 F
> K，則其內含價值等於　(A) K-F　(B) F-K　(C) 0　(D) K
　　　　　　　　　　　　　　　　　　【2015 期貨業務員測驗】

(　) 14.S&P 500 現貨指數 1,375，則　(A) 1,380 買權為價內 /1,380 賣權
為價外　(B) 1,370 買權為價內 /1,370 賣權為價外　(C) 1,370 買
權及賣權皆為價內　(D) 1,365 買權及賣權皆為價外
　　　　　　　　　　　　　　　　　　【2015 期貨業務員測驗】

第 14 章
選擇權的定價與
影響選擇權價格
的因素

本章同樣屬於選擇權最重要的章節之一，也是最需要動用到你們數學運算能力的地方。我能為你們做的，就是能省則省，也就是盡量不要講太多繁複的數學計算，大家別擔心！

14.1 買權賣權平價理論

表 14–1　X3 年 8 月 3 日臺指選擇權權利金的收盤價

買權 (Call)	履約價	賣權 (Put)
480	7,300	10
395	7,400	18
310	7,500	31
236	7,600	52
162	7,700	81
106	7,800	125
62	7,900	182
32	8,000	259

仔細觀察表 14–1 之後你會發現，履約價相同的買權與賣權之間，似乎有某種「翹翹板」的關係，亦即當一邊往上翹時，另一邊就會往下沉。事實上，同一個履約價的買權與賣權之間的關係非常密切，基本上只要你知道買（賣）權的權利金價值，就可以很確定的知道相同履約價賣（買）權的權利金理論價值。這種等式關係我們稱為買權賣權平價理論 (Put-Call Parity Theory)，其公式如下：

$$C - P = S - Ke^{-rT} \tag{14–1}$$

C = 買權 (Call) 權利金的價值

P = 賣權 (Put) 權利金的價值

S = 標的物價格

K = 履約價

e = 為無理數，計算時可用 2.71828 代替

r = 無風險利率

T = 距離選擇權到期日的時間長度（以年計算）

◎例題 **14-1**

買權賣權平價理論實戰演練

假設 X3 年 8 月 3 日臺股期貨的市價為 7,780，距離選擇權到期日還有 12 天，無風險利率為 1.2%。參考表 14-1，已知履約價 7,600 的買權，其權利金的價值為 236 元，試依據買權賣權平價理論，算出履約價 7,600 的賣權，其權利金的理論價值為何？

解答：

答案非常簡單，只要先把題目中所有已知的資料列出來，再代入公式 (14-1) 就可以啦！從題目中可知：

$$S = 7,780$$
$$K = 7,600$$
$$C = 236$$
$$T = \frac{12}{365} = 0.03288 \text{（年）}$$
$$r = 1.2\% = 0.012$$

將上述各項代入公式 (14-1) 可得：

$$236 - P = 7,780 - 7,600 \times 2.71828^{-0.012 \times 0.03288}$$
$$\Rightarrow P = 236 - 7,780 + 7,600 \times 2.71828^{-0.012 \times 0.03288}$$
$$= 236 - 7,780 + 7,597$$
$$= 53$$

履約價 7,600 的賣權，其權利金的理論價值是 53 元，相當接近表 14-1 中的市價（52 元），由此可知，臺指選擇權是相當有效率的市場。

熱身操 14-1

參考表 14-1，已知履約價 7,800 的賣權，其權利金的價值為 125 元，試依據買權賣權平價理論，算出履約價 7,800 的買權，其權利金的理論價值為何？

14.2 選擇權理論價值的評價方法
——Black-Scholes 模型

Black-Scholes 模型是一個很重要的理論，推演並加以擴展此模型的 Black, Merton 與 Scholes 曾因此榮獲 1997 年的諾貝爾經濟學獎，雖然期貨商業務員資格考試中不太可能會出現相關試題，但還是要為你們介紹一下。

Black-Scholes 模型是財務工程的經典方程式，它明白定義出選擇權定價的核心概念。該模型首先藉由隨機變數的偏微分方程式來推導出股價的隨機漫步行為，然後再將到期日價位的機率與其所造成內含價值的乘積相加總，算出該選擇權在到期日內含價值的期望值，之後再把這個期望值折現，最後所得到的結果就是選擇權的價值。聽到頭昏眼花了是嗎？沒關係，沒有人要求你現在就瞭解深入的原理，我們直接跳到 Black-Scholes 模型的公式：

$$C = S \times N(d_1) - K \times e^{-rT} \times N(d_2)$$

$$d_1 = \frac{\ln(\frac{S}{K}) + (r + 0.5 \times \sigma^2) \times T}{\sigma \times \sqrt{T}}$$

$$d_2 = d_1 - \sigma \times \sqrt{T} \tag{14-2}$$

本式所使用的參數跟公式 (14-1) 幾乎完全一樣。例如說：

S = 標的物價格

K = 履約價

e = 為無理數，計算時可用 2.71828 代替

r = 無風險利率

T = 距離選擇權到期日的時間長度（以年計算）

σ = 標的物的波動率

奇怪？怎麼冒出一個從來沒有見過的參數？什麼是波動率 (σ)？其實，波動率對同學們而言應該並不陌生，因為它其實就是標準差的一種，

而且是標的物報酬率的標準差。

至於 d_1 與 d_2，它們並不是真正影響買權價值的直接因素，而是為了使公式簡化所使用的代數。如果我們不用 d_1 與 d_2，直接把原式呈現，會變成下面這個樣子：

$$C = S \times N(\frac{\ln(\frac{S}{K}) + (r + 0.5 \times \sigma^2) \times T}{\sigma \times \sqrt{T}}) - K \times e^{-rT} \times N(\frac{\ln(\frac{S}{K}) + (r + 0.5 \times \sigma^2) \times T}{\sigma \times \sqrt{T}} - \sigma \times \sqrt{T})$$

你不介意的話，直接這樣子運用 Black-Scholes 模型也是可以的！

接下來還有一個參數要處理，那就是 $N(d_1)$ 與 $N(d_2)$ 那個 N 括弧是什麼意思？N 代表的是標準常態分布 (Standard Normal Distribution)。標準常態分布是指平均值 0，標準差為 1 的標準化的常態分布。而 $N(x)$ 括弧裡面的數字 x 則是代表標準常態分布小於數字 x 的累積分布值（圖 14–1）。

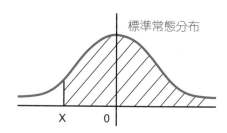

↗ 圖 14–1　標準常態分布 $N(x)$ 的意義

Black-Scholes 模型只能用來計算買權權利金的理論價值，那賣權呢？賣權有公式嗎？有的，但是比較有效率的方法是：

一、利用 Black-Scholes 公式算出買權權利金的理論價值。

二、接著利用買權賣權平價理論算出賣權權利金的理論價值。

◎ 例題 **14–2**

Black-Scholes 的演練

參考表 14–1，假設 X3 年 8 月 3 日臺股期貨的市價為 7,780，距離選擇權到期日還有 12 天，無風險利率為 1.2%，而臺指的波動率為 22%。請問在此情況下：

1.履約價 7,900 的買權權利金,其理論價值為何?

2.履約價 7,900 的賣權權利金,其理論價值為何?

解答:

1.從題目中已知:

$$S = 7,780$$

$$K = 7,900$$

$$T = \frac{12}{365} = 0.03288 \ (年)$$

$$r = 1.2\% = 0.012$$

$$\sigma = 22\% = 0.22$$

先算出 d_1 與 d_2:

$$d_1 = \frac{\ln(\frac{S}{K}) + (r + 0.5 \times \sigma^2) \times T}{\sigma \times \sqrt{T}}$$

$$= \frac{\ln(\frac{7,780}{7,900}) + (0.012 + 0.5 \times 0.22^2) \times 0.03288}{0.22 \times \sqrt{0.03288}}$$

$$= \frac{-0.014116}{0.039892}$$

$$= -0.35386$$

$$d_2 = d_1 - \sigma \times \sqrt{T}$$

$$= -0.35386 - 0.22 \times \sqrt{0.03288}$$

$$= -0.39375$$

代入公式 (14-2) 後變成:

$$C = 7,780 \times N(-0.35386) - 7,900 \times 2.71828^{-0.012 \times (0.03288)} \times N(-0.39375)$$

$N(-0.35386)$ 怎麼算?其實,只要運用 Microsoft 的 Excel,就可以輕鬆的解決這個問題!Excel 有一個函數:NORMSDIST,是用來計算「標準常態分配」的「累積分配值」,這正是我們所找到的答案!舉例來說:$N(-0.35386)$ 該怎麼算?只要在儲存格中插入函數 NORMSDIST,再於 Z 填入 −0.35386(圖 14-2),即可求出:

$$N(-0.35386) = 0.3617$$

同樣的,將 Z 改填入 −0.39375(圖 14-2),即可求出:

$$N(-0.39375) = 0.3469$$

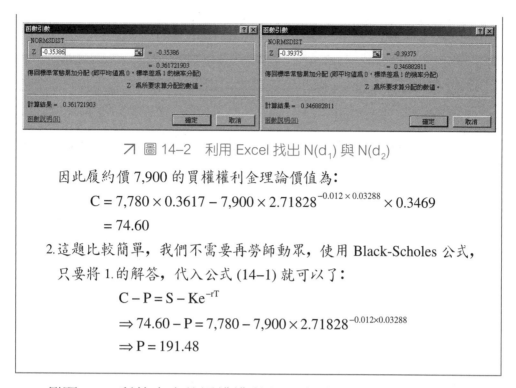

圖 14–2 利用 Excel 找出 $N(d_1)$ 與 $N(d_2)$

因此履約價 7,900 的買權權利金理論價值為:

$$C = 7,780 \times 0.3617 - 7,900 \times 2.71828^{-0.012 \times 0.03288} \times 0.3469$$

$$= 74.60$$

2. 這題比較簡單,我們不需要再勞師動眾,使用 Black-Scholes 公式,只要將 1. 的解答,代入公式 (14-1) 就可以了:

$$C - P = S - Ke^{-rT}$$

$$\Rightarrow 74.60 - P = 7,780 - 7,900 \times 2.71828^{-0.012 \times 0.03288}$$

$$\Rightarrow P = 191.48$$

例題 14–2 所算出來的買權權利金理論價值 ($74.60) 很明顯的高於表 14–1 所顯示的目前的市價 ($62)。造成此種差異的原因是什麼? 最可能的原因在於波動率的計算。在例題 14–2 中所使用的波動率 (22%) 是胡亂假設的,因此才會出現與實際市價較大的落差。

在實務上,波動率的決定常常是爭議最大的部分,因為其他的參數都是很確定的數值,如標的物價格是大家都看得到的公開資訊,但是波動率是一種樣本標準差。學過統計學的同學應該都知道,樣本標準差與母體標準差不同,母體標準差是一個確定的數字,而樣本標準差卻不是固定的數字,而是一種隨機變數,樣本標準差會隨著樣本數、取樣的方法等各種不同因素而有所改變。

例如取樣 X3 年 8 月與 9 月的 60 個交易日的臺指報酬率所算出的 60 日波動率會與取樣 X3 年 8 月的 30 個交易日的臺指報酬率算出的 30 日波動率一樣嗎? 是不可能一樣的。那麼到底要取幾天的波動率是最合理的呢? 眾說紛紜,但以前我在券商時,衍生性商品部門所採用的是不同天數波動率的加權平均來算出來,這可以給大家做個參考。

14.3 影響選擇權價格的種種因素

14.2 節 Black-Scholes 模型的探討雖然煩人，然而卻也為我們本章的後半段開啟了一條康莊大道。怎麼說呢？因為選擇權權利金理論價格公式裡的那幾個參數或變數，就是影響選擇權權利金價值最重要的那些因素！將它們全部集合起來點名一下：

一、標的物價格 (S)

二、履約價 (K)

三、標的物波動率 (σ)

四、距離選擇權到期日的時間長度 (T)

五、無風險利率 (r)

六、現金股利率 (Cash Dividend Yield)。

咦？好像有一個從來都沒見過的參數耶？是的，那就是第六個參數：現金股利率。並不是每種選擇權都必須要考慮現金股利率，只有在「選擇權到期日以前，標的物有發放現金股利」這樣的特殊情境之下，現金股利率才會對選擇權權利金價值有影響力。

雖然說影響選擇權價值的因素有 6 個之多，不過大家要留心的地方是，在這之中，只有「標的物價格」以及「距離到期時間長度」2 個變數 (Variables)，其他 4 個因素都只能算是參數 (Parameters)。為什麼呢？因為在選擇權存在的時期，只有這兩個因素是持續變動的，其他的因素都是一開始就設定好的參數而且是不會變動的！

現在就開始為各位同學逐一詳細的介紹它們嘍：

一、標的物價格 (S)

這個變數，是影響選擇權權利金價格最重要的因素，事實上在衍生性商品的定義就已經很明白的提到，衍生性商品的價值是根據標的物價格的變動而變動的，也就是說，標的物價格是影響衍生性商品價值最直接的因素！

究竟標的物價格是如何影響選擇權權利金價值的呢？在之前已經與各位同學討論過：標的物價格愈高，對買權持有者愈有利；標的物價格愈低，對賣權持有者愈有利。因此，結論是：標的物價格愈高，則（表14-2）：

◆買權權利金價值愈高，與標的物價格成正向關係。

◆賣權權利金價值愈低，與標的物價格成反向關係。

表 14-2　標的物價格 (S) 與買權 (Call)、賣權 (Put) 價值的相關性

標的物價格 (S)	買權 (Call)	賣權 (Put)
↗	↗	↘
↘	↘	↗

二、履約價 (K)

從表 14-1 中即可看出履約價與買權賣權權利金價值的關係，當標的物價格固定在 7,780 的時候，履約價愈高，買權權利金價值愈低，賣權權利金愈高，這個現象是很容易理解的。

當標的物價格不變，但是履約價格往上調整的時候，買權會因為標的物價格高於履約價的部分（也就是內含價值）愈來愈少，或甚至低於履約價而只剩下時間價值，因此買權權利金價格當然會下跌；賣權會因為標的物價格低於履約價的部分（也就是內含價值）愈來愈大，因此賣權權利金價格當然會上升（表 14-3）。

履約價對於買權與賣權權利金價值的影響，與標的物價格的影響恰好完全相反！

表 14–3　履約價 (K) 與買權 (Call)、賣權 (Put) 價值的相關性

履約價 (K)	買權 (Call)	賣權 (Put)
↗	↘	↗
↘	↗	↘

三、標的物波動率 (σ)

　　標的物的價格波動率與選擇權價格會有任何關係嗎？答案是有的，而且是十分密切的關係。標的物波動率增加的話，對於買權與賣權權利金，都是正面的影響。

　　用常識來說明，很容易就能理解。價格波動率大的標的物，在股票市場上被稱為暴漲暴跌股。這種標的物的價格震盪劇烈，漲就是大漲，跌就是大跌，會比紋風不動的標的物更有機會進入買（賣）權的價內區域，所以在其他條件都相同的情況下，若標的物波動率增加，則買權與賣權的價值都會提高（表 14–4）。

表 14–4　標的物價格波動率 (σ) 與買權 (Call)、賣權 (Put) 價值的相關性

標的物價格波動率 (σ)	買權 (Call)	賣權 (Put)
↗	↗	↗
↘	↘	↘

四、距離選擇權到期日的時間長度 (T)

　　這個變數可以說就是選擇權的剩餘壽命，通常以年來計算。時間變數是一種非常獨特的變數，它的變化十分規律，每次都穩定的消逝 1 秒鐘。

　　距離選擇權到期日的時間長度如何影響選擇權權利金呢？選擇權的權利金與時間有直接關係的部分，當然是時間價值嘍！別忘記了之前所學過的重點，時間價值在選擇權到期日當天一定是 0。也就是說，時間 T

在縮短的同時，不論是買權還是賣權，在其他條件不變的情況下，時間價值也是在縮短中，它們的走勢是同向的（表 14–5）。

表 14–5　距離選擇權到期日的時間長度 (T) 與買權 (Call)、賣權 (Put) 價值的相關性

距離選擇權到期日的時間長度 (T)	買權 (Call)	賣權 (Put)
↗	↗	↗
↘	↘	↘

五、無風險利率 (r)

無風險利率怎麼會跟選擇權權利金價值扯上關係呢：

㈠無風險利率與買權的關係

買權可以提供在未來有需要買進標的物的投資人，以履約價買進標的物的權利。因此，持有買權的買方，不用擔心以後如果標的物價格上升的話，必須要追加預算來購買標的物，可以安心的把未來購買標的物所需的資金（即履約價）存放在無風險的資產裡（如存入銀行中），賺取無風險利率。若存放期間無風險利率上升的話，那麼該筆資金帶給買權買方的利息不是會更高嗎？也就是說，買權的價值應該會更高才對。

㈡無風險利率與賣權的關係

這兩者的關係與買權剛好完全相反，賣權是給持有的投資人以後賣的權利，也就是延後收到履約價的權利。所以無風險利率上升的時候，代表他犧牲的利息損失會擴大，因此在其他的條件相同的情況之下，想購買賣權的投資人會願意出比較低的權利金價格。

但是如果無風險利率變化不大，或者是那些快要到期的選擇權，利率的影響就非常低了（表 14–6）。

表 14–6　無風險利率 (r) 與買權 (Call)、賣權 (Put) 價值的相關性

無風險利率 (r)	買權 (Call)	賣權 (Put)
↗	↗	↘
↘	↘	↗

六、現金股利率 (Cash Dividend Yield)

現金股利率與選擇權的關係，得要從普通股如何發放現金股利談起。之前各位同學在投資學或是權益證券應該都學過除權、除息的概念。就除息這個程序來說，在除息當日，股東會收到每股 X 元的現金股利，而股價也要相對的減去 X 元。

例如說，A 公司今年發放每股 2 元的現金股利，而 A 公司的股票在除息基準日前一天的收盤價為 103 元，則除息基準日當天的開盤價為：

$$103 - 2 = 101（元）$$

股東每持有 1 股 A 公司股票可以獲得 2 元的現金，但是所持有的 A 公司股票價格卻是減少 2 元。因此對 A 公司股東來說，沒有得也沒有失。但是對 A 公司買權的持有人來說，真的是虧大了！因為買權的標的物價格會少掉 2 元，但是這 2 元並沒有跑到買權持有人的口袋。在剛剛的討論中，我們都很清楚，標的物價格下跌，買權的價值也會下跌。也就是說，現金股利愈多，在發放的同時對買權的權利金價值傷害愈大！

同樣的概念應用在賣權上，就可以很輕易的知道，現金股利愈高，對賣權權利金價值就愈有利（表 14–7）。

表 14–7　現金股利率 (Div) 與買權 (Call)、賣權 (Put) 價值的相關性

現金股利率 (Div)	買權 (Call)	賣權 (Put)
↗	↘	↗
↘	↗	↘

我們將以上所討論的因素全部整理一下，可得表 14–8：

表 14–8　影響選擇權權利金價值的因素

	買權 (Call)	賣權 (Put)
標的物價格 (S)	正向	反向
履約價 (K)	反向	正向
標的物波動率 (σ)	正向	正向
距離選擇權到期日的時間長度 (T)	正向	正向
無風險利率 (r)	正向	反向
現金股利率 (Div)	反向	正向

　　最後要提醒大家有一點非常重要，那就是這些影響因素與選擇權權利金價格的關係，必須要假設在其他因素都保持固定的情況下。例如說，選擇權權利金與標的物波動率呈現正向關係，是在標的物價格、履約價、距離選擇權到期日的時間長度、無風險利率以及現金股利率都沒有任何變動的情況下，我們才可以百分之百的確定選擇權權利金價值的確是受到標的物波動率的直接影響。

　　如果現在我們探討某個買權，它的標的物波動率上升（買權價值上升），但是標的物價格下跌（買權價值下跌）的話，那麼這個買權的價值最後會上升還是下跌呢？到底誰對買權的影響會比較大呢？必須要靠 Black-Scholes 公式來計算才行。

14.4 選擇權權利金價格與影響因素

　　14.3 節很粗淺的介紹了影響選擇權權利金價值的 6 大因素，現在我們要更具體的討論這些因素的影響力了！要怎麼定義這種影響力呢？很簡單，就是在其他影響力按兵不動的時候，微微的動這個影響因素一下，之後再看看選擇權權利金的變動幅度多大，這種測試就是我們常說的敏感度 (Sensitivity)，金融市場上習慣以 Greek Letters（希臘字母）特別來指這些選擇權價格敏感度。

14.4.1 δ (Delta)

δ 這個希臘字母打頭陣，它所代表的也是選擇權價值最基本的敏感度：選擇權價值相對於「標的物價格」的敏感度。可用數學公式表示如下：

$$\delta = \frac{\Delta C}{\Delta S} = \frac{C_2 - C_1}{S_2 - S_1} \qquad (14\text{-}3)$$

Δ：變動量

公式 (14-3) 是表示「每單位標的物價格變動下，買權價值的相對變動價值」。

◎ 例題 **14-3**

入門的 δ 值計算

假設台積電股價由 100.5 元上漲到 101 元，而以台積電股票為標的物，履約價為 100 的買權，價格由 13.2 元上漲到 13.5 元，請問這個「買權」與「標的物價格」的敏感度 (δ) 為何？

解答：

從題目中可知：

$$S_1 = 100.5$$
$$S_2 = 101$$
$$C_1 = 13.2$$
$$C_2 = 13.5$$

將之代入公式 (14-3)：

$$\delta = \frac{C_2 - C_1}{S_2 - S_1} = \frac{13.5 - 13.2}{101 - 100.5} = \frac{0.3}{0.5} = 0.6$$

這個 0.6 的意思就是：每當標的物價值變動 1 元時，買權的價值會上漲 0.6 元！

熱身操 **14-2**

假設以原油期貨作為標的物的買權，當原油期貨下跌 USD$3，這個買權的價值下跌 USD$2.5。請問這個買權的 δ 值為？

好！現在我們知道 δ 值是買權相對於標的物價格的敏感度。那麼賣權相對於標的物價格的敏感度呢？是否也是 δ 呢？答案是：非也！「賣權」與「標的物價格」的敏感度公式是這樣的：

$$賣權與標的物價格的敏感度 = \delta - 1 \qquad (14\text{--}4)$$

◎ 例題 **14-4**

賣權 δ 計算入門

　　延續例題 14-3，請問在相同的條件之下，賣權與標的物價格的敏感度 (δ) 為何？

解答：

　　我們利用公式 (14-4) 可以輕易的算出，賣權與標的物價格的敏感度為：

$$\delta - 1 = 0.6 - 1 = -0.4$$

熱身操 **14-3**

　　延續熱身操 14-2，請問在相同的條件之下，賣權與標的物價格的敏感度 (δ) 為何？

一、δ 值的特性

　　δ 值是所有選擇權的希臘字母中最重要的！因為它具有多重功能，這些功能在我們做投機或是避險的時候都非用到不可！δ 值有一些特性是你必須要牢牢記在心裡的：

㈠ δ 值最大為 1，最小為 0，也就是說 $0 \le \delta \le 1$

　　那麼 δ 什麼時候會大到接近 1？又是什麼時候會小到接近 0 呢？我們可以圖 14-3 來說明，同樣地，我們假設其他的因素不變，只觀察 δ 值與標的物價格之間的關係。

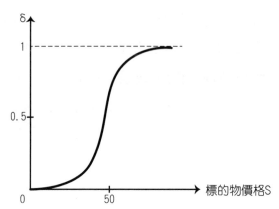

註：買權，假設履約價為 50，到期時間為 1 年，標的物波動率
30%，無風險利率 4%。

↗ 圖 14-3　δ 值與標的物價格的關係

從圖 14-3 可以很明顯的看出，標的物價格愈高，δ 值就愈大。也就是說，當標的物價格愈高，對買權來說價內愈深，則 δ 值愈接近 1；反之，如果標的物價格愈低，對買權來說價外愈深，則 δ 值愈接近 0。

反之賣權呢？賣權與標的物價格之間的變化率是 δ－1，δ－1 的範圍是 0 到 −1（圖 14-4），從這個圖可以很清楚的看到，賣權在標的物價格接近 0 的時候也接近 −1，而在標的物價格很大的時候，則接近 0（表 14-9）。

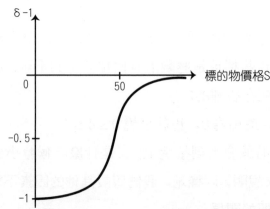

註：賣權，假設履約價為 50，到期時間為 1 年，標的物波動率
30%，無風險利率 4%。沒有發放現金股利。

↗ 圖 14-4　δ－1 與標的物價格的關係

表 14-9　買權、賣權與標的物價格敏感度的變化

	標的物價格	
	最　小	極　大
買權 (Call)	0 ⟶	1
賣權 (Put)	−1 ⟶	0

從表 14-9 中大家還可以發現到一個很重要的現象，那就是：

◆ 「買權」與「標的物價格」的相對變化率 (δ) 永遠是正值。

◆ 「賣權」與「標的物價格」的相對變化率 ($\delta - 1$) 永遠是負值。

(二) δ 值的計算

從公式 (14-3)，我們知道

$$\delta = \frac{\Delta C}{\Delta S}$$

當我們假設標的物價格的變動情況非常微小 (dS)，則 δ 值為

$$\delta = \frac{\partial C}{\partial S} \tag{14-5}$$

公式 (14-5) 很明顯是偏微分方程式，問題是，誰會算微分方程式啊？還好我們前面有學過，買權權利金價值可以用 Black-Scholes 公式計算，如此一來，公式 (14-5) 可改為：

$$\delta = N(d_1) \tag{14-6}$$

什麼？就這樣嗎？的確是的，這也是 Black-Scholes 公式在實務上這麼受到歡迎的原因之一，因為它將很多複雜的參數計算變簡單了，而在交易實務上，便捷往往是決勝最重要的因子！

◎例題 **14-5**

如何利用 Black-Scholes 計算 δ 值

　　延續例題 14-1，假設臺股期貨的市價為 7,780，距離選擇權到期日還有 12 天，無風險利率為 1.2%，臺指的波動率為 22%。請問履約價 7,900 的買權，δ 值應該是多少？

解答：

　　將資料代入公式 (14-6) 可得：

$$\delta = N(d_1) = 0.3617$$

熱身操 **14-4**

　　延續例題 14-5，請問在相同的條件下，履約價 7,900 的賣權，與標的物價格的相對變動率為多少？

㈢既然 $N(d_1)$ 是 δ 值，那麼 $N(d_2)$ 代表什麼呢？

　　能提出這個疑問的同學，表示你真的有強烈的求知欲與好奇心。事實上，$N(d_2)$ 是一個機率值，代表這個買權在到期日的時刻，會變成價內的機率。

　　以例題 14-1 來看，$N(d_2) = 0.3469$，意思就是說：標的物價格目前為 7,780，買權履約價為 7,900，無風險利率 1.2%，標的物價格波動率 22%。則在該買權到期日（12 天以後）標的物價格高於 7,900 的機率為 34.69%，不到 5 成。

二、δ 值在實務上的應用

　　δ 值，在所有的希臘字母裡最常會被提起，從另一方面來說，也是用途最廣的一個希臘字母。到底它有哪些重要的功能？

㈠研判選擇權價格與標的物價格之間的關係

　　讓我們回顧一下 δ 的定義 (14-3)：

$$\delta = \frac{\Delta C}{\Delta S} = \frac{C_2 - C_1}{S_2 - S_1}$$

　　所以 δ 的定義是：單位標的物價格變動下，買權價格的變化量。

◎例題 **14-6**

利用 δ 值計算買權價格的變化量

　　假設某原油期貨買權的 δ 值為 0.6235。若原油期貨由 105 美元上升到 105.3 美元，請問這個賣權的價格會上漲還是下跌？變動多少美元？

解答：

$$\delta = \frac{\Delta C}{\Delta S} = \frac{C_2 - C_1}{S_2 - S_1}$$

$$\Rightarrow 0.6235 = \frac{\Delta C}{105.3 - 105} = \frac{\Delta C}{0.3}$$

$$\Rightarrow \Delta C = 0.6235 \times 0.3 = 0.18705$$

也就是說，當標的物價格上升 0.3 美元時，買權的價格上漲 0.1875 美元。

熱身操 14-5

假設臺股期貨目前的報價是 8,181，履約價為 8,000 的買權報價為 216 元，δ 值為 0.8137。假設臺股期貨下跌到 8,110，請問這個買權的價格會上漲還是下跌？變動多少元？

◎ **例題 14-7**

利用 δ 值計算賣權價格的變化量

同例題 14-6，假設某原油期貨買權的 δ 值為 0.6235。若原油期貨由 105 美元上升到 105.3 美元，請問這個買權的價格會上漲還是下跌？變動多少美元？

解答：

賣權與標的物價格的相對變化量是 $\delta - 1$，也就是說

$$\delta - 1 = \frac{\Delta P}{\Delta S} = \frac{P_2 - P_1}{S_2 - S_1}$$

其中，P 是賣權權利金價值

$$0.6235 - 1 = -0.3765 = \frac{\Delta P}{\Delta S}$$

$$\Rightarrow -0.3765 = \frac{\Delta P}{105.3 - 105} = \frac{\Delta P}{0.3}$$

$$\Rightarrow \Delta P = (-0.3765) \times 0.3 = -0.113$$

也就是說，當標的物價格上升 0.3 美元時，賣權的價格下跌 0.113 美元。

熱身操 **14-6**

　　假設臺股期貨目前的報價是 8,181,履約價為 8,000 的賣權報價為 34 元,δ 值為 0.8137。假設臺股期貨下跌到 8,110,請問這個賣權的價格會上漲還是下跌? 變動多少美元?

㈡選擇權賣方避險的避險比率

　　為何選擇權的賣方必須關注避險比率呢? 原因在於,選擇權的賣方雖然一開始就收取選擇權買方的權利金,而且不需要退還。然而在未來選擇權的買方就擁有履約的權利,而選擇權的賣方就只能任憑買方宰割了。

買權買方　履約價($)→　買權賣方　←標的物

↗ 圖 14-5　買權買方履約交割圖

　　從圖 14-5 中大家可以看到,買權的買方決定履約後,買權的賣方就必須要交付標的物給買權的買方,而買權的買方則支付履約價的金額給買權的賣方。要是買權的賣方在這時才匆匆忙忙的到現貨市場購買標的物準備交割,那這位賣方一定會虧很大,因為買權的買方只有在標的物價格高於買權履約價時,才會選擇履約! 所以買權賣方的策略最好是事先儲備標的物,以免到要履約時才去準備標的物而產生損失,這就是買權賣方的避險。

　　選擇權契約所涵蓋的標的物數量與避險所需要的標的物數量的比率,就稱為避險比率。

$$避險比率 = \frac{避險標的物數量}{選擇權契約涵蓋的標的物數量} \tag{14-7}$$

◎ 例題 **14-8**

避險比率的計算

美國芝加哥商業交易所 (CME) 的玉米選擇權契約的規模為 1 口玉米期貨契約。投資人小乙賣出了 100 口的玉米選擇權契約，假設小乙目前買進 65 口玉米期貨避險，請問他目前的避險比率是多少？

解答：

從題目中可知：

避險標的物數量：65 口玉米期貨

選擇權契約涵蓋的標的物數量 = 100（口）× 1（標的期貨／選擇權）

將資料代入公式 (14-6) 可得：

$$避險比率 = \frac{65}{100} = 0.65$$

熱身操 **14-7**

假設美國 Facebook 目前有一種買權在市場上流通，1 口買權可以購買 4 張 Facebook 普通股（註：美國股票 1 張是 100 股）。有一家投資銀行 M 賣出 500 口這檔買權，並同時買進 20,000 股 Facebook 普通股避險，請問投資銀行 M 現在的避險比率是？

大家是否都清楚避險比率這個概念了？但是只有這樣還是不能解決問題！因為，避險比率到底要多少才恰當？在買權尚未到期，我該準備多少標的物來避險呢？跟買權契約所記載的數量一樣多嗎？

如果避險標的物的數量與賣出選擇權部位的標的物規模完全一樣的話，我們稱之為完全避險。但是買權還沒到期呢，一切都還是未知數。在買權到期日那天，若買權因為標的物價格下跌而成為價外選擇權，使得買權的買方不履約，那麼買權賣方事先所準備的標的物就多餘了！也就是說，避險所需準備的標的物數量必須根據標的物目前的價格來決定：

1. 當標的物價格上漲的時候，買權賣方也要同時增加避險所需的標的物

數量（也就是增加避險比率），以因應機率愈來愈高的買權買方的履約動作。

2. 當標的物價格下跌的時候，買權賣方也要同時減少避險所需的標的物數量（也就是減少避險比率），以因應機率愈來愈低的買權買方的履約動作。

這種機動的避險動作，在金融市場有一個專有名詞，叫做動態避險（Dynamic Hedging）。也就是在動態避險的策略之下，避險比率隨時依據標的物價格在做調整。

之前已經與各位同學討論過，買權的 δ 值，就是它的避險比率。因此：

$$\delta = 避險比率 = N(d_1) \tag{14-8}$$

◎例題 **14-9**

　　仁寶股價為 23.60，假設某券商發行以仁寶普通股為標的物的認購權證——權證 AA，履約價為 20 元。已知仁寶普通股的波動率為 24%，無風險利率為 1.5%，該認購權證還有 6 個月到期，且這半年時間仁寶沒有發放任何現金股利。請問：

1. 權證 AA 的 δ 值為何？

2. 權證 AA 的發行券商發行了 50,000 張的權證 AA。如果券商有嚴格遵守動態避險的紀律，請問它應該買進多少張仁寶普通股來避險？

解答：

　　從題目可知：

$$S = 23.60$$
$$K = 20$$
$$r = 1.5\% = 0.015$$
$$T = 0.5 \text{ 年}$$
$$波動率 \ \sigma = 24\% = 0.24$$

1. 根據公式 (14-8)：

$$\delta = N(d_1)$$

　　其中：

$$d_1 = \frac{\ln(\frac{S}{K}) + (r + 0.5 \times \sigma^2) \times T}{\sigma \times \sqrt{T}}$$

$$= \frac{\ln(\frac{23.60}{20}) + (0.015 + 0.5 \times 0.24^2) \times 0.5}{0.24 \times \sqrt{0.5}}$$

$$= 1.10435$$

因此：

$$\delta = N(d_1) = 0.8653$$

2.根據公式 (14-7)：

$$\delta = 避險比率 = \frac{避險標的物數量}{選擇權契約涵蓋的標的物數量}$$

將 1.的答案代入可知：

$$0.8653 = \frac{仁寶普通股張數}{50,000}$$

$$\Rightarrow 仁寶普通股張數 = 50,000 \times 0.8653 = 43,265（張）$$

熱身操 14-8

　　常勝綜合證券發行了一檔認購權證——常勝 A10，標的物為聯電普通股，1 張常勝 A10 權證履約可以購買 2 張聯電普通股，且其履約價為 22 元，距離到期日還有 9 個月。已知聯電普通股目前市價為 20 元，無風險利率為 1.2%，聯電普通股的波動率為 18%，且在權證到期前，聯電都沒有發放任何現金股利，請問：

1. 常勝 A10 的 δ 值為何？

2. 常勝 A10 的發行券商發行了 100,000 張的權證 A10，如果券商有嚴格遵守動態避險的紀律，請問它應該買進多少張聯電普通股來避險？

㈢賣權的避險比率

　　賣權的避險比率事實上是賣權權利金價值與標的物價格變化率，也就是說：

$$\text{賣權避險比率} = \delta - 1 = \frac{\text{避險標的物數量}}{\text{選擇權契約涵蓋的標的物數量}} \tag{14-9}$$

由於 δ 是介於 0 與 1 之間的數字,因此 $\delta - 1$ 一定是負值! δ 是正值代表必須買進標的物避險,而 $\delta - 1$ 為負值代表賣權的賣方必須放空標的物來避險。

講了一大堆又是理論又是數學的東西,就怕你已經看得昏頭轉向了!其實全部整理起來就是一張表而已(表 14-10)。

表 14-10　δ 值在買權與賣權的應用

	買權 (Call)	賣權 (Put)
選擇權權利金與標的物價格的相對變動量	δ	$\delta - 1$
避險比率	δ	$\delta - 1$
避險操作	買進標的物	賣出標的物

■ 14.4.2 γ (Gamma)

有關 δ 值的討論已經讓人眼花撩亂了,現在我們即將要迎接更難理解的希臘字母——γ 值! γ 值的定義是:

$$\gamma = \frac{\partial \delta}{\partial S} = \frac{\partial}{\partial S}(\frac{\partial C}{\partial S}) = \frac{\partial^2 C}{\partial S^2} \tag{14-10}$$

從公式 (14-10) 可知,γ 值是從 δ 值與標的物價格的相對變化量而來的,也就是「買權」相對於「標的物價格」的二次偏微分。

為什麼我們要討論到買權權利金價值與標的物價格的二次微分呢?這是因為 δ 值與標的物價格的相對變化率,也就是 γ 值,是選擇權賣方極為關心的一個數字。怎麼說呢?讓我們回顧一下圖 14-3,δ 值與標的物價格相關圖是一條曲線,而這條曲線上任何一點的斜率,就是這個買權的 γ 值(圖 14-6)。

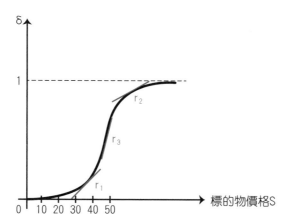

註：假設買權的履約價為 50 元。

↗ 圖 14-6　γ 值與標的物價格的關係（買權）

　　圖 14-6 當中有 3 個 γ 值，若 γ 值愈大代表切線斜率愈斜。你認為哪一個 γ 值最大？當然是 r_3 了！因為 r_1 和 r_2 所對應的標的物價格都是在這個買權的價外區，只有數值最大的 r_3 是位於價平區的附近。這表示：

◆ δ 值在標的物價格接近買權履約價的時候，變化最為劇烈。

◆ 賣權的避險比率是由買權的避險比率（δ 值）推算出來的，所以 δ 值變化劇烈代表標的物價格只有輕微變動，但是選擇權賣方的避險部位卻需要做大規模的調整。

　　有點概念了嗎？γ 值是選擇權賣方在進行避險操作時，非常重要的一個參考指標。但是對選擇權的買方來說，γ 值的重要性就沒有這麼大了！最後我們把 γ 值的特性整理如下兩表：

表 14-11　買權與賣權下，δ 值與標的物價格的相對變動量

	買權 (Call)	賣權 (Put)
δ 值與標的物價格的相對變動量	γ	γ

表 14-12　γ 值在其他條件不變的情況下，與標的物價格的關係及選擇權賣方避險難度

	買權 (Call)	賣權 (Put)	避險難度
價　內	低	低	低
價　平	高	高	高
價　外	低	低	低

14.4.3 θ (Theta)

在經過前面兩小節的洗禮之後，我相信各位同學應該也猜得到下一個希臘字母，一定是「選擇權權利金與某個影響因子之間的相對變動量」。真是聰明，我們即將向各位介紹另外一個相對變動量，那就是 θ 值！

θ 值所代表的，是在其他條件不變的情況之下，選擇權價格與到期時間的相對變化率，其定義為：

$$\theta = \frac{\Delta C}{\Delta T}$$

或是

$$\theta = \frac{\partial C}{\partial T} \text{（當 } \Delta T \text{ 很小時）} \tag{14–11}$$

θ 的特色為：θ 值永遠是正的。別想到太複雜的數學公式去，用你的常識來想，先來看時間，時間的走向只有一個方向，那就是向前，不能倒流。T 是距離選擇權到期日的時間長度，也就是說 T 只能愈來愈小，因此 ΔT 永遠是負值！

另一方面呢，在其他條件不變的情況下，時間價值一定是愈來愈小的，也就是說 ΔC 在其他條件不變的情況下，永遠是負值！

由公式 (14–11) 可以得知，$\theta = \frac{\Delta C}{\Delta T}$。兩個負值相除的結果，當然是正值了。

來觀察一下 θ 值與標的物價格之間的關係（圖 14–7），有沒有看到 θ 最大的地方在哪裡呢？是在履約價附近的地方。也就是說，標的物價格在價平的區域，買權價值相對於時間的變化量最大。

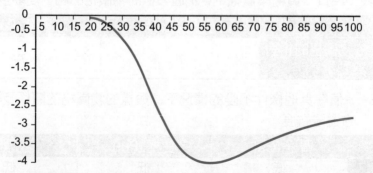

註：假設買權的履約價為 50 元，標的物波動率為 25%，無風險利率為 3%，且標的物沒有現金股利。

↗ 圖 14–7 θ 值與標的物價格的關係（買權）

我們把圖 14-7 的結果整理一下，同學們就會對 θ 值與選擇權權利金價值相對時間的變化率擁有基本的瞭解（表 14-13）：

表 14-13　θ 值在其他條件不變的情況下，與標的物價格的關係

	買權 (Call)	賣權 (Put)
價　外	最小	最小
價　平	最大	最大
價　內	中等	中等

時間是任何事物的殺手，對選擇權的傷害也是一樣，不論是對買權還是對賣權價值的減損都是公平的。不過時間對於價內選擇權時間價值的減損，會大於對價外選擇權的減損。

■ 14.4.4 υ (Vega)

υ 值是衡量標的物價格波動率的變動，選擇權權利金價值的相對變動率，其定義為：

$$\upsilon = \frac{\Delta C}{\Delta \sigma}$$

或是

$$\upsilon = \frac{\partial C}{\partial \sigma} \text{（當 } \sigma \text{ 變化極小時）} \tag{14-12}$$

還記得在「影響選擇權權利金的因子」那個部分嗎？標的物波動率與買權、賣權都是呈現正向的關係，也就是說，當標的物波動率增加的情況下，不論是買權還是賣權，價值都會增加。這也是 υ 值的第一個特性：

◆υ 值永遠是正數

◆在其他條件不變的情況下，當標的物價格在履約價附近，也就是在價平區域時，υ 值最大（圖 14-8）

幾乎所有的影響因子都是在價平的地方發生最大的影響力。所以對選擇權賣方來說，價平的區域的確是他們避險最艱難的地方！

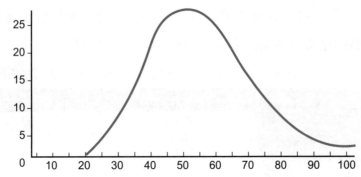

註： 假設買權履約價為 50 元，標的物價格波動率 25%，無風險
利率 3%，標的物沒有現金股利。

↗ 圖 14-8　υ 值與標的物價格關係圖（買權）

■ 14.4.5 ρ (Rho)

ρ 值這個希臘字母，所描述的就是：無風險利率與買權價格的相對變動率。

如果用數學公式來表示的話，會是這樣的：

$$\rho = \frac{\Delta C}{\Delta r}$$

或是

$$\rho = \frac{\partial C}{\partial r}\ （當 r 變動極小時）\tag{14--13}$$

無風險利率通常是指短期公債利率，但一般來說，此利率在短時間內變動的機率不大，即使有了變動，幅度也不會太大。此外，選擇權價格受到無風險利率的影響相對比較小，因此 ρ 值被應用的機會真的不多，使得這個希臘字母被很多實務界的專家打入冷宮。

ρ 值你要留心的地方只有：

◆ 買權的 ρ 值是正數。

◆ 賣權的 ρ 值是負數。

為什麼會這樣？只要你複習一下之前討論的影響選擇權價值因子——利率的部分，就可以知道原因了。

衍生性商品災難事件簿

Amaranth Advisors LLC 在天然氣期貨的慘痛教訓

　　Amaranth Advisors LLC (Amaranth) 在 2000 年只是一家名不見經傳的小型避險基金公司，但是由於它每年報酬率超過 10% 的優異表現，在 2006 年秋天醜聞爆發前，資產規模已經達到 90 億美元，是全世界排名第 39 的大規模避險基金公司。2006 年秋天過去了之後呢？一季之中，Amaranth 損失了 64 億美元！而大部分的虧損都集中在 9 月的其中一個星期。這是怎麼一回事？Amaranth 犯了什麼致命的錯誤嗎？

　　Amaranth 這個避險基金，本來主要的操作標的為可轉換證券，企業購併事件這類型的投資，屬於價值發掘型，比較保守的投資策略。它的表現可以說是十分的優異，從 2001 到 2003 年的年報酬率分別為 29%，15% 以及 21%，基金規模也迅速的擴大。

　　由於價值型的投資套利規模不是那麼多，Amaranth 於是把觸角伸入能源市場，能源市場的商品種類很多，由於它從其他公司挖角的交易員從前就是從事天然氣期貨的交易，Amaranth 也就主攻天然氣期貨的投機交易。起先一切順利，而交易員與 Amaranth 的合夥人也樂得享受高額的分紅，但是所有的情況在 2006 年秋季開始轉變……。

　　天然氣在美國有其特殊的特性，天然氣占美國能源消耗量的 22%，是美國主要的暖氣以及電熱氣的來源。而天然氣與原油不同，原油是全球的商品，它的供給與需求是以全球的宏觀角度來看的，但是天然氣就美國來說，絕大部分是區域性自給自足的。另一方面，美國前 20 大的天然氣供應商寡占了美國 60% 的天然氣供應量。總而言之，天然氣期貨相較於其他能源期貨來說，價格波動性更大，適合投機賺取高額獲利，但是同時也可能導致嚴重虧損。天然氣價格可以說是看天吃飯，因為它不像石油那麼多用途，它的作用就是燃燒，燃燒產生的熱可以做暖氣取暖，可以拿來發電……，所以就需求面來說，天候，尤其是對冬天氣溫的預測，主宰了供給面的預期；另一方面呢，供給面主要侷限於美國天然氣的主要產區──美國南部灣區的生產狀況來決定，世界其他地區的天然氣基本上不會影響到美國天然氣的供給。

　　Amaranth 主要操作天然氣期貨的策略有二：作多天然氣期貨與不同到期日天然氣期貨的價差交易，價差交易我們還沒有提到，所以這裡

就不再說明。至於天然氣期貨的投機交易，Amaranth 在 2005 年買進大量的天然氣期貨選擇權買權，押注在年底的時候氣候會變得寒冷，而天然氣價格在年底會大漲。一開始天然氣期貨價格並沒有大幅上漲，更糟的是，對於 2005 年底的氣溫預測都是認為會暖冬，不過大自然總是會有出人意料之外的變化，2005 年秋季兩大颶風──卡翠納 (Katrina)、麗塔 (Rita) 相繼襲擊墨西哥灣區海岸線以及大城市紐澳良，造成了震驚全世界的災情。這兩個颶風也嚴重的損壞了海上的探油與天然氣開採平臺。由於供給的嚴重短缺，使得天然氣價格大漲，天然氣期貨的買權獲利更是以倍數來算。Amaranth 算是有驚無險，大獲全勝。

在天然氣期貨市場大有斬獲之後，Amaranth 在 2006 年更是把重心放在天然氣期貨市場。2006 年一開始，在純投機交易方面，Amaranth 放空 2006 年 9 月天然氣期貨，在價差交易方面，Amaranth 主要是放空 2006 年 9 月的天然氣期貨與作多 2007 年冬季到期的天然氣期貨。價差交易的目的當然是預期秋天與冬天因為天然氣需求不同，冬天的價格會大幅高於秋天的價格，因此只要這兩個月份的期貨價差擴大，就會獲利。

2006 年一開始，Amaranth 的操作策略是很順利的，例如說僅僅在 4 月一個月，它就「紙上」獲利 11 億美元。但是問題來了，Amaranth 太集中基金部位在能源期貨這一塊區域，在 2006 年 8 月底，Amaranth 放空 2006 年 9 月到期的天然氣期貨部位高達 105,000 口，105,000 口期貨的規模，大約是美國全國家用天然氣全年用量的 22%，所以等到 9 月到期交割嗎？現貨市場去哪裡找這麼多天然氣買來交割呢？即使找得到，這麼短期要買這麼多的天然氣恐怕也會造成現貨市場價格的飆漲。那麼買回沖銷原來的空頭部位呢？剩不到 1 個月就到期的天然氣期貨契約，要在一個月內完全沖銷平倉 105,000 口，也不可能。至於本來也獲利的價差交易，價差從 5 月開始逆轉，不但沒有繼續擴大，而且開始收縮了。

在這種狀況之下，要是 Amaranth 及時認賠縮手，損失大約只有 10 億美元，但是它決定繼續拗下去，等待時機更好時再平倉。不幸的是，它的結算期貨商高盛證券可沒辦法讓它繼續這麼下去了，在補繳保證金還是繼續虧損的狀態下，當然就開始斷頭出場。市場上專門乘人之危的禿鷹基金怎麼可能會錯過這個機會呢？更加落井下石，使得 Amaranth

的損失到達無可挽救的地步。

自問自答時間

　　Amaranth Advisors 避險基金事件，帶給你什麼樣的教訓呢？你如果是該基金的主管，當時你該怎麼做來預防這個事件的發生呢？

練習題

（　）1.期貨賣權 (Put) 的履約價格愈高，其他條件不變，賣權的價格應該　(A)愈高　(B)愈低　(C)不受影響　(D)不一定

【2010 期貨業務員測驗】

（　）2.期貨賣權 (Put) 的 Delta 值通常介於　(A) −1 與 1 之間　(B) −1 與 0 之間　(C) −0.5 與 0.5 之間　(D) 0 與 1 之間

【2010 期貨業務員測驗】

（　）3.下列何種因素可能導致黃金期貨賣權價格上漲？　(A)匯率上揚　(B)黃金期貨價格上揚　(C)利率上揚　(D)黃金期貨價格波動加遽

【2010 期貨業務員測驗】

（　）4.券商若發行指數型認售權證 (Put Warrant)，可在股價指數期貨上採何種部位避險？　(A)買進部位　(B)賣出部位　(C)視大盤走勢而定　(D)無法以指數期貨避險　【2010 期貨業務員測驗】

（　）5.期貨賣權 (Put) 的 Delta 為 −0.3，表示在其他情況不變下，期貨價格若下跌 1 元，賣權價格會　(A)上漲 0.7 元　(B)下跌 0.7 元　(C)上漲 0.3 元　(D)下跌 0.3 元　【2010 期貨業務員測驗】

（　）6.期貨買權 (Call) 的 Delta 值通常介於　(A) −1 與 1 之間　(B) −1 與 0 之間　(C) −0.5 與 0.5 之間　(D) 0 與 1 之間

【2010 期貨業務員測驗】

（　）7.其他條件不變時，到期期限愈長的買權價值會　(A)愈高　(B)愈低　(C)不受影響　(D)可能愈高，可能愈低

【2010 期貨業務員測驗】

（　）8.期貨賣權 (Put) 的 Delta 為 −0.6，表示在其他情況不變下，期貨價格若上漲 1 元，買權 (Call) 價格會　(A)上漲 0.4 元　(B)下跌 0.4 元　(C)上漲 0.6 元　(D)下跌 0.6 元【2010 期貨業務員測驗】

（　）9.下列何者會使期貨賣權的權利金增加？　(A)到期日增長　(B)期

貨價格上漲　(C)期貨價格波動性減少　(D)利率上升

【2010 期貨業務員測驗】

( ) 10.價內 (In the Money) 期貨買權 (Call) 愈深價內，其時間價值 (Time Value)　(A)上升　(B)下降　(C)不一定　(D)不受影響

【2010 期貨業務員測驗】

( ) 11.期貨買權 (Call) 的履約價格愈高，其他條件不變，買權價格應該　(A)愈高　(B)愈低　(C)不受影響　(D)不一定

【2011 期貨業務員測驗】

( ) 12.假設其他條件不變，利率走勢與期貨賣權價格之間的關係為 (A)呈反向變動　(B)呈同向變動　(C)無關　(D)不一定

【2011 期貨業務員測驗】

( ) 13.如果黃金期貨買權之 Delta 為 0.4，則賣權之 Delta 為　(A) 0.6 (B) −0.6　(C) 0.4　(D) −0.4　　　【2011 期貨業務員測驗】

( ) 14.下列何者會使期貨買權的權利金減少?　(A)到期日增長　(B)期貨價格上漲　(C)利率上升　(D)期貨價格波動性減少

【2014 期貨業務員測驗】

( ) 15.下列何者會使歐洲美元期貨賣權的權利金增加?　(A)歐洲美元利率下跌　(B)歐洲美元期貨價格下跌　(C)歐洲美元期貨價格波動性減少　(D)到期日接近　　　【2014 期貨業務員測驗】

( ) 16.假設 S&P500 指數期貨賣權之 Delta 為 −0.5，表示如果持有 1 單位指數期貨，理論上須如何才能完全避險?　(A)買入 0.5 單位賣權　(B)賣出 0.5 單位賣權　(C)買入 2 單位賣權　(D)賣出 2 單位賣權　　　【2014 期貨業務員測驗】

( ) 17.其他條件不變時，歐元期貨賣權的時間價值一般會隨著到期日的接近:　(A)呈比例遞增　(B)呈加速遞增　(C)呈比例遞減　(D)呈加速遞減。　　　【2015 期貨業務員測驗】

( ) 18.6 月份黃金期貨市價為 1,690，則下列何種黃金期貨買權有較高之時間價值?　(A)履約價格為 1,670　(B)履約價格為 1,680　(C)

履約價格為 1,690　　(D)履約價格為 1,700

【2015 期貨業務員測驗】

第 15 章
選擇權的四大基本交易策略

經過了紛紛擾擾的第 14 章之後，我們對選擇權的概念應該會有更進一步的瞭解。金融市場是很現實的，不符合市場需求，創新性不夠的商品，往往很快就消失在時間的洪流裡，但選擇權這項號稱是人類最早的金融產品，能夠屹立於歷史洪流而不搖，必定有它獨特的功能！

選擇權最大的特色，在於它的損益圖並不是線性的，也就是說投資人可以利用不同的選擇權組合，組成不同的投資策略。例如選擇權可以讓你變成：(1)超級激進的多頭擁護者；(2)超級看衰的空頭支持者；(3)小心翼翼的看多者；(4)瞻前顧後的看空者。基本上選擇權能夠滿足各種投資人的需求。真是令人高興，不是嗎？那麼我們就從最簡單的選擇權操作策略開始談起：

15.1 選擇權的四大基本操作策略

要使用雙手揮舞雙節棍之前，是不是應該先將單手練到爐火純青的地步呢？是的！同樣的，在進入選擇權組合的進階策略之前，各位同學一定要把以下的單一選擇權四大基本策略下定決心好好的苦讀。這四個基本策略是：(1)作多買權 (Long Call)；(2)放空買權 (Short Call)；(3)作多賣權 (Long Put)；(4)放空賣權 (Short Put)。

若想要分析選擇權交易策略，我們必須要知道以下的資訊：

◆ 此策略的最大可能獲利為何？最大可能虧損（也就是最大風險所在）為何？

◆ 此策略的「損益兩平點」在哪裡？

◆ 此策略最佳的使用時機為何？

在以後的所有策略中，我們都會逐一的討論這些策略的特色！

■ 15.1.1 作多買權

作多買權應該是大多數初次投資選擇權的首選。原因很簡單，大多數投資人還是比較習慣作多，另一方面呢，買權跟我們一般投資人的邏

輯比較類似，買進買權，聽起來似乎比較流暢。當然了，臺灣市場上，認購權證也已經流通很久了，投資人對於買權也比較有概念。

作多買權在到期日的損益會是怎樣呢？我們可以做一個選擇權到期日損益表，依照這個損益表畫一個到期日損益圖來看會更清楚，舉例如下：

◎例題 **15-1**

阿華田買進以台積電普通股為標的物的買權，履約價為 100 元。假設阿華田當時支付 10.5 元的權利金，請畫出這個買權到期日的損益圖。

解答：

如同剛才我們提到的，我們應該先做一個選擇權到期日的損益表，將不同的標的物價格、買方是否履約、履約後之損益等等資料統合在一起。我們在這裡先整理出第一個損益表，以後大家依樣畫葫蘆就可以了！

表 15-1　作多買權策略到期損益表

台積電股價	選擇權種類	買方是否履約？	選擇權損益(1)	權利金購買成本(2)	總損益(3) = (1) + (2)
70	價外	不履約	0	−10.5	−10.5
80	價外	不履約	0	−10.5	−10.5
90	價外	不履約	0	−10.5	−10.5
100	價平	不履約	0	−10.5	−10.5
110	價內	履約	10	−10.5	−0.5
120	價內	履約	20	−10.5	9.5
130	價內	履約	30	−10.5	19.5

圖 15-1 是依照表 15-1 所繪製而成：

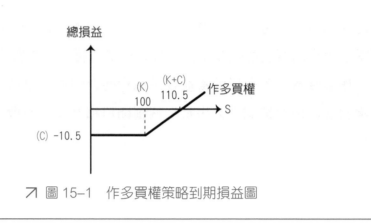

↗ 圖 15-1 作多買權策略到期損益圖

熱身操 15-1

　　臺指選擇權買權的履約價為 8,000，市價為 125 點。若投資人肥肥採用「作多買權」的交易策略，則請將表 15-2 作多買權策略的到期損益表空格部分填滿，並畫出損益圖。

台積電股價	選擇權種類	買方是否履約？	選擇權損益 (1)	權利金購買成本(2)	總損益 (3) = (1) + (2)
7,600					
7,700					
7,800					
7,900					
8,000					
8,100					
8,200					
8,300					

　　從圖 15-1 中我們很容易就能發現：

一、作多買權策略的最大可能獲利為何？最大可能虧損為何？

㈠作多買權最大可能獲利發生在標的物價格非常高時。理論上，只要標的物價格夠高的話，作多買權的獲利是無止境的！

㈡作多買權最大可能虧損發生在當標的物價格在買權的價外區域時，也就是標的物價格小於履約價的區域，由於此時買權的持有者不會履約，

因此其最大損失就是購買買權時所支付的權利金。

二、作多買權策略的損益兩平點在哪裡?

作多買權的損益圖是一條折線,轉折點在履約價,從此點開始,買權進入價內區,亦即標的物價格上漲 1 單位,買權獲利也增加 1 個單位。我們回顧一下公式 (13–1),買權在價內區的損益為:

$$S - K$$

$$S = 標的物價格$$

$$K = 履約價$$

作多買權的唯一成本,就是一開始支付的權利金,如例題 15–1 的 10.5 元。所以只有在選擇權的損益足以支付權利金時,才能達到損益兩平的狀況。也就是說:

$$S - K = C \qquad\qquad (15\text{–}1)$$

$$C = 買權的權利金$$

$$S = 損益兩平點$$

因此,在例題 15–1 中,損益兩平點為:

$$S - 100 = 10.5$$

$$S = 110.5$$

也就是說,當台積電股價為 110.5 時,作多買權策略邁入損益兩平點。

可能有同學覺得有點奇怪,之前我們提到的是,選擇權在價內的情況下,執行選擇權是有利可圖的,但是在標的物到達損益兩平點之前,不是還是虧損嗎? 那麼標的物價格在履約價與損益兩平點之間,選擇權持有者要履約嗎? 答案是當然要履約! 我們說的選擇權價內,是指履約的話,選擇權持有者可以從選擇權獲得利益。雖然履約選擇權所獲得的利益,可能仍然無法抵銷當初支付的權利金,但是如果價內不履約的話,損失會更大(權利金)。所以說:

◆ 損益兩平點一定是在選擇權的價內區之內。

◆ 價內未必損益兩平,但是在價內區履約一定是有利可圖的! 至少可以

部分抵銷權利金支出。

三、作多買權策略最佳的使用時機為何?

從圖 15-1 中可以觀察到,作多買權最大的損失只有一開始的權利金,但是如果標的物價格大漲的話,這個策略所帶給投資人的豈止是只有一桶金而已。這是比期貨槓桿還要高的看多標的物策略! 所以作多買權適用於: 極為看好標的物價格上漲的投資人。

表 15-2　作多買權策略的特性

操作策略	買進買權,建立買權作多部位
最大可能獲利	理論上沒有限制
最大可能虧損	C(買權權利金)
損益兩平點	S = C + K
使用時機	投資人極為看好標的物價格大幅上漲

◎例題 **15-2**

　　履約價 8,300 點的臺指選擇權買權, 權利金是 76 點。請問就買進買權這個策略而言:

1. 最大可能獲利為何? 是發生在臺股期貨的哪個價位?
2. 最大可能虧損為何? 是發生在臺股期貨的哪個價位?
3. 損益兩平點發生在臺股期貨的結算價為多少時?

解答:

　　從題目中可知:

$$K = 8,300$$
$$C = 76$$

1. 最大可能獲利理論上可以無限大, 發生在當臺股期貨在到期日前漲幅最大的價位。
2. 最大可能虧損發生在買權的價外區域,也就是在臺股期貨小於 8,300 點時。由於投資人不會履約, 因此損失權利金 76 點。
3. 損益兩平點發生在臺股期貨的結算價為 8,376 時。

$$S - 8,300 = 76$$
$$\Rightarrow S = 8,376$$

15-2

買進履約價 8,000 點的臺指選擇權買權，權利金報價為 350 點。請問：

1. 最大可能獲利為？是發生在臺股期貨的哪個價位？
2. 最大可能虧損為？是發生在臺股期貨的哪個價位？
3. 損益兩平點發生在臺股期貨的結算價為多少時？

15.1.2 放空買權

這裡所謂的放空買權指的是手中並沒有任何買權部位，而直接賣出買權，因此投資人握有的是買權空方部位。很多書上寫的賣出買權也有可能是指本來持有買權的投資人平倉原來的多頭部位，並不能代表放空買權的真正涵義。

大部分的投資人都不會認為作多買權有什麼大問題，但是各位同學有沒有思考過，既然我們買得到買權，那麼表示一定是有人把買權拿出來賣，不是嗎？至於是誰要賣出買權？他們的目的何在？就是我們接下來要討論的問題。跟上一節作多買權的步驟一模一樣，我們先整理出放空買權策略的到期損益表以及損益圖。

◎ 例題 **15-3**

放空買權策略的損益表與損益圖

投資人小沈採用了放空買權的選擇權策略。他賣出了履約價為 USD$1,200/盎司的黃金買權，收到了 USD$85 的權利金。請畫出此策略到期日的損益圖。

解答：

表 15-3　放空買權策略到期損益表

黃金期貨結算價	選擇權種類	買方是否履約？	選擇權損益(1)	期初收取權利金(2)	總損益(3) = (1) + (2)
1,000	價外	不履約	0	85	85
1,050	價外	不履約	0	85	85

1,100	價外	不履約	0	85	85
1,200	價平	履約、不履約皆可	0	85	85
1,250	價內	履約	−50	85	35
1,300	價內	履約	−100	85	−15
1,350	價內	履約	−150	85	−65
1,400	價內	履約	−200	85	−115

根據表 15-3 可畫出放空買權策略的到期損益圖如下：

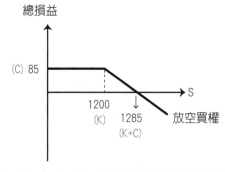

↗ 圖 15-2 　放空買權策略到期損益圖

表 15-3 中，有幾個地方我們要特別留心的：

◆ 由於放空選擇權是賣出權利，因此一開始就會收到權利金，而且不論選擇權到期的結果如何，這個權利金都是不用退還給選擇權買方的。所以 USD$85 會一直出現在損益表內。

◆ 當標的物價格高於買權履約價，也就是開始進入價內的區塊時，不論買權賣方是否有事先買進標的物避險，買方履約之後在選擇權的獲利仍然要算是選擇權賣方的損失。因此選擇權與期貨這類的衍生性金融商品都是一種零和遊戲，亦即一方的獲利必定為對手方的損失。

也就是說：假如我們做出作多買權的損益表，只要將作多買權損益表內的每一個數字前面加上負數符號，就會是放空買權的損益表。而另一方面，假如我們做出作多買權的損益表，只要將放空買權損益表內的每一個數字前面加上負數符號，就會是作多買權的損益表（表 15-4）。

表 15–4　作多買權策略到期損益表

黃金期貨結算價	選擇權種類	買方履約嗎?	選擇權損益（1）	權利金購買成本(2)	總損益（3）=（1）+（2）
1,000	價外	不履約	0	−85	−85
1,050	價外	不履約	0	−85	−85
1,100	價外	不履約	0	−85	−85
1,200	價平	履約、不履約皆可	0	−85	−85
1,250	價內	履約	50	−85	−35
1,300	價內	履約	100	−85	15
1,350	價內	履約	150	−85	65
1,400	價內	履約	200	−85	115

　　既然作多選擇權與放空選擇權損益表裡面的所有數字的差別只有一個負號而已，那麼它們的損益圖應該也很相像吧? 你答對了! 在損益圖裡面，橫軸（x 軸）是標的物到期日的結算價，而縱軸（y 軸）代表的是選擇權策略的損益，其中作多選擇權的損益為 y；放空選擇權的損益就是 −y。

　　所以作多選擇權與放空選擇權的損益圖會是以 x 軸為基準的映像（圖 15–3）。也就是說，它們是以 x 軸為基準呈現對稱狀態! 只要沿著 x 軸對折，墊上複寫紙，然後照著原來的圖描一次，複寫出來的圖形就是我們要的對稱圖形了。

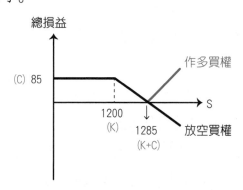

↗ 圖 15–3　放空買權和作多買權到期損益圖

接下來討論放空買權的特色。

一、放空買權策略的最大可能獲利為何？最大可能虧損為何？

從圖 15-3 可以很清楚的看出：

㈠放空買權最大可能獲利發生在買權處於價外的區域，而買權持有人不履約的狀況。此時放空買權會有最大獲利，即一開始收取的權利金。

㈡放空買權最大可能的虧損一定是發生在作多買權最大獲利的狀況，也就是當標的物價格極高的時候，此時作多買權策略理論上獲利是沒有上限的，因此放空買權策略的虧損理論上也是沒有上限！

由於放空買權有大輸特輸的風險，所以選擇權交易所會要求放空買權的交易者，必須要提供保證金！至於作多買權的交易者呢？由於他們可以選擇不履約，其最大的損失就是一開始支付的權利金而已，因此不必準備保證金。

二、放空買權策略的損益兩平點在哪裡？

這個問題的答案就很簡單了，因為零和遊戲的關係，使得作多買權的損益兩平點同時就是放空買權的損益兩平點。

三、放空買權策略最佳的使用時機為何？

瞭解是誰在放空買權後，我們就可以推測出放空買權策略最佳的使用時機是什麼時候了，主要可分為下列兩種情況：

㈠投資人已經持有標的物現貨，且預期近期內標的物的價格不會大幅上漲，所以樂得放空買權，趁機賺點業外收入。因為對他而言，若是標的物真的大漲，作多買權的交易者前來履約時，大不了就把手中標的物以履約價賣給對方就好。

各位同學可別小看這個業外收入喔，它的收益可能相當驚人，每個月持續超過 10% 的獲利都是很有可能的！

㈡投機者手中沒有標的物現貨，且預期近期內標的物價格只是橫盤整理，呈現中性（即不會大幅上漲，也不會大幅下跌）偏空的狀態，所以就放空買權來收取權利金。

是誰願意冒著未來可能虧損無限大的風險，來放空買權呢？據我的實務經驗來看，願意放空買權的主要是大戶和法人。為什麼呢？其實道

理很簡單，我說明一下你們就懂了。

如果我們說作多買權的投資人是賭徒的話，那麼放空買權的投資人，就是賭場的莊家了。賭徒想靠著作多買權的高槓桿策略來大賺一筆，如果他真的賭對了，標的物價格在買權到期日之前一飛沖天，那麼他就大獲全勝，鈔票數都數不完。不過，賭場裡贏的通常會是賭徒嗎？當然不是，通常賭場裡贏的都是莊家！不相信嗎？仔細想想看，作多買權的交易者想要大獲全勝，必須面臨幾個重要的考驗：

1. 到期日一步一步接近，時間價值流逝的壓力。
2. 對標的物價格方向的預測錯誤，標的物價格在買權到期日之前價格不漲反跌的風險。
3. 對標的物價格方向的預測正確，但是上漲的幅度不夠，沒有超過買權的損益兩平點，那麼作多買權的交易者還是會虧損的。

所以就放空買權的莊家來說，他最後獲得勝利的機率遠高於作多買權的賭徒。然而，雖然莊家失敗的機率很低，但是一旦輸了，就要承擔極大的虧損，因此莊家需要有雄厚的資金。

好了，讓我們把放空買權交易策略的特性做一個總結（表 15-5）：

表 15-5 放空買權策略的特性

操作策略	賣出買權，建立買權空頭部位
最大可能獲利	C
最大可能虧損	理論上沒有限制
損益兩平點	$S = C + K$
使用時機	1. 投資人已經持有標的物現貨，且預期標的物價格在近期內不會大漲，遂賣出買權來增加收益 2. 投機者預期標的物價格未來走勢為中性偏空

■ 15.1.3 作多賣權

這個策略常常讓許多同學感到困惑。既然是賣出的權利，又如何作多呢？我們首先要釐清一個觀念，作多某件商品表示希望這個商品價格上漲，交易者作多賣權就是希望賣權的價格上漲。那麼在什麼樣的情況

之下賣權價格會上漲呢？那當然是標的物價格下跌的時候嘍！所以作多
賣權的策略是：買進賣權，建立賣權多頭部位。

◎ 例題 **15-4**

作多賣權的損益表與損益圖

已知目前美國西德州中級輕甜原油 (WTI) 的現貨報價為
USD$101.60/ 桶；2 個月後到期的 WTI 賣權報價 USD$2.36，履約價
為 USD$101/ 桶。若投資人大牛決定使用作多賣權的選擇權策略，請
畫出此策略到期日的損益圖。

解答：

表 15-6　作多賣權策略到期損益表

WTI 期貨結算價	選擇權種類	買方是否履約?	選擇權損益 (1)	期初支付權利金(2)	總損益 (3) = (1) + (2)
97.00	價內	履約	4	−2.36	1.64
98.00	價內	履約	3	−2.36	0.64
99.00	價內	履約	2	−2.36	−0.36
100.00	價內	履約	1	−2.36	−1.36
101.00	價平	履約、不履約皆可	0	−2.36	−2.36
102.00	價外	不履約	0	−2.36	−2.36
103.00	價外	不履約	0	−2.36	−2.36
104.00	價外	不履約	0	−2.36	−2.36

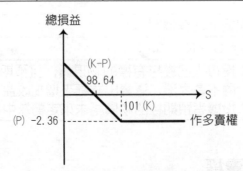

↗ 圖 15-4　作多賣權策略到期損益圖

熱身操 **15-3**

　　假設 X3 年 11 月到期的臺股期貨報價 8,345、臺股期貨選擇權賣權的報價為 232 點，履約價為 8,500 點。若圓仔採用作多賣權的交易策略，請將作多賣權策略到期損益表空格部分填滿，並畫出損益圖。

臺股期貨結算價	選擇權種類	買方履約嗎?	選擇權損益 (1)	期初支付權利金(2)	總損益 (3) = (1) + (2)
7,900					
8,100					
8,300					
8,500					
8,700					
8,900					
9,100					

作多賣權操作策略的特性呢?

一、作多賣權策略的最大可能獲利為何? 最大可能虧損為何?

　㈠既然賣權也是一種權利，那麼持有權利的人當然可以選擇放棄，因此作多賣權最大可能虧損發生在當標的物價格在賣權的價外區域時，也就是標的物價格大於履約價的區域，此時賣權的持有者不會履約，因此其最大損失就是購買賣權時所支付的權利金。

　㈡作多賣權的最大可能虧損和作多買權時相似，那麼作多賣權策略的最大可能獲利，應該也與作多買權時類似才對，即作多賣權也是在當標的物價格大跌時，獲利會無限大，是這樣嗎? 可說對，也可說不對，雖然賣權的價格會隨著標的物價格大跌而大漲，然而標的物價格下跌是有極限的，頂多到 0 為止，因為資產價格不會有負值! 這個策略最好的情況是在當標的物價格變成 0 的時候，作多賣權的投資人可以執行賣權權利，把標的物以履約價 (K) 賣給賣方，其選擇權損益為 K。所以說，作多賣權策略的最大可能獲利發生在「標的物價格 = 0」的時候，而其最大獲利為「標的物

價格 – 支付的權利金」，可寫成公式如下：

$$\text{作多賣權策略的最大獲利} = S - P \tag{15-2}$$

$$P = \text{賣權的權利金}$$

二、作多賣權策略的損益兩平點在哪裡？

還記得第 13 章有提到，只有在 S < K 時，賣權才有內含價值 K – S 嗎？因此作多賣權一定是在賣權價內履約的獲利去抵銷當初購買這個賣權的權利金，才有可能達到損益兩平。所以標的物價格的價位 S 必須在

$$S = K - P \tag{15-3}$$

三、作多賣權策略最佳的使用時機為何？

作多賣權的交易者，最希望的標的物價格走勢當然是下跌愈多愈好！那麼誰會有這樣的動機呢？

㈠極度看空標的物價格，而且覺得只放空標的物還不夠過癮，還要加大槓桿大賭一把的投機者。

㈡手中已經有標的物多頭部位，但是擔心標的物價格大跌，因此作多賣權來避險。因為作多賣權可以在標的物價格大跌的情況下履約，以履約的獲利去抵銷標的物價格下跌的損失；如果標的物價格是上漲的話，那麼作多賣權的投資人可以選擇不履約，坐享標的物價格上漲的成就感。

表 15-7　作多賣權策略的特性

操作策略	買進賣權，建立賣權多頭部位
最大可能獲利	K – P，其中 P：賣權權利金
最大可能虧損	P
損益兩平點	S = K – P
使用時機	1.預期標的物價格即將大跌的投機者 2.持有標的物，為預防標的物價格下跌而進行避險的避險者

◎ 例題 **15–5**

作多賣權策略的最大獲利與最大風險

延續例題 15–4，請問大牛使用作多賣權策略的：

1. 最大可能獲利為何？

2. 最大可能虧損為何？

解答：

從題目中可知：

$$S = USD\$101.6$$

$$K = USD\$101$$

$$P = USD\$2.36$$

1. 根據公式 (15–2)，作多賣權最大的可能獲利為：

$$K - P = 101 - 2.36 = 98.64 \text{（USD\$／桶）}$$

此種情況會發生在原油價格跌到 US\$0，也就是一文不值的時候。

2. 作多賣權策略最大可能的虧損發生在交易人不履約時，也就是當原油價格高於履約價 (USD\$101) 的任何價位。因此，其最大的可能虧損就是當初買進賣權所支付的權利金 (USD\$2.36)。

熱身操 15–4

假設 X3 年 11 月到期的臺股期貨報價 8,345、臺股期貨賣權的報價為 232 元，履約價為 8,500 元。若圓仔採用作多賣權的選擇權交易策略，則請問：

1. 圓仔的最大可能獲利為何？

2. 圓仔的最大可能虧損為何？

■ 15.1.4 放空賣權

放空賣權的對手就是作多賣權，因此在零和遊戲的概念之下，放空賣權者的獲利就是作多賣權者的虧損；放空賣權者的虧損就是作多賣權者的獲利。

也就是說，情況與作多買權與放空買權的情形很類似，只要將作多賣權損益表內的所有數字前面加一個負號，就是放空賣權的損益表內的損益值了。另一方面，放空賣權的損益圖也變得十分容易，只要以 x 軸

為軸心，把作多賣權的損益圖旋轉 180 度就可以了。

◎ 例題 **15-6**

放空賣權的損益表與損益圖

　　已知 X4 年 3 月玉米期貨的報價為 457.75 美分 / 英斗，X4 年 3 月到期的賣權報價為 24 美分，履約價為 460 美分 / 英斗。若萱萱採用了放空賣權的策略，請編製到期日當天，此策略的損益表以及損益圖。

解答：

表 15-8　放空賣權策略到期損益表

玉米期貨結算價	選擇權種類	買方履約嗎？	選擇權損益 (1)	期初收取權利金(2)	總損益 (3) = (1) + (2)
420	價內	履約	−40	24	−16
430	價內	履約	−30	24	−6
440	價內	履約	−20	24	4
450	價內	履約	−10	24	14
460	價平	不履約	0	24	24
470	價外	不履約	0	24	24
480	價外	不履約	0	24	24
490	價外	不履約	0	24	24
500	價外	不履約	0	24	24

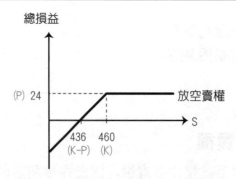

↗ 圖 15-5　放空賣權策略到期損益圖

熱身操 **15-5**

　　已知 X3 年 11 月到期的黃豆期貨市價為 1,291 美分 / 英斗、黃豆期貨

賣權市價為 11 美分，履約價為 1,290 美分 / 英斗。若貞明採用放空賣權的策略，請將放空賣權策略到期損益表空格部分填滿，並畫出損益圖。

黃豆期貨結算價	選擇權種類	買方履約嗎?	選擇權損益 (1)	期初收取權利金(2)	總損益 (3) = (1) + (2)
1,210					
1,230					
1,250					
1,270					
1,290					
1,310					
1,330					
1,350					
1,370					

至於放空賣權會有哪些特性呢?

一、放空賣權策略的最大可能獲利為何? 最大可能虧損為何?

既然作多賣權與放空賣權兩個策略是零和遊戲，那麼一方的最大獲利就會是另一方的最大虧損。所以:

㈠放空賣權的最大可能獲利就是作多賣權的最大可能虧損，即賣權的權利金。

㈡放空賣權的最大可能虧損就是作多賣權的最大可能獲利，即 K – P。

二、放空賣權策略的損益兩平點在哪裡?

放空賣權策略的損益兩平點與作多賣權是一樣的，因為在零和遊戲裡，一方的 0 損益也代表另一方的 0 損益，也就是說，放空賣權的損益兩平點在標的物價格 S 為

$$S = K - P$$

K = 履約價

P = 支付賣權的權利金

三、放空賣權策略最佳的使用時機為何？

觀察圖 15–5 可以發現，放空賣權的投資人，只怕標的物價格大跌，其他的時候，他都坐收賣權權利金，穩賺不賠。缺點是，最高收入有限，但最大風險無窮，所以依照這個特性來推論，主要會有兩種狀況適合使用放空賣權策略：

㈠投資人對標的物價格未來走勢的預期是中性偏多，認為標的物價格目前漲不太上去，也跌不太下去，且大跌的機率比大漲的機率小很多，所以就放空賣權。如此一來，即使標的物價格是在盤整狀態，投資人依舊可以大幅增強他的投資收益。

㈡投資人本來就有標的物的空頭部位，且預期標的物價格大跌的機率不大，目前只是盤整狀態，在這種情況下，他樂得賣出賣權以賺取權利金。對他而言，若標的物真的價格大跌，放空賣權的交易者前來履約也沒關係，因為他已經有標的物空頭部位可以回補了，影響不大。

◎ **例題 15–7**

放空賣權策略的最大可能獲利與虧損

　　延續例題 15–6，請問萱萱使用放空賣權策略的

1.最大可能獲利為何？

2.最大可能虧損為何？

解答：

1.放空賣權策略的最大可能獲利發生在交易人不履約時，即在賣權的價外區域（高於履約價 460 美分／英斗的任何價位）。因此，其最大可能的獲利為賣出賣權時收取的權利金（24 美分）。

2.放空賣權最大的虧損發生在「標的物價格為 0 時」，此時這個策略的虧損為：

$$K - P = 460 - 24 = 436 \text{（美分／英斗）}$$

已知 X3 年 11 月到期的黃豆期貨市價為 1,291 美分 / 英斗、黃豆期貨的賣權市價為 11 美分，履約價為 1,290 美分 / 英斗。如果貞明採用放空賣權的選擇權交易策略，請問：

1.最大可能獲利為何？

2.最大可能虧損為何？

表 15-9 放空賣權策略的特性

操作策略	賣出賣權，建立賣權空頭部位
最大可能獲利	P
最大可能虧損	K – P
損益兩平點	S = K – P
使用時機	1.預期標的物價格中性偏多的投機者 2.已經放空標的物的投資人，預期標的物價格暫時不會大跌，賣出賣權作為增強收益用途

15.2 四大選擇權基本策略損益圖的組合

前面我們為各位所介紹的 4 個選擇權最基本的交易策略（作多買權、放空買權、作多賣權和放空賣權）已經讓你們有足夠的戰鬥力應付各式各樣的標的物價格未來的走勢了，足以在期貨市場上闖盪。此外，雖然實務上有非常多的選擇權策略可供選擇，不過我們只會介紹最簡易的一些策略，原因為：

◆ 沒有無懈可擊的選擇權策略

每一種策略都會有其致命（造成虧損）的部分，再怎麼複雜的策略也一樣。它們都是由各種基本策略衍生而來，因此也會有產生虧損的情境。

◆ 愈複雜的選擇權交易策略，交易成本愈高

多種基本策略所組成的複雜策略，一組策略所需要的選擇權數量絕對高於一組基本策略所需要的選擇權數量，所以期貨商的手續費

(Commissions)、所支付的選擇權權利金等等，一定高於基本策略所需支付的交易成本。

我們會把這些比較複雜的策略留到下一章再為各位作介紹。下面，我們再次複習一下四個最基本的選擇權策略的損益圖。記得它們的形狀，因為下一章你們得要用這四個圖形交互組合成更複雜的選擇權策略損益圖（圖 15-6）。

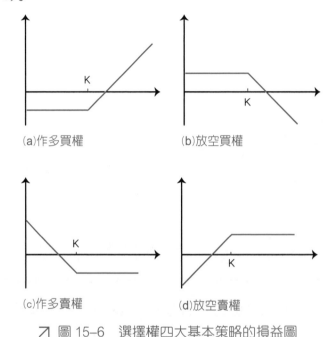

(a)作多買權　　　　　　　　(b)放空買權

(c)作多賣權　　　　　　　　(d)放空賣權

↗ 圖 15-6　選擇權四大基本策略的損益圖

外國的衍生性商品專業書籍，常常將這四大基本策略稱做是 Fundamental Building Blocks，意思就是說，它們是建構所有選擇權交易策略的基石，可見它們真的是很重要！

■ 15.2.1 選擇權損益圖的組合

基本選擇權操作策略損益圖的特色，就是它們都是一條「折線」，這條折線是由(1)一條水平線，以及(2)一條 45 度或是 −45 度的斜線所組成，而且這條折線都是在履約價那一點開始轉彎。

為什麼要討論這些折線的意義呢？因為在下一章裡面，我們將要開

始為各位同學介紹複雜的選擇權交易策略，這些策略雖說複雜程度不同，組合的方式與功能也不盡相同，那麼要如何以最快的途徑來觀察這些複雜組合呢？最好的方法就是畫出這個策略的損益圖！在這一章我們已經畫出四種基本策略的損益圖了。那麼其他進階的策略呢？它們既然是由四種基本策略所組合而成，損益圖也可以由四種基本策略的損益圖合成而得。這裡就是要教各位同學如何組合損益圖！大家請開始記住以下的圖形組合：

表 15–10　在同一個價格區間內，選擇權基本圖形的組合圖

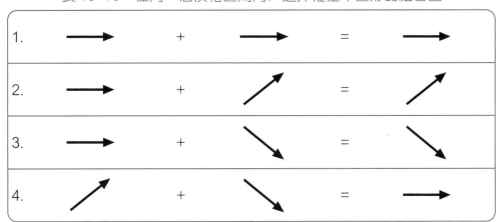

表 15–10 中，「+」號兩邊的圖形都是可以互換的，組合出來的結果都是相同的。簡單歸納如下：

◆ 水平線與斜線的組合是水平線。

◆ 水平線與線的組合是斜線。

◆ 相反方向斜線的組合是水平線。

練習題

( )　1.出售某項期貨合約之賣權具備　(A)按履約價格買入該期貨合約的權利　(B)按履約價格賣出該期貨合約的權利　(C)按履約價格買入該期貨合約的義務　(D)按履約價格賣出該期貨合約的義務
【2010 期貨業務員測驗】

( )　2.買入履約價格為 970 之 S&P 500 期貨買權,權利金為 20,則最大損失為多少?　(A)無限大　(B) 970　(C) 950　(D) 20
【2010 期貨業務員測驗】

( )　3.客戶認為目前利率水準偏低,將來有可能調高時,他應該如何避險?　(A)買進 T-Bond 買權　(B)買進 T-Bond 賣權　(C)買進 T-Bond 期貨　(D)賣出 T-Bond 賣權　【2011 期貨業務員測驗】

( )　4.買進 Call 期權時的權利金如何支付?　(A)買進當天全額付清　(B)買方決定執行期權之權利之當日全額付清　(C)買進後之五日內全額付清　(D)買進當日支付一半,執行權利當日再支付另一半
【2011 期貨業務員測驗】

( )　5.若交易人對黃金看多,則甲、賣黃金期貨賣權　乙、買黃金期貨賣權　丙、賣黃金期貨買權　丁、買黃金期貨買權　(A)僅甲、乙　(B)僅乙、丙　(C)僅甲、丁　(D)以上皆非
【2011 期貨業務員測驗】

( )　6.某甲買入一英鎊賣權,履約價格為 $1.5570,權利金為 $0.02,並買入一英鎊期貨,價格為 $1.5420,則損益兩平點之期貨價格為　(A) 1.5775　(B) 1.562　(C) 1.5225　(D)選項(A)(B)(C)皆非
【2015 期貨業務員測驗】

( )　7.出售期貨賣權時機應該是　(A)多頭市場　(B)空頭市場　(C)多、空頭市場皆可　(D)與市場無關　【2015 期貨業務員測驗】

( )　8.某甲買賣 S&P500 期貨選擇權,若預期利率上漲,則應　(A)買

入買權　(B)買入賣權　(C)賣出賣權　(D)選項(A)(B)(C)皆非

【2014 期貨業務員測驗】

（　）9.買權的賣方與買方所面對的損益以及權利義務，下列何者有誤？
(A)買權的賣方須支付保證金，買方不須支付　(B)標的物的上漲
有利於買權的買方　(C)買權的買方須支付權利金　(D)買權的賣
方之獲利可能無限制　　　　　　【2014 期貨業務員測驗】

（　）10.假設預期黃金期貨價格將快速上漲，下列何項黃金期權交易產
生較大利潤？　(A)買進期貨賣權　(B)買進期貨買權　(C)賣出期
貨買權　(D)賣出期貨賣權　　　　【2014 期貨業務員測驗】

（　）11.買入履約價格為 970 之 S&P500 期貨買權，權利金為 20，則最
大可能獲利為多少？　(A) 97　(B) 950　(C) 20　(D)無限大

【2011 期貨業務員測驗】

第 16 章
進階選擇權策略探索

第 15 章為各位介紹的選擇權四大基本策略，現在都弄清楚了嗎？接下來的策略更複雜，但是各位同學只要記得，不論是多麼複雜的策略，都是四種基本策略拼湊出來的。還是要強調這一點，四大基本策略，一定要熟練！

首先要介紹的是避險策略，有關避險策略的討論，其實在上一章就已經與各位討論過了，在哪裡呢？在作多買權、作多賣權的部分，我們當時已討論過這兩個策略的功用，而這裡我們會進一步提供損益表以及損益圖，如此一來你們就會知道為什麼它們有避險功能了。

接下來本章將會使用很多的數學公式以及數學符號，前面先跟各位說明清楚，在你之後看到頭暈眼花的時候，可以直接回來這邊查詢。

K_i = 履約價。其中 $K_1 < K_2 < K_3 < \cdots$

S_T = 選擇權結算日 T 之標的物結算價

S_t = 選擇權尚未結算前之時間 t 的價格

$C(K_i)$ = 買進履約價 K_i 的買權所支付之權利金

$P(K_i)$ = 買進履約價 K_i 的賣權所支付之權利金

16.1 與避險有關的策略

■ 16.1.1 保護性賣權

第 15 章作多賣權的部分有提及，其中一項功能就是：持有標的物，為了預防標的物價格下跌而進行避險。那麼保護性賣權 (Protective Put) 是如何完成避險的任務呢？我們先介紹保護性賣權的操作方式，再跟各位介紹保護性賣權的各種特色。保護性賣權的操作方式是：

標的物多頭部位 + 作多賣權

$$= \quad S_t \quad + \quad P(K_1)$$

◎例題 **16-1**

保護性賣權策略的操作

　　仲毅持有台積電股票一張，成本為 100 元。由於美國債務危機遲遲無法解決，美國政府發行的公債面臨違約的可能性，如果不幸真的如此，對全世界的金融市場勢必造成毀滅性的災難。焦躁的投資人很可能會爭相賣出持股，造成系統性風險，即使是像台積電這麼優質的股票也可能受到牽累。所以仲毅想賣出手中持股，但他又擔心，如果現在就匆促賣出台積電現股，在美國債務危機結束後，將會錯過台積電股價大漲的獲利。幾經思量後，他決定採用保護性賣權策略，買進 1 口履約價 105 元的台積電賣權。該賣權的價位為 6.25 元，標的物為台積電普通股 1 張。請完成保護性賣權在選擇權到期時的損益表，並畫出其損益圖。

解答:

　　這個策略的損益是由台積電普通股（標的物）和作多賣權兩個金融商品的損益所組成。

表 16-1　保護性賣權策略到期損益表

標的物到期價格	標的物損益(1)	作多賣權損益(2)	總損益 (3) = (1) + (2)
80	−20	−6.25 + 25 = 18.75	−1.25
85	−15	−6.25 + 20 = 13.75	−1.25
90	−10	−6.25 + 15 = 8.75	−1.25
95	−5	−6.25 + 10 = 3.75	−1.25
100	0	−6.25 + 5 = −1.25	−1.25
105	5	−6.25 + 0 = −6.25	−1.25
110	10	−6.25 + 0 = −6.25	3.75
115	15	−6.25 + 0 = −6.25	8.75

| 120 | 20 | −6.25 + 0
= −6.25 | 13.75 |

我們現在開始把(1)標的物（台積電普通股）損益、(2)作多賣權損益以及(3)總損益畫在一起來做對照（圖16-1）：

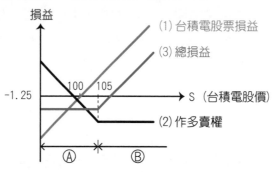

↗ 圖 16-1　保護性賣權到期損益圖

圖16-1的(3)線就是依據表16-1的損益表所畫出來的損益圖，但我們為什麼還要畫出(1)標的物以及(2)作多賣權的損益圖呢？就是為了教大家認識一下上一章的最後所提到的損益圖組合的技巧。

要怎麼畫組合圖？我們只要記住一個原則就好，那就是：只要組成分子的損益圖開始轉折的地方，就把它標註起來，這樣就會隔出幾個區出來，每個區的組合圖就會不一樣。

我們先看一下圖16-1，(1)台積電股票損益是一條直線，沒有任何轉折點，因此沒有地方可以標註。

接下來看(2)作多賣權。這個損益圖就有轉折點了，轉折點是在履約價105元這裡，所以我們把105元這裡標註起來，標的物價格就被分成兩個區間：Ⓐ從0到105元；Ⓑ105元以上。

現在來看區間Ⓐ：(1)台積電股票損益是正斜率的斜線（↗），而(2)作多賣權損益是負斜率的斜線（↘）。根據表15-10，兩條方向相反的斜線的組合是一條水平線（→），你看(3)總損益在Ⓐ區的圖形，是不是一條水平線呢？

同樣的邏輯我們來看Ⓑ區：(1)台積電股票損益是正斜率的斜線（↗），而(2)作多賣權損益是水平線（→）。根據表15-10，水平線與斜線的組合是一條正斜率斜線（↗）。你看(3)總損益在Ⓑ區的圖形，是不是一條正斜率的斜線呢？

熱身操 **16-1**

　　紹華上個星期看到報紙報導外資大舉匯入臺灣股市，認為臺灣股市將在未來走大多頭行情，所以買進小臺指期貨 1 口作多。他的買進價位是 8,321。不過今天報紙報導的是，中國人民銀行正在收縮銀根，大陸有「錢荒」的危機，日本的日經指數因此暴跌超過 300 點，紹華擔心臺灣股市受到牽連，於是決定操作保護性賣權策略，買進履約價 8,300 的賣權 1 口。買進價位是 158 點。請完成保護性賣權在選擇權到期時的損益表，並畫出其損益圖。

小臺指期貨到期價格	標的物損益(1)	作多賣權損益(2)	總損益 (3) = (1) + (2)
7,900			
8,000			
8,100			
8,200			
8,300			
8,400			
8,500			
8,600			
8,700			

　　現在要回到本策略特性的探討部分。這個部分也會比從前的基本四大策略還要複雜。

一、保護性賣權策略的最大可能獲利

　　由圖 16-1 可知，當標的物價格大幅上漲的時候。因為執行保護性賣權的成本就是購買賣權所支付的權利金，等於是買個保單一樣，最多就是賠這個保費而已，而當標的物價格大幅上漲時，由標的物所獲得的利潤遠遠超過保費了！所以這個策略的最大獲利會是「理論上無窮大」，發生在標的物價格大幅上漲的時候。

二、保護性賣權策略的最大可能虧損

保護性賣權最大虧損發生在Ⓐ區,在這一區,賣權是價內狀態,因此:

標的物價格的損益是: $S_T - S_t$

作多賣權的損益是: $K_1 - S_T$

而總損益則為:

標的物價格的損益 + 作多賣權的損益 - 賣權權利金

$= (S_T - S_t) + Max(0, (K_1 - S_T)) - P(K_1)$

$= K_1 - S_t - P(K_1)$ $\qquad$ (16-1)

S_T = 標的物在選擇權到期日的價格

S_t = 買進標的物成本

K_1 = 賣權的履約價

$P(K_1)$ = 購買賣權所支付的權利金

如果購買標的物的成本恰巧等於履約價,那麼 $S_t - K_1 = 0$,最大虧損為 P,也就是購買賣權的成本。最大虧損發生在賣權開始履約的時候,也就是當標的物價格小於賣權履約價的時候。

三、保護性賣權策略的損益兩平點

所謂的損益兩平點當然是發生在選擇權到期日時總損益為 0 的時候,也就是在Ⓑ區裡,損益兩平點就是要找出標的物的結算價 S_T,使得投資組合總損益為 0,即:

$$\underbrace{(S_T - S_t)}_{標的物價格損益} + \underbrace{0}_{作多賣權的損益} - P(K_1) = 0$$

$$\Rightarrow S_T = P(K_1) + S_t \qquad (16-2)$$

四、保護性賣權策略的使用時機

這個問題在例題 16-1 已經說明得很清楚了,基本上這是作多標的物的投資人為了避掉標的物價格下跌而買的保單。但是你可能會問,既然都已經看好標的物價格上漲了,為什麼還要買個賣權做保單?實務上,

保護性賣權的賣權，通常是在作多標的物之後，遇到市場狀況不好，有避險需求時才會購買的，很少一開始就同時買進標的物與買進賣權。

還有一種交易者比較會使用保護性賣權策略，但這是比較專業的交易者才會使用，那就是：計畫在未來放空標的物的交易者。這類交易者打算在未來放空標的物，但是深怕在還沒出手之前，標的物就已經先大跌一段，因此他先取得以後賣出的權利。如果在未來他要真正放空標的物的時候，標的物價格上漲了，那更是求之不得，只要不履約賣權，直接在標的物市場以高價放空標的物就可以了！

◎ 例題 **16-2**

保護性賣權的最大可能獲利與最大可能虧損

延續例題 16-1，請問仲毅保護性賣權策略的

1. 最大可能獲利為何？
2. 最大可能虧損為何？
3. 損益兩平點為何？

解答：

1. 最大可能獲利會發生於賣權到期日前，台積電股價大漲的時候，而其最大獲利為無窮大。

2. 最大可能虧損會發生於賣權到期日當天，台積電的股價小於履約價 105 元的時候，而其最大損失為 -1.25。

$$K_1 - S_t - P(K_1)$$
$$= 105 - 100 - 6.25$$
$$= -1.25$$

3. 損益兩平點會發生於賣權到期日當天，台積電股價 S_T 為 106.25 的時候。

$$S_T - S_t = P(K_1)$$
$$\Rightarrow S_T - 100 = 6.25$$
$$\Rightarrow S_T = 106.25$$

熱身操 **16-2**

延續熱身操 16-1，請問紹華保護性賣權策略的：

1. 最大可能獲利為何？
2. 最大可能虧損為何？
3. 損益兩平點為何？

表 16-2　保護性賣權策略的特性

操作策略	1. 買進標的物 2. 建立賣權作多部位
最大可能獲利	理論上沒有限制
最大可能虧損	賣權履約價 (K_1) – 買進標的物成本 (S_t) – 賣權權利金 $(P(K_1))$
損益兩平點	$S_T = P(K_1) + S_t$
使用時機	1. 現在持有標的物，為了避免未來標的物價格下跌風險，又不願意失去未來標的物價格大幅上漲的機會，買進賣權避險 2. 現在空手，但在未來有放空標的物計畫

16.1.2 保護性買權

作多買權用來作為避險用途，一般來說都是因為以後有買進標的物的需求。保護性買權 (Protective Call) 的操作方式為

標的物空頭部位 + 作多買權

$$= \quad -S_t \quad + \quad C(K_1)$$

◎例題 **16-3**

已放空標的物，但是使用保護性買權來避險

麗華認為美國量化寬鬆政策 (QE) 即將縮減規模，這代表美國的貨幣寬鬆政策即將結束，美元走強，黃金的多頭時代即將結束，於是她在美國芝加哥商業交易所 (CME) 放空了黃金期貨，成交價格為 USD$1,352/ 盎司。不過，這個星期美國所公布的就業數字與房屋市場現況不如預期，她開始擔心短期內美國將會繼續維持貨幣寬鬆政策，但她堅信美國長期下來一定會開始調升利率，而導致黃金價格慘跌，

所以她並沒有平倉黃金期貨空單的計畫。但是為了避險起見，她在選擇權市場買進 X4 年 3 月到期的黃金期貨買權，履約價為 USD$1,300，支付了 USD$62.90 的權利金。請完成保護性買權策略在選擇權到期時的損益表，並畫出其損益圖。

解答：

表 16–3　保護性買權策略到期損益表

黃金期貨於買權到期日結算價位	標的物損益(1)	作多買權損益(2)	總損益 (3) = (1) + (2)
1,100	252	−62.90 + 0 = −62.90	189.10
1,150	202	−62.90 + 0 = −62.90	139.10
1,200	152	−62.90 + 0 = −62.90	89.10
1,250	102	−62.90 + 0 = −62.90	39.10
1,300	52	−62.90 + 0 = −62.90	−10.90
1,350	2	−62.90 + 50 = −12.90	−10.90
1,400	−48	−62.90 + 100 = 37.10	−10.90
1,450	−98	−62.90 + 150 = 87.10	−10.90
1,500	−148	−62.90 + 200 = 137.10	−10.90

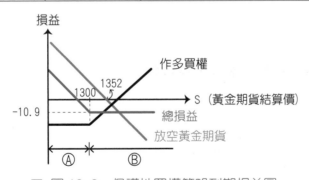

↗ 圖 16–2　保護性買權策略到期損益圖

熱身操 **16-3**

　　怡玲在 10 月 5 日放空小型臺指期貨 1 口，成交價為 8,254。由於近日外資大舉買超臺股，她決定作多買權避險。已知她買進的是 11 月到期，履約價為 8,200 的買權，權利金為 124 點。請完成這個策略在選擇權到期時的損益表，並畫出其損益圖。

小型臺指期貨於買權到期日結算價位	標的物損益(1)	作多買權損益(2)	總損益(3) = (1) + (2)
7,800			
7,900			
8,000			
8,100			
8,200			
8,300			
8,400			
8,500			
8,600			

至於這個策略的損益圖是如何由放空標的物與作多買權的損益圖所組成，我在圖 16-2 已經幫各位劃分好Ⓐ、Ⓑ區了，同學們可以試著自己練習一下！

保護性買權策略有哪些特性呢？這個策略的總損益為：

放空標的物的損益 + 作多買權的損益 − 買進買權支付的權利金

$$= (S_t - S_T) + Max(0, (S_T - K_1)) - C(K_1) \tag{16-3}$$

一、保護性買權策略的最大可能獲利

從圖 16-2 以及表 16-6 可知，作多買權避險的最大可能獲利發生在標的物價格的選擇權結算價 $(S_T) = 0$ 的時候。這個價位是在第Ⓐ區，買權是價外的狀態，所以它的損益為 0。利用公式 (16-3) 來計算，這個策略的最大可能獲利是在標的物結算價 = 0 的時候，即：

$$(S_t - 0) + 0 - C(K_1)$$

$$= S_t - C(K_1) \tag{16-4}$$

二、保護性買權策略的最大可能虧損

最大可能虧損發生在Ⓑ區，也就是選擇權結算價高於履約價的話，都是最大可能虧損發生的區域。在這一區，買權是價內的狀態，所以買權的損益是：

$$S_T - K_1$$

利用公式 (16–3) 來計算，這個避險組合的最大可能虧損為：

$$(S_t - S_T) + (S_T - K_1) - C(K_1)$$

$$= S_t - K_1 - C(K_1) \tag{16–5}$$

三、保護性買權策略的損益兩平點

損益平衡發生在 Ⓐ 區，損益兩平點就是要找出標的物的結算價 S_T，使得投資組合總損益為 0，即：

$$(S_t - S_T) + 0 - C(K_1)$$

$$= S_t - S_T - C(K_1) = 0$$

$$S_t - S_T = C(K_1)，解 S_T$$

$$S_T = C(K_1) + S_t \tag{16–6}$$

四、保護性買權策略的使用時機

有需求的投資人在一開始已經介紹過了，是未來有買進標的物需求的人。因此下列這兩種投資人需要使用這個策略：

◆ 手中持有放空標的物部位的投資人，為了避免標的物價格大幅上漲而造成損失，因此買進買權避險。

◆ 原本空手，沒有任何標的物的部位，但是未來有買進標的物計畫的投資人，可以先買進買權以確保未來買進標的物的成本。

◎ 例題 **16-4**

作多買權避險特性的計算

延續例題 16–3，請問麗華作多買權避險策略的

1.最大可能獲利為何？

2.最大可能虧損為何？

3.損益兩平點為何？

解答：

1.根據公式 (16–4)，最大可能獲利發生在買權結算價為 0 時，其獲利為 1,289.10 元。

$$S_t - C(K_1) = 1,352 - 62.90 = 1,289.10$$

2.根據公式 (16–5)，最大可能虧損為 –10.9 元。

$$S_t - K_1 - C(K_1) = 1,352 - 1,300 - 62.90 = -10.9$$

3.損益兩平點發生在小型臺指期貨 S_T 為 1,289.10 的時候。

$$S_t - S_T = C(K_1)$$
$$\Rightarrow 1,352 - S_T = 62.90$$
$$\Rightarrow S_T = 1,352 - 62.90 = 1,289.10$$

熱身操 16–4

　　怡玲在 10 月 5 日放空小型臺指期貨 1 口，成交價為 8,254。由於近日外資大舉買超臺股，她決定作多買權避險。已知她買進的是 11 月到期，履約價為 8,200 的買權，權利金為 124 點。請問怡玲作多買權策略的

1.最大可能獲利為何？

2.最大可能虧損為何？

3.損益兩平點為何？

表 16–4　保護性買權策略的特性

操作策略	1.放空標的物 2.建立買權作多部位
最大可能獲利	$S_t - C(K_1)$
最大可能虧損	$S_t - K_1 - C(K_1)$
損益兩平點	$S_T = S_t + C(K_1)$
使用時機	1.原本有放空標的物部位的投資人，買進買權避險 2.現在空手，但在未來有買進標的物計畫

　　以上這兩種策略是最主要的單一選擇權避險策略。也許你會覺得疑惑：那還有與放空買權以及放空賣權相關的避險策略嗎？答案是，有的！也是有人採取這樣的策略，但是相對來說，我覺得它們的功用比較像是在增強原有投資組合的報酬率，在避險方面的作用較小。

16.1.3 掩護性買權

先介紹一下掩護性買權 (Covered Call) 的操作方式吧!

標的物多頭部位 + 放空買權

$$= \quad S_t \quad - \quad C(K_1)$$

這樣做有什麼目的呢? 在看過這一個例題之後, 我想各位同學也許會更有概念一點:

◎ 例題 **16-5**

掩護性買權的交易實例

臺北某選擇權大戶子閒, 手中已經持有聯電股票 1 張, 購買成本為 18 元。他研判最近聯電股價大幅上漲的機率不高, 大跌的機率更低, 所以他並不打算使用保護性賣權避險, 而採用掩護性買權的方式增加自己的收益, 並且達到部分避險的目的。他放空聯電的買權, 履約價為 20 元, 價位是 2 元。請完成掩護性買權策略在選擇權到期時的損益表, 並畫出其損益圖。

解答:

表 16-5 掩護性買權策略到期損益表

聯電股票於買權到期日結算價位	標的物損益(1)	放空買權損益(2)	總損益 (3) = (1) + (2)
15	15 − 18 = −3	2	−1
16	16 − 18 = −2	2	0
17	17 − 18 = −1	2	1
18	18 − 18 = 0	2	2
19	19 − 18 = 1	2	3
20	20 − 18 = 2	2	4
21	21 − 18 = 3	1	4
22	22 − 18 = 4	0	4
23	23 − 18 = 5	−1	4

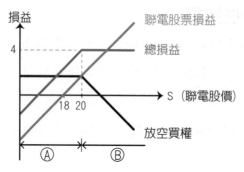

↗ 圖 16–3 掩護性買權策略到期損益圖

熱身操 **16-5**

裕雄的投資部位有一口小型臺指期貨多單，買進的成本是 8,366。他決定採用掩護性買權增加投資組合的收益。他賣出了履約價為 8,400 的買權 1 口，成交價為 78 點，請完成這個策略在選擇權到期時的損益表，並畫出其損益圖。

小型臺指期貨於買權到期日結算價位	標的物損益(1)	放空買權損益(2)	總損益(3) = (1) + (2)
8,000			
8,100			
8,200			
8,300			
8,400			
8,500			
8,600			
8,700			
8,800			

一、掩護性買權策略的最大可能獲利

從圖 16–3 可知，最大獲利發生在Ⓑ區，掩護性買權的損益是：

持有標的物損益 + 放空買權損益 + 收取的買權權利金

標的物在Ⓑ區的時候：

$$標的物損益 = S_T - S_t$$

放空買權損益 $= -(S_T - K_1)$（買權在價內區，買方會來履約）

所以掩護性買權策略的總損益為：

$$(S_T - S_t) - (S_T - K_1) + C(K_1)$$
$$= K_1 - S_t + C(K_1) \tag{16-7}$$

二、掩護性買權策略的最大可能虧損

發生在標的物價格為 0 的地方，因為是買權價外，買方不履約，所以損益為 0。而掩護性買權策略的損益為：

$$(0 - S_t) + 0 + C(K_1) = C(K_1) - S_t \tag{16-8}$$

三、掩護性買權策略的損益兩平點

由圖 16-3 可以觀察到，損益兩平點發生在Ⓐ區，損益兩平點就是找出標的物的結算價 S_T，使得投資組合總損益為 0，即：

$$(S_T - S_t) - 0 + C(K_1) = 0$$
$$\Rightarrow S_T = C(K_1) + S_t \tag{16-9}$$

四、掩護性買權策略的使用時機

掩護性買權通常是已經擁有標的物多頭部位的投資人，評估標的物短期之內大漲的機率不高，但是他可以藉由放空買權收取權利金來增加自己的收益。

不過放空買權策略的最大可能虧損不是無限大嗎？不用擔心，要是標的物價格真的大漲，我們手裡有標的物可以在買權買方要求履約時用來交割呢！所以我們放空買權的部位是有標的物罩著的！英文裡有人罩著就叫做 Cover，所以放空買權的英文為 Covered Call。我們放空買權的部位是有保障的。

不過要是不幸我們的判斷錯誤，標的物價格大跌的話，那真的就慘了！因為我們放空買權所收的權利金是有限的，只能有限度補償標的物多頭部位的虧損。因此放空買權只能對標的物提供有限的保護；而標的物則可以對放空買權部位提供保障。

◎例題 **16-6**

掩護性買權特性探討

延續例題 16-5，請問子閒掩護性買權策略的

1. 最大可能獲利為何？

2. 最大可能虧損為何？

3. 損益兩平點為何？

解答：

1. 代入公式 (16-7)：

$$K_1 - S_t + C(K_1) = 20 - 18 + 1.88 = 3.88 \text{ 元}$$

2. 代入公式 (16-8)：

$$C(K_1) - S_t = 1.88 - 18 = -16.12 \text{ 元}$$

3. 代入公式 (16-9)：

$$S_T - S_t + C(K_1) = 0，\text{ 解 } S_T$$

$$\Rightarrow S_T - 18 + 1.88 = 0 \Rightarrow S_T = 18 - 1.88 = 16.12 \text{ 元}$$

熱身操 **16-6**

裕雄的投資部位有一口小型臺指期貨多單，買進的成本是 8,366。他決定採用掩護性買權增加投資組合的收益。他賣出了履約價為 8,400 的買權 1 口，成交價為 78 點，請問裕雄掩護性買權策略的

1. 最大可能獲利為何？

2. 最大可能虧損為何？

3. 損益兩平點為何？

表 16-6 掩護性買權策略的特性

操作策略	1. 作多標的物 2. 建立買權作放空部位
最大可能獲利	$K_1 - S_t + C(K_1)$
最大可能虧損	$C(K_1) - S_t$
損益兩平點	$S_T = S_t + C(K_1)$
使用時機	1. 原本有作多標的物部位的投資人，放空買權，期望標的物

在不會大跌的情況之下，可以賺取額外的報酬
2.原本放空買權的交易者，買入標的物避險

16.2 價差策略

前面一節的避險策略，所包含的都是選擇權與標的物的組合。從這一節起，我們所要討論的選擇權交易策略，都是純粹選擇權的組合。為什麼還會變出這麼多花招出來？目的五花八門各有不同，有的是為了降低純選擇權交易的風險，有的是為了降低純買進選擇權所支付的成本。我們就選擇一些最重要的策略為各位同學作介紹。首先出場的是一系列的價差策略 (Spread Strategies)。

價差策略的價差，不是標的物低買高賣的價差，而是不同特色但是同一邊的選擇權一買一賣成對交易的策略。所謂的同一邊，就是同樣是買權，或同樣是賣權。既然價差策略是這樣定義，那麼可以稱之為價差策略的成對交易的種類就很多了：

一、垂直價差 (Vertical Spread)

同時買賣「履約價」不同，但其他條件相同的買權（賣權）。例如：買進 2013 年 11 月到期，履約價 8,300 的臺指選擇權買權，同時賣出 2013 年 11 月到期，履約價 8,500 的臺指選擇權買權。

二、水平價差 (Horizontal Spread)

同時買賣「到期日」不同，但其他條件相同的買權（賣權）。例如：買進 2013 年 11 月到期，履約價 8,300 的臺指選擇權賣權，同時賣出 2014 年 3 月到期，履約價 8,300 的臺指選擇權賣權。

三、對角價差 (Diagonal Spread)

同時買賣「履約價」和「到期日」都不同，但其他條件相同的買權（賣權）。例如：買進 2013 年 11 月到期，履約價 8,300 的臺指選擇權買權，同時賣出 2014 年 3 月到期，履約價 8,500 的臺指選擇權買權。

在這邊我們會介紹最常被交易人所採用的垂直價差，並且與各位同

學分享它們的使用時機。

16.2.1 垂直價差的多頭價差策略

顧名思義，垂直價差的多頭價差策略，意思就是看多「未來標的物價格走勢」的價差策略。那該怎麼去組合，才可以達到這個效果呢？有兩種垂直價差組合可以達成（表 16–7）：

表 16–7　看多標的物未來價格的垂直價差交易

名　稱	操作方式
買權多頭價差策略 (Bull Call Spread)	作多低履約價的買權 放空高履約價的買權
賣權多頭價差策略 (Bull Put Spread)	作多低履約價的賣權 放空高履約價的賣權

你有沒有發現，不論是利用買權或是賣權來作多頭垂直價差策略，兩者的原則都一樣：「買低賣高」，即買低履約價的買權（賣權），賣高履約價的買權（賣權）。同理，空頭垂直價差策略的原則是「買高賣低」，即買高履約價的買權（賣權），賣低履約價的買權（賣權）。

接下來就為你們詳細介紹這幾種策略。

一、買權多頭價差策略 (Bull Call Spread)

買權多頭價差策略的操作方式，已經寫在表 16–7，下面是此種策略的公式：

$$+C(K_1) - C(K_2), \quad K_1 < K_2$$

這裡 $C(K_1)$ 代表履約價為 K_1 的買權，$C(K_2)$ 代表履約價為 K_2 的買權。而且 $K_1 < K_2$，所以 $C(K_1)$ 代表低履約價的買權，$C(K_2)$ 代表高履約價的買權。

這個策略的操作方法就是同時作多低履約價（即 K_1）的買權，所支付的權利金是 $C(K_1)$；放空高履約價（即 K_2）的買權，所收取的權利金是 $C(K_2)$。

那麼這個策略在選擇權到期日的損益會是怎樣的狀況呢？請看下面的例題：

◎例題 **16-7**

買權多頭價差策略的實務操作

　　宜亭在小型臺指期貨選擇權部位採用了買權多頭價差策略，即同時操作下列兩個買權：

1.買進 2014 年 11 月到期，履約價為 8,200 的買權，成交價 220 點。

2.賣出 2014 年 11 月到期，履約價為 8,500 的買權，成交價 43 點。

　　請完成買權多頭價差策略在選擇權到期時的損益表，並畫出其損益圖。

解答：

表 16-8　買權多頭價差策略到期損益表

小型臺指期貨於買權到期日結算價位	作多履約價 8,200 買權損益(1)	放空履約價 8,500 買權損益(2)	總損益 (3) = (1) + (2)
8,000	不履約 −220 + 0 = −220	對手不履約 43 + 0 = 43	−177
8,100	不履約 −220 + 0 = −220	對手不履約 43 + 0 = 43	−177
8,200	不履約[1] −220 + 0 = −220	對手不履約 43 + 0 = 43	−177
8,300	履約 −220 + 100 = −120	對手不履約 43 + 0 = 43	−77
8,400	履約 −220 + 200 = −20	對手不履約 43 + 0 = 43	23
8,500	履約 −220 + 300 = 80	對手不履約[1] 43 + 0 = 43	123
8,600	履約 −220 + 400 = 180	對手履約 43 − 100 = −57	123
8,700	履約 −220 + 500 = 280	對手履約 43 − 200 = −157	123
8,800	履約 −220 + 600 = 380	對手履約 43 − 300 = −257	123

---

[1]當標的物價格和到期當日相同時，投資人可履約也可不履約，由於履約需要進行交易，手續較多，所以大多數投資人會選擇不履約。

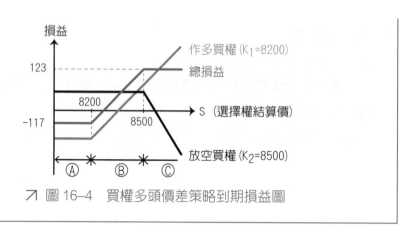

↗ 圖 16–4　買權多頭價差策略到期損益圖

這個策略的損益圖比較難畫，因為兩個買權的履約價不一樣，有兩個不同的轉折點，所以必須分成Ⓐ、Ⓑ、Ⓒ三個區域來看這個策略的損益圖。在這三個區域的圖形是如何畫的，我想各位同學可以自己動手。

熱身操 16-7

仁成以矽品的認購權證操作買權多頭價差的選擇權交易策略, 即同時操作下列兩個買權:

1. 買進履約價 37.5, 到期日為 2013 年 12 月的矽品 A 買權, 成交價 2.78。
2. 放空履約價 39, 到期日為 2013 年 12 月的矽品 B 買權, 成交價 1.62。

請完成這個策略在選擇權到期時的損益表, 並畫出其損益圖。

矽品普通股於買權到期日結算價位	作多矽品 A 買權損益(1)	放空矽品 B 買權損益(2)	總損益 (3) = (1) + (2)
36.0			
36.5			
37.0			
37.5			
38.0			
38.5			
39.0			
39.5			
40.0			

㈠買權多頭價差策略的最大可能獲利

從圖 16–4 可知，最大獲利發生在ⓒ區，此時兩個買權都會被履約，所以本策略的最大獲利為：

$$\underbrace{(S_T - K_1)}_{\text{作多低履約價買權的損益}} + \underbrace{[-(S_T - K_2)]}_{\text{放空高履約價買權的損益}} + \underbrace{[-C(K_1)]}_{\text{支付低履約價買權的權利金}} + \underbrace{C(K_2)}_{\text{支付高履約價買權的權利金}}$$

$$= K_2 - K_1 - C(K_1) + C(K_2) \hspace{3cm} (16\text{–}10)$$

㈡買權多頭價差策略的最大可能虧損

最大虧損發生在Ⓐ區，此時兩個買權都不會被履約，所以選擇權損益都為 0，本策略的最大可能虧損為：

$$\underbrace{0}_{\text{作多低履約價買權的損益}} + \underbrace{0}_{\text{放空高履約價買權的損益}} + \underbrace{[-C(K_1)]}_{\text{支付低履約價買權的權利金}} + \underbrace{C(K_2)}_{\text{支付高履約價買權的權利金}}$$

$$= -C(K_1) + C(K_2) \hspace{3cm} (16\text{–}11)$$

㈢買權多頭價差策略的損益兩平點

損益兩平點發生在第Ⓑ區，此時，低履約價買權會被履約；高履約價買權不會被履約。損益兩平點就是找出標的物的結算價 S_T，使得投資組合總損益為 0，即：

$$\underbrace{(S_T - K_1)}_{\text{作多低履約價買權的損益}} + \underbrace{0}_{\text{放空高履約價買權的損益}} + \underbrace{[-C(K_1)]}_{\text{支付低履約價買權的權利金}} + \underbrace{C(K_2)}_{\text{支付高履約價買權的權利金}} = 0$$

$$\Rightarrow S_T = K_1 + C(K_1) - C(K_2) \hspace{3cm} (16\text{–}12)$$

㈣買權多頭價差策略的使用時機

這個策略最大的作用在節省直接購買買權的成本，但是喪失的是如果標的物大漲，作多買權大幅獲利的機會。

操作這個策略的投資人，可以藉由放空買權所收取的權利金，來抵消作多買權所需支付的權利金，因此大幅增加到期日獲利的機率，但是他的最大獲利也因此被侷限。所以這個策略是看多標的物，但是較為保守的策略。

就例題 16–7 而言，代入公式 (16–10) 可算出其最大可能獲利為：

$$K_2 - K_1 - C(K_1) + C(K_2)$$

$$= 8,500 - 8,200 - 220 + 43 = 123$$

代入公式 (16–11) 可算出其最大可能虧損為：

$$-C(K_1) + C(K_2)$$

$$= -220 + 43 = -177$$

代入公式 (16–12) 可算出其損益兩平點為：

$$(S_T - K_1) - C(K_1) + C(K_2) = 0，求 S_T 值$$

$$\Rightarrow (S_T - 8,200) - 220 + 43 = 0$$

$$\Rightarrow S_T = 8,377$$

表 16–9　買權多頭價差策略的特性

操作策略	1.作多低履約價的買權 2.放空高履約價的買權
最大可能獲利	$K_2 - K_1 - C(K_1) + C(K_2)$
最大可能虧損	$-C(K_1) + C(K_2)$
損益兩平點	$K_1 + C(K_1) - C(K_2)$
使用時機	看好標的物走勢上漲，但是想要減少單純作多買權策略成本的交易者

二、賣權多頭價差策略 (Bull Put Spread)

賣權多頭價差策略的操作方法與買權多頭價差策略相當類似，也是買低賣高，也就是作多低履約價的賣權、放空高履約價的賣權。也就是

$$-P(K_1) + P(K_2)，K_1 < K_2$$

我們再作一個例題來讓各位同學瞧瞧，為何賣權的買高賣低，也會與買權的賣高賣低有相同的效果。

◎例題 **16–8**

賣權多頭價差策略的實務操作

投資人紹華採用了賣權多頭價差交易策略，即同時操作下列兩個賣權：

1.買進 2014 年 11 月到期，履約價為 8,200 的賣權，成交價 45 點。

2.賣出 2014 年 11 月到期，履約價為 8,500 的賣權，成交價 117 點。

請完成這個策略在選擇權到期時的損益表，並畫出其損益圖。

解答：

表 16–10 賣權多頭價差策略到期損益表

小型臺指期貨於賣權到期日結算價位	作多履約價 8,200 賣權損益 (1)	放空履約價 8,500 賣權損益(2)	總損益 (3) = (1) + (2)
8,000	履約 −45 + 200 = 155	對手履約 +117 − 500 = −383	−228
8,100	履約 −45 + 100 = 55	對手履約 +117 − 400 = −283	−228
8,200	不履約[2] −45 + 0 = −45	對手履約 +117 − 300 = −183	−228
8,300	不履約 −45 + 0 = −45	對手履約 +117 − 200 = −83	−128
8,400	不履約 −45 + 0 = −45	對手履約 +117 − 100 = 17	−28
8,500	不履約 −45 + 0 = −45	對手不履約[2] +117 − 0 = 117	72
8,600	不履約 −45 + 0 = −45	對手不履約 +117 − 0 = 117	72
8,700	不履約 −45 + 0 = −45	對手不履約 +117 − 0 = 117	72
8,800	不履約 −45 + 0 = −45	對手不履約 +117 − 0 = 117	72

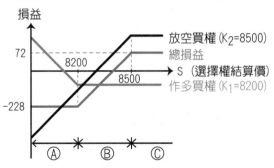

↗ 圖 16–5 賣權多頭價差策略到期損益圖

[2]當標的物價格和到期當日相同時，投資人可履約也可不履約，但由於履約需要進
行交易，手續較多，所以大多數投資人會選擇不履約。

熱身操 **16-8**

投資人國華利用賣權多頭價差策略來操作小型臺指期貨，其操作策略為：

1. 買進 2016 年 4 月到期，履約價為 8,200 的賣權，成交價 8.8 點。
2. 賣出 2016 年 4 月到期，履約價為 8,500 的賣權，成交價 76 點。

請完成這個策略在選擇權到期時的損益表，並畫出其損益圖。

迷你臺指期貨於賣權到期日結算價位	作多履約價 8,200 賣權損益(1)	放空履約價 8,500 賣權損益 (2)	總損益 (3) = (1) + (2)
8,000			
8,100			
8,200			
8,300			
8,400			
8,500			
8,600			
8,700			
8,800			

㈠賣權多頭價差策略的最大可能獲利

最大可能獲利會出現在Ⓒ區，也就是兩個賣權的價外區，都不會被履約了。此時策略損益為一開始操作這個策略的淨收入，即：

$$P(K_2) - P(K_1) \qquad (16\text{--}13)$$

㈡賣權多頭價差策略的最大可能虧損

最大可能虧損發生在Ⓐ區，也就是在兩個賣權的價內區。此時我們會履約買進的賣權，同時我們賣出的賣權也會被履約。由於作多賣權的履約損益為 $(K_1 - S_T)$；放空賣權的履約損益為 $-(K_2 - S_T)$；再加上一開始買進 $P(K_1)$ 與賣出 $P(K_2)$，所以策略損益為：

$$-P(K_1) + P(K_2) + (K_1 - S_T) - (K_2 - S_T)$$
$$= K_1 - K_2 - (P(K_1) - P(K_2)) \qquad (16\text{--}14)$$

㈢賣權多頭價差策略的損益兩平點

賣權多頭價差策略的損益兩平點發生在Ⓑ區，此時作多賣權不會被履約，而放空賣權會被履約。損益兩平點就是找出標的物的結算價 S_T，使得投資組合總損益為 0，即：

$$-P(K_1) + P(K_2) - (K_2 - S_T) = 0$$
$$\Rightarrow S_T = P(K_1) - P(K_2) + K_2 \qquad (16\text{--}15)$$

㈣賣權多頭價差策略的使用時機

它的作用與買權多頭價差策略幾乎完全相同，所以在這裡就不用重複了。

就例題 16–8 而言，代入公式 (16–13) 可計算出其最大可能獲利為：

$$P(K_2) - P(K_1)$$
$$= 117 - 45 = 72$$

代入公式 (16–14) 可計算出其最大可能虧損為：

$$K_1 - K_2 - (P(K_1) - P(K_2))$$
$$= (8{,}200 - 8{,}500) - (45 - 117)$$
$$= -300 + 72 = -228$$

代入公式 (16–15) 可計算出其損益兩平點為：

$$-P(K_1) + P(K_2) - (K_2 - S_T) = 0$$
$$\Rightarrow -45 + 117 - (8{,}500 - S_T) = 0$$
$$\Rightarrow S_T = 8{,}428$$

綜觀上述可知，買權多頭價差策略和賣權多頭價差策略的差別在於：

◆買權多頭價差策略中，投資人一開始是淨支出的。

◆賣權多頭價差策略中，投資人一開始是淨收入的。

如果標的物價格下跌而造成虧損時，那麼賣權多頭價差策略所造成的最大虧損會比買權多頭價差策略來得大！所以該如何應用這兩種策略呢？一樣是看多的情況下：

◆若你相當有把握標的物價格會上漲的話，就採用賣權多頭價差策略。

◆若你比較沒有把握標的物價格會上漲的話，就採用買權多頭價差策略。

表 16-11　賣權多頭價差策略的特性

操作策略	1.作多低履約價的賣權 2.放空高履約價的賣權
最大可能獲利	$P(K_2) - P(K_1)$
最大可能虧損	$K_1 - K_2 - (P(K_1) - P(K_2))$
損益兩平點	$S_T = P(K_1) - P(K_2) + K_2$
使用時機	看好標的物走勢上漲，但是想要減少單純作多買權策略成本的交易者

■ 16.2.2 垂直價差的空頭價差策略

顧名思義，垂直價差的空頭價差策略指的是看空未來標的物價格走勢的價差策略。既然看多價差策略的訣竅都是買低賣高，那麼可想而知，看空價差交易的訣竅一定是買高賣低（表 16-12）：

表 16-12　看空標的物未來價格的垂直價差策略

名　稱	操作方式
買權空頭價差策略 (Bear Call Spread)	作多高履約價的買權 放空低履約價的買權
賣權空頭價差策略 (Bear Put Spread)	作多高履約價的賣權 放空低履約價的賣權

一、買權空頭價差策略 (Bear Call Spread)

買權空頭價差策略的操作方式已經寫在表 16-12，即作多高履約價的買權，並放空低履約價的買權。

也就是：

$$C(K_1) - C(K_2), \ K_1 < K_2$$

下一個例題可以讓各位同學一窺買權空頭價差策略的大概。

◎例題 **16-9**

買權空頭價差策略的實務操作

投資人光轍採用了買權空頭價差交易策略，即同時操作下列兩個買權：

1.買進履約價 8,200，到期日 2013 年 11 月的臺指買權，價格為 79

點。

2. 賣出履約價 8,000，到期日 2013 年 11 月的臺指買權，價格為 234 點。

請完成這個策略在選擇權到期日時的損益表，並畫出其損益圖。

解答：

表 16–13　買權空頭價差策略到期損益表

小型臺指期貨於買權到期日結算價位	作多履約價 8,200 買權損益 (1)	放空履約價 8,000 買權損益(2)	總損益 (3) = (1) + (2)
7,700	不履約 −79	不履約 234	155
7,800	不履約 −79	不履約 234	155
7,900	不履約 −79	不履約 234	155
8,000	不履約 −79	不履約[3] 234	155
8,100	不履約 −79	對手履約 234 − 100 = 134	55
8,200	不履約[3] −79	對手履約 234 − 200 = 34	−45
8,300	履約 −79 + 100 = 21	對手履約 234 − 300 = −66	−45
8,400	履約 −79 + 200 = 121	對手履約 234 − 400 = −166	−45
8,500	履約 −79 + 300 = 221	對手履約 234 − 500 = −266	−45

---

[3] 當標的物價格和到期當日相同時，投資人可履約也可不履約，但由於履約需要進行交易，手續較多，所以大多數投資人會選擇不履約。

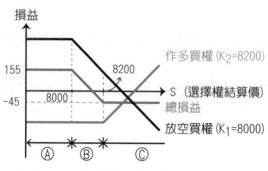

↗ 圖 16–6　買權空頭價差策略到期損益圖

熱身操 16–9

投資人婉如的買權空頭價差策略的操作步驟如下：

1. 買進履約價 1,750 的美國 E-mini S&P500 期貨買權，成交價為 22.75。

2. 賣出履約價 1,745 的美國 E-mini S&P500 期貨買權，成交價為 26.00。

請完成這個策略在選擇權到期日時的損益表，並畫出其損益圖。

E-mini S&P 500 期貨於買權到期日結算價位	作多履約價 1,750 買權損益 (1)	放空履約價 1,745 買權損益 (2)	總損益 (3) = (1) + (2)
1,700			
1,710			
1,720			
1,730			
1,740			
1,750			
1,760			
1,770			
1,780			

由表 16–13 與圖 16–6 可以看出，這個策略的獲利，是來自於標的物價格的下跌。那麼這個策略的特色是？

㈠買權空頭價差策略的最大可能獲利

這個策略的最大獲利發生在Ⓐ區，也就是選擇權結算價在兩個買權

的價外區。

$$\underbrace{0}_{\text{作多高履約價買權的損益}} + \underbrace{0}_{\text{放空低履約價買權的損益}} + \underbrace{[-C(K_2)]}_{\text{支付高履約價買權的權利金}} + \underbrace{C(K_1)}_{\text{收取低履約價買權的權利金}}$$

$$= -C(K_2) + C(K_1) \tag{16-16}$$

㈡買權空頭價差策略的最大可能虧損

　　既然是空頭價差策略，那麼可想而知本策略的最大虧損一定是發生在選擇權結算價高的第Ⓒ區。此時兩個買權都是在價內區，所以都會被履約。

$$\underbrace{(S_T - K_2)}_{\text{作多高履約價買權的損益}} + \underbrace{[-(S_T - K_1)]}_{\text{放空低履約價買權的損益}} + \underbrace{[-C(K_2)]}_{\text{支付高履約價買權的權利金}} + \underbrace{C(K_1)}_{\text{收取低履約價買權的權利金}}$$

$$= (K_1 - K_2) - (C(K_2) - C(K_1)) \tag{16-17}$$

㈢買權空頭價差策略的損益兩平點

　　損益兩平點位於第Ⓑ區，此時高履約價買權是價外區，所以我們會不履約，但是低履約價買權是價內區，因此對手會選擇履約。損益兩平點就是找出標的物的結算價 S_T，使得投資組合總損益為 0，即：

$$\underbrace{0}_{\text{作多高履約買權的損益}} + \underbrace{[-(S_T - K_1)]}_{\text{放空低履約價買權的損益}} + \underbrace{[-C(K_2)]}_{\text{支付高履約價買權的權利金}} + \underbrace{C(K_1)}_{\text{收取低履約價買權的權利金}} = 0$$

$$S_T = K_1 + C(K_1) - C(K_2) \tag{16-18}$$

㈣買權空頭價差策略的使用時機

　　投資人看空標的物未來價格走勢，但是單純使用作多賣權策略的成本又常常太高，所以採用買權空頭價差策略可以降低策略成本，但是缺點是當標的物價格大跌的時候，這個策略的最大可能獲利也會受限！

　　就例題 16-9 而言，代入公式 (16-16) 可計算出其最大可能獲利為：

$$-C(K_2) + C(K_1) = -79 + 234 = 155$$

　　代入公式 (16-17) 可計算出其最大可能虧損為：

$$(K_1 - K_2) - (C(K_2) - C(K_1)) = (8,000 - 8,200) - (79 - 234) = -45$$

　　代入公式 (16-18) 可計算出其損益兩平點為：

$$-(S_T - K_1) - C(K_2) + C(K_1) = 0$$

$$\Rightarrow -(S_T - 8,000) - 79 + 234 = 0 \Rightarrow S_T = 7,845$$

表 16–14　買權空頭價差策略的特性

操作策略	1.作多高履約價的買權 2.放空低履約價的買權
最大可能獲利	$-C(K_2) + C(K_1)$
最大可能虧損	$(K_1 - K_2) - (C(K_2) - C(K_1))$
損益兩平點	$S_T = K_1 + C(K_1) - C(K_2)$
使用時機	看空標的物走勢，但是想要減少單純作多賣權策略成本的交易者

二、賣權空頭價差策略 (Bear Put Spread)

從表 16–14 可知，賣權空頭價差策略的操作方式為：

1.作多履約價高的賣權。

2.放空履約價低的賣權。

也就是本策略一開始的收入與支出是：

$$P(K_1) - P(K_2)，K_1 < K_2$$

例題 16–10 則以實務操作讓各位同學更瞭解賣權空頭價差策略的操作。

◎例題 **16–10**

賣權空頭價差策略的實務操作

投資人紹如因為外資連續賣超臺灣股票市場，打算採用賣權空頭價差策略來做因應，即同時操作下列兩個賣權：

1.賣出履約價 7,900，到期日為 2013 年 11 月的臺指賣權，成交價為 17。

2.買進履約價 8,000，到期日為 2013 年 11 月的臺指賣權，成交價為 48。

請完成這個策略在選擇權到期時的損益表，並畫出其損益圖。

解答：

表 16–15　賣權空頭價差策略到期損益表

小型臺指期貨於買權到期日結算價位	作多履約價 8,000 賣權損益 (1)	放空履約價 7,900 賣權損益(2)	總損益 (3) = (1) + (2)

7,700	履約 −48 + 300 = 252	對手履約 17 − 200 = −183	69
7,800	履約 −48 + 200 = 152	對手履約 17 − 100 = −83	69
7,900	履約 −48 + 100 = 52	對手不履約[4] 17	69
8,000	不履約[4] −48	對手不履約 17	−31
8,100	不履約 −48	對手不履約 17	−31

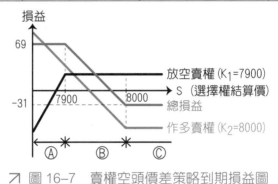

↗ 圖 16-7　賣權空頭價差策略到期損益圖

熱身操 16-10

投資人婉如的賣權空頭價差策略的操作步驟如下：

1. 買進履約價 1,770 的美國 E-mini S&P500 期貨賣權，成交價為 28.00。
2. 賣出履約價 1,760 的美國 E-mini S&P500 期貨賣權，成交價為 24.00。

請完成這個策略的損益表，並畫出其損益圖。

E-mini S&P 500 期貨 於買權到期日結算價 位	作多履約價 1,770 賣權損益(1)	放空履約價 1,760 賣權損益(2)	總損益 (3) = (1) + (2)
1,720			
1,730			
1,740			

---

[4] 當標的物價格和到期當日相同時，投資人可履約也可不履約，但由於履約需要進行交易，手續較多，所以大多數投資人會選擇不履約。

1,750			
1,760			
1,770			
1,780			
1,790			
1,800			
1,810			

由表 16–15 與圖 16–7 可以看出，這個策略的獲利，是來自於標的物價格的下跌。那麼這個策略的特色？

㈠賣權空頭價差策略的最大可能獲利

從圖 16–7 可知，最大獲利會發生在Ⓐ區，此時兩個賣權都會被履約。所以本策略的最大可能獲利為：

$$\underbrace{(K_2 - S_T)}_{\text{高履約價賣權履約的損益}} + \underbrace{[-(K_1 - S_T)]}_{\text{低履約價賣權履約的損益}} + \underbrace{P(K_1)}_{\text{高履約價賣權收取的權利金}} + \underbrace{[-P(K_2)]}_{\text{低履約價賣權支付的權利金}}$$

$$= (K_2 - K_1) + (P(K_1) - P(K_2)) \tag{16-19}$$

㈡賣權空頭價差策略的最大可能虧損

最大虧損發生在第Ⓒ區，此時兩個賣權都不會被履約，也就是選擇權履約損益都為 0。所以本策略的最大可能虧損為：

$$\underbrace{0}_{\text{高履約價賣權履約的損益}} + \underbrace{0}_{\text{低履約價賣權履約的損益}} + \underbrace{P(K_1)}_{\text{高履約價賣權收取的權利金}} + \underbrace{[-P(K_2)]}_{\text{低履約價賣權支付的權利金}}$$

$$= P(K_1) - P(K_2) \tag{16-20}$$

㈢賣權空頭價差策略的損益兩平點

損益兩平點在第Ⓑ區，也就是說高履約價賣權會被履約，而對手的低履約價賣權不會被履約。損益兩平點就是找出標的物的結算價 S_T，使得投資組合總損益為 0，即：

$$\underbrace{(K_2 - S_T)}_{\text{高履約價賣權履約的損益}} + \underbrace{0}_{\text{低履約價賣權履約的損益}} + \underbrace{P(K_1)}_{\text{高履約價賣權收取的權利金}} + \underbrace{[-P(K_2)]}_{\text{低履約價賣權支付的權利金}} = 0$$

$$\Rightarrow S_T = K_2 + P(K_1) - P(K_2) \tag{16-21}$$

㈣賣權空頭價差策略的使用時機

與買權空頭價差策略相當類似，也就是說當投資人看空標的物未來走勢，但是認為直接作多賣權的成本過高，因此另外賣出賣權以減少交易成本。

就例題 16-10 而言，代入公式 (16-19) 可計算出其最大可能獲利為：

$$(K_2 - K_1) + (P(K_1) - P(K_2))$$
$$= (8,000 - 7,900) + (17 - 48) = 69$$

代入公式 (16-20) 可計算出其最大可能虧損為：

$$P(K_1) - P(K_2) = 17 - 48 = -31$$

代入公式 (16-21) 可計算出其損益兩平點為：

$$(K_2 - S_T) + P(K_1) - P(K_2) = 0$$
$$(8,000 - S_T) + 17 - 48 = 0$$
$$\Rightarrow S_T = 7,969$$

表 16-16　賣權空頭價差策略的特性

操作策略	1.作多高履約價的賣權 2.放空低履約價的賣權
最大可能獲利	$(K_2 - K_1) + (P(K_1) - P(K_2))$
最大可能虧損	$P(K_1) - P(K_2)$
損益兩平點	$S_T = K_2 + P(K_1) - P(K_2)$
使用時機	看空標的物走勢，但是想要減少單純作多賣權策略成本的交易者

綜觀上述可知，買權空頭價差策略與賣權空頭價差策略的微小差異在於：

◆買權空頭價差策略中，投資人一開始是淨收入的。

◆賣權空頭價差策略中，投資人一開始是淨支出的。

如果標的物價格下跌而造成虧損時，那麼買權空頭價差策略所造成的最大虧損比賣權空頭價差策略來得大！所以該如何應用這兩種策略呢？一樣是看多，但是如果你：

◆有把握標的物價格會下跌的話，就採用買權空頭價差策略。

◆沒有把握標的物價格會下跌的話，就採用賣權空頭價差策略。

16.3 蝶式價差策略

還有更複雜的價差策略嗎？答案是有的！蝶式價差策略 (Butterfly Spread) 是更進階的垂直價差策略，所以留在後面才說。那麼它到底複雜在什麼地方？

之前的垂直價差策略，乃是買權對買權或是賣權對賣權，配上兩個不同的履約價。而現在要介紹的蝶式價差策略，依舊是買權對買權或是賣權對賣權，但配上三個不同的履約價，這裡我們用 K_1, K_2, K_3 代表，且 $K_1 < K_2 < K_3$。

■ 16.3.1 多頭蝶式價差策略

與垂直價差策略類似，我們可以利用買權做出多頭蝶式價差策略，也可以利用賣權做出多頭蝶式價差策略。

一、買權多頭蝶式價差策略

買權多頭蝶式價差策略的組成是：

1. 作多低履約價 (K_1) 的買權 1 口
2. 作多高履約價 (K_3) 的買權 1 口
3. 放空中履約價 (K_2) 的買權 2 口

通常 K_2 正好位於 K_1 與 K_3 的中間，也就是：

$$K_2 = \frac{K_1 + K_3}{2}$$

以權利金來表示的話，這個策略一開始的收入支出為：

$$-C(K_1) - C(K_3) + 2 \times C(K_2), \quad K_1 < K_2 < K_3$$

其實多頭蝶式價差策略是兩組買權垂直價差策略的組合，即一組買權多頭價差策略與一組買權空頭價差策略。所以各位同學就可以知道，以後再怎麼複雜的交易策略，都會是這些簡單策略的組合了！至於實務上要如何操作這個策略呢還是要請各位同學參考以下的例題：

◎ 例題 **16-11**

買權多頭蝶式價差策略的實務操作

　　交易人銘華使用臺指 2013 年 12 月到期的買權來進行買權多頭蝶式價差策略，即同時操作下列四個買權：

1.作多履約價 7,900 的買權 1 口，權利金 281 點。

2.放空履約價 8,000 的買權 2 口，權利金 201 點。

3.作多履約價 8,100 的買權 1 口，權利金 136 點。

　　請完成這個策略在選擇權到期時的損益表，並畫出其損益圖。

解答：

表 16-17　買權多頭蝶式價差策略到期損益表

小型臺指期貨於買權到期日結算價位	作多 1 口履約價 7,900 買權損益(1)	作多 1 口履約價 8,100 買權損益(2)	放空 2 口履約價 8,000 賣權損益(3)	總損益(1) + (2) + (3)
7,700	不履約 −281	不履約 −136	對手不履約 201 × 2 = 402	−15
7,800	不履約 −281	不履約 −136	對手不履約 201 × 2 = 402	−15
7,900	不履約[5] −281	不履約 −136	對手不履約 201 × 2 = 402	−15
8,000	履約 −281 + 100 = −181	不履約 −136	對手不履約[5] 201 × 2 = 402	85
8,100	履約 −281 + 200 = −81	不履約[5] −136	對手履約 (201 − 100) × 2 = 202	−15
8,200	履約 −281 + 300 = 19	履約 −136 + 100 = −36	對手履約 (201 − 200) × 2 = 2	−15
8,300	履約 −281 + 400 = 119	履約 −136 + 200 = 64	對手履約 (201 − 300) × 2 = −198	−15

---

[5]當標的物價格和到期當日相同時，投資人可履約也可不履約，但由於履約需要進行交易，手續較多，所以大多數投資人會選擇不履約。

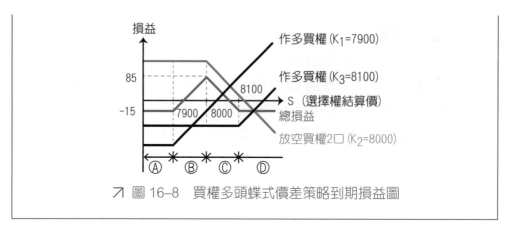

↗ 圖 16–8　買權多頭蝶式價差策略到期損益圖

這個策略讓你看出什麼了嗎？這個策略的好處是將最大可能虧損降低了！

但是缺點是，這個策略的獲利區間縮減到標的物結算價必須落在高履約價與低履約價之間，其他的區間則是虧損。

(一)買權多頭蝶式價差策略的最大可能獲利

最大可能獲利發生在選擇權結算價為中間履約價 K_2，也就是 $S_T = K_2$ 的時候。在這個價位，作多低履約價 K_1 的買權是價內，我們會履約，履約損益為 $S_T - K_1 = K_2 - K_1$；但是放空的 2 口中履約價 K_2 的買權是價平，作多的高履約價 K_3 買權是價外，都不會履約，損益為 0。

本策略的總損益為所有選擇權的履約損益 + 策略開始的收支：

$$K_2 - K_1 - C(K_1) - C(K_3) + 2 \times C(K_2) \tag{16-22}$$

(二)買權多頭蝶式價差策略的最大可能虧損

最大可能虧損發生在Ⓐ區或是Ⓓ區，而且是相等的，所以我們討論 1 區就可以了。在Ⓐ區，所有的買權都是價外區，所以所有買權的履約損益都為 0。因此策略總損益只剩下策略一開始的收支：

$$-C(K_1) - C(K_3) + 2 \times C(K_2) \tag{16-23}$$

(三)買權多頭蝶式價差策略的損益兩平點

損益兩平點有兩個地方，分別在Ⓑ區與Ⓒ區。

1. 在Ⓑ區，作多的 1 口低履約價 K_1 買權我們會履約，履約損益為 $S_T - K_1$；放空的 2 口中履約價 K_2 買權以及作多的 1 口高履約價 K_3 買權全

都不會履約，所以履約損益都是 0。損益兩平點就是找出標的物的結算價 S_T，使得投資組合總損益為 0，即：

$$S_T - K_1 - C(K_1) - C(K_3) + 2 \times C(K_2) = 0$$

$$S_T = K_1 + C(K_1) + C(K_3) - 2 \times C(K_2) \tag{16-24}$$

2. 在 Ⓒ 區，買進履約價 K_1 的買權是價內狀態；買進履約價 K_3 的買權則是價外狀態；而放空的 2 單位履約價 K_2 的買權也是價內狀態。所以這個策略在 Ⓒ 區的損益為：

$$-C(K_1) - C(K_3) + 2 \times C(K_2) + 2 \times K_2 - K_1 - S_T = 0$$

$$S_T = -C(K_1) - C(K_3) + 2 \times C(K_2) + 2 \times K_2 - K_1 \tag{16-25}$$

就例題 16-11 而言，代入公式 (16-22) 可計算出其最大可能獲利為：

$$K_2 - K_1 - C(K_1) - C(K_3) + 2 \times C(K_2)$$

$$= 8{,}000 - 7{,}900 - 281 - 136 + 2 \times 201 = 85$$

代入公式 (16-23) 可計算出其最大可能虧損為：

$$-C(K_1) - C(K_3) + 2 \times C(K_2)$$

$$= -281 - 136 + 2 \times 201 = -15$$

代入公式 (16-24)、(16-25) 可計算出其損益兩平點為：

$$-C(K_1) - C(K_3) + 2 \times C(K_2) + S_T - K_1 = 0$$

$$\Rightarrow -281 - 136 + 2 \times 201 + S_T - 7{,}900 = 0$$

$$\Rightarrow S_T = 7{,}915$$

$$-C(K_1) - C(K_3) + 2 \times C(K_2) + 2 \times K_2 - K_1 - S_T = 0$$

$$\Rightarrow -281 - 136 + 2 \times 201 + 2 \times 8{,}000 - 7{,}900 - S_T = 0$$

$$\Rightarrow S_T = 8{,}085$$

表 16-18　買權多頭蝶式價差策略的特性

操作策略	1. 作多低履約價 (K_1) 的買權 1 口 2. 作多高履約價 (K_3) 的買權 1 口 3. 放空中履約價 (K_2) 的買權 2 口
最大可能獲利	$K_2 - K_1 - C(K_1) - C(K_3) + 2 \times C(K_2)$ $= K_3 - K_1 - C(K_1) - C(K_3) + 2 \times C(K_2)$
最大可能虧損	$-C(K_1) - C(K_3) + 2 \times C(K_2)$

損益兩平點	1. $S_T = -C(K_1) - C(K_3) + 2 \times C(K_2) + 2 \times K_2 - K_1$ 2. $S_T = K_1 + C(K_1) + C(K_3) - 2 \times C(K_2) = 0$
使用時機	預計標的物價格為狹幅盤整

二、賣權多頭蝶式價差策略

賣權多頭蝶式價差策略的組成是:

1.作多低履約價 (K_1) 的賣權 1 口

2.作多高履約價 (K_3) 的賣權 1 口

3.放空中履約價 (K_2) 的賣權 2 口

以權利金來表示的話,本策略一開始的權利金收支為

$$-P(K_1) - P(K_3) + 2 \times P(K_2), \quad K_1 < K_2 < K_3$$

由於它們的損益圖十分類似,所以我們就直接畫出損益圖及其他特性。

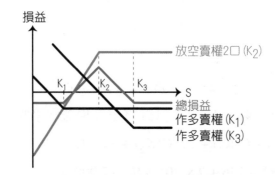

↗ 圖 16–9　賣權多頭蝶式價差策略到期損益圖

表 16–19　賣權多頭蝶式價差策略的特性

操作策略	1.作多低履約價 (K_1) 的賣權 1 口 2.作多高履約價 (K_3) 的賣權 1 口 3.放空中履約價 (K_2) 的賣權 2 口
最大可能獲利	$K_3 - K_2 - P(K_1) - P(K_3) + 2 \times P(K_2)$
最大可能虧損	$-P(K_1) - P(K_3) + 2 \times P(K_2)$
損益兩平點	1. $S_T = P(K_1) + P(K_3) - 2 \times P(K_2) + 2 \times K_2 - K_3$ 2. $S_T = -P(K_1) - P(K_3) + 2 \times P(K_2) + K_3$
使用時機	預計標的物價格為狹幅盤整

■ 16.3.2 空頭蝶式價差策略

空頭蝶式價差交易策略十分簡單，可想而知，就是把剛剛多頭蝶式價差策略的交易方式完全反向操作就好，本來作多的變成放空，而本來放空的變成作多。

一、買權空頭蝶式價差策略的組成

1.放空低履約價 (K_1) 的買權 1 □

2.放空高履約價 (K_3) 的買權 1 □

3.作多中履約價 (K_2) 的買權 2 □

以權利金來表示的話，這個交易策略一開始的權利金收支為：

$$C(K_1) + C(K_3) - 2 \times C(K_2), \quad K_1 < K_2 < K_3$$

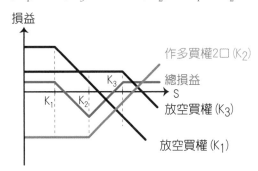

↗ 圖 16–10　買權空頭蝶式價差策略到期損益圖

表 16–20　買權空頭蝶式價差策略的特性

操作策略	1.放空低履約價 (K_1) 的買權 1 □ 2.放空高履約價 (K_3) 的買權 1 □ 3.作多中履約價 (K_2) 的買權 2 □
最大可能獲利	$C(K_1) + C(K_3) - 2 \times C(K_2)$
最大可能虧損	$K_1 - K_2 + C(K_1) + C(K_3) - 2 \times C(K_2)$
損益兩平點	1. $S_T = -C(K_1) - C(K_3) + 2 \times C(K_2) + 2 \times K_2 - K_1$ 2. $S_T = C(K_1) + C(K_3) - 2 \times P(K_2) + K_1$
使用時機	預計標的物價格為較大幅震盪

二、賣權空頭蝶式價差策略的組成

1.放空低履約價 (K_1) 的賣權 1 □

2.放空高履約價 (K_3) 的賣權 1 □

3.作多中履約價 (K_2) 的賣權 2 口

以權利金來表示的話，這個交易策略一開始的權利金收支為：

$$P(K_1) + P(K_3) - 2 \times P(K_2), \quad K_1 < K_2 < K_3$$

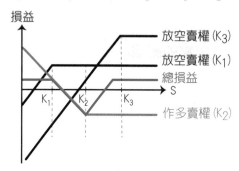

↗ 圖 16–11　賣權空頭蝶式價差策略到期損益圖

表 16–21　賣權空頭蝶式價差策略的特性

操作策略	1.放空低履約價 (K_1) 的賣權 1 口 2.放空高履約價 (K_3) 的賣權 1 口 3.作多中履約價 (K_2) 的賣權 2 口
最大可能獲利	$P(K_1) + P(K_3) - 2 \times P(K_2)$
最大可能虧損	$K_2 - K_1 + P(K_1) + P(K_3) - 2 \times P(K_2)$
損益兩平點	1. $S_T = P(K_1) + P(K_3) - 2 \times P(K_2) + 2 \times K_2 - K_3$ 2. $S_T = P(K_1) - P(K_3) + 2 \times P(K_2) + K_3$
使用時機	預計標的物價格為較大幅震盪

16.3.3 兀鷹價差策略

兀鷹價差策略 (Condor Spread Strategies) 是蝶式價差策略的兄弟。它們的組合都是一組多頭價差策略搭配一組空頭價差策略。唯一差異的地方在於，蝶式價差策略的組成價差交易有一個共同的履約價 K_2，也就是中履約價，因此蝶式價差策略一共有三個不同的履約價：K_1、K_2、K_3。

兀鷹價差策略的組成價差交易沒有共同的履約價。所以兀鷹價差策略一共有四個不同的履約價：K_1、K_2、K_3、K_4。且 $K_1 < K_2 < K_3 < K_4$。

一、多頭兀鷹價差策略

低履約價買權（賣權）的多頭價差策略＋高履約價買權（賣權）的空頭價差策略＝作多履約價 K_1 買權（賣權），同時放空履約價 K_2 買權（賣權）＋作多履約價 K_4 買權（賣權），同時放空履約價 K_3 買權（賣權）。

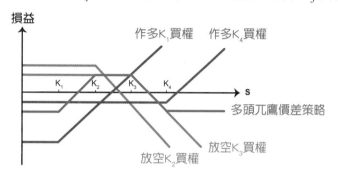

↗ 圖 16-12　買權多頭兀鷹價差策略損益圖

二、空頭兀鷹價差策略

低履約價買（賣）權的空頭價差策略

$+$

高履約價買（賣）權的多頭價差策略

放空履約價 K_1 買（賣）權、同時作多履約價 K_2 買（賣）權

=

$+$

放空履約價 K_4 買（賣）權、同時作多履約價 K_3 買（賣）權

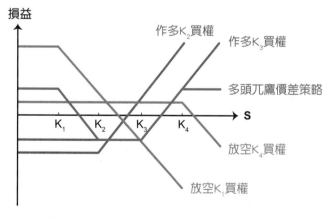

↗ 圖 16-13　買權空頭兀鷹價差策略損益圖

16.4 選擇權組合部位策略

組合部位策略與之前的各式各樣價差策略的不同點在哪裡？請參考表 16-22。

表 16-22　組合部位策略與價差策略的差異

組合部位策略	價差策略
不同型態選擇權（買權與賣權的組合）	相同型態選擇權 （買權與買權或賣權與賣權的組合）

由於組合部位策略也算是選擇權交易者經常使用的策略，所以我們必須要做詳細一點的介紹。

■ 16.4.1 跨式策略 (Straddle Strategies)

一、多頭跨式策略

多頭跨式 (Long Straddle) 策略的操作方式為同時作多履約價為 K_1 的買權和賣權。注意到了嗎？買權和賣權的履約價是一樣的，這就是跨式策略的特色！

如果以權利金來表示這個策略的話，應該會是這樣的：

$$-C(K_1) - P(K_1)$$

下一個例題就為各位同學示範一下多頭跨式策略的實務操作。

◎例題 **16-12**

多頭跨式策略的實務操作

投資人宜華利用臺指選擇權進行多頭跨式交易策略，同時操作下列兩個選擇權：

1. 作多 2013 年 12 月到期，履約價 8,000 的臺指買權，支付權利金 161 點。

2. 作多 2013 年 12 月到期，履約價 8,000 的臺指賣權，支付權利金 72 點。

請完成宜華在選擇權到期時的損益表及其損益圖。

解答：

表 16-23　多頭跨式策略到期損益表

小臺指期貨結算價	作多 8,000 買權損益(1)	作多 8,000 賣權損益(2)	策略總損益 (3) = (1) + (2)
7,600	不履約 −161	履約 −72 + 400 = 328	167
7,700	不履約 −161	履約 −72 + 300 = 228	67
7,800	不履約 −161	履約 −72 + 200 = 128	−33
7,900	不履約 −161	履約 −72 + 100 = 28	−133
8,000	不履約[6] −161	不履約[6] −72	−233
8,100	履約 −161+100=−61	不履約 −72	−133
8,200	履約 −161+200=39	不履約 −72	−33
8,300	履約 −161+300=139	不履約 −72	67
8,400	履約 −161+400=239	不履約 −72	167

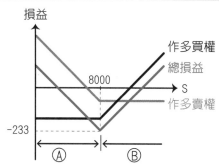

↗ 圖 16-14　多頭跨式策略到期損益圖

同樣的，我們也是要討論這個策略的重要特質：

㈠多頭跨式策略的最大可能獲利

從圖 16-14 可知，本策略的最大可能獲利發生於標的物結算價極大，

[6]當標的物價格和到期當日相同時，投資人可履約也可不履約，但由於履約需要進行交易，手續較多，所以大多數投資人會選擇不履約。

或是極小時。這個時候的最大可能獲利理論上是無限大的。

㈡多頭跨式策略的最大可能虧損

　　最大可能虧損從圖 16–14 也可以輕易的觀察出來。同時買進買權與賣權，只要有履約的情況發生，那麼一定就會有履約利益。因此最大虧損一定發生在兩個選擇權都無法履約的價位，那就是選擇權的履約價。

　　這時策略損益為策略開始時的支出：

$$-C(K_1) - P(K_1) \qquad (16\text{–}26)$$

㈢多頭跨式策略的損益兩平點

　　本交易策略有兩個損益兩平點，分別在Ⓐ與Ⓑ區。

1.在Ⓐ區，賣權會被履約，而買權不會被履約。損益兩平點就是找出標的物的結算價 S_T，使得投資組合總損益為 0，即：

$$(K_1 - S_T) + 0 - C(K_1) - P(K_1) = 0$$
$$\Rightarrow S_T = K_1 - C(K_1) - P(K_1) \qquad (16\text{–}27)$$

2.在Ⓑ區，買權會被履約，賣權不會被履約。因此損益平衡點為：

$$(S_T - K_1) - C(K_1) - P(K_1) = 0$$
$$\Rightarrow S_T = K_1 + C(K_1) + P(K_1) \qquad (16\text{–}28)$$

㈣多頭跨式策略的使用時機

　　多頭跨式策略的使用者，最喜歡的狀況就是，標的物價格大漲或是大跌。也就是說，標的物價格波動愈大愈好。最不願意看到的情況就是標的物價格紋風不動。有的臺股指數投資人最喜歡在選舉之前布局這類的選擇權策略，就是大家都知道選舉完第一個交易日一定會大漲或是大跌，但是漲是跌？沒人知道，這時布局多頭跨式策略是很好的時機。

　　就例題 16–12 而言，最大可能獲利為無限大。代入公式 (16–26) 可計算出其最大可能虧損為：

$$-C(K_1) - P(K_1) = -161 - 72 = -233$$

代入公式 (16–27)、(16–28) 可計算出其損益兩平點為：

$$S_T = K_1 - C(K_1) - P(K_1) = 8,000 - 161 - 72 = 7,767$$
$$S_T = K_1 + C(K_1) + P(K_1) = 8,000 + 161 + 72 = 8,233$$

表 16–24　多頭跨式策略的特性

操作策略	1. 作多履約價 (K_1) 的買權 1 口 2. 作多履約價 (K_1) 的賣權 1 口
最大可能獲利	無限大
最大可能虧損	$-C(K_1) - P(K_1)$
損益兩平點	1. $S_T = K_1 - C(K_1) - P(K_1)$ 2. $K_1 + C(K_1) + P(K_1)$
使用時機	預計標的物價格為大幅波動

二、空頭跨式策略

空頭跨式 (Short Straddle) 的操作方法與多頭跨式完全相反，既然是空頭，那當然就是放空履約價 K_1 的買權和賣權各 1 口。

以權利金的收支來表示，就是這樣的：

$$C(K_1) + P(K_1)$$

◎ 例題 **16–13**

空頭跨式策略的實務操作

投資人玉蘭利用臺指選擇權進行空頭跨式交易策略，同時操作下列兩個選擇權：

1. 放空 2013 年 12 月到期，履約價 8,000 的臺指買權，收取權利金 161 點。

2. 放空 2013 年 12 月到期，履約價 8,000 的臺指賣權，收取權利金 72 點。

請完成玉蘭小姐在選擇權到期時的損益表及其損益圖。

解答：

表 16–25　空頭跨式策略到期損益表

小型臺指期貨結算價	放空 8,000 買權損益(1)	放空 8,000 賣權損益(2)	策略總損益 (3) = (1) + (2)
7,600	對手不履約 161	對手履約 72 − 400 = −328	−167
7,700	對手不履約 161	對手履約 72 − 300 = −228	−67
7,800	對手不履約 161	對手履約 72 − 200 = −128	33

7,900	對手不履約 161	對手履約 72 – 100 = –28	133
8,000	對手不履約[7] 161	對手不履約[7] 72	233
8,100	對手履約 161 – 100 = 61	對手不履約 72	133
8,200	對手履約 161 – 200 = –39	對手不履約 72	33
8,300	對手履約 161 – 300 = –139	對手不履約 72	–67
8,400	對手履約 161 – 400 = –239	對手不履約 72	–167

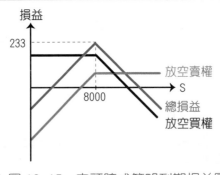

↗ 圖 16–15　空頭跨式策略到期損益圖

㈠空頭跨式策略的最大可能獲利

　　空頭跨式策略的最大可能獲利是在標的物結算價格為選擇權履約價的地方。在這個價位我們淨收入買權與賣權的權利金，而不會被任何選擇權履約而蒙受任何損失。所以我們的損益為

$$C(K_1) + P(K_1) \tag{16-29}$$

㈡空頭跨式策略的最大可能虧損

　　空頭跨式策略的最大可能虧損發生在標的物結算價很高或是很低時，此時的最大可能虧損理論上可以到無限大。

㈢空頭跨式策略的損益兩平點

---

[7]當標的物價格和到期當日相同時，投資人可履約也可不履約，但由於履約需要進行交易，手續較多，所以大多數投資人會選擇不履約。

空頭跨式策略的損益兩平點與多頭跨式策略的損益兩平點完全相同（公式 (16–27) 和 (16–28)）。

㈣空頭跨式策略的使用時機

空頭跨式策略的使用者，最喜歡的狀況就是，標的物價格紋風不動。也就是說，標的物價格波動愈小愈好。最不願意看到的情況就是標的物價格大漲大跌。

表 16–26　空頭跨式策略的特性

操作策略	1.放空履約價 (K_1) 的買權 1 口 2.放空履約價 (K_1) 的賣權 1 口
最大可能獲利	$C(K_1) + P(K_1)$
最大可能虧損	無限大
損益兩平點	1. $S_T = K_1 - C(K_1) - P(K_1)$ 2. $S_T = K_1 + C(K_1) + P(K_1)$
使用時機	預計標的物價格為紋風不動

16.4.2 勒式策略 (Strangle Strategies)

勒式策略的操作方式與跨式策略的操作方式幾乎一模一樣，唯一的不同點在於買權與賣權的履約價不一樣。

一、多頭勒式策略

多頭勒式 (Long Strangle) 策略與多頭跨式策略相似，也是作多買權再加上作多賣權。不過，多頭勒式策略是作多 1 口高履約價 K_2 買權並同時作多 1 口低履約價 K_1 賣權。

以權利金來表示本策略的收支，則為：

$$-C(K_2) - P(K_1), \quad K_1 < K_2$$

◎例題 **16–14**

多頭勒式策略的實務操作

交易人阿傑採用多頭勒式交易策略操作美國 CME 的西德州中級輕甜原油期貨選擇權。即同時操作下列兩個選擇權：

1.作多 2014 年 1 月到期，履約價 USD$94.50 的買權 1 口，權利金為

USD$1.32。

2. 作多 2014 年 1 月到期，履約價 USD$93.00 的賣權 1 口，權利金為 USD$2.20。

　　請完成阿傑在選擇權到期時的損益表及其損益圖。

解答：

表 16–27　多頭勒式策略到期損益表

原油期貨結算價	作多 94.50 買權損益(1)	作多 93.00 賣權損益(2)	策略總損益(3) = (1) + (2)
88	不履約 –1.32	履約 (93–88)–2.20=–2.80	1.48
89	不履約 –1.32	履約 (93–89)–2.20=1.80	0.48
90	不履約 –1.32	履約 (93–90)–2.20=0.80	–0.52
91	不履約 –1.32	履約 (93–91)–2.20=–0.20	–1.52
92	不履約 –1.32	履約 (93–92)–2.20=–1.20	–2.52
93	不履約 –1.32	不履約[8] –2.20	–3.52
94	不履約 –1.32	不履約 –2.20	–3.52
94.50	不履約[8] –1.32	不履約 –2.20	–3.52
95.00	履約 (95–94.50)–1.32 =–0.82	不履約 –2.20	–3.02
96.00	履約 (96–94.5)–1.32 =0.18	不履約 –2.20	–2.02
97.00	履約 (97–94.5)–1.32 =1.18	不履約 –2.20	–1.02

---

[8] 當標的物價格和到期當日相同時，投資人可履約也可不履約，但由於履約需要進行交易，手續較多，所以大多數投資人會選擇不履約。

| 98.00 | 履約
(98−94.5)−1.32
=2.18 | 不履約
−2.20 | 0.02 |
| 99.00 | 履約
(99−94.5)−1.32
=3.18 | 不履約
−2.20 | 1.02 |

↗ 圖 16–16　多頭勒式策略到期損益圖

各位同學有沒有發現到，多頭跨式與多頭勒式交易策略的損益圖十分相似，差別在於，多頭跨式的形狀是尖頭狀，而多頭勒式的形狀是平頭狀。除此之外，其他的特色都十分類似。

㈠多頭勒式策略的最大可能獲利

從圖 16–16 可知，多頭勒式策略的最大可能獲利與多頭跨式是一樣的。不論標的物結算價大漲或是大跌，都會讓本策略獲得最大的利潤，理論上，在選擇權到期日前標的物價格波動愈大，本策略的最大可能獲利理論上為無限大。

㈡多頭勒式策略的最大可能虧損

最大可能虧損發生在Ⓑ區，此時交易人買進的買權與賣權同時不履約，履約獲利均為 0。也就是說一開始所支付的買權與賣權權利金全部泡湯。所以最大虧損為原來支付的所有權利金：

$$-C(K_2) - P(K_1), \quad K_1 < K_2 \tag{16–30}$$

㈢多頭勒式策略的損益兩平點

損益兩平點發生在Ⓐ區與Ⓒ區。

1. 在Ⓐ區，賣權履約，但是買權不履約。損益兩平點就是找出標的物的結算價 S_T，使得投資組合總損益為 0，即：

$$-C(K_2) - P(K_1) + (K_1 - S_T) = 0$$
$$\Rightarrow S_T = K_1 - C(K_2) - P(K_1) \qquad (16-31)$$

2. 在Ⓒ區，買權履約，賣權不履約。因此其損益兩平點為：

$$-C(K_2) - P(K_1) + (S_T - K_2) = 0$$
$$\Rightarrow S_T = K_2 + C(K_2) + P(K_1) \qquad (16-32)$$

㈣多頭勒式策略的使用時機

多頭勒式策略與多頭跨式策略的使用時機一樣，都是希望標的物價格在選擇權結算前出現大漲或是大跌的行情。所以金融市場也有人將多頭跨式與多頭勒式交易策略都稱為作多波動率策略，因為如果把波動率當作是一種標的物來看的話，的確當標的物波動率上升的時候，這兩種策略都會獲利！

那麼何時該用多頭跨式？何時該用多頭勒式？一般來說，多頭勒式（平頭式）的初期支出比較低廉，但是多頭跨式（尖頭式）會比較容易進入獲利區。所以要看你對盤勢的看法如何：

◆對盤勢會大幅變動深具信心的投資人，可以採用多頭勒式。

◆對盤勢會大幅變動沒那麼有把握的投資人，可以採用多頭跨式。

表 16-28　多頭勒式策略的特性

操作策略	1. 作多 1 口高履約價 (K_2) 的買權 2. 作多 1 口低履約價 (K_1) 的賣權
最大可能獲利	無限大
最大可能虧損	$-C(K_2) - P(K_1)$
損益兩平點	1. $S_T = K_1 - C(K_2) - P(K_1)$ 2. $S_T = K_2 + C(K_2) + P(K_1)$
使用時機	預計標的物價格為大漲大跌

二、空頭勒式策略

空頭勒式 (Short Strangle) 策略的操作方式也很類似空頭跨式交易策略。它的操作方法是放空 1 口高履約價 (K_2) 的買權，並同時放空 1 口低

履約價 (K_1) 的賣權。用權利金來表示的話，則為：

$$+C(K_2) + P(K_1), \quad K_1 < K_2$$

◎ 例題 **16-15**

空頭勒式策略的實務操作

　　投資人松蔚利用空頭勒式交易策略操作美國芝加哥商業交易所 (CME) 的黃金期貨選擇權。即同時操作下列兩個選擇權：

1. 放空 2014 年 1 月到期，履約價 USD$1,260 的買權，權利金 USD$15.30。
2. 放空 2014 年 1 月到期，履約價 USD$1,250 的賣權，權利金 USD$28.20。

　　請完成松蔚在選擇權到期時的損益表及其損益圖。

解答：

表 16-29　空頭勒式策略到期損益表

黃金期貨結算價	放空 1,260 買權損益 (1)	放空 1,250 賣權損益 (2)	策略總損益 (3) = (1) + (2)
1,180	對手不履約 +15.30	對手履約 $-(1,250 - 1,180) +$ $28.20 = -41.80$	−26.5
1,200	對手不履約 +15.30	對手履約 $-(1,250 - 1,200) +$ $28.20 = -21.80$	−6.5
1,220	對手不履約 +15.30	對手履約 $-(1,250 - 1,220) +$ $28.20 = -1.80$	13.5
1,240	對手不履約 +15.30	對手履約 $-(1,250 - 1,240) +$ $28.20 = 18.20$	33.50
1,250	對手不履約 +15.30	對手不履約[9] +28.20	43.50
1,260	對手不履約[9] +15.30	對手不履約 +28.20	43.50

---

[9]當標的物價格和到期當日相同時，投資人可履約也可不履約，但由於履約需要進行交易，手續較多，所以大多數投資人會選擇不履約。

1,270	對手履約 $-(1,270 - 1,260) +$ $15.30 = 5.30$	對手不履約 +28.20	33.50
1,290	對手履約 $-(1,290 - 1,260) +$ $15.30 = -14.7$	對手不履約 +28.20	13.50
1,310	對手履約 $-(1,310 - 1,260) +$ $15.30 = -34.70$	對手不履約 +28.20	-6.50
1,330	對手履約 $-(1,330 - 1,260) +$ $15.30 = -54.70$	對手不履約 +28.20	-26.50

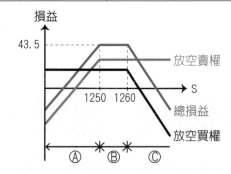

↗ 圖 16-17　空頭勒式策略到期損益圖

㈠空頭勒式策略的最大可能獲利

　　放空選擇權的賣家，最大的獲利就是賣出的選擇權沒有被履約，選擇權履約損益為 0。而放空選擇權的賣家可以全拿收取的權利金。

　　所以空頭勒式策略的最大獲利發生在買權與賣權同時發生價外的區域，也就是Ⓑ區，即兩個履約價 K_1 與 K_2 之間的區域。而最大可能獲利為放空買權與賣權所收取的權利金總和：

$$+C(K_2) + P(K_1) \tag{16-33}$$

㈡空頭勒式策略的最大可能虧損

　　空頭勒式策略的最大可能虧損發生在標的物結算價很高或是很低時，此時的最大可能虧損理論上可以到無限大！

㈢空頭勒式策略的損益兩平點

空頭勒式策略的損益兩平點與多頭勒式策略的損益兩平點是一樣的（見公式 (16–31)、(16–32)）。

㈣空頭勒式策略的使用時機

空頭勒式策略與空頭跨式策略的使用時機一樣，都是希望標的物價格在選擇權結算前出現不漲不跌的行情。所以金融市場也有人將空頭跨式與空頭勒式策略都稱為放空波動率策略，因為如果把波動率當作是一種標的物來看的話，的確當標的物波動率下降的時候，這兩種策略都會獲利！

那麼何時該用空頭跨式？何時該用空頭勒式？一般來說，空頭勒式（平頭式）的初期收入比較低，但是空頭跨式（尖頭式）會比較不容易進入獲利區。所以要看你對盤勢的看法如何：

◆對盤勢會狹幅盤整深具信心的投資人，可以採用空頭跨式。

◆對盤勢會狹幅盤整沒那麼有把握的投資人，可以採用空頭勒式。

表 16–30 空頭勒式交易策略的特性

操作策略	1.放空高履約價 (K_2) 的買權 1 口 2.放空低履約價 (K_1) 的賣權 1 口
最大可能獲利	$+C(K_2) + P(K_1)$
最大可能虧損	無限大
損益兩平點	1. $S_T = K_1 - C(K_2) - P(K_1)$ 2. $S_T = K_2 + C(K_2) + P(K_1)$
使用時機	預計標的物價格為狹幅盤整

衍生性商品災難事件簿

鬱金香狂熱 (Tulip Mania)

　　荷蘭的鬱金香狂熱與其後的泡沫化，被很多人公認為歷史上第一次大規模的金融泡沫與崩潰，這個事件發生的時間遠在西元 1637 年。為什麼鬱金香會榮登第一個金融泡沫商品的榮銜呢？我想有以下幾個因素同時湊在一起：

1. 當時還很少金融商品，交易幾乎都是以實體商品為主。
2. 荷蘭當時是世界上最富庶的國家，閒錢太多，而可以追逐的商品種類有限。
3. 鬱金香當時剛從土耳其（鄂圖曼土耳其帝國）引進，培育的速度又慢，物以稀為貴，而產量增加的速度又趕不上需求增加的速度。

　　種種因素湊在一起，造成鬱金香價格狂飆，一開始是現貨，後來現貨生產趕不上需求，因此買方就先交一筆預約金訂購未來生產出來的鬱金香，或者是買下將來預購鬱金香的權利金。前者就是遠期契約的雛型，而後者就是早期的選擇權。所以金融市場的泡沫，其實也未必是壞事，人們為了競逐暴利，總是會想出各式各樣的交易方式或是商品，這些商品對於未來金融市場商品的健全，都提供了很大的貢獻，不是嗎？

　　鬱金香狂熱可以分成三個階段：第一階段是供需不平衡而變得高價，第二階段是投機者開始進入市場，第三階段則是捲入了缺乏資本的平民。到了第三階段之後開始泡沫化，價格暴跌導致市場上一片混亂，這個過程像極了現代金融市場的每次泡沫，散戶總是最後進場，做最後一隻老鼠。

　　這個泡沫吹得很快很大，但是爆裂也很突然，1637 年 2 月，鬱金香市場突然找不到買家，至於之前簽的那些遠期或是選擇權合約，因為沒有結算所的擔保，大多數也變成廢紙一張，鬱金香狂熱就此結束。這場狂熱從 1636 年 11 月初開始發作，1637 年 2 月初達到高點，1637 年 5 月鬱金香價格又回到原點，速度非常快，不過自此以後鬱金香成為荷蘭的重要出口農產品，也算是一種好結果吧！

自問自答時間

　　你認為會造成狂熱的商品應具有哪些特質？

練習題

( ) 1. 買入六月黃豆期貨 600、680 買權各一單位，並賣出二單位 640 買權，此策略為 　(A)水平價差 (Horizontal Spread)　(B)垂直價差 (Vertical Spread)　(C)盒狀價差 (Box Spread)　(D)蝶狀價差 (Butterfly Spread)　　　　　　　　　　　　　【2010 期貨業務員測驗】

( ) 2. 若交易人預期標的物價格上漲的機會較高，可在買進跨式部位中如何，即可使其變成偏多跨式部位 (Strap)？　(A)將買進的賣權數量增加為買權的兩倍　(B)將買進的買權數量增加為賣權的兩倍　(C)將賣出的賣權數量增加為買權的兩倍　(D)將賣出的買權數量增加為賣權的兩倍　　　　　　　　　【2010 期貨業務員測驗】

( ) 3. 若交易人買一個履約價為 100 的期貨買權，同時賣一個履約價為 160 的期貨買權，若現在期貨價格為 200，不考慮權利金下，則該交易人每單位之損益為　(A) 100　(B) 60　(C) 20　(D) –40　　　　　　　　　　　　　　　　　　【2010 期貨業務員測驗】

( ) 4. 上跨式 (Top Straddle) 策略主要用於　(A)多頭市場　(B)空頭市場　(C)預期未來標的期貨價格將維持平穩　(D)預期未來標的期貨價格將大幅波動　　　　　　　　　【2010 期貨業務員測驗】

( ) 5. 何謂空頭價差 (Bear Spread)？　(A)買進近月期約，同時賣出遠月期約　(B)賣出近月期約，同時買進遠月期約　(C)同時賣出遠月期約和近月期約　(D)同時買進遠月期約和近月期約
　　　　　　　　　　　　　　　　　　【2011 期貨業務員測驗】

( ) 6. 某人買進小麥期貨買權，履約價 3.35，權利金為 0.25，並買進相同月份的小麥期貨賣權，履約價為 3.35，權利金為 0.3，則　(A)最大獲利為 0.55　(B)最大損失為 0.55　(C)最大損失為 0.05　(D)選項　　　　　　　　　　　　　　　【2012 期貨業務員測驗】

( ) 7. 當預期標的物價格將會劇烈波動時，選擇權交易應採取　(A)蝶

狀價差策略　(B)買進跨式部位　(C)水平價差策略　(D)以上皆是

【2012 期貨業務員測驗】

( ) 8. 下列何者形成多頭價差 (Bull Spread) 策略？　(A)買入履約價格為 20 的賣權，賣出履約價格為 25 的賣權　(B)買入履約價格為 25 的賣權，賣出履約價格為 20 的賣權　(C)買入權利金為 7 的買權，賣出權利金為 9 的買權　(D)買入履約價格為 20 的買權，賣出履約價格為 25 的賣權　　　【2012 期貨業務員測驗】

( ) 9. 佳佳看好未來 1 個月長期公債期貨價格的走勢，決定買進履約價格為 88 並賣出履約價格為 92 之利率期貨買權，權利金分別是 C1 與 C2，請問其最大可能執行獲利為　(A) C1 + C2　(B) C1 − C2　(C) C1 − C2 + 4　(D) − C1 + C2 + 4　　　【2013 期貨業務員測驗】

( ) 10. 賣出期貨買權，同時買入相同履約價格之賣權，其損益類似　(A)買入期貨賣出期貨買權　(B)買入期貨買入期貨賣權　(C)買入期貨　(D)賣出期貨　　　【2013 期貨業務員測驗】

( ) 11. 由於傑瑞看空未來 1 個月長期公債期貨價格的走勢，決定買進履約價格為 100 並賣出履約價格為 96 之利率期貨買權，價格分別是 C1 與 C2，請問其最大可能執行獲利為　(A) C1 + C2　(B) − C1 + C2　(C) − C1 + C2 + 4　(D) − C1 + C2 − 4

【2013 期貨業務員測驗】

( ) 12. 買進股票後，又賣出以之為標的的買權　(A)稱為被掩護買權 (Covered Call) 策略　(B)稱為保護性買權 (Protective Call) 策略　(C)可將損失控制在權利金的額度範圍內　(D)可保留上方之獲利空間　　　【2014 期貨業務員測驗】

( ) 13. 利率可能會大幅變動，但不知會上漲或下跌，則下列何種操作較適當？　(A)買公債期貨買權　(B)賣公債期貨買權且賣公債期貨賣權　(C)買公債期貨買權且買公債期貨賣權　(D)賣公債期貨買權　　　【2014 期貨業務員測驗】

( ) 14. 若交易人同時買一個履約價為 100 的期貨買權，賣一個履約價

為 140 的期貨買權，則該交易人最大可能損失為　(A)兩權利金之和　(B)兩權利金之差　(C)無窮大　(D)選項(A)(B)(C)皆非

【2015 期貨業務員測驗】

( )　15.以標的物與到期日相同的兩個賣權為例，甲賣權之履約價格高於乙賣權，請問空頭價差策略之操作方式為何？　(A)同時買進甲與乙　(B)同時賣出甲與乙　(C)買進乙，並同時賣出甲　(D)買進甲，並同時賣出乙。　　　　　【2015 期貨業務員測驗】

( )　16.掩護性買權 (Covered Call) 相當於　(A)買入現貨與和買入買權　(B)賣出現貨與和買入買權　(C)賣出賣權並投資無風險資產　(D)賣出買權　　　　　　　　　　　　　　　【2015 期貨業務員測驗】

( )　17.小恩以 $1,660/ 盎司買入黃金期貨，同時賣出買權其履約價為 $1,670/ 盎司，權利金 $15/ 盎司，則其最大損失為　(A) $15/ 盎司　(B) $1,645/ 盎司　(C) $1,670/ 盎司　(D) 10/ 盎司

【2015 期貨業務員測驗】

( )　18.小恩以 52 元買進 A 股票後，又買進同量的 A 股賣權，其履約價格為 50 元，權利金為 1 元，則某甲在權利期間結束時，每單位之最大可能虧損為　(A) 52 元　(B) 2 元　(C) 1 元　(D) 3 元

【2015 期貨業務員測驗】

( )　19.多頭垂直價差策略適用於預期標的物　(A)價格將會大漲　(B)會漲但漲幅不大時　(C)價格將會大跌　(D)會跌但跌幅不大時

【2015 期貨業務員測驗】

第 17 章
各國期貨交易所上市的重要選擇權

終於進入到艱苦旅程的結尾了！最後一章為各位同學介紹在臺灣期貨交易所交易的選擇權契約，因為它們還是我們最容易接觸到，也最容易參與的選擇權契約。之後我還會為各位同學介紹其他國家的重要選擇權契約作為參考。

17.1 臺灣期貨交易所上市的選擇權契約

目前在臺灣期貨交易所上市的股價指數選擇權有：

一、臺灣證券交易所股價指數選擇權（臺指選擇權）。

二、臺灣證券交易所電子類股價指數選擇權（電子選擇權）。

三、臺灣證券交易所金融保險類股價指數選擇權（金融選擇權）。

四、股票選擇權。

五、臺灣證券交易所未含金融電子類股價指數選擇權（非金電選擇權）。

六、中華民國證券櫃檯買賣中心股價指數選擇權（櫃買選擇權）。

七、黃金選擇權。

其中交易量最大的選擇權契約是：臺指選擇權（第 12 章的表 12-2）。現在我們就將規格相似的契約的重點整理在一起（表 17-1）。

表 17-1　臺灣期貨交易所上市的股價指數類選擇權規格簡表

名　稱	臺指選擇權	電子選擇權	金融選擇權	非金電選擇權	櫃買選擇權
履約型態	歐式（僅能於到期日行使權利）				
契約乘數	$50/ 點	$1,000/ 點	$250/ 點	$25/ 點	$1,000/ 點
標的指數	臺灣證券交易所發行量加權股價指數	臺灣證券交易所電子類股價指數	臺灣證券交易所金融保險類發行量加權股價指數	臺灣證券交易所未含金融電子股發行量加權股價指數	財團法人中華民國證券櫃檯買賣中心發行量加權股價指數
到期契約	自交易當月起連續三個月份，另加上 3 月、6 月、9 月、12 月中二個接續的季月，總共有 5 個月份的契約在市場交易，另臺指選擇權尚有除每月第二個星期三外，得於交易當週之星期三加掛次一個星期三到期之契約				
每日漲跌	權利金每日最大漲跌點數以前一營業日標的指數收盤價之 10%				

幅	為限	
交易時間	本契約之交易日與臺灣證券交易所交易日相同 交易時間為營業日上午 8:45～下午 1:45 到期契約最後交易日之交易時間為上午 8:45～下午 1:30	本契約之交易日與財團法人中華民國證券櫃檯買賣中心交易日相同，交易時間同臺灣證券交易所股價指數期貨
最後交易日	各月份契約的最後交易日為各該契約交割月份第三個星期三；交易當週星期三加掛之契約，其最後交易日為掛牌日之次一個星期三	

◎ **例題 17-1**

臺指選擇權交易的損益計算

　　小花在 2 月 5 日買進履約價 9,000 的賣權 5 口，支付權利金 52 點。她在 2 月 15 日平倉，賣出價位是 81 點。請問在不考慮交易成本的情況下，小花的獲利或虧損是多少？

解答：

　　臺指選擇權 1 點是新臺幣 50 元，因此小花的交易，1 口選擇權的損益為

$$(81 - 52) \times 50 = 1,450 \ 元$$

　　5 口選擇權的損益則為

$$1,450 \times 5 = 7,250 \ 元$$

熱身操 17-1

　　小筑在 11 月 15 日放空履約價 8,700 的買權 10 口，權利金為 154 點。她在 11 月 18 日買回平倉，權利金為 207。請問在不考慮交易成本的情況下，小筑的獲利或虧損是多少？

　　還有一個股價相關選擇權的新面孔還沒有向大家介紹，那就是臺灣
期貨交易所推出的選擇權契約：股票選擇權（表 17–2）。

表 17–2　股票選擇權的契約規格

項　目	內　容
交易標的	於臺灣證券交易所上市之普通股股票
中文簡稱	股票選擇權（買權、賣權）
英文代碼	各標的證券依序以英文代碼表示
履約型態	歐式（僅能於到期日行使權利）
契約乘數	2,000 股標的證券（但依規定為契約經調整者，不在此限）
到期契約	交易當月起連續二個月份，另加上 3 月、6 月、9 月、12 月中三個接續的季月，總共有五個月份的契約在市場交易
履約價格間距	單位：新臺幣 履約價格／間　距 2 元以上，未滿 10 元／1 元 10 元以上，未滿 50 元／2 元 50 元以上，未滿 100 元／5 元 100 元以上，未滿 200 元／10 元 200 元以上，未滿 500 元／20 元 500 元以上，未滿 1,000 元／50 元 1,000 元以上／100 元
權利金報價單位	◆權利金報價，1 點價值為新臺幣 2,000 元 ◆權利金未滿 5 點：0.01 點 ◆權利金 5 點以上，未滿 15 點：0.05 點 ◆權利金 15 點以上，未滿 50 點：0.1 點 ◆權利金 50 點以上，未滿 150 點：0.5 點 ◆權利金 150 點以上，未滿 1,000 點：1 點 ◆權利金 1,000 點以上：5 點
每日漲跌幅	交易權利金最大漲跌點數，以約定標的物價值之當日最大變動金額除以權利金乘數（2,000 元）計算
交易時間	本契約之交易日與臺灣證券交易所標的證券交易日相同 交易時間為營業日上午 8:45 到下午 1:45 到期月份契約最後交易日之交易時間為上午 8:45 到下午 1:30
最後交易日	各契約的最後交易日為各該契約交割月份第三個星期三
到期日	同最後交易日

交割方式	符合本公司公告範圍之未沖銷價內部位，於到期日當天自動履約，以現金交付或收受依最後結算價計算約定標的物價值與履約價款之差額

從表 17–1、17–2 可以發現到，股票選擇權的規格與其他的臺灣期貨交易所推出的選擇權有很多類似的地方。相同的有履約型態、交易時間、最後交易日、到期日、交割方式、上市契約月份；不同的地方主要是，股票選擇權的標的物是實體的普通股，而不是指數。不過股票選擇權的標的物雖然是實體的，它的交割方式還是現金交割，而不是實體的股票交割。

◎ 例題 **17–2**

股票選擇權的交易損益計算

振董一個星期前放空標的物為台積電普通股，履約價為 110 元的賣權 3 口，權利金為 25.2 元，今天振董將他的賣權空頭部位平倉，權利金為 26.1 元。在不考慮手續費以及稅負的情形下，請問振董本次交易的損益為？

解答：

振董這次的交易中，因為是放空交易，前面要加負號。1 口選擇權的損益為

$$-(26.1 - 25.2) \times 2,000 = -1,800 \text{ 元} \cdots\cdots \text{標的物 2,000 普通股}$$

3 口選擇權的損益為

$$3 \times -1,800 = -5,400 \text{ 元，虧損 5,400 元}$$

熱身操 **17–2**

曉涵認為宏達電在歷經風風雨雨之後，股價會有反彈的機會，於是他決定買進標的物為宏達電，履約價 200 元的買權 2 口，支付權利金 22.7 元。15 天之後，曉涵以 25.8 元平倉，請問在不考慮交易成本的情況下，曉涵的損益是多少？

17.1.1 臺灣期貨交易所上市的其他選擇權

在臺灣期貨交易所交易的選擇權商品仍然大多數以股價指數為標的物。然而卻有一個例外，那就是黃金選擇權。我們在這裡為各位同學大致介紹一下（表 17-3）：

表 17-3　臺灣期貨交易所黃金選擇權契約規格

項　目	內　容
交易標的	成色千分之九九九點九之黃金
中文簡稱	黃金選擇權（黃金買權、黃金賣權）
英文代碼	TGO
履約型態	歐式（僅能於到期日行使權利）
契約乘數	5 臺兩（50 臺錢、187.5 公克）
到期契約	連續 6 個偶數月份
履約價格間距	單位：新臺幣 <table><tr><td>履約價格</td><td>間　距</td></tr><tr><td>履約價格未達 2,000 元</td><td>25 元</td></tr><tr><td>履約價格 2,000 元以上，未達 4,000 元</td><td>50 元</td></tr><tr><td>履約價格 4,000 元以上</td><td>100 元</td></tr></table>
權利金報價單位	0.5 點（新臺幣 25 元）
每日漲跌幅	權利金每日最大漲跌點數，以前一營業日最近月臺幣黃金期貨契約結算價之 15% 為限
交易時間	本契約之交易日與臺灣證券交易所標的證券交易日相同 交易時間為營業日上午 8:45 到下午 1:45 到期月份契約最後交易日之交易時間為上午 8:45 到下午 1:30
最後交易日	各契約的最後交易日為各該契約到期月份最後一個營業日前之第 2 個營業日，其次一營業日為新契約的開始交易日
到期日	最後交易日之次一營業日
交割方式	符合本公司公告範圍之未沖銷價內部位，於到期日當天自動履約，以現金交付或收受履約價格與最後結算價之差額
最後結算價	以最後交易日倫敦黃金市場定價公司 (The London Gold Market Fixing Limited) 同一曆日所公布之倫敦黃金早盤定盤價 (London Gold AM Fixing)，以及台北外匯經紀股份有限公司公布之新臺幣對美元銀行間成交之收盤匯率為基礎，經過重量與成色之轉換，計算最後結算價。計算

> 公式如下: (倫敦黃金早盤定盤價 ÷ 31.1035 × 3.75 ×
> 0.9999 ÷ 0.995) × 新臺幣對美元收盤匯率。
> 但倫敦黃金早盤定盤價未能於到期日到期交割作業前產
> 生時,則最後結算價依本公司新臺幣計價黃金期貨契約及
> 黃金選擇權契約最後結算價決定作業要點辦理。

資料來源: 臺灣期貨交易所

請各位同學特別留意黃金選擇權特殊的地方:

◆ 到期月份與股價指數選擇權不同。

◆ 每日漲跌幅比股價指數選擇權大一倍

◆ 黃金選擇權也是現金交割,而不是實體交割。

◆ 最後交易日及到期日與其他選擇權也不一樣。

17.2 美國重要的選擇權契約

美國最重要的選擇權契約是 S&P500 指數選擇權 (S&P 500 Index Options) 與那斯達克 100 指數選擇權 (NASDAQ 100 Options)。好幾個期貨選擇權交易所都有推出它們的選擇權,我們這裡使用的選擇權規格是 CBOE 的股價指數選擇權 (表 17–4)。

表 17–4 美國重要的指數期貨選擇權契約規格

期貨契約	S&P 500 Index Options	NASDAQ 100 Index Options
標的物	S&P 500 指數	NASDAQ 100 指數
履約型態	歐式（僅能於到期日行使權利）	
契約乘數	指數（點）× USD$100	
最小報價單位	權利金 < 3 點,最小報價單位 = 0.05 點（5 美元） 權利金 ≥ 3 點,最小報價單位 = 0.10 點（10 美元）	
到期月份	最多至 12 個近月月份	最多 3 個近月月份 + 最多 3 個季月
履約價格間距	近月: 5 點; 遠月: 25 點	5 點
合約到期日	合約到期月的第三個星期五	
最後交易日	S&P 選擇權一般在計算履約 – 結算價值那一天的前一個開市日（通常是星期四）	那斯達克 100 選擇權一般在計算履約 – 結算價值那一天的前一個開市日（通常是星期四）

	停止交易	停止交易
交易時間	芝加哥時間上午 8:30 到下午 3:15	

資料來源：CBOE

美國的外匯選擇權最早也最有名的是在費城證券交易所 (Philadelphia Stock Exchange, PHLX)[1]所交易的外匯選擇權。雖然說外匯選擇權五花八門，各種貨幣都有，但是大家只要記得一個原則：在美國期貨交易所交易的外匯期貨與選擇權都一樣，這是美國的交易所，所有非美元的貨幣對美國人來說都是標的物、他們要拿美元購買的商品。而外匯買權是外來以履約價買進非美元貨幣的權利，所以

◆ 美元兌外幣的買權，都是看漲外幣，看貶美元的。

◆ 美元兌外幣的賣權，都是看貶外幣，看漲美元的。

表 17-5　外匯選擇權契約規格

項目	歐元選擇權	日圓選擇權	英鎊選擇權
標的物	歐元	日圓	英鎊
履約型態	歐式		
契約規模	10,000 歐元	1,000,000 日圓	10,000 英鎊
到期月份	交易當月起連續 2 月份，4 個季月共 6 個月份		
履約價格間距	由交易所決定固定履約價間距。一般來說，是以 0.5 美分作為間距		
最後交易日	交割月份第三個星期五		

資料來源：NASDAQ OMX

至於美國的利率選擇權，目前以 CBOT（現在屬於 CME 集團）配合其利率期貨所推出的利率選擇權比較受到歡迎（表 17-6）。

表 17-6　重要利率選擇權的契約規格

項　目	美國長期公債期貨選擇權	10 年期美國中期公債期貨選擇權	5 年期美國中期公債期貨選擇權
標的物	美國長期公債期貨（期貨規模：面額 100,000 美元）	10 年期美國中期公債期貨（期貨規模：面額 100,000 美元）	5 年期美國中期公債期貨（期貨規模：面額 100,000 美元）
履約型態	美式		
契約規模	美國長期公債期貨	10 年期美國中期公	5 年期美國中期公

---

[1]PHLX 已於 2007 年被那斯達克 (NASDAQ) 所收購。

	1 口，以價格百分比報價（如：目前期貨報價為面額的 100.5%，則為 100.5 點）	債期貨 1 口，以價格百分比報價（如：目前期貨報價為面額的 100.5%，則為 100.5 點）	債期貨 1 口，以價格百分比報價（如：目前期貨報價為面額的 100.5%，則為 100.5 點）
最小報價單位	1/64 點（15.625 美元）		
權利金報價	1 點 = 1,000 美元		
履約價格間距	1 點	0.5 點	
到期月份	3 個連續近月 + 4 個季月		
到期日	到期月份第 3 個星期五之後的星期六		
最後交易日	標的期貨到期月份的前一個月最後交易日前至少前 2 個營業日之前的最後星期五		
交易時間	美國中部時間（芝加哥時間）上午 7:20 到下午 2:00		

資料來源：CME

這裡要提醒大家，CME 的利率選擇權是一種期權，標的物是期貨，也就是說選擇權結算時交付的應該是期貨，既然是期貨總得是還沒到期的期貨吧？這就是為什麼期權的結算最少要早標的期貨的到期月一個月的原因！

CBOT 的利率期貨選擇權標的物是利率期貨，而利率期貨的標的物是美國公債價格，因此：

◆買權的買方是看多美國公債價格上漲，也就是利率會下跌
◆賣權的買方是看空美國公債價格下跌，也就是利率會上漲

17.3 歐洲地區重要的選擇權契約

歐洲地區的期貨與選擇權市場也是非常的活躍，流動性並不會輸給美國市場。我們在這裡介紹的是最知名的兩個股價指數選擇權：德國股價指數 DAX 股價指數選擇權以及法國股價指數 CAC40 股價指數選擇權。

表 17–7　歐洲的重要股價指數選擇權契約規格

期貨契約	DAX Index Options	CAC 40 Index Options
標的物	DAX 指數	CAC 40 指數
履約型態	歐式（僅能於到期日行使權利）	
契約規模	指數 × EUR $5	指數 × EUR$ 10
到期月份	3 個近月 + 3 個季月，接下來的 2 年的 6 月與 12 月，再接下來 2 年的 12 月	3 個連續最近月 + 7 個季月 + 接下來 3 年的 12 月。共 13 個月
履約價格間距	到期日小於 1 年：50 點 到期日 1～2 年之間：100 點 到期日大於 2 年：200 點	◆ 到期日 ≤ 1 個月：11 個履約價。在價平附近 5 個履約價間隔為 25 點，其他 6 個履約價間隔 50 點 ◆ 到期日 1～3 個月：9 個履約價。在價平附近 3 個履約價間隔為 50 點，其他 6 個履約價間隔 100 點 ◆ 到期日 3～9 個月：9 個履約價。在價平附近 3 個履約價間隔為 100 點，其他 6 個履約價間隔 200 點 ◆ 到期日 9～24 個月：7 個履約價。在價平附近 3 個履約價間隔為 200 點，其他 4 個履約價間隔 400 點 ◆ 到期日 > 24 個月：5 個履約價。在價平附近 3 個履約價間隔為 400 點，其他 2 個履約價間隔 800 點
合約到期日	合約到期月的第三個星期五	合約到期月的第三個星期五之後的第一個交易日
最後交易日	合約到期月的第三個星期五	合約到期月的第三個星期五

資料來源：EUREX 與 NYSE EURONEXT

　　利率選擇權最有名的是在歐洲期貨交易所 (EUREX) 交易，以德國 10 年期公債期貨 (Euro-bund Futures) 為標的物的期貨選擇權（表 17–8）。

表 17–8　歐洲的重要利率期貨選擇權契約規格

期貨契約	Options on Euro-bund Futures
標的物	德國 10 年期公債期貨
履約型態	美式

最小報價單位	0.01 點 (EUR$10)
到期月份	最遠期限至 6 個月：三個最近的連續月份，以及接下來的一個季月
履約價格間距	0.50 點
最後交易日	最後交易日是選擇權到期月份第一天之前的最近一個星期五，最後交易日必須比到期月份第一天至少早兩個交易日以上 例外：假如星期五不是交易日，或是星期五不是交易日且距離選擇權到期月份的第一天只有一個交易日，則最後交易日將提早至該星期五的前一個交易日。在這個例外所提到的交易日是指它同時是歐洲期貨交易所的交易日，也是美國聯邦政府所規定的工作日

資料來源：EUREX

17.4 亞洲地區重要的選擇權契約

可別小看亞洲是新興市場，這裡擁有全世界交易量最大的選擇權交易市場——韓國。韓國證券交易所 (KRX) 的股價指數選擇權 (KOPSI 200 Options) 的交易量已經連續幾年蟬聯全世界交易量最大的期貨交易所商品。這裡我們就為大家介紹這個商品的規格（表 17-9）：

表 17-9 韓國 KOPSI 200 選擇權契約規格

期貨契約	KOPSI 200 options
標的物	韓國證券交易所 KOPSI 200 股價指數
履約型態	歐式（僅能於到期日行使權利）
契約規模	1 點 × 500,000 韓圜
最小報價單位	權利金 3 點以下：0.01 點（5,000 韓圜） 權利金 3 點以上：0.05 點（25,000 韓圜）
到期月份	最近的三個連續月＋一個季月，一共四個到期月份
履約價格間距	近月契約：2.5 點 季月契約：5.0 點
合約到期日	最後交易日的次一交易日
最後交易日	選擇權到期月份第二個星期四
交割方式	現金交割

資料來源：KRX

練習題

( ) 1.雅琳十月一日買進臺指選擇權 11 月份買權,履約價格 4,100 點, 權利金 180 點, 十月十五日, 盤中以 310 點賣出, 請問雅琳交 易臺指選擇權之損益為何? 　(A)損失 5,000 元　(B)獲利 5,500 元 (C)損失 6,000 元　(D)獲利 6,500 元　【2012 期貨業務員測驗】

( ) 2.假設目前期貨價格為 910,買進十二月 S&P500 期貨買權 (Call), 履約價格 900, 權利金為 30, 同時買進十二月期貨賣權 (Put), 履約價格 900, 權利金為 10, 此種交易策略損益兩平點的期貨 價格為 　(A) 900　(B) 920　(C) 930　(D) 940

【2011 期貨交易分析人員測驗】

( ) 3.企業使用哪種金融工具可以規避利率風險。同時還可以保有利 率變動時之潛在利得? 　(A)利率交換　(B)遠期利率協定　(C)利 率期貨　(D)利率選擇權　【2008 期貨交易分析人員測驗】

( ) 4.美國某一家對日本出口的廠商, 預計 4 個月後可收到一筆日圓 貨款, 他應該如何避險? 　(A)買進日圓期貨賣權　(B)賣出日圓 期貨賣權　(C)買進日圓期貨　(D)賣出歐洲日圓期貨

【2009 期貨業務員測驗】

( ) 5.一日本廠商將從德國進口一批生產設備, 若其擔心日本通貨膨 脹率將會上升, 應如何避險? 　(A)買進歐元期貨　(B)賣出日圓 期貨　(C)買進歐元 / 日圓（標的物為歐元）買權　(D)以上皆可

【2011 期貨業務員測驗】

( ) 6.有關臺灣期貨交易所「黃金選擇權」與「股票選擇權」之交割 方式, 何者正確? 　(A)均採現金交割　(B)均採實物交割　(C)均 可自由選擇以現金或實物交割　(D)黃金選擇權採實物交割; 股 票選擇權採現金交割　【2013 期貨業務員測驗】

投資學

張光文／著

　　本書以投資組合理論為解說主軸，並依此理論為出發點，分別介紹金融市場的經濟功能、證券商品以及市場運作，並探討金融市場之證券的評價與運用策略。

　　此外，本書從理論與實務並重的角度出發，將內容區分為四大部分，依序為投資學概論、投資組合理論、資本市場的均衡以及證券之分析與評價。為了方便讀者自我測驗與檢視學習成果，各章末均附有練習題。本書除了適用於大專院校投資學相關課程，更可為實務界參考之用。

財務管理——理論與實務

張瑞芳／著

　　財務管理是企業的重心所在，關係經營的成敗，不可不用心體察，盡力學習控制管理，若能深入瞭解運用，必可操控企業經營的成功，否則企業將毀於一旦。修習此一學科，必須用心、細心、耐心，而一本易懂、易記、易唸的財管書籍是迫切需要的；然而部分原文書及坊間教科書篇幅甚多，且內容艱辛難以理解，因此本書著重在概念的養成，希望以言簡意賅、重點式的提要，對莘莘學子及工商企業界人士有所助益。

保險學

陳彩稚／著

　　本書內容主要探討保險制度之基本原理，以及保險產業之經營模式。藉由危險管理與經濟市場之角度，分析保險產品之需求與供給。除兼具理論與實務觀點外，還特別重視保險產品之發展背景、影響因素與潛在趨勢。全書內容簡潔扼要，並以具體之個案範例深入淺出的說明抽象之保險理論，適合大專學生與各界人士閱讀參考。

貨幣銀行學

楊雅惠／編著

　　本書以完整的架構，精簡而有條理的說明，闡釋貨幣銀行學的要義。全書共分二十六章，內容涵蓋貨幣概論、金融體系、銀行業與金融發展、貨幣供給、貨幣需求、利率理論、總體貨幣理論、央行貨幣政策與國際金融等篇。每章均採用架構圖與有層次的標題來引導讀者建立整體的概念。此外，並配合各章節理論之介紹，引用臺灣近期的金融資訊來佐證，期能讓理論與實際之間互相結合，因此相當適合初學者入門、再學者複習以及實務者活用。

國際金融理論與實際

康信鴻／著

本書主要介紹國際金融的理論、制度與實際情形。在寫作上除了強調理論與實際並重，文字敘述力求深入淺出、明瞭易懂外，並在資料取材及舉例方面，力求本土化。

全書共分十六章，每章最後均附有內容摘要及習題，以利讀者複習與自我測試。此外，書末的附錄，則提供臺灣當前外匯管理制度、國際金融與匯兌之相關法規。

本書敘述詳實，適合修習過經濟學原理而初學國際金融之課程者，也適合欲瞭解國際金融之企業界人士，深入研讀或隨時查閱之用。

國際貿易實務詳論

張錦源／著

國際間每一宗交易，從初步接洽開始，經報價、接受、訂約，以迄交貨、付款為止，其間有相當錯綜複雜的過程。本書按交易過程先後作有條理的說明，期使讀者能獲得一完整的概念。除了進出口貿易外，本書對於託收、三角貿易、轉口貿易、相對貿易、整廠輸出、OEM 貿易、經銷、代理、寄售等特殊貿易，亦有深入淺出的介紹，另也包含電子信用狀統一慣例、本金／無本金交割遠期外匯等最新內容，為坊間同類書籍所欠缺。

成本與管理會計

王怡心／著

本書整合成本與管理會計的重要觀念，內文解析詳細，討論從傳統產品成本的計算方法到一些創新的主題，包括作業基礎成本法 (ABC)、平衡計分卡 (BSC) 等。全書有十二章，分為基礎篇、規劃篇、控制篇及決策篇四大篇。

本書依下列原則編寫而成：1.提供要點提示，學習重點一手掌握；2.更新實務案例，拉近理論與實務的距離；3.新增 IFRS 透析，學習新知不落人後；4.強調習題演練，方便檢視學習成果。

稅務會計

卓敏枝、盧聯生、劉夢倫／著

本書之編寫，建立在全盤租稅架構與整體節稅理念上，係以營利事業為經，各相關稅目為緯，綜合而成一本理論與實務兼備之「稅務會計」最佳參考書籍，對研讀稅務之大專學生及企業經營管理人員，有相當之助益。再者，本書對（加值型）營業稅之申報、兩稅合一及營利事業所得稅結算申報均有詳盡之表單、說明及實例，對讀者之研習瞭解，可收事半功倍之宏效。

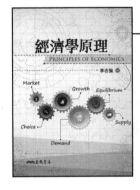

經濟學原理

李志強／著

　　本書以淺顯易懂的文字來說明經濟學的基礎概念，穿插生活化的實例並減少複雜的數學算式，使初次接觸經濟學的讀者能輕鬆地理解各項經濟原理。本書各章開頭列舉該章的「學習目標」，方便讀者掌握章節脈絡；全書課文中安排約 70 個「經濟短波」小單元，補充統計數據或課外知識，提升學習的趣味性；各章章末的「新聞案例」則蒐集相關新聞並配合理論分析；另外，各章皆附有「本章重點」與「課後練習」，提供讀者複習之用。

會計學（上）

林淑玲／著

　　本書依照國際財務報導準則 (IFRS) 編寫，以我國最新公報內容及現行法令為依據，並完整彙總 GAAP、IFRS 與我國會計準則的差異。本書分為上、下冊，採循序漸進的方式，上冊首先介紹會計原則、簿記原理及結帳相關的概念，使讀者能夠完整掌握整個會計循環，最後一章介紹買賣業之會計處理，以便銜接下冊的進階課程。此外，章節後均附有練習題，可為讀者檢視學習成果之用。